主　编◎高天佑
副主编◎陈郑云　唐旭波

陇学论丛

（第一辑）

西南交通大学出版社
·成　都·

图书在版编目（CIP）数据

陇学论丛. 第一辑 / 高天佑主编. —成都：西南交通大学出版社，2023.8
ISBN 978-7-5643-9397-7

Ⅰ. ①陇… Ⅱ. ①高… Ⅲ. ①文化史 - 甘肃 - 文集 Ⅳ. ①K294.2-53

中国国家版本馆 CIP 数据核字（2023）第 132720 号

Longxue Luncong (Di Yi Ji)
陇学论丛（第一辑）

主编 高天佑

责任编辑	邵莘越
封面设计	原谋书装
出版发行	西南交通大学出版社 （四川省成都市金牛区二环路北一段 111 号 西南交通大学创新大厦 21 楼）
发行部电话	028-87600564 028-87600533
邮政编码	610031
网址	http://www.xnjdcbs.com
印刷	成都蜀通印务有限责任公司
成品尺寸	170 mm × 240 mm
印张	23.75
字数	434 千
版次	2023 年 8 月第 1 版
印次	2023 年 8 月第 1 次
书号	ISBN 978-7-5643-9397-7
定价	128.00 元

图书如有印装质量问题 本社负责退换

治学与理政平衡的技巧（代序）

——高天佑先生陇南地方文化研究评议

*汪聚应（天水师范学院二级教授、古典文学博士）

高天佑先生是以《西狭颂》的研究起家并产生广泛影响的，同时在陇右诗的整理研究、文学创作和艺术品收藏等方面亦颇有造诣。

作为一个从高校走向政坛的文化人，这些成绩的取得，首先归功于他高度的文化自信与对学术始终如一的持守，他将学术文化与为官理政有机结合，善于在治学与理政之间找到平衡。正因为如此，他的学术研究能够立足于地方文化宝藏，不断挖掘地方历史，凸显文化与学术特色，做有思想的学术；而且他的理政也能专注于地方文化建设与旅游资源开发，在先进文化理念和创新思想的引领下，打好“文化牌”，在为政理念中渗透学术思想。

同时，作为一个富有激情的诗人，强烈的创作欲望与丰富的情感抒发使他的学术研究中贯穿着一股澎湃之情，形成鲜明的时代感和个人特色，极富学术魅力，极富文化影响力。这种激情也使他在地方文化建设与旅游开发方面能做到古为今用，匠心独具，创造特色。

在二十多年的教学、科研、行政管理、收藏生涯中，天佑先生脚踏实地，笔耕不辍，精研学术，广泛搜罗，形成了具有广泛社会影响的学术成果，其中体现着“文史融通、考论结合、学思并重、知行合一”的治学理念。其学术成果、文化思想提升了陇南地方文化品位，促进了成县文化旅游建设。

天佑先生早年在成县师范学校任教，后期从政，分管文化旅游工作。繁忙的管理工作之余，他在陇南地方文化的发掘研究、文物艺术品收藏和文学创作方面均有建树，产生了广泛影响，获得了多方好评。

天佑先生是陇南山水和秦风汉韵文化滋养下的文化人，确切地说，他是能在理政、治学、创作与收藏等方面多头并进的文化人。我与他相识甚早，很羡慕他能在行政管理、学术研究与文学创作之间的平衡技巧。

作为一个文化人，他最大的成绩在于对陇南地方文化的挖掘、整理和系统研究。对地方文献的整理研究，其中的难处往往令人想象不到，最大者莫过于许多情况下一切都是从零开始，没有多少可资参考的文献资料。这样的研究有赖于研究者的胆略、勇气与执着。作为陇南地方历史文化研究的开拓者，高天佑先生代表性的成果，一是西狭摩崖石刻研究系列，二是陇右诗研究系列。从研究对象的属性看，这两个系列的研究均为对陇南地方文献的整理性、开发性研究；从研究内容的关联性来看，从汉到唐，从石刻到版本，从书法到诗歌，从历史到文化，从人物到交通，跨越近千年的历史文化空间，这些都是他最着力、最富有成绩的领域。

一、“西狭摩崖石刻”的开拓研究

高天佑先生的西狭摩崖石刻研究成果集中于“西狭摩崖石刻研究丛书”，包括《西狭摩崖石刻群研究》等四部专著和多篇论文。《西狭摩崖石刻群研究》（见图 1）以四十万言巨著，积十年研究之心血，阐幽发微，精研细注，解析入理，创新性地提出“西狭摩崖石刻群”的概念。《西狭颂研究在日本》（见图 2）收集了二十余年来日本学者、书画家考察研究《西狭颂》的主要成果，为国内学术界提供了宝贵参考。《西狭摩崖石刻品鉴》一书选取著名的汉刻《西狭颂》《郙

图 1 《西狭摩崖石刻群研究》书影
（1999 年，兰州大学出版社）

图 2 《西狭颂研究在日本》书影
（2000 年，兰州大学出版社）

阁颂》和《耿勋表》三方摩崖拓本，精心编撰而成，是指导临池者学习西狭汉隶最佳的楷范。《西狭访古》是西狭风景区导游书，介绍西狭风景区风光景点，融学术性、知识性、实用性和趣味性于一炉。只可惜后二者因种种原因未能及时出版，其欣赏借鉴价值和宣传效能没有早日发挥。这套丛书的重要价值，还在于考证并确立了仇靖作为东汉杰出的书法家、文学家、画家和甘肃历史文化名人的历史地位，有力提升了西狭风景区的文化品位和旅游价值。

"西狭摩崖石刻研究丛书"首次从历史、书法、绘画、雕刻、文字、文学、交通、文化、思想等多学科的角度对"西狭摩崖石刻群"做了专门研究，探讨了其作为"隶书的典范""汉隶的正宗"的书法艺术，系统性地搜集整理了古往今来关于《西狭颂》研究的翔实资料，是具有重要学术价值和意义的奠基性工作。

对于西狭摩崖石刻的研究，天佑先生可谓"独具只眼"，因为他能发现"人人眼中所有、人人意中所无"。该丛书考镜源流、辨别真伪，首次对西狭摩崖石刻群和西狭摩崖石刻的原有成果、书法艺术、旅游价值、千古悬疑等进行了全面整理和系统研究，在丰富的史料中呈现出西狭摩崖石刻的基本线索，凸显出石刻本身和历史事实的客观性、学术性、艺术性和权威性。可以说，这是一部开拓与开创兼备、创新与总结并举的学术著作，是一部填补西狭摩崖石刻研究空白、集西狭摩崖石刻研究之大成的著作。正因为如此，该著于 2001 年荣获"甘肃省第四届优秀图书奖"和中国艺术研究院"中国美术学学术著作（提名）奖"。

高天佑先生对《西狭颂》的研究和推介远不止这些，他主编的《西狭颂研究论文选》（第一辑）收录国内学术界二十多年关于《西狭颂》研究的代表性文章二十三篇，是第一部荟萃国内《西狭颂》研究成果的论文集。此外，他还主编了武都刘氏家藏《〈西狭颂〉民国拓本字帖》内刊本，此拓本为甘肃文史馆研究员刘可通先生祖父刘石余先生旧藏。

二、"陇右诗"的整理研究

甘肃文化积淀深厚，有代表性的文化资源非常丰富，天佑先生对陇南地方文化研究并不限于西狭摩崖石刻一隅，在陇右诗的整理研究方面同样独具慧眼、独辟蹊径，有所创新和突破。2002 年出版的《杜甫陇蜀纪行诗注析》（见图 3）与《陇右诗选注》（与马银生合著）便是这方面的杰作。

《杜甫陇蜀纪行诗注析》分七卷，在继承其师李济阻先生所著《杜甫陇右诗注析》（甘肃人民出版社 1985 年版）的基础上，将杜甫陇右诗中的纪行诗单独析出，作为一个独立类别进行考证分析。该著中的《杜佐考》《吴郁考》《赞上人考》《佳主人考》《杜甫与赞上人交游考》《杜甫赴两当路线考述》《秦州杂诗二十首异文校注》《〈同谷七歌〉、〈万丈潭〉异文校注》《杜甫致赞公诗异文校注》等篇，结合赏析注释，纠正误说，考证异说，提出了一系列创新性的见解，是“对于杜甫陇右诗研究实质性的突破”，是“一部资料完备、考论结合、闪耀着真知灼见光芒的力作”（霍松林《〈杜甫陇蜀纪行诗注析〉序一》）。这部著作的过人之处首先在于作者的才识与胆力。因为关于杜甫陇右诗的整理研究，已有李济阻先生的《杜甫陇右诗注析》在前，要想取得突破，绝非易事。但他却能在三个方面取得进展：

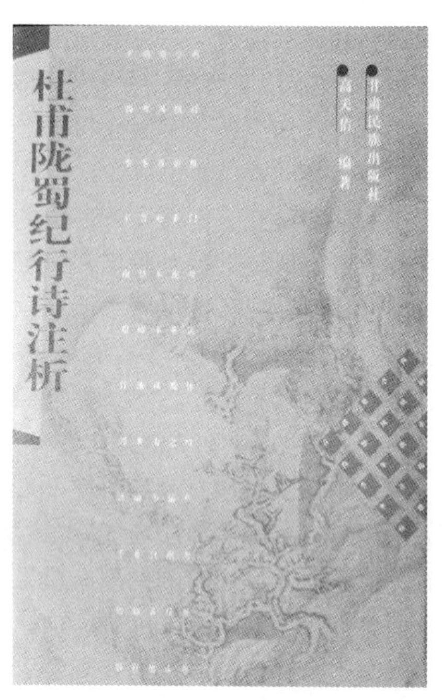

图 3 《杜甫陇蜀纪行诗注析》书影
（2002 年，甘肃民族出版社）

一是用“陇蜀”交界地域取代“陇右”，拓展了研究的空间，达到了考据行踪、弘扬诗艺和为陇蜀山川树碑立传的目的；

二是用“纪行诗”取代“陇右诗”，突出了诗人的创作历程，便于时间编年和地方考证；

三是注论结合，在对一些有争议的地名和字词的注释中，用详细的考论取代简单的注释，廓清了一些地名和语词的错误。如关于西枝村所在地，旧注“无考”，《杜甫陇右诗注析》依据《秦州直隶州新志》，定其地为今天水市东南六十里的园店村。天佑先生结合具体诗句、杜甫行踪及当地实际，考证其地为今成县凤凰台附近的团庄。李济阻先生在为《杜甫陇蜀纪行诗注析》所作的序中对此考证也给予充分认可。他说：“高天佑君出版了专著《杜甫陇蜀纪行诗注析》，以其丰富的实地考察体验，对此问题做了详细剖析，得出结论说：西枝村应该是成县凤凰台附近的团庄。笔者多次到过成县，出其东门前行，即可望见团庄方向数座低矮的山丘，真称得上是‘出郭眄细岑’了。那里水源充足，植被丰茂，印证‘披榛’三句，似乎还算合适。团庄距成县十里左右，清晨出发，到达后也不至于影响寻置草堂地的工作。其地东侧近一里处今有山名中枝，也可以作为附近当有西枝的旁证。这一创见虽未必尽善尽美，但较之西枝村为秦州园店说更加接近杜公诗意。”

仅从这三点看，霍松林先生对《杜甫陇蜀纪行诗注析》的高度评价确实是中肯的。可以说，《杜甫陇蜀纪行诗注析》考镜源流、辨别真伪，首次对杜甫在陇蜀期间的纪行诗进行了全面整理和系统研究，试图在时间节点上以行踪来寻求、发现、阐释各种史料的相互关联。作为反映杜甫诗歌创作史的另一种书写形式，该书借助于“纪行诗”的方式和体例，在丰富的史料中呈现出杜甫亲身经历和诗歌创作的基本线索，凸显出文学现象和历史事实本身的客观性和权威性。因而，对于杜甫研究而言，这同样是一部开拓与开创兼备、创新与总结并举的学术著作。

陇上学人对陇右地域文化的关注和研究用心尽意，其成果多被奉为地方文化研究的典范。例如，清代邢澍以《关右经籍考》（或曰《全秦艺文录》）十一卷开“陇学”之先河。此后不断有关于陇右古代文献、文物、遗迹、人物等文化现象的研究。如武威人张澍的《西夏姓氏录》《续敦煌实录》《凉州府志备考》《五凉旧闻》等，拓宽了“陇学”的视域与内容。再后者，民国时期天水人冯国瑞的《张介侯年谱》《守雅堂稿辑存》《邢佺山先生事迹考》《邢佺山先生著述考》《天水出土秦器汇考》《麦积山石窟志》等，又不断地丰富了陇学的内涵。临洮人张维的《陇右金石录》《陇右方志录》《陇右著作录》《仇池国志》等，立足地方，拾遗补阙，整理、保存了极其珍贵的陇右文献。

这些陇人骄子为陇学之发展做出了不可磨灭的贡献。天佑先生与马银生合著的《陇右诗选注》延续“陇学”传统，在新的历史时期做出了新的开拓；而且，从文化继承、学术承传、精神弘扬等方面态度鲜明地打出了“陇学”的旗帜。

对陇右诗的整理研究是天佑先生地域文化研究的拓展之作。陇右在古代是重要的战略要地，有着特殊的政治、军事、交通价值，古代诗人留下了丰富的诗歌创作，非常广泛地反映了陇右山川、民俗风情，是地域文化中的“富矿”。《陇右诗选注》虽未将所有的陇右诗和盘托出，但比较全面地反映了陇右诗歌发展历史、陇右山川自然风貌，以及人文景观、民族风俗等，窥一斑而知全豹。其中《陇右遗音》《陇西歌谣》《陇上风骚》三卷，着重展现陇右诗歌史，汇集了古代陇右文人诗作。《陇头流水》《陇关明月》《陇山鹦鹉》三卷，着力突显陇右地域文化特色。《陇原漫行》一卷，则从旅陇诗人的特殊视角展示陇右的自然风貌和人文景观。

《陇右诗选注》一书“注释”简洁，“简析”精当，图文并茂，体例新颖。特别值得重视的有如下几点。

第一，该著以选注的形式，第一次展示了陇右历代诗歌的全部家底。

第二，该著中的前言《陇右诗刍议》一文，从陇右诗的内涵定位、历史发展、人文精神三个方面对陇右诗进行了整体论述，既是对陇右诗的宏观性概括，也是对选注体例局限的最好补充，显示出作者宏观的理论驾驭能力和微观的考证分析能力。

第三，对陇右人文精神进行概括。在该著中，天佑先生将陇右人文精神概括为“不畏艰苦，勇于开拓的积极进取精神；呼唤安定，反对战争的平民生活要求；投身边关，建功立业的理想主义追求；个性耿直，不畏权贵的陇土人文气质”四个方面，可谓高屋建瓴，抓住了核心。

三、“质朴融通、经世致用”的学术思想

纵观天佑先生的甘肃地域文化研究，字里行间流露出的是他的勤奋与刻苦、脚踏实地的实干精神，以及由此而来的质朴融通、经世致用的学术思想。

融通文史是古典文学研究者的共识，但要真正从容游走于两个领域，在历史学、文学两个学科同时取得较大成绩却是极其不易的。例如，对《西狭颂》中主要人物李翕的介绍，历来多沿袭旧说，而天佑先生却能考辨史料，认为清代乾隆《清水县志》和乾隆六年编修的《成县新志・官师志》中对李翕的记载均脱胎于曾巩题跋和《惠安西表》(即《西狭颂》)正文。《西狭颂》的撰文者、书丹者仇靖，字汉德，为武都郡下辨道(今成县)人，东汉灵帝(刘宏)建宁、熹平年间为武都郡属吏。因了《西狭颂》《五瑞图》《天井山记》《郙阁颂》和《耿勋表》等摩崖的客观存在，可以把仇靖确立为东汉晚期杰出的书法家、文学家和画家。同时，他认为《西狭颂》《郙阁颂》在摩崖题记中标示出作者和书者，是中国书学史、书法史、绘画史和石刻史上有作者明确署名的最早例证之一，从而确立了仇靖在甘肃古代文学史和中国书学史上的大家地位。

天佑先生文史融通的治学方法，常常以考论结合的方式表现出来。这种特色非常鲜明地表现在他发表的地域文化研究系列论文中。例如，发表于《文博》杂志 1995 年第 2 期的《陇蜀古道考略》一文，从“得陇望蜀”当自有所本入手，检索正史、方志，并参以古迹、石刻、考古资料、出土文物和今人的研究成果，提出在古代陇南的确存在着通往陕秦、达于川蜀的“陇蜀古道”，并且指出其由“嘉陵道、祁山道、沓中阴平道和洮岷迭潘道”等四条古道组成。同时，通过考察彩陶文化的兴盛与传播、氐羌民族的东移与南迁，他认为，陇蜀古道的开创时限当可追溯到商周乃至于原始社会晚期新石器时代，而其开创者就是氐羌族先民。令人惊叹的是，这一新人耳目的学术观点，是天佑先生于 1993 年参加陕西汉中举办的“第四届蜀道暨石门石刻国际学术讨论会”发言时提出来的，这一年他才 28 岁。当时，他的发言立即引起了学术研讨会主持人、著名考古学家石兴邦先生的关注。

再如，发表于《天水师专学报》1999年第2期的《“六出祁山”小考》一文，通过对《三国志》原文的词语解读和深入分析，肯定了“六出祁山”的历史事实。他认为，史籍所载诸葛亮北伐其实只有五次，与习称的“六出祁山”不符，但据《三国志》记载，诸葛亮在首次北伐后，当年“冬，亮复出散关”。则知建兴六年，诸葛亮曾三次组织北伐，所以“六出祁山”之说是真实可信的。他细读史籍，以一“复”字为证，对“六出祁山”是虚指之说做出了有力反驳。而发表于《天水师范学院学报》2001年第6期的《陇右杜甫草堂考》一文，认为存在于今天水、陇南地区的杜甫草堂遗迹共有九处，其中“秦州五草堂”包括“东柯草堂、城北草堂、西枝草堂、南郭草堂和社棠草堂”；“成州四草堂”包括“同谷草堂、仇池草堂、栗亭草堂和木兰草堂”。这些草堂，从其成因和创始的时间看，杜甫真正去过或居住过的并不多，更多的则是古代当地先贤依其诗作所写或据其行迹所至就地而建，表达了陇右人民对于“诗圣”的深切缅怀之情，逐渐成为当地人文胜迹和历史文化遗产，是杜甫留给陇右人民的一笔宝贵财富。

此外，发表于《天水师专学报》1998年第2期的《礼县大堡子山秦先公墓补说》一文，根据实地考察和《史记·秦本纪》记载，认为流落海外之金箔饰片为礼县出土的椁饰而非棺饰；大堡子山秦公墓墓主系襄公或文公，而非庄公或秦仲；金箔饰片黄金来源有多种可能性，不只限于河西走廊。发表于《陕西金融》1999年第3期的《陇南成县发现波斯银币》对发现于成县的波斯（今伊朗）萨珊王朝（261—651年）科斯洛埃斯（或译为库思老一世）国王铸行银币的情况作了论述。这些论文或长或短，无论是关于历史、交通，还是关于诗歌、古币，在质朴的文字和细密的论述中，透露出作者朴实无华的治学态度，科学严谨的求证精神，文史融通的学术视野和学思并重的文化创新理念。

追求真理，经世致用，这是天佑先生把握治学与理政平衡的出发点和归宿，也是其取得成绩的动力和源泉。学术研究的真谛在于不断探索真理，而学术研究的生命力在于运用于实践，在实践中得到检验和发展，并进一步解决实际问题，对经济社会的发展产生积极影响和现实的推动力。

由此可见，天佑先生的治学不为学术而学术，他不做空头的理论家，也不做无谓的苦行僧，而是将知识学问、学术研究与地方经济、文化建设的实践相统一，做到学思并重、知行合一。其表现为两点：一是将地方文化研究与解决学术问题紧密结合；二是将地方文化研究与经济社会发展的实践紧密结合。学思并重，知行合一，体现了天佑先生的文化人格和学术追求，体现了他追求真理、关心社会进步和民生发展的精神境界。

天佑先生展现给我们的，不仅仅是作为文化人的勤奋和收获，更多的是脉动在学术研究、文化传承中的爱心，和时代同律动的激情与责任，对于陇南山水灵性的理解，对于陇南历史文化的钟爱。他 19 岁从天水师专毕业，被分配于陇南，在过往的 28 年岁月里，天佑君不知驻足过多少与黑夜相伴的精神驿站，跨越了多少连绵不断的学术峰峦。

胸怀家国情，做好分内事。天佑先生的双栖平衡，在充实了自己人生道路的同时，也给予人们一种高贵的启示！

我的脚下沾了多少泥土，我的心中就有多少真情！我认为，天佑先生的人生是寻找希望的人生，更是实现希望的人生。而希望的萌生和实现，得益于他对于知识、智慧和真理的不懈追求，得益于他对于学术和文化的热爱与执着，更得益于他的勤奋与坚持。

在本文初稿告成之际，欣闻天佑和岳金林等先生以两年时间编撰的《陇南重大自然灾害研究》一书已经由甘肃人民出版社出版，相信天佑先生将会有更多的学术成果展现给社会，为陇南乃至甘肃文化建设带来新的景象。行文至此，信笔作《赠天佑先生》一首，漱笔作结。

缀玉联珠绘景春，学林齐赞岂无因？
精研石刻明书契，诗颂陇原赋盛情。
古籍神皋蕴自信，清风雅趣养从容。
治学理政皆收获，不负月明有几人？

玉关道路远，万里捎君书。祝天佑先生在人生的双车道上，高瞻远瞩，揽辔并驾，载誉前行！

2012 年 12 月 3 日于天水师院寓所

【作者简介】

汪聚应（1966—），甘肃秦安人。文学博士，浙江大学人文学院博士后流动站博士后（2006 年 6 月出站）、甘肃省领军人才，天水师范学院文史学院教授。多年来，一直从事中国古代文学与文化的教学与研究，在《文学遗产》等国家核心刊物发表论文三十多篇。

专著：《唐代侠风与文学》，中国社会科学出版社 2007 年；《唐人豪侠小说集》，中华书局 2010 年。主编《陇右文化与唐代文学》，中国文史出版社 2009 年。

编者按：本文为作者十年前应编者之邀所作，此次收录，权作代序。

目录

卷一 陇学学术论坛

卷二 丝绸之路研究

卷三 陇南氐羌研究

卷十 陇学学术随笔

卷十一 陇学学术沙龙

卷一 陇学学术论坛

《杜甫陇蜀纪行诗注析》序一

◎霍松林（陕西师范大学终身教授）

我热爱家乡，又喜欢作诗、学书，因而遇上研究乡邦文献，特别是研究与乡邦有关的诗歌、碑帖、摩崖之类的著作，就特别感兴趣，再忙也要读。大概是1999年秋天吧，我忽然收到高天佑君寄来的新著《西狭摩崖石刻研究》，就迫不及待地读下去，读到结尾，又从头再读，认为这是一部资料完备、考论结合、闪耀着真知灼见光芒的力作。而看到勒口的"作者简介"，才知道著者并非我想象的宿儒硕学，而是一位三十多岁的家乡新秀！又惊又喜的心情，至今还保留在记忆中。

图1　霍松林先生题名
《杜甫陇蜀纪行诗注析》书影

我一贯认为，当地学者研究乡邦文史，具有特殊的优越性，不仅可以充分利用文献资料，而且可以结合周密的实际考察。这是《西狭摩崖石刻群研究》获得好评的重要条件之一。也是李济阻等先生于十多年前出版的《杜甫陇右诗注析》质量较好的重要条件之一。

天佑君毕业于天水师专中文系，是李济阻等先生的门人。前几天，我收到他的《杜甫陇蜀纪行诗注析》（见图1）校样，要我写序，我就想：这部著作中"注析"的许多诗，都是李济阻等先生"注析"过的，天佑君会从哪些方面取得突破呢？看看凡例，始知这部书共分七卷，前五卷均按原诗、注释、赏析的体例撰述，这是与《杜甫陇右诗注析》相同的；后两卷则为"陇右诗杂考"与"资料附录"，这是《杜甫陇右诗注析》没有的。

结合"赏析"读"注释"，看得出著者力求"突破"乃师，其志可嘉。然而限于功力，其研究有得亦有失。以《宿赞公房》为例：对"杖锡何来此"

中的“杖锡”，乃师是这样解释的：“杖，用作动词，等于说‘拄着’；锡，佛教徒的杖形法器，头部装有锡环。”著者认为乃师将“杖锡”“分而释之，实误”，而引用《心解》旧注：“杖锡又名知杖，又名德杖，游行僧为飞锡，安住僧为挂锡。”并且进一步阐释：“此处所谓‘杖锡’，借指赞公，此乃借代之法。或云‘锡杖’，如《寄赞上人》首句‘一夜陪锡杖’。有金制者，陕西扶风法门寺近年有出土。”这条注，确当周详，可谓青出于蓝。对这首诗中的“放逐宁违性，虚空不离禅”一联，乃师解说为“推崇赞公不为放逐移节的情操”，比较圆通。“宁”字，这里作“岂、难道”解，唐宋诗人常用“宁”构成反诘语气的句子。“放逐宁违性”，即“难道因为放逐而违反本性吗？”这也是乃师所说的“不为放逐移节”。而著者的新解“宁可违拗本性遭到放逐”则远离诗意，大概是出于对“宁”字的误解。关于这一联诗，宋人赵次公解得很精当：“‘虚空者’字，指放逐之地在空寂之处。《庄子·徐无鬼篇》曰，‘逃虚空者，闻人足音而喜’是已。夫有道之人，岂以放逐而遂改其性？况其空寂之处，正亦是禅家所宜矣。”①

通读全稿，我认为这部书对于杜甫陇右诗研究的实质性突破集中表现在第六卷。这一卷中的《杜佐考》《吴郁考》《赞上人考》《佳主人考》《杜甫与赞上人郊游考》《杜甫赴两当路线考述》《秦州杂诗二十首异文校注》《〈同谷七歌〉、〈万丈潭〉异文校注》《杜甫致赞公诗异文校注》等篇，对杜甫陇右诗研究中的诸多疑难问题和空白点作了细致深入的探索，多有创获，极具学术价值，是对杜诗研究做出的新贡献。

杜甫《宿赞公房》题下原注：“赞，京师大云寺主，谪此安置。”仇注引鹤注“诗云陇月向人圆”而定“谪此”之“此”为秦州，因诗中的“秋风”“菊荒”“莲倒”而定“夜宿”之季节为晚秋，亦即杜甫身在秦州之时，都是合乎情理的。因此，宋人黄鹤以后的注家都将《宿赞公房》《西枝村寻置草堂地夜宿赞公上二首》《寄赞上人》《别赞上人》五首诗列入杜甫秦州诗内。然而“西枝村”究竟在何处呢？仇注引鹤注：“西枝村，在秦近郭，有岩窦之胜，杉漆之利。”这其实是按诗意注的，诗云：“出郭眄细岑，披榛得微路。溪行一流水，曲折方屡渡……扪萝涩先登，陟巘眩反顾。要求阳冈暖，苦涉阴岭冱。”我是秦州（今天水市）人，对秦州城郊一带很熟悉，这种景象在当地是绝对没有的，何况城南的南郭寺与城北的隗嚣宫杜甫已在《秦州杂诗》中写过了！至于秦州人所说的“西枝村”，则在距州城东南 60 华里的山谷间，一出郭怎能望见？

① 〔唐〕杜甫著，〔宋〕赵次公注，林继中辑校：《杜诗赵次公先后解辑校》，上海古籍出版社 1994 年版。

天佑君已在陇南成县，也就是杜甫流寓的同谷工作了17年。此前，他在天水师专师从李济阻等先生研究杜甫的陇右诗，特别是秦州诗；到了成县，则进一步研究杜甫的陇蜀诗，特别是同谷诗。他研究秦州诗和同谷诗，都体现了我在前面说过的当地人研究当地文史的优势。例如，关于赞公的贬谪地在何处，以及杜甫《宿赞公房》等五首诗作于何地等问题，他从人文景观、地理环境等方面进行勘察，同时证以相关的文史资料，从而做出了合理的判断：赞公的贬谪地是同谷，杜甫的《宿赞公房》等五首诗也作于同谷。在天佑君的诸多论证中，有几点很有力：第一，同谷城东南七里的狮子洞沟和鹿圈沟之间，有东枝、中枝、西枝三座山峰，西枝村在西枝山下，“城东南七里”自与“出郭眄细岑”相合；再看所附《中枝西枝所夹鹿圈沟》彩图，便知“流水”“冈”“阴岭”等与《西枝村寻置草堂地夜宿赞公土室二首》所写多么相像。第二，清乾隆六年《成县新志》云：“大云寺，县东南七里，俗名睡佛寺，即杜子美与赞上人相聚处，赠答有诗。”近年在成县睡佛寺崖壁上发现唐宪宗元和八年墨迹20行，叙述佛寺、圣像损坏情况，可证《成县新志》所载有据，亦与《西枝村寻置草堂地夜宿赞公土室二首》相合。此外，著者认为杜甫大历五年所作的《长沙送李十一衔》是送赞上人的，全诗如下：

与子避地西康州，洞庭相逢十二秋。
远愧尚方曾赐履，竟非吾土倦登楼。
久存胶漆应难并，一辱泥涂遂晚收。
李杜齐名真忝窃，朔云寒菊倍离忧。

杜甫长安陷贼期间作有《大云寺赞公房四首》，叙写他藏于赞公房情事，其中有“细软青丝履，光明白氎巾。深藏供老宿，取用及吾身”等句，天佑君认为《长沙送李十一衔》诗追忆当时情景，“远愧尚（上）方曾赐履”即指当年以“青丝履”相赠。因此，他提出了“赞公俗名李衔”说，“西康州”即“同谷”，“与子避地西康州”便是赞公与杜甫相聚同谷的确证。这也可以作为进一步研究的起点。

天佑君在写给我的信中说：“17年来利用业余时间坚持研究陇南文史，每夜读书、写作至凌晨两点，无论三伏、三九，未尝懈怠。微薄的工资除养家活口之外，全用在购书、收藏上面。虽然小有所成，但头发已经花白……”这是很感人的。他自谦“小有所成”，其实已有《西狭摩崖石刻群研究》和《西狭颂研究在日本》两部专著出版，颇获好评；这部新著，将由甘肃民族出版社付印，不日问世。至于已经发表的20多篇学术论文，则涉及他致力的东汉摩崖、古代钱币、陇南文史、先秦文学等诸多领域，胜义迭出。我相信，天佑君在此基础上继续开拓，精进不已，必能取得举世瞩目的学术成就。

2001 年 9 月 24 日写于陕西师大寓楼

【作者简介】

霍松林（1921—2017），甘肃天水市琥珀乡霍家川人，当代著名古典文学专家、诗人、学者、书法家。中国民主同盟盟员，陕西师范大学文学院教授、博士生导师。主要从事古典文学、唐代文学研究。1949 年毕业于南京中央大学中文系。历任重庆南温泉南林文法学院中文系、西北大学师范学院中文系、西安师范学院讲师，陕西师范大学文学研究所所长、教授、博士研究生导师。

社会兼职：中华诗词学会副会长、中国杜甫研究会会长、陕西诗词学会会长，中国文艺理论学会、中国韵文学会常务理事，美国国际名人传记中心终身研究员、指导委员会副主席，国务院学位委员会第二届学科评议组成员，日本明治大学客座教授，中国唐代文学学会副会长、秘书长。

1951 年赴陕任教，直至 2017 年逝世。主要著作有《文艺学概论》《文艺散论》《白居易诗译析》《西厢述评》《唐宋诗文鉴赏举隅》《唐音阁论文集》《唐音阁吟稿》《唐音阁诗词集》等。主编《万首唐人绝句校注集评》《中国唐代文学研究年鉴》《中国古典小说六大名著鉴赏辞典》《历代绝句精华鉴赏辞典》《中国诗歌理论史》《历代诗词曲论专著提要》《辞赋大辞典》《戏曲大辞典》《风俗大辞典》等。

尹喜对《老子》成书的贡献初探

◎安志宏（甘肃省天水市人大常委会一级巡视员）

郭沫若先生谓尹喜（见图 1）为环渊（蜎子），楚人，误矣。[①]环渊是战国中期与齐宣王同时代的人，距尹喜生活的时代相差百余年矣！[②]根据《史记》卷四十六《田敬仲完世家》记载，尹喜，字公文（公渡），号文始先生，是甘肃天水人，非楚人也。环渊与老子晚年没有一起入陇，与老子一起入陇者是尹喜。尹喜作为先秦时期道家的代表人物，其影响不容忽视。

先秦典籍中记载关尹的有《庄子》《吕氏春秋》《列子》等，论述老子的文章也多涉及尹喜。战国时期，道家著名的代表人物庄子在《天下篇》里把老子与尹喜并称，认为古之道术以老子与关尹子为最，并称其与老子同为“古之博大真人”[③]，在排位上有时甚至将尹喜排在老子之前。以庄子在道家的影响，加上他所处的时代距离老子、尹喜生活的时代较近，他所了解的情况应该较为真实可靠。庄子如此尊崇尹喜，究其原因，不外乎尹喜的品德和对道家创立所做的贡献。

图 1　尹文子喜画像

据联合国教科文组织统计，在世界文化名著中，被译成外国文字出版发行量最大的是《圣经》，其次就是《老

① 郭沫若：《十批判书·中国古代社会研究》，河北教育出版社 2000 年版。

② 〔汉〕司马迁：《史记》，中华书局 1983 年版。

③ 〔清〕王先谦：《庄子集解》，三秦出版社 2005 年版。

子》。目前《老子》的外文译本已近300种，涉及几十种文字。而道家最重要的传世文献之一就是《老子》。郭沫若、童书业和许地山等认为，尹喜对《老子》成书、传播做出了巨大贡献。[①]下面就老子与尹喜入陇、老子与尹喜的关系以及尹喜对《老子》一书形成的作用做一些初步的探讨，就教于方家。

一、天水伯阳地名与老子、尹喜的关系

古人取地名是有一定实指和纪念意义的，地名是历史的活化石，它对我们追溯历史有着重要的意义。

天水以“伯阳”为代表的相关地名也是有其实指意义的。伯阳为老子的字，后人取伯阳为地名是为纪念这位文化名人。天水这块土地与老子、尹喜有密不可分的关系。据笔者调查和查阅有关资料，老子由周至楼观台经宝鸡翻关山（有说过散关沿渭水）入陇，是在陇上人尹喜的引荐下，来到他的家乡天水伯阳的。《水经注·渭水》记载：“（渭水）又东经上邽城南……渭水又东，伯阳谷水入焉。水出刑马山之伯阳谷，北流，……盖李耳西入，往经所由，故山原畎谷，往往播其名焉。……渭水东入散关。《抱朴子·神仙传》‘老子西出关，关令尹喜候气，知真人将有西游者，遇老子，强令之著书，……’有老子庙，……渭水又东过陈仓（今宝鸡）西。”可见，老子经伯阳谷入陇的故事，在北魏郦道元著《水经注》时还在民间流传。

伯阳地处渭河两岸，距离宝鸡不远，历史上水患严重，尹喜、老子来到这里后，做的第一件事就是带领当地人民凿“龙嘴”，修排洪渠，后人为了记住老子、尹喜的功绩，把他们带领人民修的渠叫“伯阳渠”，至今当地百姓还在传颂其事迹。除此而外，天水与老子、尹喜有关的遗存还有：麦积区伯阳龙虎山伯林观、尹道寺、尹道寺村（尹喜故里）、讲经台、教化沟、元龙、老君庙、老君山、老子炼丹的遗址——“赤峪丹灶”、牛头河（老子乘坐的青牛死后埋葬在河谷，故名）、关山、散关、伯阳谷水、伯阳水、伯阳城南之伯阳川、七茅飞升处（伯阳茅谷，为老子、尹喜弟子修道处）、陇山、牛间里、龙嘴、花石崖、七真观、玉泉观、玉阳观、佛公桥、灵源侯高皇爷庙、五阳观、青龙观、金龙观、三清殿、三清宫、云雾山、泰山庙，等等。后世秦地道观林立，道教兴盛，知名道士世代相袭，道教代表人物绵延不断。除老子、尹喜外，还有道家的七真

① 郭沫若：《十批判书·中国古代社会研究》，河北教育出版社2000年版；童书业：《先秦七子思想研究》，齐鲁书社1982年版；许地山：《道教史》，台北久大文化出版1981年版。

人，全真道士李志坚、董志希，马宜元、丘处机徒裔梁志通、陈志隐，以及第七届中国道教协会会长任法融等。老子、尹喜早期活动过的花石崖，迄今香火不断，仍是道教圣地。秦之北崆峒山至今为全国道教景观。

另外，从姓氏、郡望的角度看，尹姓源于甘肃天水，郡望也在天水。至今尹姓在秦地仍分布很广；在天水各县区，城郊周围的马跑泉、皂郊都有尹姓居住。临洮和陇上有许多与尹喜、老子有关的口传史和记载。老子、尹喜在陇上的生活丰富多彩，不仅修道、教化，而且交友（有秦佚等一批陇上朋友）。《太平御览》记载："老子入西戎，造樗蒲。樗蒲，五木也。"这是老子为启迪儿童智力而发明的一种智力玩具，至今陇上还流传着"围茅坑""下四码"（也叫"走方"，迄今仍在陇上农村流行）等与老子有关的民间游戏。这些游戏与老子一贯主张的"行不言之教"是一致的。对此，唐代《艺文类聚》《五木经》和《唐国史补》等也有类似的记载。

事实上老子在陇上做了许多实事，仅在陇上老百姓中世代口传，没有被先秦时期正规的史书记载，后世史家以"入夷狄莫知所终"一笔带过。从上面的分析可以看出，老子在陇上活动并不是后世人所说的"子将隐矣"的隐居生活。老子、尹喜在陇上不仅传道、教化，完成《老子》一书的修订工作，而且为百姓做了一些实实在在的好事，后世代代口耳相传，可惜未被文字记载。这些鲜活的口传史、遗存，治史者不能视而不见。鉴于此，我认为，对于道家文化与老子后半生的事迹研究，不能只停留在史料文献与道家典籍的翻检与搜索上，有必要在当时的时代背景下，注重地方史研究的成果；以口传史为线索，对照历史遗存，参及地方史志文献，进行综合、溯源性的研究，得出较符合实际的历史结论。当年司马迁著《史记》时，也是遍访民间，搜集民间鲜活的口传史资料，才写出栩栩如生的好文章。

二、尹喜放弃官职追求道学，体现了为道献身的精神

尹喜生卒年代不详，为周代楚康王（前 559—前 545 年）之大夫。据秦州（天水）口传史及保留的有关尹喜的历史遗迹，参及地方志书《甘肃新通志》《秦州直隶新志》和《天水县志》等，再对照先秦典籍《庄子》《吕氏春秋》《列子》和韩非子《解老》《喻老》（现存《老子》最早的注本），以及《列仙传》《道藏·终南山说经台历代真仙碑记》等，尹喜故里应在今天水市东面麦积区之伯阳、元龙与清水交界的地域。传说其母鲁氏对其教育甚严，他勤学善问，少时究览古籍，喜好天文历法。生活在羲里娲乡的尹喜，小时候就听大人讲述伏羲、女娲

的故事，对伏羲、女娲对人类做的贡献很钦佩，长大后对伏羲八卦、易学情有独钟。他测日影，观天象，习占星之术，能知古而见未来，学识深得时人称颂，不久便被征召至朝廷。

周昭王二十三年，周王室衰微，朝政不振，天下不稳。尹喜产生了远离朝廷，重操学术研究旧业的念头。为了能专心致学，他主动放弃了在朝廷中的大夫之职，成为函谷关令（相当于边检站站长），不求闻达于世，静心治学、修道。这种选择，表现了他一心求道的精神。

据史料记载和天水口传史，尹喜在日常生活中不修俗礼，清虚自守，隐德行仁。他要求自己像射箭一样保持“心平体正”，并解释说：“非独射也。国之存也，国之亡也；身之贤也，身之不肖也；亦皆有。以圣人不察存亡、贤、不肖，而察其所以也。”说明心平体正的体态是一种很好的养生方法，可以由治身延伸至治国。

三、尹喜与老子相遇，才有《老子》一书传世

尹喜担任函谷关关令（一说在散关），一方面是为了谋生，一方面是为了接近中原的老子。我前些年曾在三门峡（古函谷关）考察，走访当地一些地方史研究者。老子（见图2）为今河南鹿邑厉乡曲仁里人，曾做过周朝“守藏室之史”，退隐后，曾在三门峡市境内云游、传道。老子心藏大智，学识渊博。在中原，老子的为人、学识和见解被人们广为传颂。作为周大夫的尹喜，对曾做过周王室守藏室之史的老子应该是有所闻的。

图2　老子李耳画像

老子云游到函谷关，我想也许是因为他对尹喜也有耳闻。老子到函谷关遇尹喜，与其说是尹喜刻意等候，毋宁说是共同的精神追求、相同的政治倾向和思想追求把他们联系到了一起。两人一拍即合！

老子与尹喜在函谷关相遇后，后半生几乎是形影不离。他们在关隘暂住后，不久，在周至中南山结草为庐，造楼观台，一起观日、测星、望云、察气、论道，交谈人与自然、人与人的关系，老子经常把自己的所思和心得讲给尹喜（今周至

楼观台、天水麦积区伯阳乡伯林观、临洮岳麓山“飞升”处等与老子有关的遗址，均有讲经台）。老子守“慈”，持“俭”，“为而不争”，主张“道法自然”，他用“道”来说明宇宙万物的演变，提出了“道生一，一生二，二生三，三生万物”的观点。认为“道”是“夫莫之命（命令）而常自然”的，所以说：“人法地，地法天，天法道，道法自然”。[①]“道”可以理解为客观规律，同时“道”又有着“独立不改，周行而不殆”的永恒的、绝对的本体意义。这些思想得到尹喜的认同和赞赏。使老子的思想被多数人接受并得以传世，成为尹喜整理《老子》的动机和原委，也就是后来人们常说的“子将隐矣，强为我著书”的实情。

四、“述而不作”为当时流行时尚，《老子》是老子讲述，尹喜记录、整理、加工的产物

《老子》目前的版本有郭店简本、关令尹本、庄子所引本、韩非解老本、项羽妾本、马王堆帛书本、河上公本、西汉本、王弼注本等。在郭店简本未出现前，疑古派认为《老子》作者非老聃，成书年代并不是春秋。帛书和楚简出现后，大家几乎一致认为竹简《老子》为老聃所著。但简本以后诸本《老子》已经变了形，章序篇次颠倒混乱，篇名不符，约四分之一的章节不符古意，一百四十句文句被篡改。楚简《老子》甲乙丙组合起来正是一部完整的、早期的《老子》，但有的学者持相反的看法，认为这三组是《老子》的不同写本，应称为甲本、乙本和丙本，依据是文字合计远不及今本多。学界认为楚简虽有缺简，但还不失为比较完整的古抄本，一部分人认为，楚简是“一种摘抄本”“是东宫之师节录而成的临时教材”“是儒家的节选改写本”。这些说法的前提都是《老子》成书之时即五千言，只有如此才能摘抄与改写。如裘锡圭和王博认为，在郭店《老子》之前已经出现了一个近乎五千言的《老子》传本。尹振环认为，竹简《老子》有所缺损但还不妨碍它成为一部独立的书，其依据是“甲”文字比较完整，“乙”有缺失，“丙”无法断定，等等。总之，各种《老子》版本均存在着这样或那样的缺点，因而出现各种各样的观点。

《老子》一书文体上有语录体的特征。有学者提出《老子》是“道家言论集选”，“采自它书精语，荟萃而成”或“学派著作集”，它不具有一气呵成的特点等。笔者认为，《老子》一书成书缘由确切地讲是“强为我述书”。根据如下：《礼记》的《曾子问》里面有多处引到老子的话，孔子曾说：“吾闻诸老聃。”《论语》的《述而篇》言：“述而不作，信而好古，窃比于我老彭。”老彭当是老子

①〔春秋〕老子：《道德经》，上海古籍出版社 1986 年版。

与彭祖。老子将自己多年对人生、自然的一些思考讲述给了他的知己尹喜，尹喜把老子的讲述记录下来，根据自己的理解和研究，加工、润色，整理出最原始的《老子》。据《庄子·天下》记载，老聃、关尹共创道家学说，其说“主之以太一”。北魏时，崔浩首先怀疑通行本《老子》不是老聃所作；南宋叶适认为老聃与通行本《老子》的作者应是二人；近人郭沫若认为《老子》一书是关尹所记老聃语录；冯友兰、余光明等认为《老子》非出于一人之手，等等。我个人认为,《老子》一书从它成书之日起，就带有整理、语录体的特征，这是与该书的出世过程密不可分的。后世所有版本的《老子》，都源于尹喜整理的（通常说的关令尹本）初始版本，因而通常不会改变其语录体的特征。另外，后世之所以出现了不同的版本，而且错讹很多，这与当时的书写条件、记录传承有很大的关系，更与抄写者的水平有直接的关系，如文字通假、文人润色、后世道家弟子传承过程中掺入自己的思想等。当然也与抄录者的喜好、断章、节录、取意有很大的关系。

五、《老子》非一时一地完成，它是逐步成书并传世的

将《老子》传世本对照马王堆出土的帛书《老子》、郭店村出土的竹简《老子》来看,《老子》一书不是一时一地写成的，它是逐渐成书的。日本女子大学谷中信一认为,《老子》有一个发展过程，并非最早就有一个五千言完整形态的《老子》。台湾辅仁大学丁原植教授把郭店《老子》的出土与老子活动地域联系起来研究，通过比较郭店本、帛书本与今本中某些篇章，也得出《老子》这本书很可能不是一人、一时、一地完成的结论，是值得我们研究老子的学者重视的。

从老子与尹喜在函谷关相遇后的行踪来看，他们在关署小住后，即到了周至，在周至中南山下结庐望气、观象、论道，记录老子关于“道”“德”的言论，形成了《老子》原始的记录文稿。随即尹喜邀请老子经宝鸡过散关，来到了自己的家乡天水。前文已述及，天水至今保留了大量与老子、尹喜有关的传说、遗存和方志记载，这是历史在地方和民间的保存。伯阳讲经台是当年老子、尹喜讲经、论道之遗存，教化沟应该是他们传道、教化民众和培养弟子的地方；花石崖应该是他们在陇上最早的修道场所；尹道寺村为尹喜故里；伯林观是后人纪念老子的地方；尹道寺则是后人纪念尹喜的庙宇，等等。从大量遗存来看，两人在天水的时间不会太短。正是在这段时间里，他们一面传道，一面对老子的思想进行细化，在楼观台记录稿的基础上，修改、

完善，形成了《老子》一书。

再从老子、尹喜从函谷关相遇，一直到陇上的行程来看，能安心著述的地点只有楼观台和尹喜的家乡天水。老子入函谷关经陕西，过散关入陇，其足迹遍布陇原大地。他云游的线路为：天水（包括天水县、清水、秦安、甘谷、武山以及当时很繁荣的秦人早期活动重点地区礼县等地）[①]；定西（通渭、陇西，此两县历史上属天水管辖）、兰州（榆中、皋兰）、武威（永登）、张掖（高台）、酒泉（居延等）、敦煌、青海门源、永靖（炳灵寺所在地，山崖上有老子洞）、积石山、广河、临洮、渭源等[②]。老子的云游大致可分为三个阶段：第一阶段是老子入陇后，在邑人尹喜的陪同下，先在羲皇故里拜谒伏羲、秦人故里，了解秦风和完成《老子》一书的修改阶段，从天水至今保存遗迹、传说、文字记载来看，这段时间不会太短。第二阶段是《老子》一书修改完成后，继续云游至居延（流沙）。第三阶段是拜访释迦牟尼故里的想法未能如愿，返回青海，至临洮终老东山（今县城东岳麓山）飞升崖“飞升”。从老子陇上行的粗略路线和三个阶段来看，最宜于著述的阶段为第一阶段，即在天水云游的这段时间。第二阶段是老子、尹喜赴西方天竺欲拜访释迦牟尼故里的赶路阶段，他们应该没有时间、条件和心境著述。第三阶段老子年老体衰，大概只宜讲道、传道，已无精力著述了。

六、引荐老子到陇上的关键人物为尹喜

老子由中原到陇上的关键是尹喜的引荐。陇上是伏羲故里，是伏羲始画八卦的地方，是易学的发祥地[③]，也是秦人崛起之地。秦人重视人才、实践变法，全国闻名。春秋时秦祖、壤驷赤和石作蜀负笈东游，远赴山东拜孔子为师，位列七十二贤人之林，被乡人誉为“孔门三弟子”，可见秦地春秋时文风即盛。秦地文化底蕴还可从秦人先祖祭祀伏羲得到证明，秦文公十年（前756年），秦德公二年（前677年），两公分别设祠祭祀伏羲。[④]此外，陇上文化渊源还可从大

① 《庄子·寓言》曰：“阳子居南之沛，老子西游于秦。邀于郊，至于梁而遇老子。”“梁”为周时诸侯小国。据《国语·晋》二“夷吾逃于梁”句引《注》“梁，嬴姓之国”句判断，与陇上古秦地所指相同。今天水地区，包括1985年划归陇南的西和、礼县等地，是秦人早期发祥地。这里除礼县大堡子秦墓的发掘外，还有大量先秦时秦人的遗迹和传说。如牧马滩、关山牧场、秦亭遗址；我国历史上最早的县邽县、冀县；张川马家塬遗址、秦安上塬遗址；非子牧马的传说等。

② 从民俗角度看，每年夏历3月28日是传说中的老子忌日，临洮、广河等地举行三天庙会，祭祀老子，这种风俗从历史上传到今天。

③ 安志宏：《最早的卜卦起源于何处》，《人民日报（海外版）》2007年11月6日。

④ 〔汉〕司马迁：《史记》，中州古籍出版社1994年版。

地湾遗址[1]的发掘，以及陇上 500 至 600 余处新石器时期文化遗址的探明得到印证。笔者认为，尹喜引荐老子到陇上云游，老子、尹喜在陇上足迹遍布，是有其深刻的文化背景的。

老子西行到陇，后世有文字记载。《庄子·养生主》有“老聃死，秦失吊之，三号而出”。“失”（或曰：佚）为老子生前好友，秦为陇上，可见，老子不仅入陇，且终老于陇上。今甘肃临洮（古狄道）东山有“飞升处”，一般认为是老子逝世的地方（一说去世于敦煌三危山，今敦煌附近建有老君堂），今临洮建有庙、塔，立有碑等。《后汉书》记载：延熹七年（164 年），襄楷给汉桓帝上书中说：“或言老子西入夷狄为浮屠。”《汉书·艺文志》记载：老子西行“喜去吏而从之”。《史记集解》引刘向《列仙传》：老子与尹喜“俱之游流沙之西”。我想刘向经过认真研究才得出尹喜与老子“俱之流沙之西”的结论。陕西昭陵博物馆藏《临川郡公主墓志铭》记：“真人（老子）播迹于流沙。”证明老子不仅到陇，而且在志同道合的挚友尹喜的陪同下，一直到了河西走廊上的流沙，是否如《后汉书》所言为“浮屠”，或是拜访西方圣人释迦牟尼故里，则不得而知了。后人作有《老子骑青牛出关图》（见图 3）。

图 3　老子骑青牛出关图

七、后世楚地出土《老子》若干版本，与尹喜在楚地传道不无关系

相传，老子授尹喜《老子》并约定“后会蜀之青羊肆”。事实上，老子在陇

---

① 大地湾遗址距今万年以上，发掘出大量聚居村落、原始宫殿、灶坑、排水渠等，出土陶器四千余件，石器一千七百余件，骨角器一千六百余件，蚌器和装饰品三百六十多件；动物骨骼、植物标本、木炭标本、植物种子，地画、陶器符号等；在曲腹彩陶盆等多件器物上，甚至 F372 房基遗址中，发现了类似太极图的图案等。

上“飞升”之后，尹喜托疾隐居谷内，后入蜀，归栖于楚地（今湖北十堰市）武当山三天门石壁下。公元五世纪，南朝人郭仲产《南雍卅记》载：“武当山有石门石室，相传云尹喜所栖之地。”武当山大顶之北有狮子峰，岩壁上有尹喜岩，一名仙岩。其下有涧名牛槽涧、青羊涧。楚地至今留传有老子会访尹喜的神话故事。元代刘道明《武当福地总真集》记尹喜岩“古有铜床玉案，今无”。元代罗霆震吟《尹仙岩》诗曰：

道之所隐即仙灵，心印函关道德经。
不待邛州乘鹤去，此山仙已是天崖。

从仅有的尹喜资料看，其一生为人低调，不求闻达于世，不修俗礼，隐德行仁，潜心学业，一心想让老子的思想传世，专心整理《老子》，后半生过着隐居生活，所以，我们至今尚未找到尹喜生卒年的记载，也不知其详细的生平事迹。战国时的道家重要人物庄子对他评价很高，将他与老子并称为“古之博大真人”。道教教徒代代相传其功绩，至今保留了大量有关尹喜的资料。历代武当山志都记录了他在武当山活动的踪迹，并称尹喜为第一位来武当山实践，传播道家思想的历史人物。尹喜被历代道教教徒尊称为“玉清上相”。可见，尹喜在楚地传播道家思想确有其事。“道之所隐即仙灵，心印函关道德经。”后世楚地马王堆帛书《老子》、郭店村竹简《老子》的相继出土等，不能说与尹喜在楚地传道、讲经没有关系！

综上所述，可以得出下列几点认识：第一，老子由关入陇，其原因有二：一是陇上人尹喜引荐；二是天水为“羲里娲乡”和“秦人故里”。第二，《老子》一书不是一人、一时、一地写成的著作，它是在老子由关入陇西行的途中，由尹喜记录其言论，经整理而逐渐成书的。“古圣贤述而不作”，尹喜记录、整理、加工老子的言论，汇编成册，使之得以传抄、保存、传世，功莫大焉！第三，《老子》简本、帛本、通行本为一个传承序列。先秦《老子》传本经过各种方式的传抄和解释，在各种地域思想环境中融入了当地的语言和文化，也出现了不同的写本和辑本。但最初和最基本的版本是尹喜本，有人称其为“活页本”。第四，老子由关入陇，其创立的道家学说也由中原传到西北广大地区，沿途传道，扩大了道家学派在西北的影响；因战国时“百家争鸣”和秦人东扩等，《老子》也传播到全国。同时，也因道家人物讲道设坛、布道传道等原因，产生了以道家哲学、思想为基础的宗教，即道教，天水历史上道教场所众多和道教的兴盛也证明了这一点。第五，老子在陇上“飞升”之后，尹喜经“蜀陇道”入蜀，后归栖于楚地（今湖北十堰市）武当山，后世楚地有《老子》若干版本出土，与尹喜在楚地传道不无关系。

编者按：2020 年 7 月，安志宏先生受聘为清水县“邽山书院”名誉顾问，这是他应邀撰写的陇学学术论文，是对位于清水县与麦积区交界处的尹喜故里“尹道寺”考察之后撰写的研究文章，发表于“邽山书院”2021 年 10 月微信公众号。经作者授权，收录于此。

【作者简介】

安志宏（1962—），甘肃省天水市人，四川大学历史文化学院博士研究生。曾任北道区（2005 年改称麦积区）副区长，甘肃省水利厅副处长（挂职），天水市政协副主席，天水市人大常委会副主任。现任天水市人大常委会一级巡视员、民盟天水市委会主任委员。

曾经获得全国优秀科技工作者、甘肃省优秀教育工作者、甘肃省优秀提案工作者等荣誉称号。业余探幽索微，笔耕不辍，撰写学术论文 60 余篇。先后在《人民日报》《中国青年报》《团结报》、历史学科核心期刊和大专院校学报等 30 余家报刊、杂志上发表《卜卦起源于何处》《张鼎承三辞官》《甲骨四堂》《关于陶器起源的补充意见》《也论两汉官私奴婢》《我国卜卦起源于天水新探》《磨制石器与大地湾混泥土》《人工取火溯源》《我国上古时代“袭号”制度探源》《徐中舒先生治学琐谈》等。

与人合作出书 7 部，出版个人论文选集一部，主笔《易苑》杂志等，名入多部大典。

陇右诗歌刍议

◎高天佑　马银生
（甘肃省成县师范学校高级讲师　甘肃省天水市农业学校校长）

改革开放以来，陇右文化逐渐引起了国内学术界的普遍关注，研究者及其成果也越来越多。例如，西北师范大学古籍整理研究所主编的“陇右文献丛书”，对陇右古代文人之著述、遗稿进行辑录、校点，已经出版了数十种之多。西北师大教授胡大浚先生主编的“陇文化丛书”，以雅俗共赏的语言与形式，从多学科、多观点的角度向人们展现了陇右文化的特色及其概貌。甘肃人民出版社出版了“陇右文化丛书”，甘肃省博物馆主办了《陇右文博》杂志，《天水师范学院学报》开辟了“陇右文化”专栏，省内学者亦多有专著问世。除此而外，《文史知识》杂志曾刊“甘肃专号”，《古籍整理与出版》杂志曾刊“陇右文化专辑”，辽宁教育出版社“中国地域文化丛书”中有《陇右文化》专著等，在更大层面上对陇右文化做了推广与普及工作。

有感于这种热烈的学术氛围，适逢西部大开发的时代浪潮，我们决意将这部《陇右诗选注》（见图 1）奉献给广大读者，以期为陇右文化的挖掘、整理与研讨贡献一分力量，并且让更多的读者了解陇右文学中诗歌创作的源远流长，品味甘肃古代历史文化的古朴与淳厚。本书之编选，本着“立足陇南，放眼陇右，点面结合，以点为主”的原则，通过诗歌内容的集中展现和对诗歌文本的注释、简析，向读者微观地展示陇右文化的方方面面，让读者感受陇右文化独具魅力的人文精神。当然，陇右诗仅仅是陇右文化的载体之一，但通过本书的阅读，读者或可“尝一脔而知全鼎”。为使读者对“陇右诗”及其相关概念的内涵和外延有比较深刻的了解，特撰此文冠于书前，以作概览。

图 1 《陇右诗选注》封面
（甘肃人民出版社，2002 年版）

一、陇山、陇水、陇关、陇右释名

甘肃简称为“陇”，实源于“陇山”之名。而“陇山”之名，最初曰陇，其后，随着朝代更替，则曰陇首、曰陇坻、曰陇头、曰陇坂，不一而足。伴随着社会之进步，人类文明之发展，其间又先后设立诸多关隘，如陇关、大震关、固关、萧关、安戎关等，名称因时变易，然皆与陇右诗相关。故先对主要地名作正名探义，将有助于对陇右诗歌之解析与赏读。

（一）陇山释名

1. 陇

据《说文》：“陇，天水大阪也，从阜，龙声。”可见，“陇”是“天水大阪”之专有名称。从其字形分析，左边为“阜”，“阜”者，《说文》曰：“大陆也。”段注：“陆，土地独高大，名曰阜。阜冣大，名为陵。引申之为凡厚、凡大、凡多之称。《秦风》传曰：‘阜，大也’。”《说文》复曰：“山无石者，象形。”段注：“山下曰，有石而高，象形。此言无石，以别于有石者也。《诗》曰：‘如山如阜。’山与阜同而异也。《释名》曰：‘土山曰阜。’象形者，象土山高大而上平，可层垒而上。首象其高，下象其三成也。”《说文》又曰：“凡阜之属皆从阜。”简言之，“阜”即高大的土山。

阪，《说文》曰：“坡者，曰阪。从阜反声，一曰泽障也，一曰山胁也。”段注：“山胁，山胛也。《吕览》：‘阪险原隰。’高注：‘阪险，倾危也。’《小雅》：‘阪田。’笺曰：‘崎岖、垗埆之处也。’”可见，所谓“大阪”，即广大而高的山区之地，非仅指大坡。

再看其右边为“龙”，龙首，《说文》曰：“鳞虫之长，能幽能明，能细能巨，能短能长。春分而登天，秋分而潜渊。”复验之陇右历史文化之渊源，陇右乃伏羲、女娲、轩辕黄帝之生地，自古即被誉为“轩辕故里”“羲皇故里”。羲皇文化起源于陇右，不仅有书证、史证，而且有秦安之大地湾、女娲庙、天水之卦台山、伏羲庙等古今物证，羲皇文化（或称“伏羲文化”）亦即龙文化，已是不争的事实。而轩辕黄帝的传说，自古即流传于陇山之下的清水县境内，疏曰：“《天官书》云：‘轩辕，黄龙体。’”可见亦与龙有关。因此，编者认为，“陇”和“陇山”之得名，其实是远古图腾文化的产物，尤其是以“羲皇”为代表的“龙文化”的孑遗。如果我们忽视了这一本质内容，就山论山，就地说地，则难免流于肤浅。

2. 陇首

汉武帝时乐歌《郊祀歌》之十七为《朝陇首》，其词曰：“朝陇首，览西垠。”

注曰："陇坻之首也；垠，厓也。"（《钦定四库全书》集部，宋·陈仁子编《文选补遗》卷三十四）。意即登上陇山之首，朝天祀地，可以看到西天之边际。这是先秦时期中原人的地理观念。

3. 陇坻

张衡《西京赋》曰："右有陇坻之隘，隔阂华戎。"《汉书·地理志》注曰："陇坻谓陇坂，即今之陇山也。"又《三秦记》："陇坻，其坂九回，不知高几许。欲上者七日乃得越。"谓"陇坻"即陇坂、陇山，盖泛言之，大致不误。然于"坻"字之义未予落实。据《说文》："坻，小渚也。"段注："《尔雅》曰：'小州曰渚，小渚曰沚，小沚曰坻。'《毛诗·周南》秦传曰：'水中可居者曰州；渚，小州也；坻，小渚也；小渚曰沚。'……坻者，水中可居之冣小者也。"本诸此义，陇山之上古代当有天池、大潭、灵湫之类，故得名陇坻。

4. 陇坂

张衡《四愁诗》之三："我所思兮在汉阳，欲往从之陇坂长。"陇坂，一作"陇阪"，一作"陇坡"。《说文·土部》："坂，阪也。"段注："阜部曰：坡者曰阪。此二篆转注也。"亦即陇坂，注见上文，形近且音义相同。

5. 陇头

北朝乐府《陇头流水》："陇头流水，分离四下。"陇头，当为"陇首"之俗称，故见于乐府之中，反复歌吟，流传天下。

6. 陇山

据《秦川记》："陇山，东西百八十里，登山巅而望，秦川四五百里，极目泯然。"此名最为晚出，至今沿用。又陇山可分大、小二陇山，"大陇山"即古代所谓陇首、陇坻者，"小陇山"则指渭河以南大陇山向南延伸的部分，亦即今所谓西秦岭，是秦岭向西、向南延伸的部分，天水名胜麦积山即位于小陇山之中。

依据现代地理学概念，古今所谓陇山不过是六盘山之余脉，是六盘山山脉向南延伸而介于陕、甘两省之间为界山的部分。六盘山主峰在今宁夏固原境内，其海拔为 2 928 米。

（二）陇水释名

"陇水"与"陇头流水"异质同构，"陇水"是专指，是陇右某条小河的专名，这在历史文献中多有反映，但后来演化为泛指，则与"陇头流水"质构皆同了。"陇头流水"，指陇山森林、沟涧中之溪流、瀑布，为外延较小的泛指；

后来诗文中则泛化为陇右大小河流。因此，“陇水”与“陇头流水”在泛指陇右河流这一点上是相同的，而在专指上，则是有所区别的。

1. 北陇水（自南向北流者）

据《水经注·河水》：“又东过陇西河关县北，洮水从东南来流注之。”注曰：“洮水又北经狄道故城西。阚骃曰：‘今曰武始也。’洮水在城西北流，又北陇水注之，即《山海经》所谓滥水也，水出鸟鼠山西北高城岭，西经陇坻，其山岸崩落者，声闻数百里，故扬雄称‘响若坻颓’是也。……昔马援为陇西太守六年，为狄道开渠，引水种粳稻，而郡中乐业，即此水也。”此水今名“东峪河”，源出于渭源县西鸟鼠山中，北向流入临洮县境，注入洮河。

2. 南陇水（自北向南流者）

据《水经注·渭水》：“又东过冀县北。”注曰：“渭水又东与新阳崖水合，即陇水也。东北出陇山，其水西流，右经瓦亭南……东南流历瓦亭北，又西南合为一水，渭之瓦亭川。”瓦亭水今名“甘渭河”，源出于今宁夏隆德县南之月牙山，西南流入静宁县境内，入葫芦河。

上述两条陇水，以其在陇右所处方位，应当称发源于隆德月牙山者为“北陇水”，而称发源于渭源鸟鼠山者为“西陇水”。然《水经注》中已称后者为“北陇水”，故依二者之流向分别称作北陇水、南陇水。其实，倘若以古今诗文中所称狭义的“陇头流水”来分析，凡发源于陇山、分流于陇东（左）、陇西（右）者，皆可谓之“陇头流水”。以此观之，唯有“南陇水”可当之。倘若从广义来看，则二者皆可当之，即凡陇右之河流，无论其大小，均可谓“陇水”或“陇头流水”。显然，不仅“陇水”被泛化了，而且“陇头”也被泛化了，成为今甘肃省之代称。

（三）陇关释名

有水就有桥梁，有山必有关隘。巍巍陇坻，南北向纵贯于今宁、甘、陕三省交会之地，自古以来便是中原与西北的天然屏障，故东汉张衡有“陇坻之隘，隔阂华戎”之叹。秦汉以降，陇山乃为兵家必争之地，被誉为“秦陇锁钥”“陇右门户，关西要隘”，是汉唐“丝绸之路”上的重要交通孔道。据文献记载和山川形势，参之以今人研究成果，古代从关中翻越陇山进入陇右有北、中、南三条路线：北路是从关中、陇东经萧关到达今宁夏南部固原、隆德一带。中路是从关中西部凤翔、陇县经固关越陇山到达今张家川回族自治县境内。南路是从关中陇县经咸宜关、鬼门关跨陇山到达今清水、天水一带。由古今诗词来看，大抵从中、南路达陇右者居多。今依据时间之先后，试对陇山诸关简释如下。

1. 萧关

据《汉书·匈奴传》："孝文十四年（前 166 年），匈奴……入朝那萧关。"又《武帝纪》："元封四年（前 107 年），北出萧关，历独鹿、鸣泽。"可见，萧关在秦汉时已是重要关隘，唐宋时亦为要塞。据今人研究，有人曾称秦汉萧关为陇山关、瓦亭关、三关口等，其实"以三关口至瓦亭峡整个这一段险要地带，统称萧关。'宋萧关'当在今宁夏海原县东北的高崖一带，石峡口的方位为宋萧关是相对准确的"。（见薛正昌著《固原历史演进与文化》）

2. 陇关

据《后汉书》，顺帝（刘保）永和五年（140 年），西羌"寇武都，烧陇关"。章怀太子注："陇关，陇山之关也，今名大震关。"其故址在今陕西陇县西南陇山上，北周时曾改名为"大宁关"。

3. 大震关

《元和郡县志》曰："大震关，后周置，汉武至北遇雷震，因名。"可见，在隋唐以后，始称"陇关"为"大震关"，二者虽同为一关，但异代异名。

4. 安戎关

据《新唐书·地理志》："源西有安戎关，在陇山，本大震关。大中六年（852 年）防御使薛逵筑，更名。"由此可知，唐宣宗（李忱）大中年间，因原大震关址距陇州（治今陇县）较远，且取水困难，遂将"大震关"关址移置于今陇县之西山麓，遂更名为"安戎关"。《通鉴》注："自薛逵徙筑安戎关，由是汧陇之人，谓大震为故关，安戎为新关。"

5. 咸宜关

明代将安戎关移置于今陇县西，更名为咸宜关。于是，汧陇之人又别称安戎关为故关，咸宜为新关。咸宜关故址当在今陇县西南之咸宜关乡。

6. 固关

当为"故关"之讹。今陕西陇县西有固关镇。当是原陇关，亦即大震关之旧址。

（四）陇右释名

陇右，即陇山之右，亦即陇山以西。秦汉曾设陇西郡，故称陇西。唐朝设陇右道，故名陇右。陇西、陇右如同陇上、陇原一样，均为今甘肃省之代称。秦汉以降，历代封建王朝非常注意对陇右的经营，对其战略地位异常重视，如

“欲保关中，必固陇右”，“欲保秦陇，必固河西；欲固河西，必斥西域”（清·顾祖禹语）。可见，甘肃自古乃为维系中原王朝安危的形胜之地。这从下述行政建置即可窥见。

1. 陇西郡

秦置，汉因之，因在陇山之西，故名。辖今天水、兰州、定西等地，治狄道，即今临洮县东北。晋徙治襄武，即今陇西县西南，唐废。

2. 陇右道

唐太宗（李世民）贞观初置，因位于陇坻之右，故名。据《新唐书·地理志》:“陇右道……汉天水、武都、陇西、金城、武威、酒泉、敦煌等郡……为州十九，都护府二，县六十。”其辖境东接秦州，西逾流沙，南连蜀地、吐蕃，北界沙漠，领秦、渭、兰、河、岷、叠、宕、鄯、廓、甘、肃、瓜、沙、伊、西、临、阶、凉等十九州，治鄯州，即今青海省乐都县治（2013 年撤县设区）。

唐陇右道所辖境，乃为广义的陇右，而一般所谓陇右则是狭义的，其所指范围为秦汉陇西郡故里，即陇山以西、兰州黄河以东地域，亦即古人所谓“关陇”。正是因为狭义之陇右不能涵盖今甘肃省全境，于是才有人以“河陇”称之，即陇右、河西之地，并以“河陇文化”作为今甘肃历史文化的概称。

二、陇右诗概述

“陇右诗”主要由以下两个方面的内容构成：一是历代陇土诗人的创作，二是历代旅陇诗人的创作；二者共同构成了陇右诗深厚博大的文化内涵，多姿多彩的艺术形式，积极向上的思想主题，慷慨激昂的人文精神，不仅成为中国地域历史文化的亮点，而且在中国古代文学史上占有相当重要的地位。

（一）陇右诗之源

陇右文学最早产生的形式是诗歌，陇右诗最早的作品乃是《诗经》中的《秦风》。《秦风》共有十篇，其中的《车邻》《驷驖》《小戎》《蒹葭》《终南》《无衣》等六篇，均是早期秦人陇右生活的写真，是其迁入关中之前的民间创作。可见，《诗经》不仅是中国古代文学的两大源头之一，也是陇右文学和陇右诗之渊源，它对后世陇上诗人，尤其是汉魏时期诗人的影响最为显著，如汉朝人秦嘉、徐淑、仇靖、赵壹，魏晋人傅玄、阴铿等，其创作无论内容还是形式，均深受《诗经》之风浸染。

（二）历代陇土诗人之创作

陇土诗人之创作，以今所见，最早产生于西汉，而有名姓和作品可考者，当推李陵。一曲骚体之《别歌》，读来令人潸然泪下。最早的“夫妻诗人”当数秦嘉、徐淑夫妇，最早在全国卓有影响的诗人当推赵壹，他们都是两汉时人。

魏晋时期的代表诗人，一是政治家兼诗人傅玄，一是南朝梁陈时著名诗人阴铿。他们均出身于陇右望族。傅玄一生未离政治而又勤于创作，所留作品甚多，尤其是乐府诗，在魏晋诗人中独占鳌头。有学者统计，“考之郭茂倩《乐府诗集》可知，以今存乐府诗数量之多而论……在当时的重要诗人中，曹操仅存十六首，曹植三十五首，张华二十九首，陆机三十五首，均不及博玄所作八十七首之半。”[①]傅玄的作品，虽在唐宋以前备受冷落，但在明、清时期引起了充分关注。明人胡应麟评曰：“傅玄《庞烈妇》，盖效《女休》作者，辞义高古，足乱东、西京。”[②]张溥亦说：“晋代郊祀宗庙乐歌，多推傅休奕（玄之字），顾其文采，与荀（勖）张（华）等耳。《苦相篇》与《杂诗》二首，颇有《四愁》（张衡）、《定情》（繁钦）之风。《历九秋》诗，读者疑为汉古辞，非相如、枚乘不能作。其言文声水，诚诗家六言之祖也。”[③]评价可谓细而高矣！

阴铿的诗歌创作，流传下来者虽然不多，但其“博涉经史，尤善五言诗”[④]，名重当时，颇具影响，与当时著名诗人何逊齐名。其五言诗创作，注重对仗，结构工整，被誉为“五言律诗的先驱之一”[⑤]，在古代诗歌发展史上占有重要地位。清人陈祚明曾评道：“阴子坚诗声调既亮，无齐梁晦涩之习，而琢句抽思，务极新隽；寻常景物，亦必摇曳出之，务使穷态极妍，不肯直率。此种情思，更能运以亮笔，一洗玉台之陋，顿开沈（佺期）、宋（之问）之风，且觉比《玉台》则特妍，较沈宋则尤媚。”[⑥]全面剖析了阴铿诗艺的独到之处。同时，阴铿诗风对唐人也多有影响。杜甫自称“孰知二谢将能事，颇学阴何苦用心”（《解闷十二首》之七）。他还曾指出：“李侯有佳句，往往似阴铿”（《与李十二白同寻范十隐居》）。就连唐诗两座高峰的李白、杜甫都不同程度地受到了阴铿之影响，可见其诗艺价值之高。

有唐一代，诗歌创作的天空群星灿烂，熠熠争辉。由于关陇集团顺时得势，掌握天下，陇右的名门望族亦纷纷登上政治、文学舞台，以传奇小说和诗歌创

---

① 蹇长春、王会绍、余贤杰编注：《傅玄阴铿诗注·前言》，甘肃人民出版社 1987 年版。
② ［明］胡应麟：《诗薮》卷一，上海古籍出版社 1979 年版。
③ ［明］张溥：《〈傅鹑觚集〉题辞》，上海古籍出版社 1984 年版。
④ ［唐］姚思廉：《陈书·阮卓传附阴铿》，中华书局 1972 年版。
⑤ 蹇长春、王会绍、余贤杰编注：《傅玄阴铿诗注·前言》，甘肃人民出版社 1987 年版。
⑥［清］陈祚明：《采菽堂古诗选》卷二十九，甘肃人民出版社 1987 年版。

作为自己赢得了一席之地。就诗歌而言，其中以李益的边塞诗、权德舆的江南山水诗和王仁裕的纪游诗最负盛名。

李益，今甘肃武威人。对其边塞诗创作，前人多有中肯评析。如明人胡震亨指出："李君虞生长西凉，负才尚气，流落戎旃，坎坷世故。所作从军诗，悲壮宛转，乐人谱入声歌，至今诵之，令人凄断。"[①]可见其诗作受人喜爱的程度和流传之广泛。清人张澍概括其诗为："写征戍之情，览关山之胜，极辛苦之状"。(《李尚书诗集序》)意即通过李益诗作，我们可以一览中唐时代西北边塞生活之全貌，感受戍边军旅者的内心情感。对于其七绝的创作，后人评价更高。例如："七言绝句，开元之下，便当以李益为第一，如《夜上西城》《从军北征》《受降城闻笛》诸篇，皆可与太白、龙标竞爽，非中唐所得有也。"[②]

权德舆，今甘肃秦安人。他是一个位及宰相的文学家，著述甚为宏富。单以诗歌创作而言，其描绘江南秀丽风光的山水诗，即景抒情，情景交融，意境宁静清幽，淡泊闲远，特色尤为鲜明。宋人严羽曾评道："权德舆之诗，却有绝似盛唐者。……或有似韦苏州、刘长卿处。"(《沧浪诗话》)可知其诗作兼有盛唐诗作质朴清雅、恬静闲远之意趣，显示出集众家之长为我所用的宽广胸襟。

晚唐至五代诗人王仁裕，为今甘肃礼县人。他是古代诗歌史上的多产诗人之一。据史云："乃集其平生所作诗万余首为百卷，号《西江集》。"[③]故时人戏其为"诗窖子"，可惜宋代以后，其诗大多亡佚，现只有《全唐诗》卷七百三十六辑存一卷。其诗作以吟咏古迹、借景抒情者为多。

宋元时期，陇右诗的创作进入低谷期。迄明，庆阳李梦阳、秦安胡缵宗崛起诗坛，一振陇右诗坛五百年之沉寂，成为承前启后的重要诗人。其中李梦阳在文学史上的主要贡献，在于其大力倡导了"复古运动"，是明代复古派"前七子"的领袖人物。其诗风雄豪而奇幻（如《纪梦》)、沉郁而飘逸（如《元夕》《杜峰歌》)。明人胡应麟评为："献吉兼师李、杜及盛唐诸家，虽才力绝大而调颇纯驳。"(《诗薮》)指出了其于诗歌创作"转益多师""才力绝大"的特色。与李梦阳一样，胡缵宗亦主张"文必秦汉，诗必盛唐"。他在《愿学编》中说："国朝……诗袭元，高季迪(即高启)其杰然者，自李献吉出，而人人拟杜子美矣，……然汉文、唐诗，岂宋、元比耶？夫学，必学孔也；学诗与文，不当自太史公、工部入耶？"其又在《杜诗批注后序》中说："汉、魏有诗，梁、陈、隋无诗；

①〔明〕胡震亨：《唐音癸签》卷七，上海古籍出版社 1981 年版。

②〔明〕胡应麟：《诗薮》卷一，上海古籍出版社 1979 年版。

③〔宋〕薛居正：《旧五代史·王仁裕传》，亦见《新五代史·王仁裕传》，中华书局 1974 年版。

唐有诗，宋、元无诗。梁、陈、隋非无诗，有诗不及汉、魏耳；宋、元非无诗，有诗不及唐耳。”对明以前诗史给予了宏观剖析，从两千年历史长河中标示出为文为诗之典范，主张学其根本、取法乎上，提出了文人应当遵循的创作基点和审美标尺，其作为文学理论的认识与评判价值是显而易见的，标志着明代陇上诗人在文学创作审美意识上的自觉。对于胡缵宗的创作，《四库全书总目·鸟鼠山人集提要》（集部别集类）云：“其诗激昂悲壮，颇近秦声。无妩媚之态，是其所长；多粗厉之音，是其所短。”当然，这是基于封建“诗教”的“温柔敦厚”标准而言的。其实，胡氏之“粗厉”与李梦阳之“粗豪”（明·薛惠《戏成五绝》云：“俊逸终怜何大复，粗豪不解李空同。”）正是陇右诗人“刚建”气质的反映，是陇右山川广袤雄奇的自然禀赋使然。

与此不同，金鸾（今甘肃陇西人）之诗则要显得温婉、凄凉一些，这与其家道中落、终身布衣、长期漂泊于湖湘之间的人生经历密切相关。清人钱谦益评其“风流宛转，得江左清华之致”（《列朝诗集》）。可谓一语中的，道出了其诗风之所本源。朱彝尊则说：“白门诗家，有金琮元玉、金丹赤侯、金大车子有、金大舆子坤、金张竹溪，均有诗集。诸金之中，吾必以在衡为巨擘焉。其五七言近体，风情朗润，譬诸斛角灵犀，近之游尘尽辟矣。至若‘明月照人千里共，凉风吹面五更多’，尤为警策。”（《静志居诗话》）以对比的方式表达了自己对金銮诗作的感受：“风情朗润”，评价甚高。而陈田更加直截了当地指出：“山人诗，清圆浏亮，无当时叫嚣之习。”（《明诗纪事》）

迨清，随着清王朝对西北的多次用兵和经营，陇右的战略地位再次得到加强。“康乾盛世”之后，统治者对文教相对重视，陇右文化得以复兴，出现了诗人辈出的可喜局面。其中会宁人吴镇、武都人邢澍、武威人张澍、甘谷人巩建丰、王权、秦安人安维峻、天水人任其昌等成为名闻遐迩的学者和诗人。

吴镇可谓清代最早登上全国诗坛的陇右诗人，他不仅博学工诗，而且对书法、绘画亦有深究，是一位多才多艺的诗人。据载，其诗一出手，人争传诵，流播秦陇之间，故被时人誉为“关中四杰”（吴镇、胡钎、杨鸾、牛树梅）之一，与秦安人胡钎并称为“西州骚坛执牛耳者”。当清代著名文学评论家袁枚得读吴镇诗集时，“姝姝然喜，急采入《诗话》，备秦风一格。”并欣然为之作序，盛加推许其诗为：“深奥奇博，妙万物而为言。于唐宋诸家，不名一体，可谓集大成矣。”

乾隆、嘉、道间，陇右出现了两位闻名全国的学者：邢澍和张澍，时人称之为“陇上二澍”。相较之下，邢氏比张氏年长二十三岁，二人前后相继，所治略同，皆与当时名士交游密切，著述宏富，具有儒雅博识的学者风范。其诗风亦大致相仿，既有陇上人士生性豁达、雄健豪放的一面，又有仕宦南方，受江南山清水秀之浸染而婉丽清逸的一面。就其学术成就而言，近人梁启超有评："甘肃与中原穹隔，文化自昔朴僿，然乾嘉间亦有一第一流之学者，曰武威张介侯（澍），善考证，勤辑佚，尤娴熟河西掌故。与段茂堂、王伯申、钱衎石诸人皆友契。"[①]我们认为，此评于邢澍亦是适用的。就其诗风而论，今人赵俪生认为："邢氏之诗，全部未见，仅见其《南旋诗草》。大体张澍为诗，每多诘屈之句，但诗味较深较浓；邢澍之诗，流畅居多，而诗味则较淡薄。"[②]

至于王权、任其昌、安维峻等人，因其处于清朝之末，面对国运式微、民生凋敝、官场黑暗、政治腐败的现实，多有慷慨愤激之情、关注现实之诗，亦有清玩山水景致、僻处西北一隅的闲雅之作，表现出了王朝行将没落之时仁人志士的哀叹与呼号。

（三）历代旅陇诗人之创作

旅陇诗人，大抵汉代已有，然其人其诗已杳不可考。今可见者，以魏晋南北朝人之诗为多，尤其是以《陇头水》为题材的诗作大量涌现，成为一个令人关注和感兴趣的文学现象。如当时著名的诗人刘孝威、车璪、王褒、顾野王、汪总、陈叔宝等，他们当中不一定人人都到过陇头，却都留有以"陇头流水"为题材的佳作。究其原因，乃是适值战乱频仍时代，权柄易位，朝秦暮楚，人生苦短，譬如朝露，在当时的社会现实和政治形势下，诗人借乐府旧题以抒胸中块垒，大都表达了背井离乡、别家去国、前途渺茫、生死未卜的迷茫哀婉之情，并非单纯地描摹陇头山水之景致。

这一独特文学现象的肇始者当是北朝乐府民歌《陇头歌辞》《陇头流水》（详见卷三），因其质朴简练、接近口语的《诗经》体式和语言，因其情境邈远、忧愁悲凉的抒情格调和氛围，一经传出便流传天下。正如学者所言："'陇头流水'几乎成了悲凉、愁苦、思乡、送别等种种复杂感情的象征。历代许多诗人，包括一些戍守边疆的文官武将，都常用这个题目表现边塞生活，抒发怀念家乡的情感。"[③]的确，从此以后，"陇头流水"便成为中国古典诗歌的一种意象，常常出现在历代诗人们的笔下。例如唐代的王勃、卢照邻、沈佺期、王维等，宋代的王安石、陆游，明代的朱诚咏、刘基、何景明、胡缵宗，清代的沈德潜、

---

① 〔清〕梁启超：《近代学风之地理的分布》，《饮冰室合集文集》第 12 册，中华书局 1989 年版。

② 赵俪生：《邢澍的生平及著述》，原刊《社会科学（甘肃）》1982 年第 3 期，后录入冯国瑞辑《守雅堂稿辑存》，甘肃人民出版社 1992 年版。

③ 王秉钧等选注：《历代咏陇诗选·前言》，甘肃人民出版社 1981 年版。

谭嗣同，直至民国的于右任，均有吟咏“陇头流水”意象之佳作。与此相同，以乐府旧题《关山月》及陇山鹦鹉为题材的诗作历代不绝，成为古代文人借以抒发边关之思、怀才不遇之情的特有方式。而这三个特色鲜明的文学意象，皆与陇山相关联。为使陇右文学中这一枝奇葩不泯于世，粲然开放，我们遍搜历代诗歌选本及部分全集，得诗近两百首，编为两卷，奉献给广大读者，希望引起学林广泛的注意,并期盼能为陇东各县市开发陇山人文自然资源尽绵薄之力。

隋唐时期，关陇集团雄踞陇右，并以此为基地发展壮大，问鼎中原，夺取天下，使魏晋以来逐步形成的“关中本位”政治构架的效能得到了淋漓尽致的发挥。这正如陈寅恪先生所言：“李唐承袭宇文泰‘关中本位政策’，全国重心本在西北一隅，而吐蕃盛强延及二百年之久。故当唐代中国极盛之时，已不能不于东北方面采维持现状之消极政略，而竭全国之武力财力积极进取，以开拓西方边境，统治中央亚西亚，借保关陇之安全为国策也。”[①]亦如有学者统计分析：“陇右实为唐王朝维护版图统一、稳定政局的要害之地。陇右的安危，对唐王朝的盛衰兴亡具有举足轻重的影响。因此，唐代有作为的帝王莫不关注陇右。史载天宝元年十镇（统率全国边兵）兵员四十八万人，军马八万匹。陇右、河西两镇兵员近十五万人，军马三万匹，均约占全国总数的三分之一；若加上北庭、安西两镇，则为数尤多。这些数字明白显示出陇右在唐代边防军事格局中的重要地位。”[②]

陇右之所以在隋唐时期成为用武之地，是因为这里地域辽阔、山川广袤、自然资源丰饶，农业、畜牧发达，具备了得陇右者得天下的有益机便，而这实在得益于秦汉以来长达千余年的苦心经营。据《史记》载，陇右“西有羌中之利，北有戎翟之畜，畜牧为天下饶”（卷一百二十九）。《汉书》亦云：“秦地天下三之分，而人众不过什三，然量其富足什六”（卷二十八）。经过秦、汉和魏晋近千年的开发，至唐玄宗（李隆基）天宝年间（742—756 年），陇右遂呈现出：“闾阎相望，桑麻翳野，天下称富庶者无如陇右”（《资治通鉴》卷二百一十六）的高度繁荣景象，唐代的甘肃成为当时最富有生气和活力的地方。

经济繁荣，政治稳定，能够促进文化艺术的大发展。随着唐王朝对陇右的高度重视和大力经营，许多文人带着投身异域、建功立业的雄心壮志和美好愿望，纷纷登陇西来。“据不完全统计，八世纪中叶河陇沦陷前，亲涉陇右有诗传世的知名者即达数十人，初盛唐边塞诗人的代表，如骆宾王、陈子昂、王昌龄、

① 陈寅恪：《唐代政治史述论稿》，上海古籍出版社 1997 年版。

② 杨晓霭、胡大浚：《陇右地域文化与唐代边塞诗》，《文史知识・甘肃专号》1997 年第 6 期。

王之涣、王维、高适、岑参，以至杜甫、李益、戎昱等均在其中，不知名者，仅从诗人赠答送别之作考察，更难以计数。”[①]“一部《全唐诗》中，边塞诗约二千首，而其中一千五百首与大西北有关。更引人注目的是，这些诗中反复歌唱的又多是这样一些地方：阳关、玉门、敦煌、酒泉、凉州、临洮、金城、秦州、祁连、河湟、皋兰、陇坂……它们犹如一串耀眼的明珠，连接起了自陇山到玉门、阳关，东西长达一千七百公里的陇右山川。”[②]可以说，以旅陇诗人高适、岑参、王昌龄和陇土诗人李益为代表的边塞诗创作，是有唐一代陇右诗中最为炫眼的宝石。那沙场征战的雄奇壮美，戈壁冰河的塞外景象；那长河落日的宏阔意境，边关秋月的慷慨悲凉；那建功立业的报国壮歌，大唐一统的理想光芒，至今读来令人精神振奋，斗志昂扬，回肠荡气，胸怀扩张。这便是大唐王朝二百多年间所形成的积极进取、不畏艰险、尚武建功、实现理想的时代精神。这一精神，历经千百年的磨砺与升华，已然成为我们中华民族不屈不挠、自强不息的坚实脊梁。

有趣的是，魏晋“陇头流水”和盛唐边塞诗派，一前一后，一柔一刚，相互补充，相互依托，共同形成了陇右诗歌长河中两座明亮的灯塔，可谓是光耀陇右诗歌史的“月亮”和“太阳”。

宋、元时期，陇右先后为吐蕃、金、元所占据，汉文化之中心逐渐东移、南迁，远离了这块孕育、创造了中国早期文明的土地。陇右文化绚丽的风景线逐渐隐没于漫漫长夜之中。

明、清时期，随着对西北边疆的开拓经营，文士武将纷至沓来，陇右诗创作遂进入复苏期、振兴期。旅陇名人，明代有高启、解缙、何景明、李攀龙等，清代则有宋琬、王士帧、林则徐、左宗棠、谭嗣同等。其诗作风格多样，题材广泛，写景纪游之作极为普遍，为陇右名山大川、文物古迹留下大量歌咏之作，极大地丰富了陇右文化的内涵。尤其值得一提的是，明清旅陇诗人在“文必秦汉，诗必盛唐”复古观念和思想的影响下，创作了大量以“陇头水”和西北边塞为题材的诗作，这无疑是对陇右诗两座高峰的自觉承续与发展，是对陇右诗主要内容与主题的丰富和强化。特别是对“陇山鹦鹉”的歌咏之作，或借物寄情，或托物抒怀，形象地反映了明清时期的文人在封建专制统治下，或因恃才傲物而招祸，或因出言不慎而杀身的可悲境遇，具有独特的艺术价值和历史价值。

---

① 杨晓霭、胡大浚：《陇右地域文化与唐代边塞诗》，《文史知识·甘肃专号》1997年第6期。

② 杨晓霭、胡大浚：《陇右地域文化与唐代边塞诗》，《文史知识·甘肃专号》1997年第6期。

三、陇右诗与人文精神

作为中国历史上一块独特而神奇的土地，陇右文化所包蕴的内容是多方面的，是博大精深的，是其独特的自然地理、军事地理、经济地理和文化地理共同作用的硕果，在中国多元化的地域文化中具有自己鲜明的色彩和品格。

从自然地理来看，陇右处于黄土高原、中原板块与青藏高原三大板块交叠碰撞之三角区域，这里有高山大河、高原河谷、森林草地、沙漠戈壁，地形地貌复杂，气候变化多样。陇山是关中与中原的西方屏障，河西走廊是西域通向内地的咽喉。地理形势险固，自然条件严酷，人们在这样的自然条件下生存，需要有吃苦耐劳的精神、坚忍不拔的意志和勇猛刚强的品性。

从经济地理来看，周秦时代已在泾河、渭河上游，以及西汉水流域河谷创造了高度发达的农耕文明，使陇右成为中国农业的主要发源地。经过汉唐长期的大力开垦和苦心经营，至盛唐时已经获得“天下称富庶者无如陇右”的美誉；辽阔的地域，丰富的物产，发达的农耕畜牧文明，为陇右文化的孕育与生成提供了丰厚坚实的物质基础。

从军事地理来看，陇右天然的自然地理条件和独成一隅的形势，使其成为长达千年的用武之地。据学者统计，“如今甘肃境内残存秦长城遗址八百多公里，汉长城一千余公里，明长城一千二百余公里。长城的修筑是甘肃历史上最具规模的营造建筑活动，至今留下许多宏伟壮观的历史文化遗迹。”[①]严格地讲，这些历代长城更是军事文化的遗迹，在这些遗迹下面所埋藏着的，乃是历史上许多战争的痕迹。例如：秦人与西戎的战争，西汉与匈奴的战争，东汉与西羌的战争，蜀汉北伐与魏国反北伐，隋唐征西，清代用兵新疆等。可以说，战争与陇右的兴衰相伴而存在。

从文化地理来看，开创于汉朝、兴盛于唐代的“丝绸之路”，“在甘肃境内约一千六百多公里，占全程的五分之一。汉唐丝绸之路的繁荣，使陇右地区成为中国历史上率先向西方开放的地区，成为中西文化交流、贸易往来的重要通道。在唐代文化高潮中，陇右的贡献尤巨。至今甘肃各地灿烂若群星的佛教石窟艺术是我国西北地区最具特色的文化群落。”[②]“在中国历史上，陇右大地还一直是许多民族大迁徙、大融合的舞台……多民族共同开发、建设，推动了陇右经济文化的发展，也形成陇右历史文化多元的内涵和民族浑融的斑斓色

① 赵志宏：《熔古铸今，开辟未来》，《文史知识·甘肃专号》1997年第6期。
② 赵志宏：《熔古铸今，开辟未来》，《文史知识·甘肃专号》1997年第6期。

彩。”[1]可见，陇右不仅是东西方文明交汇的通道，而且是西北少数民族文化与中原汉文化交融的舞台。

在这样一个巨大的历史、地理、经济、军事、文化背景下，陇右诗作为陇右文化的载体之一，体现出的人文精神主要有以下四个方面：

一是不畏艰苦，勇于开拓的积极进取精神。从《诗经·秦风》可见，无论是放牛牧马、学种耕稼，还是征占部落、统一西戎、迁入关中，都反映了陇右先民吃苦耐劳、勤于耕牧、不断开拓的进取精神。正是有了这种不甘现状的积极进取，才有了“秦置郡县、修长城，均始自陇右”[2]的敢为天下先的创造性、历史性举措，深深地影响了中国长达两千年的封建专制统治。

二是呼唤安定，反对战争的平民生活要求。历朝历代的杀伐征战，给陇右各族人民心灵烙下了难以磨灭的创伤，因此向往安居乐业、家人团圆，便成为陇右人民共同的美好愿望；反对不义战争、厌恶戍边生活，便成为各族人民的必然要求。无论是古老的《击壤歌》《匈奴歌》，还是《朔马谣》，以及代不绝笔的《陇头水》，都集中地反映了这一点。

三是投身边关，建功立业的理想主义追求。作为中国封建社会最为繁荣鼎盛、力量强大的王朝，汉、唐的统一、安定是与其用兵陇右、开疆拓土、击败骚扰、收复失地等举措紧密相连的。汉代的霍去病、卫青、李广、赵充国、张骞、苏武、马援、班超，三国的诸葛亮、姜维、邓艾，唐代的高适、岑参、王昌龄、李益等文人武将，都把走马边关、驰骋沙场作为实现个体人生价值的有效途径，这在历代边塞诗，尤其是唐代的边塞诗中反映得较为鲜明。

四是个性耿直，不畏权贵的陇土人文气质。自古以来，陇右尚武好战的民风，多民族的杂居相处，轻利崇义的质朴民习，险山峻岭的自然环境造就了陇右诗人耿介、孤傲、卓尔不群的个性气质，铸成了陇右诗人积极入世、追求真理、维护正义的批判精神和献身精神。不管是出身寒门、恃才傲物、州郡屡征不就的东汉西县人赵壹，还是“‘天性峻急，不能有所容’，因诤言骂座而屡遭弹劾”[3]的东晋诗人傅玄；不管是“为人刚直不屈，铁骨铮铮，一生批逆鳞、捋虎须，反对势要，五次隐于囹圄，几遭不测”[4]的李梦阳，还是“置自身性命于不顾，敢于直接指责当时一手遮天的慈禧太后，被誉为‘陇上铁汉’的安维峻”[5]，都

① 赵志宏：《熔古铸今，开辟未来》，《文史知识·甘肃专号》1997年第6期。
② 赵志宏：《熔古铸今，开辟未来》，《文史知识·甘肃专号》1997年第6期。
③ 郭晋稀：《陇右文学的特性》，《文史知识·甘肃专号》1997年第6期。
④ 郭晋稀：《陇右文学的特性》，《文史知识·甘肃专号》1997年第6期。
⑤ 郭晋稀：《陇右文学的特性》，《文史知识·甘肃专号》1997年第6期。

集中而典型地体现了陇右诗人刚直不阿的品质，傲然独立的人格，充分反映了秦地、秦人所具有的秦声、秦风，从而构成了陇右人文精神中一个光辉的亮点。

由上所述，可见陇右作为中国古代文明的发祥地之一，作为古代汉唐丝绸之路主干道所经之地，具有源远流长的文化传统和非常深厚的文化底蕴。明人何景明《陇头流水歌》中有云："陇坂高随天，陇水鸣溅溅。"陇右封闭自足、远处西陲的地理环境，正像"高随天"的"陇坂"一样阻隔了其与中原文化的通达交汇，使世人鲜有目睹感受者；而其文化传统则犹如"陇水"一般流淌千年而不竭，鸣声"溅溅"，使人生愁，令人遐想，促人深思，让人眷恋！

以陇右古代文献、文物、遗迹、人物等文化现象为研究内容的学问，称为"陇学"。陇学之兴，肇始于清代中期阶州人邢澍，在他毕生十多种著述中即有《关右经籍考》(或曰《全秦艺文录》)十一卷，这是他"又念关中自唐、宋以来，叠经兵燹，昔贤述作，沦佚者众，竭二年之力，精心搜采"[①]而为之者，对于辑存关陇古代文献有开拓之功。继之，武威人张澍踔励发扬，撰有《西夏姓氏录》《续敦煌实录》《凉州府志备考》《五凉旧闻》等，大大拓宽了"陇学"视野。故有清一代，"陇上二澍"实为"陇学"之奠基人。民国时期，天水人冯国瑞有志于陇学，遍究乡邦文献，先后撰作了《张介侯年谱》《守雅堂稿辑存》《邢佺山先生事迹考》《邢佺山先生著述考》《天水出土秦铜器汇考》《麦积山石窟志》等，又师从国学大师王国维、梁启超、陈寅恪、吴宓诸人，以天资聪颖、好学博闻、治学精励而名闻国内外，使陇学为之一振。同时，临洮人张维亦潜心陇学，跋涉探访、不惮辛劳，先后编著有《陇右金石录》《陇右方志录》《陇右著作录》《仇池国志》等，为陇学之发展做出了可贵贡献。

明人归有光曾言："吴中文学称盛者，尊宿常殷勤以接后进，后进亦竭力表彰前贤，故学术渊源，远有承传，非他郡之所能及。"对于陇学研究而言，正急需此种前后相携、老幼相推的风气和"为往圣继绝学"(张载语)的献身精神。基于这样一个认识，作为后学，我们经数年思考，两年裒集而成是书，尤其注意从陇右诗歌史的角度，编成"陇右遗音""陇西歌谣""陇上风骚"三卷，意在归纳陇右古代遗诗，汇集陇右籍文人诗作，为日后进一步的研究提供资料。又编成"陇头流水""陇关明月""陇山鹦鹉"三卷，意在突出陇右地域文化之特色，补苴陇右诗歌和陇右文学研究中的罅漏，从而将陇右诗歌和诗史的研究引向深化与细化。

至于"陇右漫行"一卷，主要是从外籍诗人咏陇的角度，借以展示陇右的自然、人文景观，反映历代流寓陇右的文人的情怀。当然，陇右诗歌作为陇右

① 支伟成：《金石学家列传》，岳麓书社1998年版。

文化遗产之一，其蕴藏量极其丰厚，众多诗作尚淹没于古代文献和方志之中，欲穷而尽之，乃是一项庞大的系统工程，只能俟诸来日。我们此次编选，囿于条件、学识和时间限制，只能是一种尝试，即选取几个点做纵深探掘而已，尚祈专家、学者与广大读者不吝赐教。

编者按：本文为我和马银生先生合作编著《陇右诗选注》一书的“前言”，2001 年 6 月初稿于天水农校，10 月改定于陇南成县。该书延请著名古典文学研究专家、陕西师范大学终身教授霍松林先生作序，著名书法家林岫、陈振濂先生分别题名，甘肃人民出版社总编范海成先生担纲责编，设计艺术家徐晋林设计封面、环扉，由甘肃人民出版社于 2002 年 12 月出版发行。

【作者简介】

高天佑（1965—），又名高澍，男，汉族，1965 年 3 月出生于兰州市，甘肃清水县人，祖籍甘肃秦安。研究生学历，民盟盟员。先后在成县师范、陇南师范任教 16 年，2000 年 12 月破格晋升为高级讲师（副教授）；2001 年 6 月破格提拔为甘肃省成县副县长，曾任陇南市政协副秘书长、研究室主任；民盟全国九大、十二大代表。现为甘肃省政协委员，民盟甘肃省委员会委员，民盟陇南市委员会主委，陇南市人大常委会副主任，陇南市社会主义学院院长。

业余致力于先秦文学、陇右文化、陇南文史、蜀道文化、古代钱币、汉代摩崖等专题研究，出版学术著作 10 余部，现代诗集 4 部：《迎风而唱》《踏歌而舞》《飞越甘肃》《生命之光》，主编“得陇望蜀诗丛”第一、二、三、四辑，敦煌文艺出版社 2020 年—2023 年版。另有，连环画《西和乞巧》（撰稿，甘肃人民出版社 2014 年版）、连环画册《画说乞巧》（撰稿，甘肃人民出版社 2014 年版）。

获奖事项：首部学术专著《西狭摩崖石刻群研究》荣获“甘肃省第四届优秀图书奖”（2000 年）和中国艺术研究院“中国美术学学术著作（提名）奖”（2001 年）。2001 年 6 月，被中国民主同盟中央委员会授予“做实事、做贡献”全国先进个人；2008 年 12 月，被民盟中央授予“抗震救灾全国先进个人”。2020 年 6 月，获“民盟中央思想政治建设和宣传工作先进个人”荣誉称号。2021 年 8 月，在民盟甘肃省委庆祝中国共产党成立 100 周年、纪念中国民主同盟成立 80 周年暨甘肃民盟组织建立 80 周年大会上，荣获“突出贡献奖”。

马银生（1962—），甘肃省清水县人，毕业于甘肃教育学院中文系，曾先后任清水一中教师、清水县教育局局长、天水农业学校校长、天水中等师范学校校长、天水市人大常委会教科文卫工作委员会主任。现已退休。

轩辕黄帝略考

◎温小牛（清水县“邽山书院”副院长兼院务长）

轩辕是父系氏族社会华夏部落联盟的大酋长,华夏民族早期国家的开创人。他降生于甘肃省清水县。

一、伏羲、女娲是先民对天地、男女的感知意象

三皇五帝在古史及传说中说法颇多。三皇者，说法有七:《史记·秦始皇本纪》李斯言“古有天皇、地皇、泰皇，泰皇最贵”;《史记·补三皇本记》引《河图》《三五历记》说是天皇、地皇、人皇;《风俗通义·皇霸篇》引《春秋纬·运斗枢》言为伏羲、女娲、神农；西汉孔安国《尚书·序》、晋皇甫谧《帝王世纪》言为伏羲、神农、黄帝。五帝者，说法有四:《世本》《大戴礼》《史记·五帝本纪》以及东汉应劭、三国谯周写史均以黄帝起头；《礼记》说是太皞（伏羲)、炎帝（神农)、黄帝、少皞、颛顼;《皇王大纪》说伏羲、神农、黄帝、唐尧、虞舜为五帝。史书对黄帝的记述比较详细。尤其是司马迁所作的《史记》，其记事起于黄帝，足见史家之灼见。

传说中，三皇之首伏羲，唐代司马贞《三皇本纪》说：“母曰华胥，履大人迹于雷泽，而生庖牺于成纪。”《三皇本纪》自注：“其位在东方，象日之明，故称太皞，皞，明也。”郑玄注《礼记·月令》说：“此苍精之君”“太皞庖牺氏，风姓，代燧人氏继天而王”“其相日角”“蛇身人首”。所谓雷、风，日之明，似均与上天有关，孔颖达解释说元气广大谓之皞，天则皞皓。在《汉书·古今人表》中于“上上圣人”中直书“太昊帝宓羲氏”。故伏羲与天皇为同义复指。女娲与伏羲一说为兄妹关系，故有女娲炼五色石以补苍天之说。但传说中女娲最大的功绩是抟土造人，治平洪水，似乎更与地相关。

神话中也有相关描述。《补三皇本纪》中说：“天皇氏，十二头，澹泊无所施为，而俗自化。木德五。岁起摄提。兄弟十二人，各立一万八千岁”；“地皇十一头。火德王。兄弟十一人，兴于熊耳、龙门等山，亦各万八千岁”。天皇比地皇多出一头；天皇无所施为，地皇有山可依。

由是观之，我们也许可以把伏羲和女娲看作是人类最早对天与地的感知。

就如同把有巢氏和燧人氏看作是居住和熟食的感知一般，是房子与火的符号。

传说伏羲和女娲兄妹通婚，生出了人类，故伏羲被视为人宗爷。在汉画像砖中有伏羲女娲两尾相交的情景。李贽言“上古男女无别，帝始制嫁娶”（《史纲评要·卷一伏羲氏》）。伏羲、女娲漫长的神话时代是一个由男女无别到只知其母、不知其父的演进过程，而伏羲和女娲则是由天皇向男性、地皇向母性过渡的对接符号，是先民对雄、雌性别认识的升华。赵国华先生在《生殖崇拜文化论》中说“女娲本为蛙，蛙原是女性生殖器的象征，又发展为女性的象征，尔后再演化为生殖女神。伏羲也许本为蜥，蜥即蜥蜴，原是男性生殖器的象征，尔后奉伏羲为‘春皇’，原因即在于他是一位生殖繁育之神。”《帝王世纪》说，伏羲“一号雄皇氏”。

传说中伏羲始画八卦正是对上述分析最好的注脚。八卦者，乾、坤、震、巽、坎、离、艮、兑，分别象征天、地、雷、风、水、火、山、泽八种自然现象。《易·系辞下》说“古者包牺氏王天下也，仰则观象于天，俯则观法于地；观鸟兽之文与地之宜，近取诸身，远取诸物；于是始作八卦，以通神明之德，以类万物之情”。《白虎通义号篇》说“于是伏牺仰观象于天，俯察法于地，因夫妇正王行，始定人道，画八卦以治天下”。但所谓伏羲画八卦本身是一个奇特的传说。《尚书中侯·握河记》说“龙马负图出于河，遂法之以画八卦”。所谓八卦是把天地万物用阴阳二爻来表示，体现男女媾精、万物化生的义理。因此，伏羲应该是一种文化现象，就如同我们对龙的理解一样。他不是个体，而是泛指。元代祭祀伏羲的乐章中有“八卦有作，诞开我人”句子。明代胡瓒宗在祭祀伏羲的献供乐章中说得更清楚：“神之来兮，见龙在田；神之去兮，飞龙在天。”可见伏羲确实是代表着人类的诞生，说他是人之初祖或人宗、人祖是十分恰当的。

二、轩辕黄帝是人皇、泰皇，华族部落大酋长，华夏民族早期国家开创人

比较而言，轩辕黄帝的生平事迹尽管有神话的色彩，但较贴近真实。尽管各种记载或传说把他列为三皇之末，五帝之首，但神的成分少多了。在三皇之中，他或他和炎帝神农氏充当了人皇或泰皇。对黄帝的记载，司马迁时代较多，有所谓“百家言黄帝”，但“其文不雅训”。司马迁“择其言尤雅者，故著为本纪之首”。所以，司马迁的记载应该是可信的。《史记·五帝本纪第一》对轩辕姓氏身世、出生、去世、发明、征战、治国等方面进行了完整的记述：“黄帝者，少典之子，姓公孙，名曰轩辕。生而神灵，弱而能言，幼而徇齐，长而敦敏，成而聪明。”《尚书》说“黄帝少典之族有熊氏”。《国语·晋语》说：“昔少典娶

有蟜氏，生黄帝、炎帝，黄帝以姬水成，炎帝以姜水成，成而异德。故黄帝为姬，炎帝为姜。”皇甫谧说：“黄帝生于寿丘，长于姬水，因改姓姬。”《初学记》说：“黄帝母附宝，见大雪绕北斗，枢星光照郊野，感而孕。”这里的轩辕与伏羲、女娲时代大有不同。轩辕不仅有父母，而且有兄弟。也有说其与炎帝是一父两母的（炎帝母女登，任姒。《帝王世纪》说：“神农氏姜姓，母曰任姒，有蟜氏之女，名女登，为少典妃。”）轩辕有妻子，有子孙。《史记·黄帝本纪》载“黄帝居轩辕之丘，而娶于西陵之女，是为嫘祖。嫘祖为黄帝正妃，生二子”，“其一曰玄嚣，是为青阳”，“降居江水”，“其二曰昌意，降居若水。昌意娶蜀山氏女，曰昌仆，生高阳”，“黄帝崩，葬桥山，其孙昌意之子高阳玄，是为帝颛顼也”，“黄帝二十五子，其得姓者十四人”。显然，轩辕时代，男子专权的父系氏族社会已经取代了伏羲女娲时代的蒙昧社会和母系氏族社会。

轩辕时代的发明很多，伶伦造律吕，区分五音；隶首作算数，记述数字；创造指南车，征战远方。蚕桑、造纸、舟车、宫室、文字等之制，皆始其时。

据《史记·黄帝本纪》：“轩辕之时，神农氏世衰。诸侯相侵伐，暴虐百姓，而神农氏弗能征。于是轩辕乃习用干戈，以征不享，诸侯咸来宾从。而蚩尤最为暴，莫能伐。炎帝欲侵陵诸侯，诸侯咸归轩辕。轩辕乃修德兵，治五气，艺五种，抚万民，度八方，教熊貔貅驱虎，以与炎帝战于阪泉之野。三战，然后得其志。蚩尤作乱，不用帝命。于是黄帝乃征师诸侯，与蚩尤战于涿鹿之野，遂擒杀蚩尤。而诸侯咸尊轩辕为天子，代神农氏，是为黄帝。天下有不顺者，黄帝从而征之，平者去之，披山通道，未尝宁居。”这里着重讲了两次大的战争。所谓诸侯，也不过是小部落而已。秦腔古戏有《黄帝开国图》。

经过战争，黄帝所辖疆域也在扩大。“东至于海，登丸山，及岱宗。西至于空桐，登鸡头。南至于江，登熊、湘。北逐荤粥，合符釜山，而邑于涿鹿之阿。迁徙往来无常处，以师兵为营卫。官名皆以云命，为云师。置左右大监，监于万国。万国和，而鬼神山川封禅与为多焉。获宝鼎，迎日推策。举风后、力牧、常先、大鸿以治民。顺天地之纪，幽明之占，死生之说，存亡之难。时播百谷草木，淳化鸟兽虫蛾，旁罗日月星辰水波土石金玉，劳勤心力耳目，节用水火材物。有土德之瑞，故号黄帝。”

这段文字，反映出黄帝时代治国设有邑，设有内外之官，又有四大臣及军队、营卫，俨然已具备了国家的雏形。这种情况与《补三皇本纪》中对人皇的记述大抵相近：“人皇九头，乘云车，驾六羽，出谷口，兄弟九人，分长九州，各立城邑，凡一百五十世，合四万五千六百年。”而与天皇、地皇的记述大相径庭。因而，我们可以推测三皇之人皇、泰皇，就是轩辕黄帝。

从太史公作《史记》把黄帝列为五帝之首，经高阳、高辛、唐尧、虞舜、夏、商、周、秦，论于汉武帝天汉元年合二千二百一十三年。统治者出黄帝一系，均为轩辕后裔。后世亦莫不以黄帝子孙自居。秦始皇称帝，李斯言三皇中之泰皇最贵。《史记·秦本纪第五》："秦之先，帝颛顼之苗裔曰女脩。"就连唐先祖也称其为"高阳氏之苗，秦将军之后矣。"

神话传说应当是反映了远古先民的一种生存意识，如果我们把伏羲和女娲与西方之亚当和夏娃相比较，那么，轩辕黄帝则应当是真正的汉民族代表者，中华民族至高无上的人文始祖，也是中华文明的开创者。

三、轩辕故里的由来

轩辕活动的范围较广，所谓"迁徙往来无常处"。因而，轩辕文化的传播十分广泛，关于黄帝诞生于何处的说法也较多。司马迁《史记》说"黄帝居轩辕之丘"；《帝王世纪》说"黄帝居若水"；郭璞《水经》说"帝生于天水轩辕谷"；《史记·五帝本纪》说黄帝"邑于涿鹿之阿，迁徙往来无常处，以师兵为营卫"；《国语》说"黄帝以姬水成"；宋代罗泌说黄帝"生于姬水，长于寿丘"；姚瞻说"黄帝都陈仓，非宛丘"；于右任《黄帝功德记》说"今陇右，黄帝遗迹甚多"。范文澜、何光岳、吴正中、安江林及明代胡缵宗等学者均认为轩辕故里在清水县。

（一）史书记载

《大戴礼记·帝系》《史记》说："黄帝居轩辕之丘。"《汉书·人表考》说："有峤氏以戊己日生黄帝于天水。"《水经》载："帝生于天水轩辕谷"，"今城东南七十里有谷与溪焉"。郦道元《水经注》说："南安姚瞻以为黄帝生于天水，在上邽城东七十里轩辕谷。"皇甫谧说："黄帝生于寿丘，长于姬水，因以为姓。居轩辕之丘，因以为名，又以为号。"《山海经·大荒西经》说："西王母之山有轩辕台，射者不敢西向。"《淮南子·地坠训》说："轩辕之丘在西方。"

《甘肃通志》记载："轩辕谷隘，清水县东七十里，黄帝诞此。"《直隶秦州新志》载："帝生轩辕之丘，名曰轩辕。今清水县东南七十里，黄帝诞于此。"明代胡缵宗有《轩辕故里生清水考》。范文澜先生在《中国通史编》中说："轩辕黄帝诞生于甘肃清水。"陇上学者吴正中撰有《轩辕黄帝及其故里考》一文，对轩辕故里清水说作了详备论证。上列史书尽管有转引摘录的成分，但其方位、范围却呈现由大到小、由含糊到清晰、最后确定为在清水县的过程。

（二）人文史迹

萧兵先生说："我国原始人民的主体属蒙古人种，即黄种；中华民族的发祥地之一在西北黄土高原。所以我国人崇拜黄土、黄色。”盖称黄帝者，因有“土德之瑞”也。宫玉海先生在《山海经与世界文化之谜》一书中说：“华、夏按理应作夏、华，只是因为汉族的祖先源于西北地区，因而自称华族。”伏羲、女娲的传说涉及的主要地区是天水、秦安。晋代皇甫谧《帝王世纪》说：“华胥以足履之有娠，生伏羲，长于成记。”唐司马贞在其《三皇本纪》中说“华胥，履大人之迹于雷泽而生庖牺于成记”，并自注曰“成纪亦地名。按，天水有成纪县”。后人均袭此说。神农炎帝活动的主要范围在关中地区的宝鸡一带。《帝王世纪》说“女登游华阳，生炎帝神农氏于姜水”。姜水即今陕西宝鸡清姜河流域。杨晨东先生说：“炎帝神农氏的故地在宝鸡市，黄帝轩辕氏的故地在甘肃天水与宝鸡市交界地。”（《炎帝论》）父系氏族社会的代表人物崛起于陇县与秦安之间的清水，也验证了渭河流域天水宝鸡地区是华夏民族孕育地的推断。

（三）考古实证

著名记者范长江在《中国的西北角》一书中写道：“我们现在虽然在考古学上还未能具体证明‘伏羲’的时代和他当时社会的内容，然而汉族最早的传说和神话都在渭水流域，特别是渭水本源的上游，这却无可怀疑。”近几十年天水地区发现了大量古遗址，充分说明了天水地区是中华文明的发源地之一，也对论证轩辕诞生于清水有很高的价值。

据考古资料，秦安大地湾遗址发现房址 240 座，灰坑窑穴 342 个，墓葬 79 座，窑址 38 个，各类文物 8 000 多件。其中有距今 8 170 至 7 370 年新石器时代早期纹饰陶器绳纹红陶足碗以及深穴窝棚式建筑。有距今约 5 500 年新石器时代庙底沟类型的人首葫芦形彩陶。也有距今约 5 000 年仰韶文化晚期的原始地画狩猎图和原始宫殿。证实了天水地区曾经居住过规模较大的原始部落，也印证了伏羲女娲时代的传说。

黄帝时代所形成的文化，考古学上称之为龙山文化。距今 5 000 年左右，这一时期的遗址，在清水发现四十多处。从永清堡遗址出土的文物来看，当时的原始农业和手工业生产较大地湾出土文物有很大的变化。在 1 ~ 3 米的地下文化层，有大量灰坑、灰层、房址、窑穴和陶砾堆积物遗存。层内有兽首，陶片、石器等。生产生活工具主要有石斧、刀、铲、陶纺轮、陶网坠、骨锥、陶鬲、陶钵、陶环等。由石器到陶器，工具由粗到细，以及房屋的出现，说明在这一时期，黄帝部落不仅能从事狩猎、捕鱼的生活，而且能从事农业、手工业、饲养业等活动。同时，对偶婚姻家庭也大量出现，证明了母系氏族社会已经完成了向父系氏族社会过渡的历程。在轩口窑断崖处也有壁薄红色的陶片及灰坑多处，亦属龙山文化遗存。

（四）地名特征

《史记·天官书》说："轩辕黄龙体。"《晋书·天文志》说："轩辕十七星，在七里北。轩辕黄帝之神，黄龙体。"何光岳先生解释道："可见轩辕星正位于轩辕谷之上天，代表轩辕氏部落的位置。"《秦州直隶州新志》记载："今清水县有轩辕谷。"轩辕谷，又称"三皇沟"。因轩辕黄帝位居伏羲、神农之下，故"三皇"当作轩辕黄帝解释。其地理位置在今清水县东山门乡白河村，距清水县城约七十里。其谷地处关山腹地，越关山而进入陇县、宝鸡，北靠清水盘龙山，南有元龙镇。谷中有丘，溪水注入通关河。这也许与《水经注》记载的"水出南轩辕溪，其水北流注泾谷水""清水东南入渭"有联系。同时，从轩辕丘所处的位置来看，西临大地湾不足二百里，东距炎帝诞生地峪家村也不过几百里。在"三皇谷"以西之白沙乡有山，名曰西陵山。有人认为西陵即先零，西陵氏即指清水先零羌。在同一地区又有桑园峡，桑园峡是古代养蚕的地方。轩辕娶西陵氏之女嫘祖为妻，嫘祖又是养蚕的创始人。在清水县城有地名曰轩口窑，该村有古洞，传为轩辕母携帝栖身之所。

（五）民间祭祀

《帝王世纪》说"黄帝铸鼎以疾崩，葬桥山"，后世祭祀不断。《礼记·祭法》说："有虞氏黄帝而郊喾，祖颛顼而宗尧；夏后氏亦帝黄帝而郊鲧，祖颛顼而宗禹。"秦灵公三年，作吴阳上峙，祭黄帝；作下峙，祭炎帝。后世官方多在陕西黄陵公祭。民间祭祀似不多见。在山门三皇沟旧时有庙，主祭轩王爷。清水县城有三皇庙垣，亦有三皇庙，祭祀轩辕黄帝。这类庙宇在清水境内亦是绝无仅有。和民间通祭神有很大的不同。特别是在三皇沟代代传承，祭祀三皇爷，恐怕并非偶然。

（六）实物遗存

明代学者胡缵宗曾在县城三皇庙题有石碑，并在县城门楼书写"轩辕故里"匾。清水城也曾建有轩辕镇、轩辕区等行政区划。

（七）民间传说

在文字发轫阶段或产生之前，由于记事手段有限，人们只能通过口头传承的方式记述事件。因此，世代相传的民间传说是古史的重要资源，不应被轻易否定。清水有古窑洞，据说过去有壁画的印迹。该洞民间世代相传为轩口窑，或轩辕窑，为轩辕母子栖居之所。民间亦流传有“清水有生龙的穴，没养龙的潭”的说法，说的是清水曾经出过皇爷或轩王爷。这一传说寓意着轩辕的出生和出走。

（八）民间风俗

清水丧葬棺材做法独特，与外界有很大的不同。清水棺材平盖平底平档，被称为“纱帽头”式样，而外界如陕西等地均为圆档隆盖，被称为“靴子头”式样。色彩上，清水无论老幼亡者，均用大红，而外界则用黑色或本色。这一习俗传说是因为清水出过“轩王爷”的缘故。关于这一点，西北大学雷树田教授曾做过研究，予以确认。另外，清水有一种石头，系辉绿岩，老人们称之为太皇石，也称长石，今人改名为庞公石。人们采集后，或置于案头供奉，或置于庭院，据说可以避邪。我认为所说的太皇也许与轩辕有关。

（九）古老姓氏

三皇沟十分偏僻闭塞，人口稀少，交通不便，与外界接触不多。1999 年，我在该村下乡了解到一种现象，村民以姓龙、苗、熊者居多，而张、王、李、赵之类的姓很少。龙、苗、熊是古老姓氏，几乎仅在清水县传承，即所谓“得其姓名十二人”之姓，是否为轩辕正宗后裔，有待深入研究。

编者按：本文原刊于刘怀珍主编，清水县政协宣教文史委员会编《轩辕黄帝略考》一书第 9-24 页。2005 年 7 月内部刊印。

【作者简介】

温小牛（1961— ），甘肃清水县人，西北大学中文系毕业，中国元史研究会会员，中国蒙古史学会会员，甘肃省轩辕文化研究会常务理事、副秘书长，甘肃省乞巧文化研究会理事，甘肃省作家协会会员，天水日报专栏作家，天水晚报特聘文史专家。曾任清水县作协主席，现任邽山书院常务院长。

业余时间在《人民政协报》《甘肃日报》《民主协商报》《飞天》《陇右文萃》《天水日报》《陇南日报》《天水师院学刊》等发表小说、散文和地方文史资料。有专著《中共三代中央领导集体核心的形成》《轩辕黄帝略考》《清水碑文研究》《成吉思汗与甘肃清水》《梅江峪》《钟灵寺》《回望老庄》《邽山秦风》等。

卷二 丝绸之路研究

交通史视角的早期国家考察

◎王子今（重庆师范大学历史与社会学院教授）

考察中国早期历史发展道路与文明化进程特点，不能忽略交通条件的重要的历史作用。夏禹事业体现交通的进步成为国家出现的历史条件。有关“轩辕”和“连山”神话的交通史记忆，也是我们探索早期文明起源应当注意的信息。先古圣王交通能力与行政权威的关系，也是符合社会发展进程的重要文化现象。秦汉时期经儒学学者经典化了的“巡狩”传说，其实可能部分反映了远古交通进步的真实历史。考古发现的早期交通遗迹数量有限，但是对于说明交通进步之历史的文化意义十分重要。今后考古工作的新收获，将证明交通条件对于早期国家形成的重要作用，并将不断充实并更新我们对早期交通史与早期文明史进程的认识。

一、“轩辕”“连山”神话：远古交通史记忆

传说黄帝以“轩辕氏”为名号。《史记》卷一《五帝本纪》：“黄帝者，……名曰轩辕。”①“轩辕”，字皆从“车”。“轩辕氏”以及所谓“轩皇”、“轩帝”作为后人所认同的中华民族始祖黄帝的名号②，暗示当时较高等级交通车辆的发明和使用，是文明进程迈入这一阶段的典型标志。《文选》卷一班固《东都赋》写道：“分州土，立市朝，作舟舆，造器械，斯乃轩辕氏之所以开帝功也。”“舟舆”等交通工具的创制，被看作“轩辕氏之所以开帝功”的重要条件。李善注引《周易》曰：“黄帝、尧、舜氏刳木为舟，剡木为楫。”③也强调了“黄帝、尧、舜氏”等制作水上交通工具的历史贡献。看来，“舟舆”“车服”的发明很可能是黄帝名号“轩辕氏”的由来。所谓“天下号之”，指出“轩辕”起初象征

① “轩辕”之得名，司马贞《索隐》引皇甫谧云：“居轩辕之丘，因以为名，又以为号。”裴骃《集解》引张晏曰：“作轩冕之服，故曰轩辕。”《史记》，中华书局1959年版。或说“轩辕”名号与车辆的发明有关。传屈原所作《楚辞·远游》说到“轩辕”，王逸注：“轩辕，黄帝号也。始作车服，天下号之，为轩辕氏也。”〔宋〕洪兴祖撰：《楚辞补注》，中华书局1983年版。

② 曹植《驱车篇》：“封者七十帝，轩皇元独灵。”〔魏〕曹植著，赵幼文校注：《曹植集校注》，人民文学出版社1984年版。《太平御览》卷七六九引王子年《拾遗记》：“轩皇变乘桴以造舟楫。”中华书局据上海涵芬楼影印宋本1960年复制重印版。《晋书》卷一〇一《载记序》：“轩帝患其干纪，所以徂征。”中华书局1974年版。

③〔梁〕萧统编，〔唐〕李善注：《文选》，中华书局1977年版。

荣誉而后作为社会公认的代表领袖地位的文化符号的意义。[①]而“分州土，立市朝”的成就，也是以交通发展为基本条件的。

炎帝亦称“连山氏”。早期易学文献所谓《连山》或《连山易》，其著作权或许与“又曰‘连山氏’”[②]的炎帝有关。屈原《远游》所谓“炎帝”“直驰”，“往乎南疑”而“览方外之荒忽”[③]，正是远古先王疾行历远的交通实践的一种文学映象。有学者指出“连”和“联”可以通假。如《周礼·天官·大宰》：“以八法治官府：……三曰官联。……”郑玄注引郑司农云：“联读为连。古书连作联。联谓连事通职，相佐助也。”[④]这样说来，推想“连山”似可理解为长途行历山地的交通实践的心理体验的某种记忆。“连山”的“连”字，其实原本就有与交通相关的意义。《说文·辵部》：“连，负连也。”段玉裁以为“负连”应正之为“负车”。以为“连”即古文“輦”也。[⑤]“‘联’‘连’为古今字，‘连’‘輦’为古今字，……故云‘联，连也’者，今义也；云‘连，负车也’者，古义也。”[⑥]所谓“连，负车也”体现“古义”，使人联想到“连山”名号出现的时代，人们的交通实践留下了深刻的历史印象。[⑦]

远古传说“里面掺杂的神化很多”，所体现早期历史的面貌往往是“颇渺茫的，多矛盾的”，但是，“很古时代的传说总有它历史方面的质素、核心，并不是向壁虚构的。”[⑧]“轩辕”“连山”神话，可以理解为远古交通史的遗存。

二、新石器时代部族交往与夏禹“随山刊木”传说

远古人类很早就已经表现出相当强的交通能力。以秦岭南北交通为例，老官台文化“分布于关中的渭、泾河流域和陕南的汉江、丹江上游地区。”[⑨]同一文化

① 参看王子今：《轩辕传说与早期交通的发展》，《炎黄文化研究》（《炎黄春秋》增刊，2001年9月）。

②〔清〕马骕：《绎史》卷四《炎帝纪》，文渊阁《四库全书》本。

③〔宋〕洪兴祖撰：《楚辞补注》，中华书局1983年版。

④〔清〕孙诒让撰，王文锦、陈玉霞点校：《周礼正义》，中华书局1987年版。

⑤ 指出“连”与“輦”的关系的，还有高亨《古字通假会典》。其中凡举四例，除《周礼·地官·乡师》“正治其徒役与其輂輦”，郑玄注：“故书‘輦’作‘连’，郑司农云：‘连读为輦’”之外，又有三例。1.《周礼·春官·巾车》：“輦车组輓。”《释文》：“‘輦’本作‘连’。”2.《战国策·赵策四》：“老妇恃輦而行。”汉帛书本“輦”作“连”。3.《庄子·让王》：“民相连而从之。”《释文》：“司马云：‘连读曰輦。’”高亨：《古字通假会典》，齐鲁书社1989年版。

⑥ 段玉裁注：“《周礼·乡师》‘輂輦’，故书‘輦’作‘连’。大郑读为‘輦’。‘巾车连车’，本亦作‘輦车’。”〔汉〕许慎撰，〔清〕段玉裁注：《说文解字注》，上海古籍出版社1981年版。

⑦ 参看王子今：《神农“连山”名义推索》，《炎黄文化研究》第11辑，大象出版社2010年版。

⑧ 徐旭生：《中国古史的传说时代》（增订本），文物出版社1985年版。

⑨ 张在明主编：《中国文物地图集·陕西分册》，西安地图出版社1998年版。

形态跨秦岭的分布，体现秦岭严重的交通阻障已经能够初步克服，形成了文化传播的基本条件。有些考古学者将相关地区的遗存纳入“大地湾文化”的范畴之中。对于大地湾文化的分布区域，有这样的分析：“主要分布于甘肃的陇东地区和陕西的关中地区，以渭河下游地区较为密集，另外，陕南的汉水上游地区也有分布。”根据《中国考古学·新石器时代卷》的表述，大地湾文化可以划分为两个文化类型，即大地湾类型和李家村类型。大地湾类型遗址主要分布在渭河流域，个别分布在丹江上游。而属于李家村类型的遗址“分布比较集中，多分布在汉水流域。”《中国考古学·新石器时代卷》的执笔者指出，通过年代分析可以知道，“从总体上看，大地湾类型的绝对年代普遍早于李家村类型。”[①]也就是说，从渭河流域得到早期发育条件的这种新石器时代文化，后来越过秦岭，扩展到了汉江流域。而“代表了中国新石器时代的一个非常重要的发展阶段”的仰韶文化，“中心分布区”包括“关中”和“陕南”。汉江流域的两处遗址西乡何家湾和南郑龙岗寺，被列入半坡文化的“典型遗址”之中。[②]半坡文化遗存在汉江流域的典型性存在，说明秦岭交通开发已经达到新的历史阶段。汉江流域居民全面复制了渭河流域的文化创造，反映跨越秦岭的早期道路已经实现了文化沟通的职能。[③]

《史记》卷一《五帝本纪》记述了传说时代诸种文明进步的迹象，其中包括交通建设的成就，如交通道路的开通。《禹贡》开篇就写道：“禹敷土，随山刊木。”孔氏传：“洪水泛溢，禹分布治九州之土，随行山林，斩木通道。”[④]《尚书·益稷》关于禹的事迹，也有“随山刊木”的说法。孔氏传：“随行九州之山林，刊槎其木，开通道路，以治水也。”[⑤]而“治水”，是禹成就政治功业的重要条件。如《禹贡》所说：“禹别九州，随山浚川，任土作贡”，于是“四海会同”，“告厥成功”。[⑥]《史记》卷二《夏本纪》保留了有关夏禹时代交通建设的相关传说：“禹乃遂与益、后稷奉帝命，命诸侯百姓兴人徒以傅土，行山表木，定高山大川。”[⑦]大致说来，“刊木”或说“斩木”，或说“表木，谓刊木立为表记”，都是开通山林道路的工程形式。[⑧]“禹敷土”，“禹分布治九州之土”，“令人分布理九州之土地”，有“通道”等交通条件的成熟与完善以为基础。

---

① 中国社会科学院考古研究所编著：《中国考古学·新石器时代》，中国社会科学出版社2010年版。

② 中国社会科学院考古研究所编著：《中国考古学·新石器时代》，中国社会科学出版社2010年版。

③ 王子今：《中国蜀道·历史沿革》，三秦出版社2015年版。

④〔清〕阮元校刻：《十三经注疏》，中华书局据原世界书局缩印本1980年影印版。

⑤〔清〕阮元校刻：《十三经注疏》，中华书局据原世界书局缩印本1980年影印版。

⑥〔清〕阮元校刻：《十三经注疏》，中华书局据原世界书局缩印本1980年影印版。

⑦〔汉〕司马迁：《史记》，中华书局1959年版。

⑧ 正如苏轼《书传》卷四《夏书·禹贡》所说：“山行多迷，刊木以表之，且以通道。”文渊阁《四库全书》本。

《史记》卷二《夏本纪》最后以“太史公曰”的形式写道：“自虞、夏时，贡赋备矣。或言禹会诸侯江南，计功而崩，因葬焉，命曰会稽。会稽者，会计也。”[①]夏王朝的成立，应以空前丰富的文化创造、空前繁荣的经济生活、空前完善的政治形式为条件。而“贡赋备”、“会诸侯”体现的交通能力的提升和交通行为的成功，正是文明初期的重要历史迹象。

三、城与早期国家

中国新石器时代晚期的城址已经有多处发现。许多学者认为这些遗存与国家的出现有关。

恩格斯说到文明初期国家形态的特征，包括“城”的出现：“在新的设防城市的周围屹立着高峻的城墙”。这种建筑形式可以看作从“氏族制度”向“文明时代”进步的时代标志：“它们的壕沟深陷为氏族制度的墓穴，而它们的城楼已经耸入文明时代了。”[②]显然，“城墙”和“壕沟”作为防卫性建筑设施，直接作用是阻隔交通。而另一方面，这种古代建筑形式的发明又告知我们，当时交通条件已经发育至相当程度,以致把握社会组织领导权力的人们有心予以控制。

在古代中国，城的营造主要凭借夯筑技术的采用。与鲧、禹治水事迹相关的传说有“息壤”情节。《山海经·海内经》：“鲧窃帝之息壤以堙洪水。”郭璞解释说：“息壤者，言土自长息无限，故可以塞洪水也。”[③]《淮南子·地形》：“禹乃以息土填洪水以为名山。”高诱注：“息土不耗减，掘之益多，故以填洪水。”[④]汉代学者高诱的解说可能更接近于“息壤”原义。吕思勉用《汉书》卷二九《沟洫志》“堤防之作”“壅防百川”语[⑤]，以为“防者，筑为堤防,《史记》所谓鲧作九仞之城以障水也”。坚固若石而“不耗减”，这正是夯土的特征。夯筑层土，令其坚实，以阻御洪水，是传统防治水害的方式，即吕思勉所谓“此盖古代治水诚有之事，抑亦其恒用之法”。[⑥]然而其最初的应用，却体现出人类为了生存和自然力胜利抗争的革命性的意义。夯土密度大于一般土壤，更大于新掘之

① 〔汉〕司马迁：《史记》，中华书局 1959 年版。

② 恩格斯：《家庭、私有制和国家的起源》，《马克思恩格斯选集》第 4 卷，人民出版社 2012 年版。

③ 袁珂校注：《山海经校注》，上海古籍出版社 1980 年版。

④ 何宁撰：《淮南子集释》，中华书局 1998 年版。

⑤ 〔汉〕班固：《汉书》，中华书局 1962 年版。

⑥ 吕思勉：《共工、禹治水》，《吕思勉读史札记》甲帙“先秦”，上海古籍出版社 1982 年版。

疏土[1]，形成“息土不耗减，掘之益多”的直觉感受，可能是“息壤”神话发生的重要原因。中国远古先民发明和应用的夯土技术，是适应黄河中下游地区较普遍的地理条件的最经济、最实用、最有效的工程形式之一。传说“窃帝之息壤”的鲧，正是筑城技术的发明者。《吕氏春秋·君守》：“夏鲧作城。”高诱注：“鲧，禹父也，筑作城郭。”[2]《淮南子·原道》也有“夏鲧作三仞之城”的记载。[3]《世本·作》也写道：“鲧作城郭。”[4]钱穆曾经论述城的早期作用：“耕稼民族的筑城有两种用意：一是防游牧人的掠夺，而另一是防水灾的飘没。”[5]徐旭生也曾经指出：“城同堤防本来是同一的东西：从防御寇盗说就叫作城；从防御水患说就叫作堤防。”[6]“息壤”神话的背景，其实就是城的出现。[7]

考古发掘所见大型中心城址以及其中宫殿性质建筑的出现，体现出包括交通条件设计规划在内的社会劳动组织水平的成熟。“建造大型中心城址远非单个聚落可以胜任，应动员组织更大范围人力、物力才得以完成，也表明已能在较大地域范围内行使权力。”而这一“地域范围”的规模，自然因交通能力所决定。较早的城址突出防卫功能，如淮阳平粮台城址只有通行条件有限的南北两个城门。[8]而稍晚的时代，“许多城址除作为防卫设施外，主要功能已演变为地区性的政治文化统治中心。”[9]石峁等城址对于城门营造的重视[10]，也反映了当时的

---

① 《九章算术》卷五《商功》中，有计算“功程积实”的算题，指出了汉时建筑工程中土方测计的一般比例：“穿地四，为壤五，为坚三，为墟四。” 刘徽解释说：“‘壤’谓息土。”“‘坚’谓筑土。”“‘墟’谓穿坑。”白尚恕著：《〈九章算术〉注释》，科学出版社 1983 年版。

② 又《吕氏春秋·行论》：“尧以天下让舜。鲧为诸侯，怒于尧，曰：‘得地之道者为三公。今我得地之道，而不以我为三公。’以尧为失论，欲得三公，怒甚猛兽，欲以为乱。比兽之角能以为城，……。”高诱注：“以为城池之固。”许维遹撰，梁运华整理：《吕氏春秋集释》，中华书局 2009 年版。似乎最初的城，曾经以篱栅为防障。按照高诱的解释，则是以兽角作为砦栅以加强城防的。

③ 何宁撰：《淮南子集释》，中华书局 1998 年版。

④ 〔汉〕宋衷注，〔清〕秦嘉谟等辑：《世本八种》，中华书局 2008 年版，雷学淇校辑本。

⑤ 钱穆：《论秦以前的封建制度》，《读史杂志》第 2 期（1939 年 6 月）。

⑥ 徐旭生：《中国古史的传说时代》（增订本），文物出版社 1985 年版。

⑦ 参看王子今：《“息壤”神话与早期夏史》，《中州学刊》2003 年 5 期。

⑧ 北门数据未公布，南门路土宽度只有 1.7 米。河南省文物研究所、周口地区文化局文物科：《河南淮阳平粮台龙山文化城址试掘简报》，《文物》1983 年 3 期。

⑨ 中国社会科学院考古研究所编著：《中国考古学·新石器时代》，中国社会科学出版社 2010 年版。

⑩ 孙周勇、邵晶、邵安定、康宁武、屈凤鸣等：《陕西神木县石峁遗址》，《考古》2013 年 7 期；孙周勇、邵晶：《瓮城溯源——以石峁遗址外城东门址为中心》，《文物》2016 年 2 期；国庆华、孙周勇、邵晶：《石峁外城东门址和早期城建技术》，《考古与文物》2016 年 4 期。门道埋置数量集中的人头骨的现象应有特殊意义。皇城台石砌交通干道的发现，也非常重要。

城作为交通中心的地位。

四、“入山林不迷”：交通能力与行政权威

先古圣王们政治威望的形成与行政权力的把握，与交通能力直接相关。《尚书·舜典》说，尧考察舜的能力，曾“历试诸难”，其中最引人注目的，是“纳于大麓，烈风雷雨弗迷”。[①]《史记》卷一《五帝本纪》也记述，尧选用舜作为执政权力继承人，首先考验了他的交通能力：“尧使舜入山林川泽，暴风雷雨，舜行不迷。尧以为圣，召舜曰：‘女谋事至而言可绩，三年矣。女登帝位。’”“舜入于大麓，烈风雷雨不迷，尧乃知舜之足授天下。”[②]所谓“使舜入山林川泽”，“入于大麓”，直接理解，实际上是一种对于交通能力的测试。《论衡·吉验》写道：“使入大麓之野，虎狼不搏，蝮蛇不噬；逢烈风疾雨，行不迷惑。”于是“卒受帝命，践天子祚”。[③]苏轼解释《尚书》“纳于大麓，烈风雷雨弗迷”，以为“其度量有绝人者”。[④]有人疑惑舜的这一行为是否有政治神学的意义，朱熹则判断应依据司马迁的记述作直接的理解：“《史记》载使舜入山林，烈风雷雨，弗迷其道。当从《史记》。”[⑤]“弗迷其道”，体现出交通能力之“绝人”高超，于是“尧乃知舜之足授天下”。

《抱朴子·登涉》说，“山无大小，皆有神灵”，“入山而无术，必有患害”，山林行旅灾异除了“令人遭虎狼毒虫犯人”之外，又有“或被疾病及伤刺，及惊怖不安；或见光影，或闻异声；或令大木不风而自摧折，岩石无故而自堕落，打击煞人；或令人迷惑狂走，堕落坑谷”等逆境与险情，都严重威胁交通安全。[⑥]在原始时代，类似情形应更为严重。对种种阻碍交通的“神灵”“患害”的克服，可以形成当时社会“以为圣”的威望，甚至被看作具有“足授天下”的资质。这是符合早期交通史和早期文明史的实际的。

五、早期国家的军事交通与行政交通

《史记》卷一《五帝本纪》记载了“轩辕”时代以军事方式与战争手段实现

---

① “历试诸难”，孔氏传：“试以治民之难事。”〔清〕阮元校刻：《十三经注疏》，中华书局据原世界书局缩印本1980年影印版。

② 〔汉〕司马迁：《史记》，中华书局1959年版。

③ 黄晖：《论衡校释》，中华书局1990年版。

④ 〔宋〕苏轼：《书传》卷二《虞书·舜典》，文渊阁《四库全书》本。

⑤ 〔宋〕黎靖德：《朱子语类》卷四四，文渊阁《四库全书》本。

⑥ 王明著：《抱朴子内篇校释》，中华书局1986年版。

的部族征服："轩辕之时，神农氏世衰。诸侯相侵伐，暴虐百姓，而神农氏弗能征。于是轩辕乃习用干戈，以征不享，诸侯咸来宾从。""轩辕"所谓"抚万民，度四方"的功业，通过对于"蚩尤"和"炎帝"部族势力的"征"，以"用干戈"的方式实现。而这种战争的获胜，需要通过交通程序实现。《五帝本纪》又有更为直接、具体的记述："天下有不顺者，黄帝从而征之，平者去之，披山通道，未尝宁居。东至于海，登丸山，及岱宗。西至于空桐，登鸡头。南至于江，登熊、湘。北逐荤粥，合符釜山，而邑于涿鹿之阿。迁徙往来无常处，以师兵为营卫。""置左右大监，监于万国。万国和，而鬼神山川封禅与为多焉。"[①]"万国和"政治局面的形成，有"披山通道"、"迁徙往来无常处"等军事交通方面的强势以为条件。而"合符釜山"、"监于万国"等行政成功，也必须依赖交通能力的优越。据《史记》卷二《夏本纪》，夏禹行政包括"调有余相给，以均诸侯"的交通运输经营，于是，"禹乃行相地宜所有以贡，及山川之便利。"[②]

很可能标志着迈向早期国家之重要阶梯的二里头文化，其分布中心是河南省中部和西部的郑州、洛阳地区和陕西省西南部的运城、临汾地区。向西扩展至陕西关中东部以及丹江上游的商州地区，南及鄂豫交界地区，向东至少分布至开封地区，北抵沁河流域。[③]湖北黄陂盘龙城遗址群的"二里头文化层"也显现出二里头文化南下至长江沿岸的影响。据有的考古学者描述，"二里头文化在其鼎盛时期，强烈地影响着周边地区，王国文明之光，辐射到了很远的地方，北起塞外，南过长江，东至海滨，西抵河湟，都有二里头文化的影子。在黄河与长江流域及其周围广大地区，由史前文化和早期文明的多中心，最终形成以发展水平最高的二里头遗址和二里头文化为代表的光辉灿烂的华夏文明重心。""在周围甚至边远地区的一些考古学文化中，常可看到二里头文化的因素，在二里头遗址中也曾发现具有周边文化因素的遗物。"[④]这种对于"很远的地方"的强力"辐射"和"影响"，以及对于"周边文化因素"的接受，其力度、方式和路径，都是交通史研究的课题。

① 〔汉〕司马迁：《史记》，中华书局1959年版。

② 〔汉〕司马迁：《史记》，中华书局1959年版。

③ 北京大学考古专业商周组、山西省考古研究所、河南省安阳、新乡地区文化局、湖北省孝感地区博物馆：《晋豫鄂三省考古调查简报》，《文物》1982年第7期；刘绪：《论卫怀地区的夏商文化》，《纪念北京大学考古专业三十周年论文集（1952—1982）》，文物出版社1990年版。

④ 又有学者指出，海贝在二里头文化遗址出土，"意味着中原地区与遥远的沿海居民存在着某种交往和联系"。还应当注意到，二里头遗址有道路发现，虽然整个遗址的道路网络尚不明确，但是聚落布局中交通条件具有重要作用，却是确定无疑的。中国社会科学院考古研究所编著：《中国考古学·夏商卷》，中国社会科学出版社2003年版。

文明初期东方地区来自西北的玉器的发现，西北高原出土来自南洋的海贝的发现等，都告知我们当时各地物资远距离“相给”，因交通的进步得以实现。

有学者认为，“中国从帝尧时代到大禹时代进行过大范围的地理测量，对大地尺寸形成了明确的概念。”这与“小部落或部落联盟的时代”“结束”，“要建立‘一统’的国家”的历史需要有关。论者以为古文献关于大地“四海之内”“东西二万八千里，南北二万六千里”的数据[①]，“正好符合以中原为中心的欧亚大陆东-西、南-北的距离”，相信这是禹“使太章步自东极，至于西极”，“使竖亥步自北极，至于南极”这种直接的交通考察获得的结论。[②]这样的认识需要更确切的证明，但是“具体的测量方法是步测”的意见[③]，却大致符合当时中原人的交通行为已经大致覆盖了早期“天下”“四海”地域的历史真实。

六、“巡狩”：交通实践与国家控制

《尚书·舜典》记述帝舜“巡守”故事：“岁二月，东巡守，至于岱宗。”“五月南巡守，至于南岳。”“八月西巡守，至于西岳。”“十有一月朔巡守，至于北岳。”“五载一巡守。”[④]《史记》卷一《五帝本纪》“巡守”作“巡狩”，又写道：“尧老，使舜摄行天子政，巡狩。”[⑤]看来帝尧尚在世时，已经将国家行政权力交给帝舜。而“巡狩”这种交通行为是执政的重要方式。帝舜的“巡狩”曾获得直接的成效。据《史记》卷二《夏本纪》记载，他处罚“治水无状”的鲧并起用禹，都是“巡狩”途中的决策。[⑥]帝舜的政治生涯在“巡狩”途中结束：“践帝位三十九年，南巡狩，崩于苍梧之野。”[⑦]

禹治水成功，因辛劳奔走的交通实践获得声名。《史记》卷二《夏本纪》：“劳身焦思，居外十三年，过家门不敢入。”他通过“陆行乘车，水行乘船，泥行乘橇，山行乘檋”的艰苦实践，得以“开九州，通九道，陂九泽，度九山”。[⑧]所谓“通九道”，可以理解为对于国家经济管理与行政控制助益有力的交通建设。禹的建国功业得到承认，执政能力得到肯定，主要由于交通方面的

---

① 论者引录《管子·地数》《山海经·中山经》《吕氏春秋·有始览》《淮南子·地形》。

② 论者引《淮南子·地形》及《吴越春秋》卷四《越王无余外传》，并指出《山海经·海外东经》“只记竖亥未记太章”。

③ 徐凤先：《中国文明早期对于大范围地理距离的认知》，《中原文化研究》2017年1期。

④〔清〕阮元校刻：《十三经注疏》，中华书局据原世界书局缩印本1980年影印版。

⑤〔汉〕司马迁：《史记》，中华书局1959年版。

⑥〔汉〕司马迁：《史记》，中华书局1959年版。

⑦〔汉〕司马迁：《史记》，中华书局1959年版。

⑧〔汉〕司马迁：《史记》，中华书局1959年版。

表现。特别值得注意的，是禹也在“巡狩”的行程中结束了他的人生：“十年，帝禹东巡狩，至于会稽而崩。”[①]后来又有周天子死于“巡狩”途中事。即“昭王南巡狩不返，卒于江上”。[②]

秦始皇也于出巡途中“崩于沙丘平台”。秦二世决意仿效秦始皇“巡行”天下的管理方式，曾经表态：“先帝巡行郡县，以示彊，威服海内。今晏然不巡行，即见弱，毋以臣畜天下。”[③]“巡行”“以示彊”，“不巡行，即见弱”的政治心理，体现了上古时代执政者对于“巡狩”方式的特殊重视。[④]由此也可以察知先古圣王“巡狩”故事所反映的传统理念的持久影响。

编者按：本文原载《历史研究》2017年第5期，系该刊“中国早期历史发展进程与各地文明化进程”专题中的一篇。又见微信“随读随写”2018年1月15日转发。本文虽然是谈论交通问题的，但对于“陇学”研究中的“轩辕文化”和黄帝创制舟车，以及大禹出西羌而南巡、周穆王西游会面西王母、秦始皇西巡等系列涉及上古、中古历史交通问题，均具有很大的启发性；故而经作者授权选录本书，以资相关历史问题的深入研究。

【作者简介】

王子今（1950—），出生于黑龙江省哈尔滨市，著名历史学家；现为中国人民大学明德书院院长、国学院教授。社会兼职众多：国务院学位委员会第七届学科评议组中国史组成员，中国秦汉史研究会顾问，中国河洛文化研究会副会长，中国岩画学会副会长，北京大学历史学系兼职教授等。曾任中共中央党校教授、北京师范大学历史学院教授、博士生导师。

主要研究方向为秦汉史。学术著作丰厚，有《秦汉区域文化研究》《秦汉交通史稿》《权力的黑光：中国封建政治迷信批判》等。2003年11月起，任中国人民大学国学院教授。发表学术论文352篇；发表其他文章193篇；出版译著7种（合译5种）；发表译文6篇（合译2篇）。其他著作有《改革史话》《简牍史话》《驿道驿站史话》《细说秦始皇》《铁血长平》等，合著《中国社会福利史》《秦汉魏晋南北朝史》，主编《汉景帝评传》《趣味考据》《历代竹枝词》等。

① 〔汉〕司马迁：《史记》，中华书局1959年版。
② 〔汉〕司马迁：《史记》，中华书局1959年版。
③ 〔汉〕司马迁：《史记》，中华书局1959年版。
④ 参看王子今：《“巡狩”：文明初期的交通史记忆》，《中原文化研究》2016年6期。

北高加索的丝绸之路

◎仝涛（中国社会科学院考古研究所博士）

高加索山脉从黑海沿岸的塔曼半岛延伸到里海的阿普什伦半岛，总长 1 200 公里，是欧亚大陆的分界线，北部高加索（North Caucasia）属俄罗斯联邦，南部高加索（Transcaucasia）属于格鲁吉亚、亚美尼亚和阿塞拜疆。厄尔布鲁士山（Elbruz）和卡兹别克山（Kasbek）海拔超过 5 000 米，看似阻隔了南俄草原到安纳托利亚、伊朗高地和两河流域的交通。然而从史前时期，人们受到南方文明的吸引，翻越高峰，穿过河谷山口，往来于欧亚之间。高加索山脉自西到东共有四个山口，包括：迈欧梯安-科耳喀斯（Meotian-Colchis Pass），马米松山口（Mamison Pass），打耳班山口（Derbent Pass）和达里亚尔山口（Daryal Pass），其中达里亚尔山口是最方便和最重要的通道，因位于古阿兰国境内而得名（现居于北奥塞梯-阿兰共和国境），这些山口使大高加索山不再是难以逾越的文明和种族之间的屏障，而是在特定时期内沟通各种文化的交通孔道。

作为草原丝绸之路的西段，北高加索地区也成为东西方文明的交叉口。不同时期的东西方文明都在该地区碰撞过，交汇过。在民族迁徙频繁和东西方贸易兴盛的时代，来自东方的族群和商人从锡尔河和花剌子模到达里海北岸，渡过乌拉尔河和伏尔加河，到达黑海地区的城市，然后经过黑海北部进一步向欧洲进发，或者向南穿越高加索抵达两河流域和小亚细亚。斯基泰人、萨尔马提安人、阿兰人、匈人、阿瓦尔人、可萨人、犹太人、突厥人、蒙古人等都先后活跃在这条道路上，或征服，或迁徙，或商贸，最终造成了北高加索地区民族、语言和文化的复杂性。而远在丝绸之路起点的中国文明也在该地区留下了自己独特的印记。

一、古典时期的东西方文化交流

公元前 7 世纪，希腊人开始在环黑海建立殖民地，他们与西北高加索土著保持着密切的接触，并记录了他们的历史文化[①]。考古发现为我们揭示了西北

① Amjad Jaimoukha, The Circassians: A Handbook (Peoples of the CaucasusHandbooks), London: Curzon, 2001.

高加索从六千年以前的青铜时代早期一直到中世纪的历史。然而关于该地区的历史记载都是不连贯的，从我们所掌握的相对零散的资料可以看出高加索地区在这一时期的东西方文化交流中所起到的作用。

游牧民族兴起之前，欧亚大陆内部的交流是相对局部的。青铜时代晚期北高加索地区成为影响北方草原地带的重要的中心，库班文化基本覆盖了从西北部的塔曼半岛（Taman Peninsular）到东南的达加斯坦（Daghestan）的整个北高加索地区，库班文化突出特征之一是金属冶炼技术成熟，主要是依靠当地的矿藏（主要为黄铜，高加索地区除了南奥塞梯没有锡资源，所以用砷来代替①）。该地区与不少遥远的国家和地区保持着贸易联系，铸造的青铜兵器和工具跨越了北部山麓地区的界限，不但传播到外高加索和近东，而且沿着草原地带到达色雷斯、黑海北部地区，以及伏尔加和顿河之间②。外高加索和波斯的红玉髓（Carnelian）和阿富汗的青金石珠（Lapis Lazuli）也输入到了该地。

大概公元前 9 世纪到前 8 世纪马具和马车突然大量地出现在库班文化及其以东地区，这些马具并不适用于北方草原地区的小马，而是用于西亚地区用来牵引马车的更强壮的马匹，它们应该是从两河流域输入并产生了新的发展③。先进的交通工具及其衍生的游牧民族生活方式注定了草原之路的兴盛，加快了东西方交流的节奏。由此东西方从彼此的土地上获得了自己所偏爱的产品，尤其是那些便于长距离携带的装饰品和贵重金属制作的生活用具。黑海和北高加索地区成为琥珀东传的中转站，波罗的海地区的琥珀通过琥珀之路经第聂伯河输入到黑海东部和高加索地区，使该地区成为一个重要的琥珀分布中心④。远在图瓦的阿尔赞 2 号墓出土的琥珀珠，经热裂解气相色质谱的分析，证明他们可能是用波罗的海琥珀制造的⑤。来自地中海地区的玻璃珠分布也很集中，这一深受东方人喜爱的装饰物通过高加索地区向东方传播⑥。黑海和近东通过与高加索地区的互动而形成了装饰风格统一的金银器，这些装饰风格通过欧亚草

① Tadeusz Sulimirski, Prehistoric Russia: an outline, London: J. Baker, 1970.

② Ibid, P236; V. Nabatchikov, History of Northern Caucasus, State Museum of Oriental Art.

③ Moscow. Available online: http://www.circassianworld.com/ V_Nabatchikov.html; Tadeusz Sulimirski, Prehistoric Russia: an outline, London: J. Baker, 1970.

④ Ibid, P236; Eugenijus Jovaisa, The Balts and the Amber, in Baltic Amber edited by Adomas Butrimas. Vilnius: Publishing Office of Vilnius Academy of Fine Arts, 2001.

⑤ A. M. Shedrinsky, T. P. Wampler and K. V. Chugunov, The examination of amber beads from the collection of the state hermitage museum found in Arzhan-2 burial memorial site. Journal of Analytical and Applied Pyrolysis, Volume 71, Issue 1, March 2004.

⑥ Mark E. Hall and Leonid Yablonsky, Chemical Analyses of Sarmatian Glass Beads from Pokrovka, Russia: Journal of Archaeological Science, Volume 25, Issue 12, December 1998.

原远播到了中国北方[①]。近东的毛纺织物是向东方输出的重要产品，从斯基泰到匈奴时期向阿尔泰地区的输入持续了数个世纪[②]。最具影响的是斯基泰三要素（青铜马具、兵器和动物纹饰），它们成为欧亚作为一个整体存在的、高度发达的核心区的重要标志。

来自东方的物品通过草原商路输入到高加索地区，其中最主要的是中国的丝绸和铜镜。亚美尼亚的托普拉克卡勒（Toprak Kale）发现的丝绸残片是最早为西方所知的中国丝绸，是前 8 世纪乌拉尔图跨越高加索山脉经草原游牧民族与中国贸易联系的明证[③]。临近地区出土丝绸的萨尔马提安人墓葬还包括克里木的刻赤（Kerch）、伏尔加河流域的希坡沃（Shipovo）和麦里恩道（Marienthal）；除丝绸之外还发现一些铜镜[④]和其他东方器物如玉具剑等[⑤]。这些发现使高加索山区、黑海沿岸与西伯利亚草原地区斯基泰时期的墓葬连成了一线。

高加索地区早期与远东的交流主要是间接和零散的，甚至是有间断的。根据文献记载，斯基泰的商队在前 400 年中断，此后几个世纪远东地区与地中海之间的交往中断，一直到前 2 世纪后期才有明显的接触[⑥]。前 3 世纪萨尔马提安人代替斯基泰人成为黑海和里海北部草原以及北高加索地区草原地带的主宰者，其在亚欧大陆的繁荣持续到公元 1 世纪。此后萨尔马提安人的一支阿兰人建立了游牧王国阿兰聊[⑦]，统领了萨尔马提安人的大部分，直到公元 4 世纪他们一直是西北高加索地区的主要民族。阿兰人控制并开发了从印度到近东地区的商道，据斯特拉波的记载，一条通过其境内的重要商业路线使他们能够利用骆驼商队进行印度和巴比伦之间的商业贸易，并与南高加索的米底和亚美尼亚

① 拙文《论青海大通上孙家寨汉晋墓出土银壶的异域风格》，《考古》2009 年第 5 期。

② S. I. Rudenko, Die Kultur der Hsiung-nu und die Hügelgräber von Noin Ula. Übersetzung aus dem Russischen von Helmut Pollems, Bonn: Habelt, 1969; Prudence Oliver Harper, The Royal Hunter Art of the Sasanian Empire. New York: The Asia Society, 1978.

③ Idem, Die zoomorphe Junktur an vorarmenisch-chaldischen, etruskischen und chinesischen Bronzegeräten als Merkmal kulturgeschichtlicher Beziehungen, in: Actes du XVIIIe Congres International des Orientalistes, 7-12 Sept. 1931 (Leiden 1932); M. Chahin, The Kingdom of Armenia: A History.London: Croom Helm, 1987.

④ 古代オリエント博物館，朝日新聞社編集：《南ロシア騎馬民族の遺宝展図録》，朝日新聞社，1991。

⑤ M. G. Raschke, New studies in Roman comerce with the east, in: Hildegard Temporini, Wolfgang Haase eds., Aufstieg und Niedergang der römischen Welt: Geschichte und Kultur Roms im Spiegel der neueren Forschung. Berlin:de Gruyter, 1998, Vol. 9.

⑥ John Ferguson, Milton Keynes, China and Rome, in: Hildegard Temporini, Wolfgang Haase eds., Aufstieg und Niedergang der römischen Welt: Geschichte und Kultur Roms im Spiegel der neueren Forschung. Berlin: de Gruyter, 1998, vol.9.

⑦ 其名称首次出现在差不多同时的希腊罗马地理著作以及中国史书。关于阿兰的中西史料，见：Agusti Alemany, Sources on The Alans: A Critical Compilation, Handbook of Oriental Studies, section 8, vol. 5. Leiden; Boston; Köln: Brill, 2000.

进行商品交换，这些贸易使阿兰人“披金戴银”①。这条商道可以通过阿姆河到达咸海和里海，随后或者通过里海海路到达外高加索地区，再向西进入罗马帝国；或者绕过里海北岸进入北高加索②。罗马帝国竭力与高加索地区的国王们保持良好的关系，并与波斯在高加索地区进行角逐，这在很大程度上也是为了争夺该交通路线的控制权，进而建立与印度的直接商业联系③。罗马帝国的葡萄酒、陶器以及包括金银器在内的装饰品通过黑海北岸的城市贩往该地区④，伊朗的影响也通过萨尔玛提安人部落到达中国⑤。而来自中国的商品很可能是萨尔马提安人或阿兰人与控制中亚和东部草原地带的匈奴进行交换的结果。中国人由此知晓了通往该地区交通路线的大致情形，文献中称之为“北道”⑥或“北新道”⑦。

二、早期中世纪的东西方文化交流

中世纪早期对于北高加索地区来说是个动荡不安的时代，4 世纪后匈人的入侵终结了萨尔马提安人在黑海地区的统治，同时也揭开了民族大迁徙（the Great People’s Migration）的序幕。众多突厥属族群从中亚地区迁到里海和北高加索地区，并建立了政权。6 世纪中期西突厥汗国建立后，便利用其特殊的地理位置，力图打破波斯帝国一贯维护的丝绸贸易垄断，谋求与拜占庭的直接贸易。与此同时拜占庭帝国控制了高加索地区的西南部分，为突厥和拜占庭的持续交往创造了条件。568 年突厥在粟特人的帮助下从阿姆河出发，绕过里海北岸的乌拉尔河和伏尔加河，穿越高加索山口到达小亚细亚，同拜占庭建立了外交和商业联系⑧，571 年蔡马库斯率领拜占庭使团回访西突厥后返回，走了同样的路线，但在高加索山区他们为了躲避波斯人的封堵，接受阿兰人的建议兵分

① T. Sulimirski, The Sarmatians. London: Thames & Hudson, 1970.

② E. H. Warmington, The commerce between the Roman Empire and India, Cambridge: The University Press, 1928.

③ E. H. Warmington, The commerce between the Roman Empire and India,Cambridge: The University Press, 1928.

④ Denis Sinor, The Cambridge History of Early Inner Asia, New York: Cambridge University Press, 1990.

⑤ M. Rostowzew, Iranians and Greeks in South Russia, Oxford: Clarendon Press, 1922.

⑥〔汉〕班固《汉书·西域传》卷 96：“自车师前王庭，随北山波河西行至疏勒，为北道，北道西逾葱岭，则出大宛、康居、奄蔡焉。”

⑦〔西晋〕陈寿《三国志》卷 30 注引《魏略·西戎传》：“北新道西行，至东且弥国、西且弥国、单桓国、毕陆国、蒲陆国、乌贪国，皆并属车师后部王。……转西北，则乌孙、康居本国，无增损也，北乌伊别国，在康居北。又有柳国，又有岩国，又有奄蔡国，一名阿兰，皆与康居同俗。西与大秦、东南与康居接。”

⑧ 布尔努瓦：《丝绸之路》，耿昇译，山东画报出版社 2001 年版。

两路，分别从马米松山口和达里亚尔山口穿越，顺利到达了拜占庭[①]。在西突厥和拜占庭的积极努力下，通过北高加索地区的路线在政治上和商业上都发挥了一定的作用，该地区也由此成为拜占庭和波斯帝国之间争夺利益的中心，拜占庭和突厥的使节沿着新开辟的路线互通往来达 10 年之久[②]，中国的文献中也详细记录了这条通道，称之为“北道”[③]，经由此道拜占庭与中国之间的直接往来似乎并没有实现[④]，然而就在与西突厥结盟前不久，拜占庭首次通过该路线获得了东方的蚕种，并开始发展丝织业[⑤]。

7 世纪突厥可萨部在高加索和里海沿岸发展起来，到 8 世纪中叶逐步建立了拥有辽阔土地、多种民族和富庶的商贸路线的可萨汗国，成为继突厥之后东西方贸易的中间人。其疆界从花剌子模西北的哈萨克草原，跨越高加索地区，向西一直延伸到第聂伯河，甚至可能到达了多瑙河地区，向北则到达伏尔加河、顿河和第聂伯河的森林地带[⑥]。统一的疆界保证了丝绸之路的畅通，同时也带来了商业上前所未有的繁荣。受此影响，可萨从游牧转向定居和经商，对北高加索地区阿兰部落的经济和社会结构的重塑也起了推动作用[⑦]。这一新生的商业国家基本依靠关税和过境税为生，并有强大的保安部队来维持商路的秩序。其境内汇聚了东方的香料、乳香、丝绸，北部森林地带的皮毛、蜡脂，波罗的海的琥珀，以及大量东罗马和波斯的热销商品，位于伏尔加河下游里海沿岸的都城伊蒂尔（Itil 或 Atil），也成为其境内重要的商贸中转站[⑧]。为了维持与东方的贸易和应对共同的敌人阿拉伯，拜占庭竭力与可萨汗国保持着政治结盟、皇室姻亲关系和商业联系。在东方可萨与花剌子模保持密切的来往，甚至在数年之间（750—760 年）组成了一个统一的国家[⑨]，在 751—755 年间，花剌子模曾三次遣使入唐朝贡，有人认为他们实际上是花剌子模与可萨的政治联合体[⑩]。

---

① Menander, The History of Menander the Guardsman, trans. and ed. R. C. Blockley, Liverpool: F. Cairns, 1985.

② 布尔努瓦：《丝绸之路》，耿昇译，山东画报出版社 2001 年版。

③〔唐〕魏徵《隋书·裴矩传》卷 67：“发自敦煌，至于西海，凡有三道，各有襟带。北道从伊吾经蒲类海、铁勒部、突厥可汗庭，度北流河水，至拂菻国，达于西海。……”

④〔后晋〕刘昫《旧唐书·西戎传》卷 198：“隋炀帝常将通拂菻，竟不能致。”

⑤ 布尔努瓦：《丝绸之路》，耿昇译，山东画报出版社 2001 年版。

⑥ David Christian, A History of Russia, Central Asia and Mongolia:Inner Eurasia from prehistory to the Mongol empire, Cambridge, Mass.: Blackwell.

⑦ David Christian, A History of Russia, Central Asia and Mongolia:Inner Eurasia from prehistory to the Mongol empire, Cambridge, Mass.: Blackwell.

⑧ 布尔努瓦：《丝绸之路》，耿昇译，山东画报出版社 2001 年版。

⑨ 布尔努瓦：《丝绸之路》，耿昇译，山东画报出版社 2001 年版。

⑩ 林英：《试论唐代西域的可萨汗国——兼论其与犹太人入华的联系》，《中山大学学报（社会科学版）》2000 年第 1 期。

如此，则作为拜占庭门户的高加索地区与唐朝之间建立直接联系是完全有可能的。拜占庭曾于 643 年、667 年、701 年、711 年、719 年（两次）和 742 年共七次遣使来唐[①]，基本处于可萨汗国崛起和兴盛时期，考虑到当时的地缘政治关系，拜占庭使者经由该路线入唐的可能性是很大的。

可萨汗国作为一个重要的国际化政权的地位保持到 10 世纪中期，此后逐渐失去了对黑海草原和高加索山区商道的控制，随着可萨汗国的解体，穿越高加索的丝绸之路也数易其手，经历了斯拉夫人、蒙古人以及帖木儿等的入侵，又持续使用了几个世纪，直到 1453 年君士坦丁堡被奥斯曼土耳其攻陷，人们逐渐远离了高山峡谷中的城堡、要塞和教堂，穿越高加索的丝绸之路作为一条国际性的商道走向沉寂。

三、北高加索丝绸之路的缩影——莫谢瓦亚·巴勒卡（Moshchevaya Balka）墓地

北高加索地区的考古发现证实了北高加索山区在连接拜占庭与唐朝之间所起的作用。在通过高加索山的诸多山口附近，出土不少来自 8—9 世纪中国的丝绸[②]及其他唐人遗物，其中最集中、最重要的是莫谢瓦亚·巴勒卡墓地[③]。

莫谢瓦亚·巴勒卡墓地位于高加索山西北麓的大拉巴河（Bolshaya Laba）上游，是库班河（Kuban River）左侧支流，距离别斯克斯河（Beskes）入大拉巴河口 1 公里，位于拉巴通道的入口处，而此通道是翻越大高加索山通往阿布哈兹地区的最西部的通道迈欧梯安-科耳喀斯通道（the Meotian-Colchis road）的一部分。调查和发掘表明，该墓地的墓葬存在两种类型：一种是用天然的石穴或者单个的大石块凿成墓室；另外一种是大石条砌成的石室墓。这些石室墓属于西北高加索传统的墓葬形式，在该地区的其他峡谷地带也发现不少，持续有上千年（3—12 世纪）。根据出土物分析，他们应该属于迁到山区的阿兰人的

① 据《新唐书》《旧唐书》以及《册府元龟》的记载，见张星烺编注：《中西交通史料汇编》第一册，中华书局 2003 年版。

② Eliso Bagaturia, On the importance of the “Misimian's”-Kodori Route in the 1st-6th Centuries, Ērān ud Anērān, Webfestschrift Marshak 2003. Available online: http://www.transoxiana.org/Eran/Articles/bagaturia.html.

③ A.A. Ierusalimskaja, Die Gräber der Moshchevaja Balka: Frühmittelalterliche Funde an der Nordkaukasischen Seidenstrasse. Editio Maris, Munich 1996; A.A. Ierusalimskaja and B. Borkopp, Von China nach Byzanz: Frühmittelalterliche Seiden aus der Staatlichen Ermitage Sankt Petersburg.Bavarian National Museum and State Hermitage, Munich 1996; E. I. Savchenko, Moshchevaya Balka as a key center of the Great Silk Way in the North Caucasus, Rossijskaâ arheologiâ, 1999(1).

墓葬，时代为 8—9 世纪，墓葬中与中西文化交流相关的出土物主要包括东西方的丝绸、地中海地区的玻璃和拜占庭金币，以及来自唐朝的商人遗物等。

埃米塔什博物馆藏莫谢瓦亚·巴勒卡墓地出土丝绸 300 片左右，他们应该属于当时的上层社会。主要来源有三个：拜占庭、粟特和中国。其中拜占庭丝绸 20 余片，主要是衣服或饰物袋残片，有 20 余种不同的颜色，属于 Samit 类型，用贵重的颜料紫红、靛青、洋红、黑红等染色。最大的一块是一件饰有 Senmurv 图案的深绿色长袍，其衬里是粟特和中国的丝绸（见图 1），据推测是小亚细亚或者叙利亚的纺织作坊的制品，可能是某个部落首领的遗物，至于其来自于赠送还是对过往商队的劫掠则不得而知。还有用卡片织技法织就的首席大贵族（Ivan the Sebastocrator）的腰带，织有希腊文铭文。其他拜占庭丝绸还有鸟纹锦、飞马纹锦、狩猎纹锦、举盾牌武士纹锦等。来自埃及或叙利亚-小亚细亚地区纺织中心的丝绸数目更多，伊斯兰文化的影响也很明显，其中一条饰带上织有古阿拉伯字母。此外大多数的毛织物也可能是来自叙利亚地区，还有少量丝绸可能是来自 8 世纪后萨珊时代位于伊朗或中亚的小纺织中心。

图 1 拜占庭长袍（衬里为粟特和中国丝绸）

粟特锦共有 150 片，有 40 余种不同的图案。属于 Samit 类型的彩锦，色彩有蓝、白、黄和橙色，褐色和土黄色更常见。纹饰以植物纹和几何纹为主，主要为联珠纹，其边框为联珠、花瓣、卷草以及连心纹。还有一定数量的其他纹饰，如相对的有翼马、羊、孔雀等动物纹以及双斧等，多是祆教文化圈所流行的一些题材。也有一些来自拜占庭的纹样，如亚伯拉罕的牺牲图案。报告作者 A. A. Ierusalimskaja 认为多数属于赞丹尼奇Ⅱ和Ⅲ，时代在 8 世纪后半叶到 9

世纪中叶。

唐锦约 100 片，多为素面的平纹绢，少数为有纹饰的绫。绫的纹饰很简单，大多为精致的菱形网格纹（见图 2），还有玫瑰花、卷草纹和其他唐代的植物纹（见图 3）。这些发现表明唐绫曾被欧洲大量进口，但从数量上看，平纹绢是最受欢迎的。该墓地发现的所有唐代织物类型在敦煌和吐鲁番都有发现，其中最典型的织物是一片夹缬绢的残片（见图 4），用了三四种色彩，与敦煌所出团窠格里芬夹缬绮应该属于同类纹饰题材和印染工艺，其时代在中晚唐[①]。

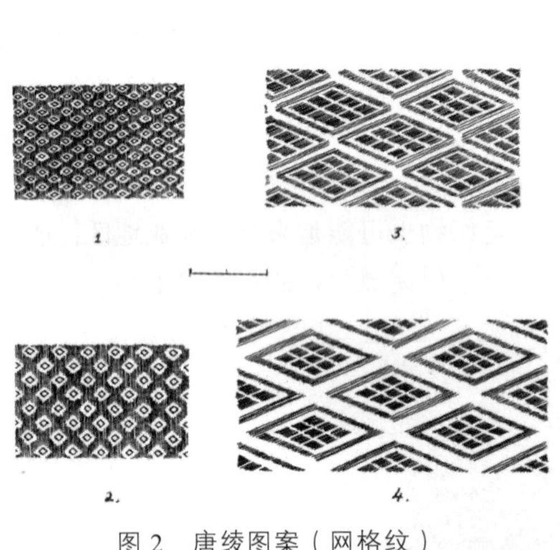

图 2　唐绫图案（网格纹）

图 3　唐绫图案（植物纹）

图 4　唐夹缬绢残片

① 赵丰主编：《敦煌丝绸艺术全集（英藏卷）》，东华大学出版社 2007 年版。

莫谢瓦亚·巴勒卡的发现增加了我们对中亚丝绸的认识，诸如当地山民是如何穿丝绸的。他们将抢来的过往商人的丝绸碎片缀补成衣服。将丝绸的衣服、长袍、裹腿、帽子、腰带、护身符以及其他物件，巧妙地拼凑成拜占庭、中亚和中国丝绸的混合体①。

出土的玻璃器也反映出该地区与其他地区的贸易往来。大多数珠子是玻璃和镀玻璃质的，有蜻蜓眼式的，马赛克式的，以及内部填金的珠子，还有一定数量的玻璃器皿，多是从地中海地区输入并由此输送到可萨汗国，形制具有8—9世纪的特征。从地中海地区输入的还有较大的双椎体玛瑙珠，通过高加索向北广泛分布到黑海地区。此外还有少量从外高加索输入的红玉髓珠以及来自小亚细亚的黄铜。基督教教堂的灯具与犹太教的器物并出，这毫无疑问是8世纪中叶皈依犹太教的可萨汗国与地中海地区之间交流的结果。

该墓地出土两枚阿拔斯王朝的钱币仿制品，有古阿拉伯铭文，有穿孔，用于装饰或者辟邪。还有一批拜占庭金币仿制品，大多仿制利奥三世（Leo III., 717—741在位）以及康斯坦丁五世（Konstantin V., 741—775在位）时期的索里得，同样有穿孔，可佩带。在临近地区的峡谷要道上也发现不少拜占庭金币②，六七世纪，小亚细亚和叙利亚地区③以及黑海草原的游牧民族④都有将拜占庭金币穿孔作为辟邪物佩戴的习俗，其流行的时代及功能与拜占庭金币及其复制品在中国北方地区的使用情况非常类似。中国北方发现的拜占庭金币及其复制品，应该有不少甚至多数都是经由该地区输入的。

除了来自中国唐朝的丝织品外，莫谢瓦亚·巴勒卡墓地还出土一些汉文文书，包括账历和佛经残片，文书内容虽然支离破碎，但可以大致分析出其内容，

① Anna Muthesius, Studies in Silk in Byzantium, London: 2004.

② Yurij. A. Prokopenko, On Findings of Byzantine Coins and Their Imitations (the 5th 9th centuries) in the Central and East Region of the Ciscaucasia Territories. In: Marcin Woloszyn (ed.), Byzantine Coins in Central Europe between the 5th and 10th Century, Proceedings from the conference organised by Polish Academy of Arts and Sciences and Institute of Archaeology University of Rzeszow under the patronage of Union Academique International (Programme No. 57 Moravia Magna) Krakow, 23-26 IV 2007, Krakow 2009; Eliso Bagaturia, On the importance of the "Misimian's" - Kodori Route in the 1st-6th Centuries, Ērān ud Anērān, Webfestschrift Marshak 2003. Available online:http://www.transoxiana.org/Eran/ Articles/bagaturia.html.

③ Mary Margaret (Molly) Fulghum, Coin Used as Amulets in Late Antiquity, in Sulochana R. Asirvatham, Corinne Ondine Pache, and John Watrous eds., Between Magic and Religion: Interdisciplinary Studies in Ancient Mediterranean Religion and Society, Lanham, Md.: Rowman & Littlefield 2001,pp. 139-148; P. Delougaz, R. C. Haines, A Byzantine Church at Khirbet al-Karak, University of Chicago Oriental Institute Punblications 85 (Chicago, 1960).

④ Daniel Waugh, Material Culture—objects, Sample Analysis: Coins, Center for History and New Media, 2003—2005, available online: http://chnm.gmu.edu/ worldhistorysources/ unpacking/objectsanalysis2.html.

并对其持有者身份进行一些推测。此外还有唐代中国常见的绢画残片、佛教旌幡和纸花工艺品。墓地的发掘者没有注明这些物品确切的出土墓葬，报告中仅仅提到与一些中国的丝绸混杂在一起。即便如此它们在北高加索地区的出现也是非同寻常的，对于东西方文化交流尤其是唐朝与拜占庭之间关系的研究具有相当重要的价值。

两件账历（见图 5、6）可能是记录了其持有者在唐境内经商的情况，与吐鲁番所出《唐支用钱练帐一》性质颇似①。这些残片说明其持有者是大唐行商，在唐境内经营的可能是包括木材之类的杂物，由于它们与唐代丝织物并出，说明该商人在从事唐境内贸易的同时，也从事远距离的国际贸易，其主要的经营项目可能就是中国的丝绸。史书上有不少记载唐商沿海陆的国际贸易②，而该文书的发现证实了唐商也沿着陆地丝绸之路向西出境经商，在文献记载中，担任这一工作的主要是粟特商人，当然唐商出现在高加索地区很有可能是借助了粟特人或者可萨人的引导或合作。可萨人是该条丝绸之路的控制者和经营者，而作为商业民族的粟特人，也有与唐代汉族商人合伙经商、融通资金的习惯③，尤其是在唐代沿陆路的对外贸易上，而且在出土的丝绸中，粟特锦也确实占有很大的比重。

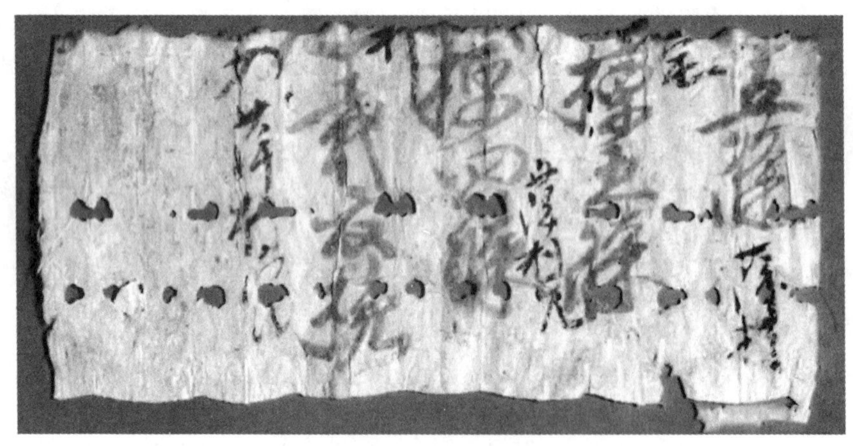

图 5　唐人账历（一）

① 姜伯勤：《敦煌吐鲁番文书与丝绸之路》，文物出版社 1994 年版。

② 宋军风：《唐代商人若干问题研究》，北京师范大学 2007 年博士论文。

③ 荒川正晴：《当代粟特商人与汉族商人》，收入《法国汉学》丛书编辑委员会编：《法国汉学》第 10 辑《粟特人在中国——历史、考古、语言的新探索》，中华书局 2005 年版。

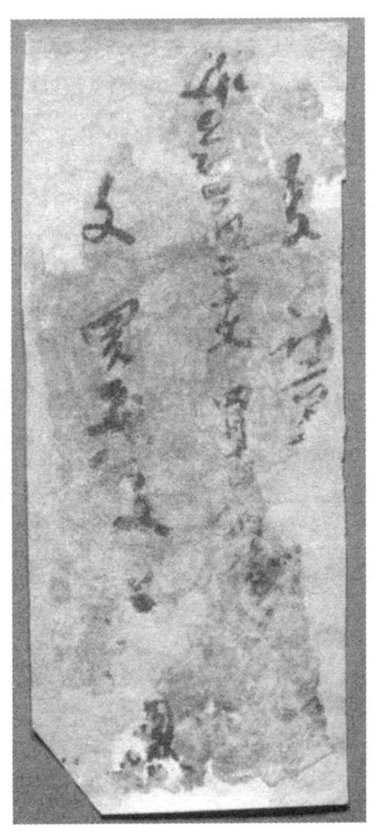

图 6 唐人账历（二）

对于出土的佛经残片，原报告没有释读，只提到其内容可能为佛经，冈崎敬[①]和张广达[②]注意到了莫谢瓦亚·巴勒卡的这批汉文文书，但都忽视了该佛经残片的存在，姜伯勤[③]释读的内容有误，使该佛经内容无法为人所知。经本人比对，该佛经应为景龙四年（710 年）义净（635—713）于大荐福寺译律部《根本说一切有部苾刍尼毗奈耶》卷第十五，其原文应为“若苾刍尼为恐怖他意，便作种种可畏形状，所谓诸杂色类，如烧杌树，或复作诸鬼神等像，云来食汝断汝命根，随彼苾刍尼怖与不怖，而此苾刍尼得波逸底迦”。[④]根据复原，应该为每行 17 字，符合唐代写经的格式，这为该批材料提供了年代上限。其他与佛

① 冈崎敬：《（增补）东西交涉的考古学》，（日本）平繁社 1980 年版。

② 张广达：《论隋唐时期中原与西域文化交流的几个特点》，收入张广达：《西域史地丛稿初编》，上海古籍出版社 1995 年版。

③ 姜伯勤：《敦煌吐鲁番文书与丝绸之路》，文物出版社 1994 年版。

④《大正新修大藏经》，出自「中华电子佛典协会」（Chinese Buddhist Electronic Text Association，简称 CBETA）的电子佛典系列光盘（2007），T23, no. 1443.

教相关的遗物还包括一片描绘山间骑马的绢画残片（见图 7），根据艾米塔什博物馆 M. L. Rudovaja 的解释，有可能描绘的为阿弥陀净土[①]；旌幡的残片（见图 8）在吐鲁番和敦煌都有大量发现，属于个人献给寺庙的物品；此外还有些装饰性的纸花，与丝绸混杂在一起，并粘有丝织物残片，有可能是用于佛幡或伞盖之类丝织物上面的装饰物。报告中未公布纸花的图片，但根据描述，应该与吐鲁番阿斯塔纳唐墓以及敦煌莫高窟发现的 9—10 世纪的纸花[②]相似，它们被广泛用于丧葬以及佛教洞窟的装饰。

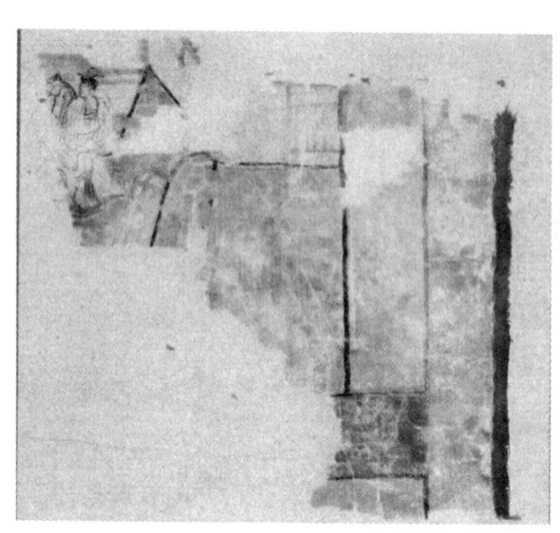

图 7　唐绢画残片

图 8　旌幡残片

这些与佛教有关的唐人遗物，显然不属于贩运的商品，它们出现在遥远的西方，虽然不能排除与商队同行的还有佛教僧侣的可能，而更可能的是属于商人随身携带的物件。关于商人与佛教的关系，有不少学者进行过充分的论证[③]，佛典律藏中有不少内容与商人有关，其中就包括上述的《根本说一切有部苾刍尼毗奈耶》。这说明唐商不论在国内或国外经商，都保持着自己的宗教信仰，他们相信携带佛经有助于他们脱离险境。

没有证据表明该唐商死后埋葬在莫谢瓦亚·巴勒卡墓地，很有可能的是其

① A.A. Ierusalimskaja, Die Gräber der Moshchevaja Balka: Frühmittelalterliche Funde an der Nordkaukasischen Seidenstrasse. Editio Maris, Munich 1996.

② Trustees of the British Museum, Painted and coloured paper flowers, available online: http://www.britishmuseum.org/explore/highlights/highlight_objects/asia/p/painted_and_coloured_paper_flo.aspx; 赵丰主编：《敦煌丝绸艺术全集（英藏卷）》，东华大学出版社 2007 年版。

③ 季羡林：《商人与佛教》，收入季羡林：《季羡林文集》第七卷《佛教》，江西教育出版社 1998 年版。

所属商队遭到了当地山民的劫掠或者阿拉伯人的围堵，因而留下了商品及随身物件。从莫谢瓦亚·巴勒卡墓地的地理位置来看，该唐商显然是中世纪早期向西方旅行距离最远的中国人之一。从汉文文献记载来看，唐代到西方最远的首推杜环（751—762 年间游历中亚、西亚）及一同流落到大食境内的唐代工匠，杜环所著《经行记》记载了波斯、可萨和拜占庭的情形，然而他们是战败投降大食后被迫迁往西方的，与莫谢瓦亚·巴勒卡商人的旅行目的不同，经行的路线也不同。莫谢瓦亚·巴勒卡墓地处于穿越大高加索的山口之一，而且是最西部，很明显，此大唐商人的旅行目的地不会是高山险阻的高加索山区，也不是可以通过波斯而到达的近东地区，而是跨越可视为拜占庭帝国门槛的高加索山区，到达丝绸之路西端的拜占庭。我们无法得知该唐商是否同时肩负着出访拜占庭帝国的政治使命，虽然在中世纪早期外交使命的传达总是和商人以及各类贡品密不可分的。但由此推测唐朝与拜占庭之间存在着直接的商业往来是符合逻辑的，至少也可以证明除了突厥人和粟特人之外，唐朝商人也进行过一些打破波斯丝绸贸易垄断、主动直接地与拜占庭帝国进行联系的尝试，这是莫谢瓦亚·巴勒卡墓地出土的唐人遗物对于文献记载的唐朝与拜占庭关系的最有价值的补充。

四、结 语

里奇蒙得（W. Richmond）博士是首位根据俄文资料深入探究西北高加索（Circassia，或 the Northwest Caucasus）历史的学者，他这样形容该地区地理环境重要性：控制该地区就能控制整个北高加索，控制北高加索就能控制整个高加索地区，以整个高加索地区作为基地北部的政权就能对南部的中东甚至更远地区施加影响。如果南部率先被占领，则整个北部草原也处于被渗透的位置。只有西北高加索有这样的地理优势和港口，可以为实现欧亚政权的野心提供后勤。这样的地理状况和优势位置，使得该地区的历史充满悲剧和显赫，至今对于俄罗斯来说仍然是战略要地[①]。这一论断的主要基础，就是北高加索所在的独特地理位置。在早期中世纪及其之前，北高加索历史的主角主要是草原游牧民族，它的历史基本上是在游牧民族与定居文明相互影响的过程中形成的。世界史家斯塔夫里阿诺斯给予草原文明极高的评价，按照他的说法，古典文明时代出现了所谓最初的欧亚文化高度发达的核心区——内部各地区正开始相互

① Walter Richmond, The Northwest Caucasus: Past, Present, Future. London and New york: Routledge 2008.

影响、作为一个整体发挥作用的欧亚大陆。这一新的有机体在两个方面表现特别明显，即商业联结和文化联结[①]。而这两方面都是通过北方草原丝绸之路完成的，高加索地区作为草原之路的西段，正好处于中东、欧洲以及欧亚文化高度发达的核心区三者之间，是草原民族与定居文明的交界处，游牧民族常通过高加索山区迁徙，劫掠南部的定居文明，并将南部的文明向北方和东方的草原地带扩散。频繁的迁徙使得他们对草原上的交通路线非常熟悉，从而为东西方的贸易提供条件，甚至干脆经营商业聚敛财富，逐渐改变了固有的生活方式。

丝绸之路东西段的各大文明由于商业利益的驱使，都冲破了自然地理的艰难险阻和所经路段上的人为阻隔，力图获取对方更多的信息并建立商业往来或政治联盟。东西方的贸易交往一直都是通过多种渠道进行的，最主要是通过波斯境内的陆路主道和南方的海道，然而这些路线大多数时间都被作为贸易中间人的波斯帝国所控制，从中世纪早期开始，穿越高加索山区的北道逐渐凸显了其重要性，使东西方的距离相对拉近，也使官方的、直接的交往成为可能。正是由于该地区是西方走向东方的一个出口，才屡屡成为罗马帝国、拜占庭帝国同波斯争夺控制权的重要边境地区，他们才会如此重视和笼络占据高加索地区及邻近地区的各游牧民族政权。而来自丝绸之路起点的中国人也首次在该地区留下了自己的足迹，他们可以视为中国历史上第一批从陆路向西走得最远的中国商人，这不仅证明了东方的唐王朝在其强盛时期也为打破波斯的陆路丝绸贸易垄断，从而与拜占庭帝国建立直接的贸易关系付出了一定的努力，并且在客观上也显示了高加索地区作为连接欧亚大陆的桥梁传递东西方文明的重要作用，使该地区成为汇聚各大定居文明和游牧民族文化的交叉路口。

附录　莫谢瓦亚·巴勒卡墓地出土汉文文书及其他唐人遗物

账历：

1. 12×10 cm 大小（图 5），草书，存六行，有两种不同的书体，书写时间不同，有两排小洞。读为：

……五条

……楝五条

……楝四条

……载衣椀

……入萍村穴

① 斯塔夫里阿诺斯：《全球通史：1500 年以前的世界》，吴象婴，梁赤民译，上海社会科学院出版社 1999 年版。

2.玫瑰色纸，15 × 8 cm 大小（图 6），行书，存三行，读为[①]：

……文 计六千……

□□□□二千文 四月十日……

……文 买（？）□文……

3. 11 × 12 cm 大小，存八行，字无法辨识。

4. 除此之外还有八块碎片，一片大小为 10 × 1.5 cm，窄边有洞，可能属于钉孔。碎片平均大概为 1.5 × 2.5 cm。

佛经残片：

一片，深黄色纸，前后上三部残缺，11 × 1.5 cm 大小，写经体楷书，有界栏，存 2 行，读为：

……杌树或复作诸□□

……□□□□□尼怖与

经本人比对，该佛经应为景龙四年（710 年）义净（635—713）于大荐福寺译律部《根本说一切有部苾刍尼毗奈耶》卷第十五。原文作："若苾刍尼为恐怖他意，便作种种可畏形状，所谓诸杂色类，如烧杌树，或复作诸鬼神等像，云来食汝断汝命根，随彼苾刍尼怖与不怖，而此苾刍尼得波逸底迦。"

佛教绢画：

一片，大小 20 × 18 cm（图 7），右方为边框，画有山间的骑士，色彩为浅蓝、白、棕以及零星红色。图画边框用宽的淡蓝色垂直宽带以及一条淡红色横条描绘。整个图画的边界是一条宽的淡红色带，上面有五瓣的金色玫瑰花和精细的深紫色边。

旌幡：

残片，上部为三角形皮革，边长 6.5 cm，边上有针孔，此外还有浅褐色的纱带，宽 5.3 cm，上部折成与三角形皮革吻合的形状（图 8）。折边上有缝痕及颜料痕迹。另有两残片，属于旌旗顶部的窄边，取自未着色的丝织物。

纸花：

三个，大小分别为 4.5 × 2.5 cm，3.0 × 2.5 cm，4.0 × 3.0 cm。施以红色、玫瑰色、灰色、淡紫色和金色，两个剪成莲花形状，有三层，彩色纸的上层粘在一层精细明亮的纱上，纱上又覆盖一层被黏和物浸透的纸。

编者按：本文原载于《丝绸之路上的考古、宗教与历史》，文物出版社，2011

① 原报告读为"……麦，计六千/……二千文；四月十四日/……麦……肉买四文"，现修正。

年，第 102-114。又见于宁夏文物考古研究所微信公众号。经作者授权，收于此刊。

【作者简介】

仝涛（1975—），出生于河南省南阳市。历史、考古学者，1993 年 9 月—2000 年 7 月在四川大学历史系考古学与博物馆学专业学习，获得学士和硕士学位;2001 年 9 月—2004 年 11 月在四川大学考古学系考古学专业攻读博士。2008 年 11 月获得德国蒂宾根大学考古学博士学位。

研究方向：青藏高原与丝绸之路考古。2017 年 10 月，在甘肃徽县“青泥古道与茶马贸易学术研讨会”上，受聘为民盟陇南市委会陇学研究院特邀研究员。

陇南：衔接南北丝绸之路的桥梁地段

◎刘可通（甘肃省文史馆研究员）

陇南地处甘肃东南，毗邻川陕。东邻陕西省宝鸡市、汉中市，南连四川省广元市、阿坝藏族羌族自治州，西靠甘南藏族自治州，北接天水市、定西市。简言之，陇南市所辖八县一区，尽处秦巴陇交汇之周边山区。陇南历史上先民开发较早的商路有秦蜀古道（故道）、陇蜀古道（沓中阴平道）、洮岷河湟大道等。陇南贸易商道北上直抵关中，南下可达成都，西往兰州、青藏，成为衔接南北丝绸之路和直通藏、回、彝民族地区的桥梁地段。陇南也成为秦、巴、陇文化的交汇之地。

一、陇南历史上的区域经济环境与商贸活动

陇南境内山川雄奇，诸水分流，气候温和，颇饶山泽之利，既以“千年药乡”著称海内，又以矿产丰富闻名遐迩。从考古发现大量的骨贝、玉璧、贝币、绿松石等实物看（见图 1、2、3），陇南在夏、商之际，手工业、物物交换的商贸业已有相当程度的发展。

图 1　殷商贝币

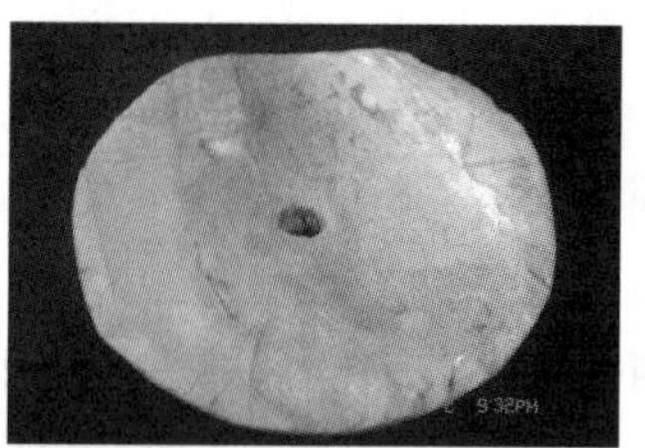

图 2　蚌饰（俗称鱼骨牌）

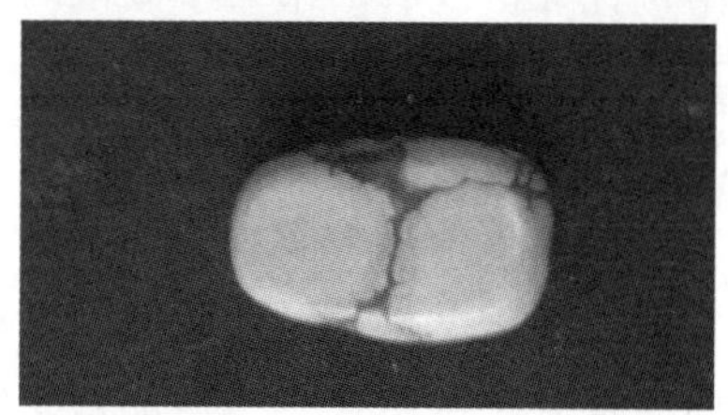

图 3　绿松石珠

先秦时期，秦人先祖居于陇南西和、礼县犬牙交错地带，此地为秦人的发祥地、东进的战略基地。秦时境内商品经济已发展到了一定阶段。氐族世居陇南，活跃在白龙江流域，白马氐人部落居西汉水、嘉陵江流域、白水江流域，“自立豪帅”。氐、羌因与汉民族杂居，受汉民族影响较深，以农为主，种桑麻，善织布，兼以狩猎畜牧，农牧业及手工业相当发达。

陇南经秦人、氐羌先民用智慧和勤劳共同开发，进行物质创造，有了剩余产品，进行物物交换，随着剩余产品的增多，需求的不断扩大，也由于毗邻川、陕、甘南少数民族地区的地缘关系，民族消费习俗等相近的客观基础，“抱布贸丝”由低级向高级不断发展，先民们为了生存彼此往来，以其所产“名马、牛、羊、漆、蜜、土盐、药材、毛皮、棉麻、水银、黄金”等置场榷买，茶马互市，或借水路舟楫、陆路栈道转手贸易于秦、巴、陇山区，远涉云贵。早在秦汉武都紫泥即为贡品，西汉在武都形成了中国最早的茶叶市场，经济活动直达关中、汉中、成都。伴随着水陆古道相通和频繁的商贸往来，陇蜀道上钱币积淀亦为丰富，形成了直通境外的商路驮道贸易路。

两汉时，陇南经济、文化繁荣，从公元前111年汉武帝设武都郡至公元296年杨茂搜建立仇池国政权，这四百余年是陇南古代经济发展的第一个高潮时期。丝绸之路开通后，民间商贸活动频繁，人背马驮，或翻山越岭，或沿江栈道通往关中、汉中、利州（广元）、成都，贸易商道已交织成网络。

盛唐是陇南古代经济发展的第二个高潮。陇南是唐代的重要屯田区之一，阶郡康县山川沃土毗连，川坝沿河“桑麻翳野”。作为特产的经济作物及野生药材已是贡品。花椒、核桃、漆树等已广泛种植。药材有蜜、蜡、麝香、鹿茸、熊胆、豹骨、厚朴、天麻、猪苓、杜仲、黄檗等。铁、铜、沙金、银等矿产已被发现及开采，在社会经济生活中的地位十分重要。诸多资源的广泛开发利用，自然而然地促进了商贸的发达。

两宋时期，宋金对峙，陇南处于抗金前线。但农业、畜牧业、冶炼金银等亦有发展。这时期的商业贸易以国家经营的茶、马贸易为主，南茶北马的民族贸易相当繁荣，带来陇南古代经济发展的第三个高潮时期。

明、清时期是陇南古代经济发展的第四个高潮期。（“四个高潮”的论述，参见陈启生《陇南地方志概论》）这一时期阶郡州县农业生产进入了一个大规模兴修水利、发展灌溉和大面积种植药材的阶段。当归、党参、大黄等中药材及烟草的大面积种植，改变了原有粮、棉、麻的农业生产结构，形成了具有相当优势和特色的生产新局面。蚕桑、药材、手工产品及土特产的大发展，极大地促进了商业贸易的繁荣。在不同历史阶段，陇南社会经济的发展呈现出不同的特点。特定地域的丰富特产每以其独特的使用价值进入流通领域，大宗商品为秦蜀道、陇蜀道、洮岷道上商品经济的繁荣奠定了丰厚的物资基础。

二、丝绸之路与陇南先民们开通的南北商道的衔接

汉代张骞两使西域，开拓了汉帝国的视野，开辟了一条政治联盟的通路，并唤起了汉与中亚、西亚各国贸易的强烈愿望，促成了汉对中原以西广大西域地区道路的开辟和经营。后来成了一条著名的经济交流、文化交流之路。1887年，德国地理学家李希霍芬在实地考察了中国和中亚地区以后，在他的名著《中国》中醒目地给中西之间交流的贸易路起了一个非常美丽的名字——“丝绸之路”。

丝绸之路的开辟距今已有两千多年的历史，它绵亘欧亚大陆七千多公里，历时数千年之久，荟萃人类社会主要的几种文化形态，丝路经济、文化交流对经济社会各个方面产生过巨大影响，推动了人类文明的发展，称它是中西文化交流的大动脉、人类文明的“运河”确实毫不过誉。

“丝绸之路从本质上来说是欧亚大陆的贸易路。它并不是一般意义上某条交通道路，也不是地理学的名称，而是由贸易路标志和涵盖的具有特定历史规律和地域特色的区域经济环境。”（李明伟《丝绸之路与西北经济社会研究》）

欧亚大陆的贸易路相对陇南地域而言可称“北丝绸之路”，而南下成都经云南到缅甸之路则可称“南丝绸之路”。陇南境内的贸易路即秦蜀道、陇蜀道成功地衔接了南北丝绸之路。

历史上开发较早的商路有洮岷河湟道、故道（陈仓道）、羌氐道（沓中阴平道）。秦蜀道、陇蜀道等道路的开通，使陇南先民北接天水，与西域道即大丝道起点之西安相衔接，经兰州、河西三郡，循新疆到达中亚，最后到达丝绸交易的终端市场——地中海彼岸之罗马帝国和西亚的波斯；循陇南沓中阴平道，南下直达南丝绸之路起点成都，经牦牛道（五尺道），接西南夷道，不断转手贸易直抵云南、缅甸、印度。

秦蜀道包括子午道、傥骆道、褒斜道、陈仓故道，比较起来，被商贾行旅使用频率最高的，当是经陇南境内之陈仓故道。经陇南南下水陆并进至西南夷道的唯一捷径是沓中阴平道。“驮不完的阶州，填不满的碧口”，商旅往来，无有停绝。千百年来，处秦巴陇山区之陇南，历史上用自己开辟的贸易路，形成沟通藏、羌、彝等民族的商贸、文化走廊。除繁荣了区域经济外，陇南地域成功地衔接了南北丝绸之路。

三、陇蜀古道上的茶马互市及沿途商镇的发展

考察陇南古代的贸易，可以看到，随着商品经济的发展和社会繁荣，社会需求不断扩大，贸易由低级向高级、由境内向域外扩展。在茶马互市之前，陇南的民间经济交易活动早已萌生，并形成了畅通的商路。我们虽然不能详细地了解商品交换的细节和具体的情况，但从考古的出土文物可以判断，战争、民族迁徙与民族间商业贸易活动有着密切的联系。

两宋时期，在封建国家的控制下，边境贸易、茶马互市和区域贸易更大，跃居主导地位。茶马互市贸易的主要形式往往是大规模的商队贸易，研究陇南古代商品经济不能不注意陇蜀道上衍生的北茶马古道贸易商路。在商路通畅的基础上，随着战争、民族迁徙，各种宗教、工艺循着茶马古道而行进、传播。

由丝路贸易衍生的茶马、绢马贸易是丝绸之路上传统的贸易方式，汉唐以来，我国中原地区和丝绸之路上西北、西南、北部边疆的草原游牧民族及其他民族地区政权有着密切的经济交往。内地通过这种贸易获得马匹、药材、土产、畜牧产品，边疆少数民族通过贸易获得急需的丝绢、茶叶、盐、瓷器、铁器农具、种子等生产和生活用品。由于这种贸易多在边疆民族地区以固定的形式进行，所以又称民族互市。

汉武帝元鼎六年（前 111 年）武都设郡以来，历代武都辖区正处衔接大丝道与南丝绸之路的津梁地段，商贸活动更为活跃。尤其在两宋时期，茶马、绢马互市在郡之阶州及文州、西固等地开通，茶马古道上的频繁交易为陇南社会经济的繁荣、商镇的发展起到了不可低估的作用。

恩格斯说："随着生产分为农业和手工业这两大主要部门，便出现了直接以交换为目的的生产，即商品生产，随之而来的是贸易，不仅有部落内部和部落边界贸易，而且还有海外贸易。"（《家庭、私有制和国家的起源》）。这里明确指出：贸易的产生及发展决定于消费的需要和商品生产的规模。茶马古道本身发展的内动力，就是通商货利，这是经济社会发展的重要因素。宋代官方经营的茶马互市，是以用茶叶换取藏区剽悍惯战的战马来支持抗金战争为目的的。少数民族"宁可三日无粮，不可一日无茶"。"茶之为物，西戎吐蕃古今皆仰给之，以其腥肉之食，非茶不消，青稞之热非茶不解，虽是山林草木之叶而关系到国家之大经。"（《新五代史·外国传·高昌》）宋神宗七年朝廷正式开设茶马司，北宋要马，藏区要茶，南茶北运，北马南行，以茶易马遂成定制，并以国家行为保证了诸商路的通畅。

商路的形成是十分复杂的，它必须受经济地理环境、自然资源、商品资源、

民族消费习俗、审美观念差异、社会文明进化程度不同等因素影响，才会形成传统贸易之路。

陇南文明古老的商业，往往是以自己较先进的生产力为后盾的。继秦、汉、唐开发以来，在传统的农业经济中，有种桑养蚕，育蜂酿蜜，种植当归、大黄等药材，织布割漆，熬盐酿酒，制作麻纸等大宗商品，商品进入流通领域前，必展现其独特的使用价值，并且以这些商品为基础形成固定的贸易项目和传统物资流向，最终促成了商路的形成。

以窑坪商镇物资流向为例，甘、川、陕商帮输出、运入的商品有四川的茶叶、手工艺品、白酒等，经安康，翻大巴山，过汉中，走略阳，到窑坪，经坐商转手经销西藏、青海、临夏、宁夏等少数民族地区。有名的云南砖形茯茶、窝窝沱茶、万源县的万子茶、城口毛尖、资阳陕青，清香解腻，深受少数民族喜爱。窑坪的麻纸年产量达 3 200 万刀之多，加之农副土畜产品核桃、木耳、蚕丝、毛栗、皮毛、天麻、麝香等每年输出量在千吨以上。这些商品的输出换来雅盐、青盐、新疆老糟盐，兰州马俊川、义和成水烟，榆中绿烟，武山、洛门黄烟丝等。其他商品如皮毛、土布、食盐除供给康、略、成各县外，多数又运销于陕南、川北各地。

交通运输的通达使川蜀的茶叶在武都集散。具体以康县为例，康县境内开辟有骡马驮道，西通武都，东至陕西略阳。是古来甘陕、甘川要道。茶马古道直通汉中，境内东起窑坪，经古兰皋、古散关、白马关、大堡、长坝、望子关，向西经阶州（另一条经敞河坝对面之太石过秦家河、隆兴、包峪寺，翻牛蹄关出谷达安化之官道捷径）通四川南坪、松潘、甘南卓尼、临潭再向河湟地区。经咀台、岸门口、铜钱、阳坝南达利州，转抵川滇。

陇南境内有固定的大宗交易商品，水陆交通相对便利，在中转贸易或过境贸易的区域经济环境中孕育出哈达铺、两水、临江、碧口、纸坊、小川、红川、伏家镇、杨店、洮坪、永兴、长道、盐官、石峡、岸门口、窑坪、阳坝等著名的商镇。在贸易商道上这些商镇像串珠一样络绎连贯，商行、货栈、铺号，川、晋、陕、浙、豫邦商会林立，成为商品集散地和中转贸易的基地。商镇的兴起发展最典型地反映了贸易路与商镇的关系。

再以武都为例，清末民初，陇蜀道上商贸活动的活跃对陇南金融市场中会票交易亦颇有影响。

武都历史上设郡置县，成为政治、经济、文化的中心，是甘川公路（洮岷道接阴平古道）必经之地。岷县因位于洮河之滨，古称“临洮”。甘川公路过其境，西北行，经临潭可通夏河；北通陇西、定西；沿甘川公路东行抵武都，交通可谓四通八达。岷县地处高寒，境内盛产药材，尤其野生药材品类多，产量高，质量好。岷县当归（岷当）闻名中外，党参、黄芪、冬花、大黄等药材畅销香港和欧美诸国，每年冬末春初，京、津、沪、豫、川、陕等地药商成帮结队汇集岷县，设庄采购，运销至全国各地，还有部分药商设立商号，长期经营。

武都境内物产丰饶，著名的有当归、党参、大黄、红芪等药材，亦盛产木耳、核桃、花椒、蚕茧、棉花等，特别是传统的手工业产品，极具地方特色。黄杨木梳作坊大小 30 余户，年产木梳 20 余万张，产值达 4 万（银元）；以蚕丝为原料的丝线加工作坊有潘张等 8 家之多，加工细致，染色鲜艳；还有土布、银器、皮革、鞍具等手工作坊；特别是土布（州布）生产尤具优势，质地结实耐穿，是当地群众家庭主要副业。家家都有纺车二至三架不等，以其劳动量不大，妇女老幼均可操作，只要农事家务之暇，无不夜以继日，以纺线织布为业，年产约 20 万匹，总产值达 30 余万（银元）。武都以大宗出产的归、芪、党、黄和手工业产品饮誉海内外，是甘川物资上下对流转手贸易的重要商镇。1921 年前后，陕西、四川、河南和本地商贾云集，药材商号发展到 20 余家。各商行、行栈由收购药材的商家预付定金，每年收购当归约 2 000 担（70 万市斤），各处药材总产值每年约合银洋 15 至 30 万之间，陕西药商依靠安化、马街脚户畜力经天水、平凉运至关中等地，四川和本地药商依靠城郊、汉王畜力和洛塘人力转运碧口，再水运至重庆或陆运至中坝。河南药商主营麝香、大黄、优等党参，或邮上海，或转至碧口水运上海。

碧口镇位于文县东南部，是水陆交通贸易口岸，该镇沿江一条街，街道铺面毗连，清乾嘉年间，碧口逐渐成为吞吐货物的水陆码头，是甘川交界经济最发达、市场最繁华的贸易重镇。据洪水翰民国 31 年（1942 年）走访调查，碧口共有店铺 231 户，其中药材行店 42 户，杂货店 24 户，纸店 18 户，烟店 10 户，还有饭馆、理发户 17 户，客栈、骡马店 44 户。碧口商贾云集，市面繁荣，街道桐油涂面，干净整洁，至晚灯火通明，居人多系四川商人，业以经商为主。运进货物以糖茶、食盐（锅巴盐）、纸张为大宗；运出货物以当归、水烟为多数，其中药材运出价格占总值的 60%以上。

陆运货物全系人背畜驮，主要是糖茶、皮毛、水烟、卷烟、布匹、绸缎，运货商路主要有三条：一条是临洮的水烟，岷县、舟曲的药材等，沿甘川道过武都抵碧口；一条是青海的皮张、鹿茸经循化至临夏，分两路或至康家崖上甘川道，或以临潭到岷县至甘川道过武都抵碧口；一条是甘谷等地的皮张，经西和、康县至武都，然后转运碧口。水运方面，碧口顺江而下至昭化入嘉陵江直达重庆，水运船只民国初年有 300 余条，总运量约为 5 000 吨，水运运价有枯水、平水、洪水期之分。碧口水陆运输之便，使客商过往终年不绝，所谓“驮不尽的阶州，填不满的碧口”正是陇蜀道上商贸繁荣的写照。

四、“渝票”“蓉票”等汇票之流通

清末民初陇蜀道上商贸活动十分活跃，畜驮肩挑或借水路、陆路不断转手贸易，形成了以固定商品为基础的传统贸易渠道。伴随商品交易，作为一般等价物的钱币亦随之流通于甘川商道、城镇集市。交易的频繁、携实物货币交易数额大、进销货物路程长、贸易道路艰难等现实因素给钱币使用带来不便。武都当时无银行结算，虽然邮局通汇，但因费率高，对方解付困难。1925 年前后，为满足彼此间头寸异地调拨和安全的需要，武都金融市场中有了“渝票”“蓉票”等会票的交易流通。其交易时间长、范围广，在甘川道上的重要商镇岷县、武都、碧口等都很有影响。所谓“渝票”是重庆殷实商号为揽取经营资本而授售的一种汇兑性质的即期票据。成都的称“蓉票”，中坝的称“坝票”，汉中的称“汉中票”。由于渝票流通较早，影响面大，所以后来无论“渝票”“蓉票”等票均习惯以“渝票”笼统称之。

由于川、陕、广、豫等省巨商云集碧口，驻庄收购、加工药材，为异地头寸调拨之需，“渝票”先行在碧口兴起；又由于武都日用杂货如青蓝线、丝绸、卷烟、纸张、红白糖及重要副食调味品都源于四川，贸易交往绵绵不断，因而“渝票”交易进而波及武都，渐及岷县。

“渝票”在武都的售出或兑入以大顺森号为主，他们在贸易往来频繁的商埠都建有联号或代理人，互相送存票据，验对印鉴，相当于银行的联行。这种票据早期是布质的，后来改为纸质石印，质地都比较精致，近似现在银行的定期存单。大凡经营“渝票”的商家都属殷实可靠、信用彰著的字号。为进一步活跃联络，一时联号或代理人遍布重庆、成都、南充、广元、中坝等地，汉中票也通广元接汇。

“渝票”的交易不只是为了方便商旅，主要是经营商家有利可图，他们借此可以获得更多间歇在途资金，使其经营资本更加活跃。以武都“渝票”售出商为例，如当地某商去成都进货，计划总额 300 元，即以现款购买等值“渝票”前往成都；若一时筹措不及，不能足数交付票款，尚可通融缓交，先行开票。这样购票人感到方便满意。因此，经常往来的商家销货款无其他用途时也都乐于存交开票商，以示互惠，开票商偶遇兑付联号票款和中转运费困难时，也可向往来商号求援，往来互为计息，全赖信用。甘肃省银行成立以后，有些药材收购商家在货物起运之后，为及时获得第二套资本继续进行收购，还曾向银行办理贴现、押汇，1945 年前后，成为武都、碧口两地省银行主要业务之一。特别是碧口，据当时省银行估算，认为重庆至兰州，头寸调拨贴现，和岷县至兰州相比（碧口头寸调拨归岷县分行负责），再加上碧口欠总行联行息，还不到碧口实际收的三分之一，大为有利可图，因此银行也乐于积极支持。

票据的兑付都规定有期限，或半月或一月，称为“关期”。后来由于法币的不断贬值，还出现过折扣。起初，都是以足值的“渝票”以 80%或 85%的现款购进，付款方又以 90%至 95%的折扣兑现，这样购票人和兑付商都有一定的差额收入。再后，金圆券发行，货币急剧贬值，这种折扣率曾高达 60%，但差额再高，也赶不上物价上涨的速度，于是“渝票”的接手逐渐转少，以至绝迹。

五、官民对商路的开凿维护与官方对经商者偷税漏税之警示

陇南形胜，地少平衍，缘山滨河，峭举险阻，瀤流渊波，历代所患；然多民族居住之陇南，氐、羌先民质朴强劲，不畏险阻，不患崎岖；每能涉险架桥，云栈梯连，舆梁利济，舟楫溜索而绝江河，商路孔道径通南北（见图 4、5、6）。大多商品经骡帮沿茶马古道运至终端市场，所历驮道陡峻狭窄，攀山越岭，蜿蜒曲折，境内如西汉水南岸太石乡观音峡谷地段，羊官岩悬崖栈道下江流湍急，常有歹徒行劫。为防盗寇的掳掠，保证商路的畅通，官方、商队曾付出了巨大的代价。

图 4 武都白龙江上溜索

图 5 武都观风崖栈道遗存

图 6 武都险崖坝栈道遗存

历史上地方官吏、驻军首领如虞诩、李翕等重视对陇南境内河道的整治和道路的修建。虞诩“烧石剪木，开漕船道”，水运通利。汉灵帝三年，李翕火烧醋激，破石开路，打通“郡西狭中道”，“坚固广大，可以夜涉，四方无壅，行人欢踊，民歌德惠”。熹平元年（172 年），又修沮县析里阁道，接木相连，长达三百余丈。“百姓夷欣”，“所历垂勋”，既维护了道路的通畅，又留下了《西狭颂》《郙阁颂》等辉煌的摩崖书法艺术瑰宝。

熹平三年（174 年），继任武都太守的耿勋又整修狭道，有《耿勋碑》载其事迹。

清同治十年（1871 年），白马关分州州判罗映霄曾整修云台至成县的渡口，将此道辟为官渡。

及今，邓邓桥、石门沟、险崖坝、观风崖、九姊妹梁、耗子店、太石观音峡悬崖阁道遗址上，桩孔凌空毕见。遥想仄逼仅能容步、亭亭桀立之栈阁下，白龙江、犀牛江、白水江“惊涛釜沸，雷震电激，喷沫溅人面”，颇骇胆惊魂。在宕昌、武都、文县、成县、康县等地，垒石作基、纵伸圆木层层叠压、节节相次、飞堑越壑之伸臂桥累见（见图 7、8）。康县团庄、药铺沟之伸臂桥五丈有余，楹栏彩饰，建筑华丽，桥亭题额，翰墨神逸，上覆有屋，气势恢宏，至今犹存焉。

图 7　康县平洛团庄阁桥

图 8　宕昌横跨岷江之伸臂桥

官方在维护商路畅通的同时，又极力打击惩处“经商人等”偷税漏税，私茶贩运。望子关石猫梁是通往武都的客商通道，残存半截明代石碑（见图 9），青砂石质，圆首方形，残宽 70 厘米，高 90 厘米，厚 18 厘米，楷体碑文 7 行，横额题“察院明文”，下半部残损，碑文仅存 6 行，文曰：“巡按陕西监察（御史）……/示知一应经商人等……/茶马贩通番捷路……/旧规堵塞俱许由……/敢有仍前图便由……/官兵通旅者……”。此碑残文“茶马贩通番捷路”昭示“茶马贩”辗转贸易“通番”，在康县过境频频。文告重申旧规，给图利贩运私茶、图便敢绕税卡、偷税漏税之经商者晓以警示。

其中，散关至窑坪路段经汉武都太守李翕派员督修拓宽，始由驮道辟为官道。另外望关经平洛，翻太石山，渡西汉水，通往成县，过天水，径达关中，接通大丝道。再有云台至关沟门口，过官渡，抵成县镡河。

照片

拓本

图 9　望子关石猫梁《察院明文》残碑

六、陇南境内丝路货币积淀出土的钱币实证

秦蜀古道、陇蜀古道上不停地进行着辗转贸易，初为物物交换，由于货币经济的萌生，遂不断地伴随有一般等价物钱币转手。在陇南境内，除有大量历代中央王朝铸币遗存外，亦有少量外国钱币和西域钱币流入。这些丝路货币在陇南积淀出土，也丰富了本地区丝路钱币文化。

1971—1976 年，礼县永兴、永平及邻地汪川相继出土形制、铭文颇相类似的铅质饼钱共五枚，铅饼均呈圆形，但正面外凸，上铸有蟠螭纹饰形的动物图案，底面凹进，四周铸有一圈外国铭文，并印有两方戳记，铅饼直径 5.43 ~ 5.7 厘米，厚 1.1 ~ 1.3 厘米，重 108 ~ 137 克，含铅量均达 99%以上。汪川出土一枚铅饼现藏西和县文化馆，其余藏礼县文化馆。

据出土地点看，礼县永兴、永平及邻地汪川在丝绸之路干道稍偏南。流通、沉淀时间，当在东汉中、后期。

1993 年礼县文化馆应中国钱币博物馆筹馆征集钱币，曾捐赠一枚。

1984 年礼县盐官发现一枚突骑施钱（见图 10）。此钱外径 2.5 厘米，孔径 0.6 厘米，肉厚 0.8 厘米，重 4.88 克，圆形方孔，似唐开元钱币，钱的正面有粟特字母拼写的回鹘文，意译“突骑施可汗拜布给”，背面有弯月形纹饰，占背二分之一，月形中间又与廓相连，很像船锚，又似弓箭背部，其头部又似蛇首，上部有蛇尾。1929 年塔里木盆地考古首次发现此钱，黄文弼称其为蛇形花纹突骑施钱，铸造时间大抵上限在唐景龙三年（709 年），下限在唐开元二十六年（738 年）前后约二十多年时间。突骑施是游牧民族，属西突厥一族，其钱币流通范围主要在中亚七河流域一带，此币在甘肃仅发现三枚。礼县盐官出土游牧民族的钱币，当不是偶然和独立的现象，这应与唐朝与突骑施部落的友好往来有关，也与盐官处丝路干道“通商货利无不盐”和设有西北最大的骡马交易市场有关。

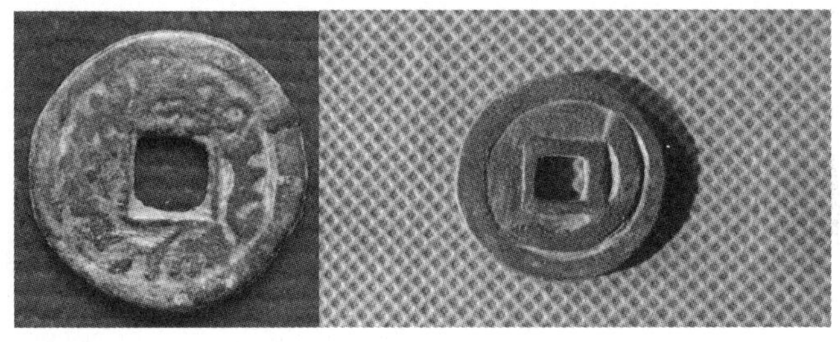

图 10　突骑施钱，外径 2.5 厘米，孔径 0.6 厘米，肉厚 0.8 厘米，重 4.88 克

一条贸易路实际上是一个经济发展地带，要想繁荣一个地区的经济，必须设法将其纳入经济链中，方能保持其经济活力。研究陇南历史上形成的古道商路，具有社会、历史、经济和文化旅游价值。我们不能仅把秦蜀道、陇蜀古道当作历史的文化遗存，更应力图探寻秦蜀道、陇蜀道地域经济、社会发展的历史规律与深远影响，寻找规律性原因，借鉴指导当前陇南经济、文化、旅游发展战略。

【作者简介】

刘可通（1946— ），甘肃武都人，地方文化学者。出身教育世家，先后从事教育、行政、金融行业。倾力地方钱币文化，以及方志、金石研究，亦涉诗词文赋和碑记创作。在《中国钱币》《甘肃金融》《陕西金融》等期刊发表《东汉武都太守耿勋曾铸币于故道》《陇南古代经济及钱币研究》《陇南出土铁质秦半两》等论文；在甘肃《史学论丛》《甘肃文史》《甘肃文史精萃》《中国北茶马古道研究》等书刊发表《民国时期陇上学者刘元凯对〈西狭颂〉之碑评》《吴云逵及其〈武阶备志〉》《巷名竹集，居多人杰》等论文；诗词文赋多刊载于《甘肃诗词》《甘肃楹联集成》《陇南日报》等刊物。

其中《陇南钱币研究成果综述》一文获甘肃省第四次金融科研优秀成果奖。所撰10余通碑文镌刻于摩崖、文旅景区、寺庙及城市广场通衢。系甘肃省人民政府文史研究馆研究员，甘肃省历史学会、诗词学会、钱币学会会员，武都历史文化研究会顾问、研究员。

卷三
陇南氐羌研究

陇南：古代氐族的摇篮

◎赵琪伟（中共陇南市委党校副教授）

氐族是我国古代历史上一个重要的民族。从先秦时起，氐族就分布在今甘肃、陕西、四川的交界处，大部分集中于陇南地区。魏晋南北朝时期，氐族曾先后建立过仇池、前秦、后凉等政权，对当时的历史产生重大影响。陇南是古代氐族的发祥之地，白马氐族在陇南建立过仇池国地方割据政权，曾显赫一时。更难得的是直到今天我们还能“窥探”到一支生活在文县白马河流域的古代氐族后裔，他们多姿多彩的民俗风情格外引人注目。

一、仇池山：古代氐族的分布中心和精神圣地

氐族是一个非常古老的民族，殷商时期就已存在。童恩正先生根据《诗经·商颂·殷武》中“昔有成汤，自彼氐羌。莫敢不来享，莫敢不来王。”和《竹书纪年》中成汤和武丁时两次“氐羌来宾”的记述，认为氐羌原来可能是同一种民族，他们“所居无常，依随水草，地少五谷，以产牧为业”[①]。但以后氐羌中的一部分逐渐改变了游牧习惯，开始经营农业，定居在平原河谷，这部分人就称氐族。

马长寿先生在他的《氐与羌》一书中认为，古代的氐和羌都是西戎，居住在西部地区，又同属汉藏语系，关系密切自不待言。尽管汉文古籍中常以“氐羌”形式出现，但氐与羌自古以来便是两族。古代氐族分布在甘肃东南部的西汉水、白龙江流域，古代羌族分布在青海东部的河曲及其以西以北等地，两族的原始分布地相距甚远。再说氐和羌的词义也不相同。氐族自称“盍稚”，因他们居秦陇、巴蜀之间，山势险阻，加之河流众多，溪谷回曲，每值岸石崩落，有声远播数百里，所以称之为氐（同“阺”），这与其居住的地形有很大关系。羌人自称“芉”“绵”或“玛”，因他们以牧羊为业，供祀羊神，端公（羌民巫师）戴羊皮帽并饰两角以祈禳，所以称之为羌。而氐与羌在语言、服饰、经济、文化、习俗方面都有不同的特点，不能混为一谈。

---

①〔南北朝〕范晔：《后汉书·西羌传》，中华书局2012年版。

最早明确记载古代氐族分布的《史记·西南夷列传》说："自冉駹以东北，君长以什数，白马最大，皆氐类也。"汉代的冉駹即唐代的嘉良夷，近代称为嘉戎，在茂州（辖境相当今四川北川、汶川及茂汶羌族自治县）的西境。嘉夷东北就是今天的西汉水、白龙江流域，古代氐族在此部落众多，部落首领就有十多个，是原始分布地之所在。《括地志》卷四《成州·上禄县》对白马氐的分布地区作了具体说明，曰："陇右成州（今甘肃成县）、武州（今甘肃武都）皆白马氐，其豪族杨氏居仇池山上。"在白龙江流域东南到今武都三河、西北到宕昌两河口、东北到西和大桥乡、东到西汉水的这片大地上，考古发现了大量商周时期反映古代白马氐族文化的"寺洼文化任家型"遗址，正好与历史文献的记述相互佐证。

关于古代氐族的族源，说法较多。氐族自称"盘瓠（盘古）之后"[①]，在"三代之际，盖自有君长"[②]。《山海经·海外西经》中记载，有一个"奇股国"，这里的居民长着三只眼、一条腿，他们的眼睛有阴有阳。在上古时期，炎帝同黄帝争夺天下，一位叫刑天的部族首领作为炎帝的部属参加战斗失败后，被黄帝手下一个叫贰负的部落首领砍下头颅，埋在"常羊之山"。被斩首的刑天仍然以乳为眼睛、以肚脐为口，一手拿着盾、一手拿着斧同黄帝部落斗争，最后黄帝命人砍去了他的一条腿，并且绑到山顶的大树上。赵逵夫先生研究认为这个刑天就是氐族首领，他葬首的常羊山就是仇池山。三只眼睛其实是氐族的一种习俗，由于氐族善于养马，以白马为图腾，故而非常崇拜马神，而他们的白马神、马王爷都是三只眼睛。赵逵夫先生说："'武都'一词的出现也与氐族密切相关，'武'应来自于氐族，古人说'半步为武'，这里的半步就是一条腿跨一次，这实际上就是刑天的后人砍掉一条腿后所留下的'奇股'而形成的独特生活习俗。'武都'二字最早就是氐族国都的意思。在甲骨文和金文里，刑天就是一个人形符号，为氐族部落的象征图腾。"[③]可以说，古代氐族很早便以仇池山为活动中心，把仇池山视为族群发祥的圣地。

仇池山，古代又名仇维山、仇夷山、围山、瞿堆、百顷山，位于西和县南的大桥乡东南侧，为西秦岭南延余脉，距县城四十公里，地处西和、成县、康县、武都四县交界处，山势险峻，有险可依，有水可饮，有粮可食，是不可多得的军事镇戍之地。《三秦记》曰："山本名仇维，其上有池，故云仇池。"《水

① 〔北齐〕魏收：《魏略·西戎传》，中华书局1974年版。

② 〔唐〕李延寿：《北史·氐传》，中华书局1974年版。

③ 赵逵夫：《形天神话源于仇池山考释——兼论"奇股国"、氐族地望及"武都"地名的由来》，《河北师范大学学报（社会科学版）》2002年第4期。

经注》描述“绝壁峭峙，孤险云高，望之形若覆壶。高二十余里，羊肠蟠道三十六回”，“上有平田百顷，煮土成盐，因以百顷为号，山上有水泉”。由于仇池山是古代氐族聚居地和精神信仰高地，他们以此为据点建立的割据政权也取名“仇池国”，国因山得名，山因国更显。

二、仇池国：白马氐族的立国兴业风云

魏晋南北朝时期，白马氐族杨氏建立的仇池国在陇南大地上书写了辉煌篇章。仇池国主要指杨茂搜建立的前仇池国和杨定重建的后仇池国。而杨氏后裔所建的武都国、武兴国、阴平国也被史家认为是仇池国的延续。所以完整意义上的仇池国应该指前仇池国、后仇池国、武都国、武兴国、阴平国五个地方割据政权。这五个地方政权中，除武兴国“定都”今陕西略阳外，其余都在陇南“建国立都”。尽管仇池政权长期与周围政权进行战争，给广大人民生活带来灾难，但也促进了氐族与其他民族的融合，加快了当地经济社会的发展。

李祖桓先生在他的《〈仇池国志〉自序》中说：“我国历史自春秋至汉末晋初这一阶段中，是汉族奴隶主或封建地主阶级统治时期。到了晋初，汉族地主阶级由于内部斗争，其政权开始削弱，而其他少数民族的统治者趁此不断兴起，于是就有了所谓‘五胡十六国’的历史时期。在这一时期中，氐族统治者露其头角，建国自雄的，记有三国。即（一）前秦苻氏。（二）后凉吕氏。（三）仇池杨氏。他们同源于武都。《后汉书·西南夷传》所载的‘白马氐’，即此三氐的祖先。”查阅相关史料，可以看到，从西汉开始，由于氐族多次反叛，被朝廷强行迁徙到酒泉、陇右和关中等地。三国时，曹魏也曾强行迁徙氐族，但《魏略·西戎传》中仍有“武都、阴平之氐尚有一万余落”的记载。可见，到三国时，古代氐族的分布中心未发生根本改变。

仇池氐族政权的存在及活动，直接影响到十六国与南北朝各政权的对峙局面。特别是魏、晋等“正统”意义上的政权一直不敢忽视仇池政权的存在。20世纪60年代初，在与仇池山仅一水之隔的西高山出土了“魏归义氐侯”“晋归义氐王”的黄金橐驼钮封印，这是“中央王朝”对陇南仇池氐族首领采用怀柔政策的历史见证。

仇池国的历史可分为前仇池国、后仇池国、武都国、武兴国、阴平国五个阶段。

前仇池国——东汉末年，陇右略阳（今甘肃秦安陇城）氐族杨腾、杨驹父子率众迁居祖地仇池山称雄，其后渐盛，自称为王。到杨驹孙杨千万时，拥万

众，曹魏拜封为百顷王。杨千万后联合凉州马超、韩遂、杨秋和兴国（今甘肃秦安）氐王阿贵共同反抗曹操，战败后率少数将领投奔蜀汉。他的孙子杨飞龙仍盘踞仇池，逐渐强大。到晋武帝时，杨飞龙受晋封号，以征西将军名义，率部落“还居略阳”。晋惠帝元康六年（296 年），杨飞龙的养子（外甥令狐茂搜）杨茂搜率部落四千家迁到仇池，自号辅国将军、右贤王，氐族部众拥戴称王，始建前仇池国，称仇池公，辖地武都、阴平二郡。晋愍帝任命他为骠骑将军、左贤王。东晋建武元年（317 年），前仇池国分裂，杨茂搜长子杨难敌继位，号左贤王，屯下辨（今甘肃成县）。其弟杨坚号右贤王，屯河池（今甘肃徽县），今陇南地区大部都在其控制范围之内。后兄弟内斗，国力日弱。东晋太和十一年（371 年），前秦皇帝苻坚遣将杨安攻仇池，城破后，将氐族人迁徙到关中一带，前仇池国灭亡，历 75 年。

后仇池国 ——前秦瓦解时，苻坚婿杨定率部众返回陇右，晋太元十年（385 年）自称龙骧将军、仇池公，招纳氐、汉民自立。四年后占领天水、略阳等地，自号陇西王。晋太元十九年（394 年）与西秦乞伏乾归战，失败被杀。堂弟杨盛继位，辖武都、阴平两地，不久又扩张至汉中、祁山。南朝宋元嘉二十年（443 年），后仇池国被北魏灭，历 59 年。

武都国 ——仇池国灭亡后，武都氐众为反抗北魏，公元 443 年立后仇池国亡国国主杨难当的侄子杨文德为仇池公，后得到南朝刘宋政权的支持，封杨文德为武都王，以葭芦（今甘肃武都外纳乡）为都，辖阴平、武都、平武等地。公元 477 年，魏军攻破葭芦，武都国亡，历 35 年。

武兴国 ——武都国灭亡后，南朝刘宋政权以杨文弘袭封武都王，退守武兴（今陕西略阳），后改武都王为武兴王。公元 552 年为西魏所灭，历 75 年。武兴国虽“建都”陕境，但大部分辖地仍在陇南。

阴平国 ——武都国被灭时，武都国主的族叔杨广香配合魏军杀武都国主，魏封杨广香为阴平公、葭芦镇主，占据阴平（今甘肃文县），建立政权，与武兴国相对抗，有户数万。公元 580 年为北周所灭，历 102 年。

至此，从杨茂搜开始，历经仇池、武都、武兴、阴平几个政权交替的陇南氐族势力慢慢归于“沉寂”。张维先生在他的《仇池国志》中总结说：“自东汉建安末，杨驹居仇池开国，至杨永安亡国，其间凡五国，三十三主，约三百八十余年。前仇池国，自茂搜开国，至纂灭于前秦，凡八主，七十五年，世居仇池。后仇池国，自定开国至保宗灭于魏，凡五主，五十九年，亦世居仇池。武都国，自文德开国，至文度再灭于魏，凡三主，三十五年，世居葭芦。武兴国，自文弘开国，至绍兴灭于魏，凡二主，五十一年；后绍先复国，至辟邪又灭于西魏，凡二主，二十四年，前后皆世居武兴。阴平国，自广香开国，至永安灭于北周，凡八主，一百零二年，初居阴平，继居平兴。”由此来看，仇池杨氏建国的历史比十六国中任何一个政权都长。

随后，氐族逐渐融合于汉藏等民族中，退出我国社会历史发展的舞台。杨铭在《氐族史》中分析：“唐以后，陇南残存的氐族，不是融合于汉族，就是融合于藏族（吐蕃）之中了，融合于前者的，今天只能在那一地区内，找到一些姓氏（如杨、强、雷、苻、吕、苟、盖等）和风俗上的遗迹。融于后者的，由于两族在经济、文化的发展水平上，没有显著的高下之分，再加上自然环境的因素，因而这一部分氐族的后裔必定会保留较多的特点。”

三、白马风情：“再现”古代氐族遗俗

正如杨铭先生所言，今天在陇南还有好多与白马氐族有关的历史遗迹和文化符号。如冠名“白马”的祭祀庙宇和地名，广大农村地区流行的“板屋土墙”传统建房技术，家神图案和马王爷图案中的“三眼人”形象，当地“传神”时的“开山”（又名“开天眼”，师公用钺斧在自己额头割破一个小口，意为开“第三只眼睛”）仪式等。赵逵夫先生还认为，民间的二郎神被氐族尊奉为祖神，陇南西和、成县等地都有二郎坝的地名，西和还有二郎神斩蟒洞，陇南也广泛流传着“二郎爷赶山”的传说，实质上反映了白马氐族在迁徙中对其祖地仇池山的惦念。他们在新居之地的两河相交之处另选一山，不论大小，称之为“白马老爷山”，好像他们的祖山被二郎神赶到川北了。

值得庆幸的是经专家考证，仍有一支当年退居深谷大山之中的古代白马氐族后裔至今还生活在甘肃文县白马河流域和四川平武县、九寨沟县境内，人口约两万人。白马河流域南接四川平武，有巍峨险峻的摩天岭，西临白雪皑皑的岷山，地处白水江自然保护区腹地，道路闭塞，人烟稀少，处处透出神秘的文化气息。这里世代繁衍的白马人被界定为藏族，但其风俗习惯和宗教信仰独具特点。他们不信仰藏传佛教，却信仰天神、山神、火神、水神、灶神、五谷神、动物神，他们不修庙宇，不供佛像，却在家中供奉祖先的牌位。这些文化元素自成体系，极具个性特色。

陇南白马人“固守”的语言、歌舞、祭祀、服饰、婚丧嫁娶等习俗是古代氐族世代相承的世俗生活的集中反映，对研究古代氐族的历史具有重要的价值。其中以列入国家级非物质文化遗产名录的傩舞“池哥昼”，列入陇南市级非物质文化遗产名录的傩舞十二相、傩舞面具彩绘、咂杆酒制作技艺、白马婚俗、白

马服饰等为代表的文化遗产，是我们今天领略古代氐族文化的“窗口”。

白马人是一支能歌善舞的族群，傩舞“池哥昼”是一种用于祭祀的民间面具舞蹈。每年春节期间，居住在白马河畔的村寨都要表演“池哥昼”。舞蹈者头戴面具，扮成“山神”（四人）、“菩萨”（四人）和“小丑”（一人），挨家挨户为村民“驱鬼除恶、驱邪消灾”，寓意新的一年吉祥和顺。对于白马人来说，“池哥昼”既是一种群体舞蹈，同时又是一项神圣的祭祀活动。白马人跳“池哥昼”一是“敬神请神、护佑平安”，二是演示白马人的生活与祖先的历史。傩舞十二相是一种男性群体祭祀舞，由十二个人分别戴木雕的十二生肖面具，模仿十二生肖动物的各种动作舞蹈，意在“驱灾避祸，纳祥祈福”。除此之外，还有麻昼、甘昼、秋昼、阿里改昼、麻够池、池哥背杰勿、拐疙瘩、火圈舞、火把舞、圆圈舞等民间舞蹈。白马人的民间音乐种类丰富，题材繁多，渗透在他们生活的各个方面，仅歌曲就包括酒歌、劳动歌、舞歌、祭祀歌、婚嫁歌、娱乐歌、叙事歌、哭唱、情歌等十余种，曲调简单质朴，演唱风格独特。

傩舞彩绘面具和服饰是白马人民间美术的典型代表。彩绘面具制作一般包括设计、选料、打坯、铲细、光活、彩绘、配饰、开光等工序，由当地民间艺人完成，他们画、塑、剪、糊样样精通。彩绘面具造型武相豪放不羁，气宇轩昂，文相端庄俊秀，文静娴雅，各种动物面具形神兼备，活灵活现。白马人的服饰主要包括沙嘎帽、五彩服、头饰、花彩带、腰带、蛙鞋、绣花鞋等，其中以沙嘎帽最具特色。青少年不分男女都戴沙嘎帽，沙嘎帽是羊毛制白色荷叶边毡帽，帽檐边缠绕有红、蓝、黄、紫等色线，帽顶前端有一簇锦鸡颈羽装饰并插白色雄鸡尾羽，在风吹或走动中，摇曳招展，分外引人注目，这是白马人的标志，男子插一支，女子插两三支。白马男子穿过膝的长袍，腰系一根宽大的羊毛腰带，膝下扎麻布绑腿。女性服装是用五颜六色的布块镶拼成的百褶对襟长袖连衣裙，胸部佩戴由大海贝或银鱼骨磨制成方块串缀在菱形红布上制成的抹胸，款式独特，色彩美艳华丽，装饰图案寓意鲜明，体现着白马文化的独特韵味。

咂杆酒白马语称“达嘎贝朝”，用青稞、燕麦、苦荞、小麦、糜谷、玉米等各种粮食经选粮、淘洗、蒸煮、晾露、制曲、发酵、装缸、窖藏等工序酿制而成，又叫“五色酒”。相传白马人酿酒的酒曲是盘瓠爷传的，家家掌握酿酒技艺，流传至今三千多年。每年秋收秋播结束后的农历九月九日，家家户户开始酿制咂杆酒。每逢贵客来临，客人被邀上首坐定，主人下首相陪，火塘中煨一红铜酒罐，罐内装上发酵好的酒醅，兑以山泉水，插入长约一尺的天然植物吸管饮用，能驱寒祛暑、健胃养颜、舒筋活络。

白马人实行族内通婚。青年男女从谈婚论嫁到结婚成家，一般要经过“智朝”（提亲）、“愁朝”（定亲）、“歌窄朝”（过彩礼）三道程序后才举行婚礼。婚礼一般选择冬腊月农闲时举行，男方有接亲仪式，女方有送亲规程。男方家在迎亲前的一天，要在门前设祭台迎接新客们到来。白马人的婚礼上，唱歌贯穿始终，有几项最独特的仪式：给第一次上门的新娘撒灰。新客中的领队要拿着一块上面画有人像挂着红布的木板，在新人头上边绕边唱，以祈求吉祥平安，叫“唱寿故绕寿尕”。新客在庭房里，主人家在门外对唱词曲，一问一答，新客答不上就用烟熏，答上则互相敬酒，开怀畅饮叫“唱歌会”。寨子里请送亲的人吃饭时“唱请客歌”，双方唱着歌去赴宴叫“唱戮勾些”。送亲的人离开新郎家时，唱送歌送行叫“唱锥西”等。

此外，白马人还有丰富的民间故事，如创世的传说、洪水的传说、新娘鸟的传说、白马老爷的传说、沙嘎帽的传说等，这些世代口耳相传的文化遗产中蕴含着大量古代氐族的历史文化信息。民间习俗烤街火长节、农历七月十五日白马老爷庙会等也极有文化魅力。

编者按：本文发表于《甘肃日报》2017 年 6 月 6 日/第 009 版，后又见于“白马之乡，魅力非遗”微信公众号。因为是报社约稿，面对的是普通文化程度的读者，所以也只能是对相关的历史知识做一些粗线条的勾勒与介绍；虽然如此，因为历史的久远和历史时期陇南山区长期的落后与封闭，万幸之中也保留下来了一些和氐羌民族相关的历史遗迹、民族风俗习惯、传说方言，这些文化元素并未被外地学者所知道和熟悉，当地学者能够利用地利之便，在文章中介绍给大家，无疑为我们进一步深入探索氐羌民族历史文化之真相提供了难得的素材与线索。经作者授权，收录于此。

【作者简介】

赵琪伟（1971—），甘肃礼县人，地方文化学者。现为中共陇南市委党校（陇南行政学院）副校（院）长，副教授。主要从事党员干部教育培训理论教学和地方文化的研究工作。出版专著《陇南非物质文化遗产》《陇南乡村文明建设读本》（合著），先后在《鸡西大学学报》《寻根》《甘肃日报》等报刊发表学术论文三十余篇。

宕昌与古羌族的历史渊源

◎赵琪伟（陇南市委党校副教授）

在陇南，有一个地方叫宕昌，这一名字沿用了一千六百多年。在历史上，宕昌曾设立我国羌人聚居区最早的行政建置——羌道，养育了一个古老的族群——宕昌羌，又建立过一个地方政权——宕昌国，国取族名，国都宕昌。如今还有宕昌县之名，这些元素透露出与众不同的历史信息。

一、曾经活跃在华夏民族源头的古羌族

溯源宕昌的历史，必须从中国多民族大家庭中的古羌族说起。

古羌族是我国古代民族中极其重要的群体，分布范围广，部落支系繁多，对中国历史和民族发展产生过广泛而深远的影响。古羌族是人类历史上较早成功驯养动物的族群，至少亚洲牛、羊、犬均由他们驯化而来。著名学者马长寿先生在他的《氐与羌》一书中说："由于他们以牧羊为业，供祀羊神，端公（羌民巫师）戴羊皮帽并饰两角以祈禳，故谓之'羌'。"许慎《说文》释"羌"："西戎牧羊人也，从人从羊，羊亦声。"

关于"羌"的文字记录始见于殷商时期，甲骨卜辞中关于古代羌人的内容非常丰富。学者童恩正先生根据二十四种甲骨文著录，统计出有关古羌族活动的词条 305 条，涉及人祭或殉葬的词条最多。日本学者宫本一夫也认为，羌是指以畜牧业为生的人们，他们居住在与商朝相邻的黄土高原，这群被称为"羌"的部族常常用作牺牲。这足以说明古羌人在当时社会生活中地位极其低下。

羌人的始祖为炎帝。最初，古羌族分布在河西走廊之南，洮州（今甘肃临潭）、岷州（今甘肃岷县）之西的广大地区。先秦时期，羌人开始进入中原，其中大规模的有三次：第一次是公元前两千年左右的虞夏之际，一部分羌先民因佐大禹治水有功而留居黄河以南，被封为许多方国；第二次是周幽王三年（前 779 年），周幽王废申后，申侯发动包括羌民在内的西戎人攻入镐京杀死周幽王，一部分关中的羌民东迁到洛阳附近；第三次是秦襄王五十五年（前 638 年），秦国与晋国协议，将今甘肃陇山一带的羌民迁至今晋南、河南嵩山一带。除此之外，在成汤建国、武王伐纣时，也有喜武好斗、善骑射的羌先民迁徙到中原各地。

西汉时期，固守祖地的古羌人迫于匈奴的压力持续内迁。东汉后，迁徙更加频繁，人数超过千万，于是便有了“东羌”“西羌”之分。西羌仍是原来意义上居甘肃陇右地区、青海湟水河谷、河西走廊之南、洮岷二州之西广大地区的羌人，而东羌则指内迁到安定（今陕北榆林）、上郡（今宁夏固原）、北地（今内蒙古伊金霍洛旗）一带的羌人。

两汉政府对边郡的羌民，虽不纳入编户，不征赋税，但设官置尉严加管理，官吏对羌族豪酋和民众任意欺压榨取，大肆侵夺其耕地和牧场，甚至滥加屠杀，致使羌民起义连绵不断。东汉建初二年（77 年）到建安十九年（214 年），羌人起义多达 50 余次，其中大规模起义有五次，成为瓦解东汉政权的重要力量。

三国时，魏、蜀、吴为扩充地盘和势力，把强悍善战的羌人作为争夺和利用的对象，羌人亦不堪压迫奋起反抗。两晋到南北朝时期，北方各民族豪帅拥众割据，羌人先后也建立了后秦国、宕昌国、邓至国等地方政权，显赫一时。

两汉魏晋期间，古羌族迅速分化，有名有号的族群达一百余种。主要有先零羌、烧当羌、钟羌、勒姐羌、当煎羌、罕羌等，遍及西北、西南、河套等地，内徙诸羌已经与汉族呈错居杂处之势，有些羌族部落开始逐步汉化。

隋唐后，聚居在甘青和川藏高原的羌人有党项、东女、白兰、西山、白狗等部落，多数被吐蕃融合。后来，党项羌人建立西夏国，其疆域包括今甘肃大部、宁夏全部、陕西北部和青海、内蒙古的部分地区，统辖 32 州，与宋金对峙百余年。西夏灭亡后，其后裔或流落中原，或逃回故地，或战败被俘，或留守原地，有些还逃到中尼边境或移居中亚。

一些民族学研究者认为，我国今天的羌族、藏族、彝族、哈尼族、白族、纳西族、傈僳族、景颇族、怒族、德昂族、拉祜族等都与古代羌人群体有关。

二、从宕昌羌到宕昌国的风云历史

图 1　宕昌古羌风格民居

图 2　宕昌官鹅沟仿羌风格碉楼

宕昌历史悠久，早在新石器时代，就有人类繁衍生息。夏商周时期，已为古代羌人的聚居地。秦设羌道，统一管理羌人，是我国羌人居住区最早的行政建置。羌道属陇西郡，东汉初年，又改属武都郡，治所在今宕昌县城关镇旧城村。

这里的羌人族群后来被称为宕昌羌。古羌人氏族的名称以祖先命名者居多，也有以所在地命名的，宕昌羌应属于后者。

“宕昌”一词最早见于《水经注》“羌水”条：“羌水（今宕昌岷江）出自陇西羌道，东南流，迳宕昌城东。”宕昌羌在十六国末期正式出现在文献记载中。

我国西北边疆史研究学者薛宗正先生认为，在向阶级社会过渡的时期，羌族没有完善的政治组织和统治机构，以氏族部落为社会基本结构，除一小部分与内地中央王朝关系密切，接受皇帝册封外，绝大多数没有君臣上下之分。而宕昌羌人在建宕昌国之前，就采取依附中原王朝以求避灾自保之策，显然具有较高的生存智慧。

20 世纪 80 年代末，宕昌县城关镇先后出土了铭文为“汉率善羌君”“魏率善羌佰长”的两方铜印，2005 年又发现铭文为“晋率义羌仟长”“晋率义羌佰长”的两方铜印，见证了汉朝、曹魏政权和晋王朝任命当地民族首领和部落头目来管理地方事务的重要史实。

西晋末年，朝廷内乱迭起，宕昌羌人乘群雄争霸的有利时机，独自坐大，称王建国。对此，《魏书》《周书》《北史》《南史》《南齐书》《梁书》《通典》《通志》中均有详述。《魏书・宕昌传》：“有梁勤者，世为酋帅，得羌豪心，乃自称王焉。”梁勤称王的时间史料记载不详，有些学者推断大致为东晋隆安四年（400 年）。公元 424 年，梁勤之孙梁弥忽向北魏奉表请求内附，太武帝封弥忽为宕昌王，宕昌国政权正式肇始。其国境“自仇池以西，东西千里，席水（今甘肃甘谷南藉水）以南，南北八百里。地多山阜，人二万余户”（《北史・宕昌传》），大致包括今甘肃临潭、岷县南部至天水西界和武都北界一带。

周武帝天和元年（566 年），北周大将田弘进军宕昌，直至城下，获 25 王，拔 56 寨，宕昌国灭亡。宕昌国有明确记载的存在时间是 142 年，共传 9 代 12 主。

一个蕞尔小邦，能在多国夹缝中生存一百多年，靠的是对内勤政理国，强化边防，对外审时度势，利用南北朝各政权相互牵制的心理，对其称臣朝贡，接受封赐，寻求庇护。

宕昌国很少向相邻政权发动攻击，更难以抵御周边政权的威胁与进攻。公元 470 年和公元 485 年，吐谷浑两次试图颠覆宕昌国政权。公元 430 年和公元 448 年，宕昌国两次被仇池国占领。公元 550 年，宕昌国发生獠甘叛乱，国王梁弥定逃亡西魏，獠甘自立为宕昌王，魏派大将史宁平定变乱，杀獠甘，送弥定复位。这些史料信息尽显宕昌国存续之艰难。

也许有人会问，宕昌国灭亡后，宕昌羌的遗民们去哪儿了呢？从有限的史料分析，不外乎两个去向：一是隐姓埋名，留守当地，二是远走他乡，流散融入周边部族，前者应是普通民众，后者多为王公贵族。早在宕昌国中后期，吐谷浑就已将部分宕昌羌人掠夺过去。宕昌国灭亡前后，一部分宕昌羌人流入党项部落中。还有个别群体流入邓至羌（今四川南坪、甘肃文县西部和舟曲南部）和白兰羌（今青海果落阿尼玛卿山周围，包括甘肃玛曲一带）。

值得一提的是流入党项部落中的宕昌羌人，在历史上依然有迹可循。周伟洲先生在他的《吐谷浑史》一书中论述道："党项其中有原宕昌羌（如西夏之梁太后）……宕昌羌内一部分散入党项，一部分入吐谷浑。"当地文史学者陈启生先生、文丕谟先生也认为，梁姓"一门两后"就是建立过宕昌国的梁姓羌人的后裔。

太后临朝摄政是我国古代社会的一种政治现象。西夏国建立后，新帝幼小，不能独立处理朝政，惠宗秉常母大梁太后依靠其弟梁乙埋摄政 16 年，崇宗乾顺母小梁太后依靠其兄梁乙逋干政 13 年，梁氏为原宕昌国王族流入党项的代表人物。

唐朝中叶，吐蕃占领宕昌，强迫留守当地的羌人穿蕃服，习蕃语，充蕃丁，为吐蕃贵族耕种放牧，直到北宋熙宁六年（1073 年）才被收复。三百多年的吐蕃统治也使当地羌人"遁身"在历史的长河之中。如今，生活在宕昌官鹅沟、大河坝等地的藏族民众，除唐代从吐蕃迁徙而来的藏民外，基本上都是宕昌羌人的后裔，当地还有好多被称为"土户"或"土民"的民众，也应该是汉化的宕昌羌后裔。

三、隐藏民间的古羌人文化遗存

宕昌羌和宕昌国给宕昌留下了丰富多彩的各类文化遗产，最引人注目的应该是“宕昌”这个名字。北周灭宕昌国后，改其地为宕州，统辖宕昌郡、甘松郡。隋朝改宕州为宕昌郡，宋置宕昌寨，明置宕昌驿，这个地名一直沿袭至今。再如位于今宕昌县城关镇旧城村的宕昌国故城（国都）遗址，被宕昌县博物馆收藏的四枚铜印等，从一些独有的非物质文化遗产中更能窥见古代羌文化的神秘元素。

羌人最初“逐水草而居”，后来塞内居土屋，塞外居庐帐。而岷江流域部分羌民依山居之，累石为屋，在屋隅或要塞建一碉堡，用以自卫。这种民居风格在今天宕昌和舟曲的部分河谷仍依稀可见。还有，过去在山高林密农村地区取暖煮饭时使用的火塘和吊锅，也体现了比较典型的古代氐羌遗民的生活方式。

羌民的饮酒习俗起源很早，酒是古代羌人不可或缺的生活品。他们用青稞、大麦或玉米煮熟发酵酿制的“咂杆酒”（又称“罐罐酒”），是广受羌族人喜爱的饮品。在宕昌还流传着一种独特的酒令，当地人叫“挎拳”，由十九种手势与十四种令语组合成套，内涵丰富，变化繁杂，别具一格。划拳时，双方呼出特定的令语和手势，连续出指对呼，在庆典场合最能营造喜庆气氛。咂杆酒酿制技艺和“挎拳”已列入陇南市非物质文化遗产名录。

21世纪初，在宕昌十余户藏族群众家中陆续发现了苯教古藏文经书31函，50多卷，7 000余页。经文既有古藏文创制前的象形文字及古象雄文写就的，也有古藏文写就的，均采用传统的梵箧装保存。其内容包含苯教法师祈祷的经文、禳灾防祸的咒文和苯教祭祀史料，涉及打卦问卜、治病禳灾、婚丧嫁娶、庆典节日、祭祀山神以及藏族古代原始哲学等诸多方面，被“上海大世界吉尼斯之最”认证为年代最久远的古藏文苯教典籍。有关专家考证，在吐蕃赤松德赞时期，吐蕃控制唐蕃古道，并占领陇右地区，为“兴佛抑苯”，将大量苯教徒流放到宕昌，这里发现的苯教文献应该是当时被流放到此的苯教徒带来的。今天，这些藏族的文化遗存也渗透到当地“古羌人”的民间信仰之中，如用《苯苯经》祭祀凤凰山神，参与传承民间祭祀舞蹈等。

在宕昌藏民居住区至今还流传着凤凰山神救羌民的神话传说，祖祖辈辈也都敬奉凤凰山神。在他们心目中凤凰山神是人间最大的保护神，杀羊祭祀凤凰山神是他们生活中最神圣的信仰活动，有琐细繁杂的程序和娱神娱人的仪式，最具代表性的是民间祭祀舞蹈羌傩舞。

羌傩舞俗称“脑后吼”“牛头马面舞”，官称“雄猛舞”，古称“羌巴舞”，是当地一些藏族村寨表演的一种舞蹈，已被列入甘肃省非物质文化遗产名录。

羌傩舞有祭祀、祛病、驱鬼、求雨、祈福等法事仪式，包括喜调、悲调、怒调、吼调、咒调等十六种音调，原始、粗犷、古朴。在跳羌傩舞的过程中，其中三位舞者头戴的“五方佛冠”，是当地民间故事中救民于危难之中的五位青年化身成佛的画像，而端公（当地人就叫“苯苯”）始终要诵念《苯苯经》，行法祈求神灵除妖驱邪，护佑百姓福寿安康。

编者按：本文原刊于《甘肃日报》2020年1月8日“甘肃史话”版，与发表于《甘肃日报》2017年6月6日第009版的《陇南：古代氐族的摇篮》一文前后相照，正可见作者赵琪伟先生作为陇南籍地方文化学者对于“氐羌文化”的系统认识与思考，堪称作者在氐羌文化领域文史科普文章的“姊妹篇”。该文在报纸上发表，网络上也可以查阅，受众面比较广，作为相关研究资料，具有一定的参考价值。这两篇文章中的诸多问题，都可以成为有关学者和专家进一步深入研究和探讨的线索和基础，我们期待着本文作者和诸位学人的学术成果早日问世，共同揭秘陇南、甘肃氐羌文化的历史真相。

氐杨仇池国简论

◎汪受宽（兰州大学历史文化学院教授）

北宋元祐六年（1091 年），著名学者苏轼（东坡）因元祐党人案被贬为颍州太守，对残酷政治斗争早已厌倦的他，幻想与当年陶渊明一样，到一个远离尘嚣的地方悠闲度日，以颐养天年。有一夜，他梦见自己来到一个偏远的地方，这里山清水秀，形势险要，花果飘香，物阜天成，宫室人物犹如仙境。苏东坡梦中想，这正是自己苦苦寻觅的桃花源。抬头细看，堂上题榜是“仇池”二字。醒来后他思忖道：“仇池是当年武都氐人的故地，杨难当曾率众保聚于此，我怎么竟住到那里去了呢？”他询问门人，赵德麟说：“仇池是道家的福地，被称为小有洞天的附庸。《续博物志》中称，中国三十六洞天，仇池是第一玉尺，周回百里，名小有清虚天。唐杜子美曾有诗称其‘万古仇池穴’。”不久，到过仇池的工部侍郎王钦臣到颍州，对苏轼说：“我曾经奉使经过仇池，该山之上有九十九泉，万山环之，可以避世，确实是一个当今的桃花源。”后来苏轼写成《和桃花源诗序》记载此事。仇池山，又名百顷山，在今甘肃西和县南 32 公里的大桥镇，汉宋之际是陇南著名的粮仓，也是氐族艰苦开发陇南的象征。

一、氐族先民艰苦发展陇南经济

陇南是甘肃最早开发的地区之一。勤劳勇敢的氐族先民，自石器时代，就在陇南一带生活繁衍，狩猎采集。商周之际，陇南氐族先民与中原王朝多有交往。《诗经・殷武》中有：“昔有成汤，自彼氐、羌，莫敢不来享，莫敢不来王，曰商是常”的诗句。说的是当商王开始建国时，就有西方的氐人和羌人前来祝贺称颂。宋人邵博记载道，有人认为，陇南的武都是西周武王的采邑，而文州（今文县）、成州（今成县）、康州（今康县）则是文王、成王、康王的采地。此说虽无古史证实，但恐亦非空穴来风。西汉时，贾谊的曾孙贾捐之给汉元帝上书中说道：“武丁、成王，殷、周之大仁也，然地东不过江、黄，西不过氐、羌，南不过蛮荆，北不过朔方。是以颂声并作，视听之类咸乐其生。”《说文解字》“鸟部”又有：“鸾，赤色五采，鸡形，鸣中五音，颂声作则至。周成王时，氐羌献鸾鸟。”后来周穆王西行又专门到过这里，当地氐族曹奴部的首领戏特地在洋水（今白龙江）之滨设宴为穆王接风，并献给穆王良马九百匹，牛羊七千头，助其西征。

秦汉时，氐人自称“盍雅”，广泛分布于自今四川茂汶以北、陕西略阳和甘肃成县、徽县的广大地区，其中最为强大的白马氐，就活动于今陇南及今川、陕二省的三角地带。氐人游牧与农耕兼营，其畜牧业发达。据史书记载，他们培育的马匹品种优异，而被称为“良马”、“名马”。氐人还驯养了大量猪、牛、羊、驴、骡等家畜。不仅满足了氐族人民的生活所需，还用以进献给中央王朝，改善了中原地区的家畜种群。氐人将牛皮鞣制成皮革，缝制为皮靴和战衣，被称为“犀衣犀革”。史书记载，氐族军人穿了坚固的“犀衣犀革”，防御能力极强，敌方弓箭无法穿透，连戈矛对它也无可奈何。有些氐人部落主要从事农业生产。在山多地少的陇南地区，白马氐人开垦出一块块土地，种上了各种粮食作物，古代史家称其“善田种”，“地植九谷”。所种粮食在满足氐族本身食用的同时，还有余粮用来接济周围汉族和其它种族的人民。白马氐人尤其以种植桑麻、养蚕和织麻布绸绢著称，所织麻布细致柔软，染以青、白、绛等颜色，被称为“精布”，一直到唐宋，当地生产的麻布、绵絮和丝绸还是向朝廷进贡的重要物品。而历史上甘肃全境只有陇南有养蚕和进贡丝絮和绢绸的记载，说明氐人在中国蚕桑史上占有一席地位。陇南森林遍布，盛产林木，氐人就地取材建构“板屋土墙”的房舍，就是夯土为墙，盖以木板，在全国颇为特别。此外，陇南在汉魏六朝时就盛产漆、蜡、花椒、当归、黄芪、甘草、雄黄等物品，并且予以加工和利用。由于陇南药材丰富，而且药效高，所以汉唐宋等朝都作为贡品进献给皇室。在仇池居住的氐人家家都有精心照料的果园，难怪后来苏东坡称仇池为“桃花源”。陇南的氐族人与汉人杂居，他们既有其本族的语言，一般又都会说汉语，范文澜称：氐族的这种语言状况，“加速了汉文化的吸收，汉语成了通用的语言。”对华夏通用语的形成，有重要的贡献。

氐人开发仇池山更在历史上传为佳话。仇池山，又名仇维、仇夷、瞿堆、瞿塘、百顷山，是一座突兀而立的山阜。仇池山上土下石，土岩皆为红色，形如一只倒置的唾壶，屹然壁立于苍水（今西汉水）和洛水（今洛峪河）的汇流夹角处，其南、西、北三面是高差千米左右的悬崖陡壁，只有东坡的羊肠小道经 36 盘可达山冈之上。仇池山顶部，经古人测量其周长为九千零四十步，方约二十五里，总共有百顷土地。山上松柏苍翠，林木成荫，党参、当归、萱参等药材甚多。数十眼泉水汇为广达数亩的天池，名仇池，故该山名仇池山。山上还有盐土，通过蒸煮就可以成为食用盐。传说，周朝时有人居住于仇池山上，后来成仙而去，故而仇池山为道家福地三十六洞天之一。经过氐族人民数百上千年的开发，仇池山成为富甲一方的宝地，而受到历代骚人墨客的咏诵。唐代大诗人杜甫曾在当地居住甚久，其《仇池》诗言：“万古仇池穴，潜通小有天。神鱼人不见，福地语真传。近接西南境，常怀十九泉。何时一茅屋，送老白云边。”有朋友送了一块仇池山所产水锈石给宋代大文豪苏轼，他宝爱玩赏，欣然赋《仇池石》诗言：“海石来珠宫，秀色如蛾绿。坡陀尺寸间，宛转陵峦足。连蜷二华顶，空洞三茅腹。初疑仇池化，又恐瀛洲蹙。殷勤峤南使，馈饷扬州牧。得之喜无寐，与汝交不渎。盛以高丽盆，藉以文登玉。幽光先五夜，冷气压三伏。老人生如寄，茅舍久未卜。一夫幸可致，千里常相逐。风流贵公子，窜谪武当谷。见山应已厌，何事夺所欲？欲留嗟赵弱，宁许负秦曲。传观慎勿许，间道归更速。”

二、地方官员为陇南开发做出贡献

元鼎六年（前 111 年）汉武帝将陇南地区从广汉郡中析出，分设武都郡，郡治武都在今西和县南。汉王朝给氐人各部族首领予以侯王君长的封号，让他们率领族人作为统一王朝的编户齐民，按照自己的民族习俗，从事生产生活。汉代武都郡县的不少官员为了当地的定安、繁荣和经济发展做出贡献。

东汉初年，陇西太守马援率兵平定了氐道县（今甘肃礼县西北）参狼羌人的反叛后，马援对归附的羌人待以恩信，处以宽厚，深得羌人的信服。后来，孔奋任武都郡丞，亲近吏民，致力于发展生产，抚慰氐民。当地氐人首领齐钟留成为孔奋的至交好友，帮助孔奋消灭了流窜武都，杀害郡守、打家劫舍的隗嚣余党隗茂匪帮，保住了地方的安宁。

东汉安帝时，反叛的羌人进犯武都郡城，长于谋略的虞诩被任命为武都太守，在击退羌人的围攻后，虞诩乘空视察地形，在险要易守处构筑了 180 个营壁，招集因战乱流亡的氐、汉百姓回来居住。并赈济贫穷，组织生产。人民安居乐业，粮食连年丰收。两三年间，谷米价格由每石一千钱降到八十钱，盐价由每石八千钱降到四百钱。武都山深水险，交通不便，崎岖的山径只能用驴马驮送运输，费用极昂。雇牲口运粮，每运一石，得支付四石的运费。陆路险峻难通，人们就设法输通贯穿武都全郡的西汉水及其他汇入今嘉陵江的水道。太守虞诩带领吏士沿江探测，发现自下辨（今成县西北）至沮县（今陕西略阳东）的数十里水道，峡谷深幽，水流湍急，不少石块阻于江中，无法通航。尤其是下辨东 30 里峡谷江中突卧一块巨石，不仅无法行船，而且每到春夏，暴涨的江水就从此溢出，淹没庄稼，冲毁城廓民居，造成灾害。虞诩亲自带领官吏士兵和当地氐民，前往治理。他们先用柴火烧焚巨石，然后以水冲激炽热的石头，热胀冷缩，使大石崩裂，再以人工凿镌剩余的石头，终于除去了巨石阻江造成的水患，开通了河道。此后，舟船可以畅通无阻地由今青泥河入嘉陵江直达益州，商业流通发展，每年仅官府运费就节省四千多万钱，民间运费节省的更多。虞诩的政绩得到朝廷和当地氐民的高度评价，流亡各地的氐、汉百姓纷纷返回，全郡人口由开始的一万三千户发展到四万余户。

最受陇南百姓怀念的是东汉建宁三年（170 年）起任武都太守的李翕。年轻的李翕干劲十足，一心一意为民谋利，不仅以其杰出的管理，使当地社会安定，经济发展，粮仓丰溢，百姓有蓄，粟麦价贱，而且率领当地氐、汉民众开辟西狭石路和通往益州的栈道，留下了千古美名。西狭在武都郡治西、今甘肃成县境，那里危崖高耸，沟深莫测，峡中道路崎岖逼窄，人在路上行走双腿无不战栗，常有人畜坠入深渊。李翕得知此事，亲自视察，深为叹息，认为再不治理，将永远为害百姓。于是他带领郡吏民众，钻凿山石，烧裂突兀的石块，将高低不平的山路修平整，将弯弯曲曲的山路尽量取直，还从别处取来土石将狭窄的路面加宽，夯为结实平坦的山路。从此天堑变成通途，据说，即使在夜间行走，也没有失足坠渊之虞。从沮县（今陕西略阳）向西通往武都郡城的道路，是商旅官民必经之路。但该道有很长一段是在悬崖上开辟的山路，十分危险，尤其在析里附近，西汉水波涛滂沛，激扬阻道，路人不小心就可能被激流冲走。而在陠阁一带，山崖峻峭，下临近三百丈深的江水，前人沿着崖壁凿榫安插了万余根木柱，作为栈道。由于栈道年久失修，木柱多有破损，经常有人畜、物资从这里坠下深渊。李翕带领吏民在陠阁修建了一座横跨西汉江的坚实的石桥，据说该桥“校致攻坚，结构工巧，虽昔鲁班，亦莫拟象。”接着，他又率领众人将散关一带的山路修整一新。李翕虽仅在任 3 年多，却率领民众架桥修路，改善了陇南交通条件，而受到百姓的爱戴，人们在石壁上摩崖凿刻了《西狭颂》和《析里桥郙阁颂》二碑，歌颂他的恩德。这两块碑，至今尚存，为历代文人学士所临摹，而李翕为民造福的事迹，也因此碑而千古传颂。

接任武都郡守的耿勋也是一位深受陇南氐、汉民众爱戴的好官。他到任的当年（173 年），正遇上淫雨灾害，庄稼绝收，百姓生活无着，不少人逃到深山中寻找食物。眼见无数百姓嗷嗷待哺，耿勋视个人的官位于不顾，打开郡仓，拿出粮食赈济灾民。他带了粮食，走遍了全郡的山山水水，使一千多即将饿死的贫民存活。他还拿出自己的奉禄，购买了布匹制成衣服送给那些生活困苦赤身露体的贫民。看到寡妇孤儿王佳、杨孝等 300 余户没有土地，生活极端贫困，就查出郡里的荒地拨给他们耕种。他整顿官府作风，将 280 名有贪污行为的郡县官吏，统统罢免职务，既减轻了百姓的负担，又教育了其他官吏。他还重开当地官办铜矿，炼铜铸钱制器，整修贯通巴蜀的故道，方便行旅，促进了地方经济的繁荣。当地民众用《诗经》中的话赞扬他是："恺悌父母，民赖以宁。"三国时，诸葛亮六出祁山北伐，其中前五次都是经由武都北进的。后来姜维九次出军取陇右，也数次自武都、阴平向天水、略阳。两汉武都地区的山路、栈道，是沟通陕、甘和巴、蜀的重要通道。

三、保境安民，仇池立国

自汉代在陇南设郡以后，当地氐族生活安定，人口繁衍。由于政治、经济等许多原因，陇南氐族在汉至三国时曾多次向外迁徙。有的部族东迁至今陕西扶风（今陕西三原西南）、始平（今陕西兴平县东南）、京兆（今陕西西安）一带，有的部族北迁至今陕西千阳、陇县至甘肃天水、陇西等地的汧、渭流域，有的部族南迁至巴、蜀一带，有的部族西迁至位于河西福禄（今酒泉）、敦煌。这些迁移的氐人部族，在南北朝民族大融合之际，扮演了重要的角色。例如迁居略阳临渭（今秦安东南）的氐族首领苻氏，后来以长安为都城建立了前秦国。其皇帝苻坚统一北方，威震华夏。383 年他率领百万大军进攻东晋，在肥水一战中惨败而归。而建立后凉国定都姑臧（今武威）的吕光，则出生于略阳（今庄浪西南）氐族酋长的家庭，他曾率兵进讨西域，将西域的音乐传至中原，其疆域东至宁夏，西至帕米尔以西，南至青海东部和甘南，一度颇为强盛。

留居陇南的氐人在继续发展经济的同时，其杨氏家族以仇池为基地，建立绵延三百多年的仇池国，在中国历史上绘出了浓墨重彩的一章。

仇池山环境优雅，水源充足，土地肥沃，物产丰富，形势险峻，易守难攻，成为陇南氐人保卫家乡、抗击侵犯的基地。战国时，白马氐人就在仇池山上开垦种植，采猎煮盐，使仇池日渐富庶。东汉献帝建安初年，天下大乱，豪杰并起，氐人首领杨腾率部众避乱，终于到仇池这一块远离尘嚣的乐土定居下来。他们艰苦垦植，生产劳作，使其成为远近闻名的粮仓。

三国时，仇池氐首领杨千万被曹魏封为百顷氐王，其部众已达万余。后来，杨千万随马超抗魏，被击败，不得不逃至蜀汉。其积谷十万余斛，被魏将夺去。杨千万的孙子杨飞龙时，部众重又渐趋强盛，被晋武帝任为假平西将军，杨飞龙迁居接近陇南的略阳。晋惠帝元康六年（296 年），略阳氐人首领齐万年起兵反晋，杨飞龙养子杨茂搜率部众四千家避乱迁回仇池，凭险保据，组织生产，安定境内，尊礼士人，关怀民众，不仅受到陇南氐、汉民众的拥护，连关中的士人也纷纷前来投奔，大家共推杨茂搜为辅国将军、右贤王，在陇南境内建仇池国，建立武装，以保境安民。晋愍帝封杨茂搜为骠骑将军、左贤王，承认了杨氏在陇南称王的事实。当时天下混乱，又遭灾荒，失去生计的民众四处流徙，凡来到陇南一带的流民，杨氏都予以接济安顿。甚至西晋在梁州的驻军，也靠仇池的粮食养活。西晋建兴元年（313 年），晋梁州刺史张光因小事将杨茂搜儿子杨难敌的养子杀死，杨难敌愤慨地说："你刚到此任官，正逢大荒之后，梁州的兵民都靠我们氐人养活，氐人有这么一点罪过，你就不能饶恕吗？"

建兴五年（317 年）杨茂搜死，其二子分领部众。长子杨难敌继位氐王，称左贤王，驻屯于下辨（今成县）。次子杨坚头称右贤王，驻屯河池（今徽县）。此时的仇池国东已占有汉中，南则深入川西北，中则全有陇南，且兼有今甘南东部，地域广阔。当时，在巴蜀地区有李特建立的成汉政权，在关中至陇右一带有匈奴人刘渊建立的前赵（汉）政权。公元 320 年，晋雍州刺史杨曼被前赵打败，逃归仇池杨氏。前赵皇帝刘曜率兵亲征仇池，最后说服杨难敌归附前赵，被封为上大将军、武都王，其子弟有 15 人被任以将军公侯等职。太宁元年（323 年），前赵强迫秦州等地的氐羌大姓迁往长安，杨难敌畏惧，与弟杨坚头率部众南奔晋寿（今四川苍溪境）归附成汉，其千余辆物资和六千多部众被紧追于后的前赵镇西将军刘厚掳获。不久，杨难敌兄弟贿赂成汉将军李稚，北还武都自立。不久又击败前来侵袭的成汉和前赵军队，重取氐人经营数百年的仇池。东晋咸和九年（334 年）杨难敌死，其子杨毅继承仇池公位，遣使与晋通好。咸康三年（337 年），族兄杨初杀杨毅自立，他武功甚高，先后击败后赵石虎和前秦苻飞，被后晋封为天水公。永和十一年（355 年）以后，仇池国内部因叔侄争权而频繁易主，国势削弱。咸安元年（371 年），前秦苻坚攻克仇池，仇池公杨纂败降，仇池国亡。

太元八年（383 年）苻坚肥水败归，关中大乱，杨茂搜四代孙杨定先后在前秦、西秦、后秦为将。太元十年（385 年）十月，西燕慕容冲将领高盖进攻后秦姚苌，后秦败降。杨定乘机逃至距仇池山仅 20 里的历城。在仇池山设置仓储，招合汉族和氐族百姓达千余家，重建仇池国，自称陇西王。东晋加封其为秦州刺史，疆土进一步扩大。太元十九年（394 年），杨定进攻西秦，兵败被杀，其叔父杨佛狗之子杨盛继位称仇池公。元兴三年（404 年），杨盛打败西秦乞伏乾归。义熙元年（405 年）二月，东晋参军谯纵起兵叛晋，巴蜀大乱，汉中空虚，杨盛乘机占有汉中。七月，后秦姚兴击败杨盛，盛降，被封为益州牧、武都侯，杨盛之子杨难当等数十人送到后秦为质。412 年后秦姚兴攻仇池，兵败而退。416 年，杨盛出兵助东晋刘裕进攻后秦姚兴。

四、仇池国极盛，武兴国重振雄风

420 年刘裕称帝，建立宋朝，中国历史进入南北朝对立的时期。刘裕封杨盛为武都王，但杨盛始终用东晋义熙年号。元嘉四年（426 年）六月，杨盛死，其子杨玄继为武都王。十一月，杨玄调兵阻止刘宋兵进据武兴，被击败。杨玄遣使向北魏投降，魏帝派遣使者到仇池，封杨玄为南秦王。元嘉六年（429 年）七月，杨玄病死，弟杨难当废玄子杨保宗自立为仇池王，刘宋封杨难当为武都王、征西将军。

杨难当着力经营仇池，在其上建立宫室、果园、仓库、板屋、土墙。当时，社会安定，风调雨顺，仇池大丰收，四方流民多往归附。元嘉九年（432 年），刘宋梁州刺史甄法护在任失和，杨难当进攻汉中。甄法护兵败弃镇北奔西城。次年，杨难当乘刘宋益州刺史横征暴敛丧失民心而进兵蜀地，占有梁、益，北魏封其为南秦王。436 年，杨难当自称大秦王，改元建义，以妻为后，世子为太子，设置百官，行天子制度，犹贡奉宋、魏不绝，仇池国发展至极盛。此时的仇池国，设有阴平、新巴、晋寿、华阳、建阳、平武、武阶、武都、仇池、洛蘗、盘头、汉阳、天水、略阳、广业、广化、陇东、平秦、固道、武兴、汉中诸郡，疆域南至涪水、阴平、晋寿（广元），东至铁城戍（今陕西洋县东）、凤翔，北至阴密（甘肃泾川境）、略阳（秦安县东北），西至今宕昌境，势力强大。

此后，仇池国势渐衰。439 年，杨难当侄杨保宗降魏，被封为南秦王及武都王。元嘉十八年（441 年）刘宋军由刘真道指挥，率领兵将进攻仇池，杨难当子杨虎被捕送建康处死，杨难当逃至魏境。次年，北魏太武帝拓拔焘以为杨难当报仇名义，出兵从刘宋军手中夺得仇池。

443 年四月，镇守仇池之司马苻达、任朏等将领叛魏，立杨保宗弟杨文德为仇池公，刘宋封杨文德为武都王。448 年，杨文德兵败于魏军，南逃汉中，被刘宋削爵送居建康。454 年杨文德被叛宋之刘义宣所杀。次年十月，刘宋封杨保宗子杨元和为征虏将军，族人杨头为辅国将军。杨难当 464 年死于魏。

466 年，杨元和北逃降魏，叔父杨僧嗣自称武都王。473 年十月，杨僧嗣死，弟杨文度自立，魏以其为武兴镇将，从此武兴建国，成为仇池国之续。472 年，刘宋以杨文度为武都王，魏以其为武兴镇将。魏军进攻杀杨文度，其弟杨文弘袭封武都王，退守武兴，宋以其为仇池公，477 年，杨文弘自称武兴王。480 年宋军进攻武兴、关城，被杨文弘击败。482 年，杨文弘死，其兄杨后起被魏立为武都王，齐以其为冠军将军。486 年，杨后起死，杨文弘子杨集始被南齐立为武都王，魏以其为南秦州刺史，后又为武兴王。502 年，梁以杨集始为武都王。503 年杨集始死，魏谥其为“安王”。魏立其子杨绍先为武兴王，绍先年幼，事皆决于其叔杨集起、杨集义。505 年，杨绍先被立为皇帝，杨集起、杨集义并称王。

506 年，杨绍先被北魏军俘送洛阳。534 年，杨绍先乘魏内乱逃归武兴，称武兴王，向西魏宇文泰送妻子为质。杨绍先死，子杨智慧立为武兴王，率 4000 户附归附南朝梁，被任为东益州长官。545 年，杨智慧死，其子杨辟邪继为东益州刺史。552 年西魏将叱罗协追杀杨辟邪，武兴亡。

由仇池建国到武兴亡，共 300 余年。氐族杨氏子孙流移垒、宕、沙、岷诸州者，世为酋豪，出现了不少名人，直到明朝的千余年间，仍世承不绝。

氐族是中国古代民族大家庭中一个十分活跃的民族，世居陇南的氐人对当地的经济发展和社会安定做出了重大贡献。魏晋南北朝，仇池氐人在保据自图的同时，始终注意维护与中原王朝的关系，值得赞誉。仇池等地自唐宋以来就是文人墨客驻足咏叹的名胜之地，应该加以建设，充分利用其人文和自然景观，开辟为旅游点。

编者按：此文原刊于《甘肃文史》2002 年第 1 期，原题为《氐族耕牧保据，仇池成为桃花源》，经作者授权收录于此，并改题为《氐杨仇池国简论》。

【作者简介】

汪受宽（1943—），江苏东台人。中国民主同盟盟员，1968 年兰州大学历史系毕业，兰州大学历史文化学院教授，史学理论与史学史研究所所长，享受国务院颁发的国家特殊津贴专家。现已退休，为北京师范大学史学理论与史学史研究中心兼职教授，从事中国史学史、文化史及西北地方史研究。曾多次获省级社科奖，并获省高等学校教学名师称号，发表学术论文 100 余篇，出版著作 19 部。主要代表作有《谥法研究》《西北史著》。

古宕昌国拾零

◎娄炳成（地方文化学者、作家）

地处我国大西北内陆腹地、岷江沿岸的甘肃省陇南市宕昌县，不仅以中国工农红军长征的加油站哈达铺、国家 5A 级森林公园官鹅沟、当地盛产的大宗中药材当归红芪交易中心而闻名于世，也是全国唯一保留至今的集宕昌羌、宕昌国、宕昌城之民族名、古国名、城池名为一体的人文荟萃之地。羌水悠悠，奔流不息，见证了世世代代勤劳勇敢的宕昌人民在这片古老神奇的土地上创造的灿烂文化，谱写的历史华章。

在今宕昌城关镇西侧高出岷江江面 50 米的黄土台地上，有一座古城堡。1987 年考古工作者经过实地考察，确认这里就是北魏著名地理学家郦道元《水经注》中记载的羌水“东南流迳宕昌城东”[①]的古宕昌国都城。晋怀帝永嘉元年（307 年），宕昌羌人首领梁懃自立为王，建立“宕昌国”地方政权，北魏始光元年（424 年），北魏朝廷确认梁懃之孙梁弥忽为宕昌王，使“宕昌国”为北魏的附属国，至北周保定五年（565 年），“宕昌国”被北周攻灭，该政权存在的时间为 142 年，共传 9 代 12 主。《北史・宕昌传》记载，当时的宕昌国所辖之地“自仇池以西，东西千里，席（藉）水以南，南北八百里。地多山阜，人二万余落（户）”。[②]其人口已达 10 万余众。

宕昌城的历史给这片古老的土地留下了文物考古、历史演变、文化传承、民族融合、民俗沿袭等诸多历史疑问，使得许多历史考古工作者、民族民俗专家、文史专家、民间文史研究爱好者反复发掘钩沉，认真研究探讨，直到今天，留给我们的依然还是一个大致轮廓、总体脉络，还有许多问题需要解答，许多模糊需要厘清，许多认知需要深化。

笔者从小学到高中，曾经在宕昌县生活过 10 年，可以说是喝岷江水长大的。因而，对这片古老神奇的土地具有很深的感情，有对故土般的乡愁心结。所以在退休之后，有意识地翻阅有关宕昌的历史古籍，关注有关宕昌历史文化沿革传承的学术文献资料、研究成果，激发了研究探讨的兴趣。四年来，笔者陆续

① 〔北魏〕郦道元：《水经注卷三十二・羌水》，中华书局 2013 年版。
② 〔唐〕李延寿：《北史・宕昌传》，中华书局 2013 年版。

写了数篇有关宕昌地名、民俗和物产方面的探讨性文章，现将其中的要义部分整理出来，以求教于文史专家。首先申明，笔者只是一个文学创作者，研究陇南地方文史仅为业余爱好，文中疏漏之处难免贻笑大方。

一、“古羌水”的地理范围

郦道元的《水经注卷三十二·羌水》篇曰：“羌水出羌中参狼谷。彼俗谓之天池白水矣。《地理志》曰：出陇西羌道。东南流迳宕昌城东，西北云天池五百馀里。羌水又东南，迳宕昌婆川城东而东南注。昔姜维之寇陇右也，闻钟会入汉中，引还，知雍州刺史诸葛绪屯桥头，从孔函谷将出北道。绪邀之此路，维更从北道渡桥头，入剑阁，绪追之不及。羌水又东南，阳部水注之。水发东北阳部溪，西南迳安民戍，又西南注羌水，又东南迳武阶城西南，又东南迳葭芦城西，羊汤水入焉。水出西北阴平北界汤溪，东南迳北部城北，又东南迳五部城南，东南右合妾水傍西南出，即水源所发也。羌水又迳葭芦城南，又迳馀城南，又东南左会五部水。水有二源，出南北五部溪，西南流合为一水，屈而东南注羌水。羌水又东南流至桥头，合白水，东南去白水县故城九十里。东南至广魏白水县，与汉水合，又东南过巴郡阆中县，又南至垫江县，东南入于江。”[①]

从上述记载来看，西晋时，整条白龙江都被称作“羌水”，其中包括岷江、白龙江、白水江、羊汤河、让水河等。岷江是白龙江的主要支流之一，至两河口注入白龙江，全长100多公里，流域面积2 235平方公里，年径流量6.07亿立方米。它曾名白龙江、乾江，何以叫乾江不可考；但何以又叫白龙江，却颇令人疑惑。发源于甘南藏族自治州玛曲县郎木寺的白龙江，历史上曾名桓水、羌水、白水。《尚书·禹贡》说：“西倾因桓是来。”[②]西倾即西倾山，桓即桓水。南北朝时，又称垫江（今嘉陵江）源，今甘肃省甘南藏族自治州舟曲县东两河口合支流古羌水（岷江）后，又称羌水。唐时，全流均称羌水。把白龙江叫作“白水”也颇令人疑惑，因为从四川九寨沟发源、流经陇南文县、与白龙江会合后到汇入嘉陵江之前的那条江，才叫作“白水”，与甘肃文县毗邻的四川青川县白水镇（古白水关所在地）便因此得名。《三国志》里记载的姜维在白水带兵屯垦，就是在这里。

综上所述，历史上被称作“羌水”的江河至少有三条，包括了白龙江、白水江两条干流和岷江等许多支流，这就给历史上“古羌水”的实际地理位置造

①〔北魏〕郦道元：《水经注卷三十二·羌水》，中华书局2013年版。
②〔春秋〕孔丘：《尚书·禹贡》，中华书局1983年版。

成了混乱，也给研究宕昌羌民族的发源地带来了不便。笔者认为，从郦道元《水经注》关于“羌水”发源及其流向的叙述来看，西晋以前的“古羌水”指的就是以宕昌县南河镇高桥村南河、北河为主要支流交汇的宕昌河（岷江）；其他江河被统称为“羌水”，是依据宕昌国消亡之后，羌民族逐渐南移，迁徙定居的诸多江河流域而形成的非常宽泛的地理名称。

二、古“参狼谷”所处的地域

郦道元说“羌水出羌中参狼谷”，可以印证的是《史记·秦始皇本纪》，它阐述秦朝的疆域时说“西至临洮羌中”，当时的“临洮”治所在现今的定西市岷县。那么，“羌中”的实际地理位置又在岷县的哪个方位呢？

岷州历史沿革中记载，“羌中”即今甘南（今甘肃省甘南藏族自治州所辖全境），但甘南是个较大的地名，确切地说，“羌中”应该是在今甘南境内。有人考证，说古羌中在今甘南碌曲县，实际上也是泛指。今甘南藏族自治州的碌曲县与迭部县、临潭县交叉接壤，迭部县、临潭县又与定西市的岷县、陇南市的宕昌县交叉接壤。所以，历史上的古羌中并不是一个固定的具体地名，应该是泛指包括今甘南州的碌曲、迭部、临潭的东南一部分，定西市的岷县东南一部分，以及陇南市的宕昌西北部这片地域。

那么，参狼谷又在哪里呢？

两汉期间，古羌水流域的主要地区包括现在宕昌县的阿坞、哈达铺、金木、牛家、庞家、木耳、南河、何家堡、大舍、理川、八力等乡镇，都属于历史地理上的参狼谷所在地。生活在这里的“参狼羌”，确切地说应该是“参狼谷诸羌”，因为汉代参狼谷中还生活着昌氏羌人大部落，宕昌牛家乡拖藏村汉代古墓葬群遗址中出土的灰陶罐上刻写着“昌”字，是汉代昌氏部落姓氏的实物遗存，充分证实了汉代参狼谷中存在着昌氏羌人部落；同时还存在着梁氏领导的部分流迁进入的抱罕羌，以及种存羌、烧党羌、先零羌等。

2013 年田野考察发现参狼谷地带的八力庄村不但有古人类生活生产的遗址，而且还有大量的战国与两汉时期的古墓葬出现，和古遗址、古墓葬相对应的有战汉军营，俗称“营盘”；理川地区战汉古墓群、古城堡；南河乡寺卜寨村战汉墓葬群、古城堡；南河乡前贯战汉墓葬群、古城堡；何家堡乡吾族村战汉古墓群、古城堡；该乡瓦藏坪战国墓葬群中发现了五座陪葬大量羊头骨的墓葬，均为西戎墓葬；城关镇官鹅村官鹅大山连片的战国西戎墓中同样出土了大量的陪葬羊头骨，并且建筑有规模较大的古城池；将台乡下巴山村和邻近七个村庄均连片分布着大量的战汉古墓群，在下巴山古墓群中一座墓中出土了 20 匹马头骨陪葬品；城关地区的曹家山、高庙山分布着大量的战汉墓葬群，并建有规模很大的古城堡。

另据《岷州志》卷十记载“宕昌众多人口为番民”，[①]番族有“哈达铺寨、脚力铺寨、高桥寨、白杨寨、宕昌寨、新城子寨、干江头寨、占藏寨、帕石寨、师卜寨、何家铺寨、白水川寨”等；汉以前，宕昌羌又叫参狼羌。以此来看，参狼谷应该在宕昌县的西北部和中部地区，古宕昌国的疆域则包括陇南市宕昌县全境和定西市岷县东南一部分，甘南藏族自治州迭部县、舟曲县东南的一部分，以及陇南市礼县、西和县的西南、武都区的西北一部分。

大约在秦献公时，从湟水流域南迁的羌人定居宕昌参狼谷。秦昭王二十七年（前 280 年），秦在今宕昌、舟曲一带设羌道，属陇西郡。秦人在这里设道，具有划时代意义。一是秦人认为，宕昌参狼羌能够自己管理自己。二是对宕昌参狼羌的巩固和壮大起了推波助澜的作用。三是宕昌由此脱颖而出，成为地方政权中心。自此，参狼羌将宕昌作为发展壮大的根据地，与宕昌这片热土融为一体，直至建立宕昌国地方政权。

三、“宕昌”的“宕”字读音问题

《魏书·宕昌传》《南齐书·河南氐羌》《元和郡县图志》《魏书·列传·氐吐谷浑宕昌高昌》（卷一百零一）等史籍，对宕昌这个地名的汉字表述共有两种，分别是“宕昌”和“石昌”。汉字“宕”的原始读音是“dàng”（荡音）；汉字“石”的原始读音是“shí”（实音），亦读作“dàn”（旦音，量词）。从造字法来看，“宕”从“宀”（部首），其读音就应该从“石”（旦音）。

宕昌的“宕”，其原始读音“dàng”（荡音），为第一种读音；宕昌本土居民延续至今的口语读音“tàn”（碳音），为第二种读音；史书中另类汉字表述的读音“dàn”（旦音），为第三种读音；笔者少年时代在宕昌生活时，还曾经听到过当地藏民（羌族后裔）的第四种读音，即将“宕”读作“tāng”（汤音）。

仔细辨析，上述第一种读音与第四种读音是韵母相同，声母相异；第二种读音与第三种读音，也是韵母相同，声母相异。笔者思考，之所以出现四种读音，极有可能是将古羌语音译为汉语时，因汉语方言的不同语音造成了注音时的差异性。也就是说，古羌语的读音只是这四种读音中的一个，由于汉语方言语音的复杂性，造成了音译时的相应变化。

---

① 岷县志编委会：《岷州志校注》，甘肃岷县 1988 年版。

2014 年 2 月 17 日，甘肃省县名“宕昌”审音论证会在北京召开，本次论证会由民政部委托中国地名学会主办，民族历史专家孙宏开、民族语言专家黄行、语言文字专家厉兵、方言专家李蓝等 11 位专家一致同意，将“宕”字的“tàn”音在常用字典词典等汉字工具书中注音予以认可，将“宕”字定为多音字，读“dàng”时与原来注释相同，读“tàn”时，意为百姓安居乐业，引为政权稳固之意，并注释：“宕昌（tàn chāng），甘肃省县名”。这也意味着中国的汉字中增加了一个多音字。中国地名学会副会长商伟凡说，“这是四十多年来，国家有关部门首次对县级行政机构名称进行审音定名”。

通过这次审音论证会的权威论证，将“宕昌”的“宕”字读音认定为（tàn），使宕昌本土居民延续至今的口语读音成为统一的书面规范表述，解决了 1600 多年来“宕昌”的“宕”字读音混杂、争论不休的问题。

四、“宕昌”地名的由来

历史上，“宕昌”这个地名的形成大致有五种说法：“古羌语说”“羌王名字说”“因山得名说”“族名演变说”“宕字本义说”。笔者认为，除了第一种说法之外，其他四种说法都不能令人信服。试做辨析如下。

（一）“羌王名字说”难以采信

《魏书・宕昌传》载：“（羌人）姓别自为部落、酋帅皆有地分，不相统摄，宕昌既其一也。”[①]这说明宕昌羌和其他羌人一样，其“种”或“姓”即部落集团，是由许多部落组成的。正如《南齐书・河南氐羌》中言：“宕昌羌种也，各有酋豪。”[②]宕昌羌人政权，可理解为形成了独立自主地处理本民族内部事务，维护领地及根本利益，并有一定政治、军事、经济、文化、组织等职能的统治集团，表现为部落联盟的建立，并以出现统率诸部的“王”为标志。《魏书・宕昌传》载：“有梁懃者，世为酋帅，得羌豪心，乃自称王焉。懃孙弥忽，太武初，遣子弥黄奉表求内附。”[③]公元 307 年，宕昌羌人首领梁懃自立为王，始建宕昌国。公元 424 年，世袭宕昌王梁弥忽派儿子梁弥黄到北魏，向太武帝拓跋焘请示承认王位，并建立从属关系。太武帝为了边疆的安宁，对其予以承认，并派使者拜梁弥忽为宕昌王，赐其子为甘松侯。自此，宕昌国正式被北朝政权承认。

① 〔北齐〕魏收：《魏书・宕昌传》，吉林出版集团社 2005 年版。
② 〔南朝〕萧子显：《南齐书・河南氐羌》，中华书局 2017 年版。
③ 〔北齐〕魏收：《魏书・宕昌传》，吉林出版集团社 2005 年版。

从上述文献来看，历史上只有宕昌羌人首领自己称王，或被其所附属的“上国”拜封为“宕昌王”的记载，并没有某个成为羌人之王的首领名字叫作“宕昌”的记载。因此，持“羌王名字说”，只是一种猜测，难以采信。

（二）“山名说”不能成立

唐代李吉甫在《元和郡县图志》中说：宕州“因宕昌山为名也。”[①]《元和郡县图志》成书于唐宪宗元和八年（813 年），李吉甫系今河北赞皇人，不知这位唐代政治家、地理学家，其“因宕昌山为名”的说法源于何处，有何根据？常识告诉我们，一座山一旦得名，是不会轻易更改的。倘若宕昌果真是因山名而得地名，就应该有叫作“宕昌”的山存在，但各史书和地方志均无“宕昌山”之名；笔者从小学到高中，曾经在宕昌生活过十年，亦未听说过有“宕昌山”。有学者说当地群众传说今宕昌羊马古城所在的山就叫宕昌山。这种说法有待深入考证。因此，山名说只能存疑。

（三）“族名说”无法自圆其说

宕昌羌原为汉西羌的一支，宕昌羌因居住在宕昌而得族名，并非宕昌因有宕昌羌而得地名。有学者撰文说宕昌羌与且昌羌有关，疑“且”在史书记载时为“旦”的笔误，从而索引出“宕昌”的读音和文字表述，都应该是“旦昌”。从有关史书记载来看，且昌羌是宕昌羌的一个分支，宕昌羌是羌人部落集团的总称，肯定与且昌羌有关系，但且昌羌并不是宕昌羌的唯一主体。该学者将“且昌”与“宕昌”联系起来，因感到“且”与“宕”无论字形还是读音，都相去甚远，就大胆猜测，说“且”是“旦”的笔误，用字形和读音都很接近或相似的“旦”取代了“且”，以为可以自圆其说。这种移花接木、似是而非、主观臆断的说法，可信度不大。

（四）“汉字宕的本义说”不具说服力

许慎的《说文解字》对“宕”的释义是：“洞穴；洞屋。从宀，砀省声。洞屋当为本训。洞屋者，四围无障蔽之谓。”从汉字造字法来看，它既是象形文字，又是会意文字。有人按照“宕”字的本义，联系到宕昌羌人都聚居在依山而凿、排列整齐的洞屋这一民居现象，就说“宕昌”这个地名源于羌人居住洞屋之意。因居住洞屋的风俗习惯，就用汉字“宕”字的本义来为居住地命名，这种说法，

① 〔唐〕李吉甫：《元和郡县图志》，中华书局 1983 年版。

并不是在说“宕昌”地名的由来，而是在给“宕”字释义，貌似很有道理，但实际上仍旧是原地踏步。故而，此说不能成立。

综上所述，笔者认为，“古羌语说”是最符合史实、最靠谱、最具说服力的说法。“宕昌”应该是古羌语读音的汉语音译。至于它是什么意思，由于年代非常久远，民族语言、古今语言所形成的障碍，语言文字的历史演变等原因，已经无法考证，或许古羌语专家可以破解。根据考古发现和专家考证，宕昌羌民族在宕昌这片土地上已经繁衍生息了上万年，在商代就有了族名，秦昭王二十七年（前280年），秦国设羌道，将宕昌纳入秦的势力范围，羌人制羌，高度自治，直到天和元年（566年），宕昌国被北周所灭。所以，宕昌这个地名，应该就是世代居住在这里的主体居民羌人命名的。

五、宕昌羌族后裔“杨”姓的由来

现在，居住在陇南宕昌县官鹅沟、大河坝等地的羌人后裔们，大多数都姓“杨”；宕昌本土居民的第一大姓也是“杨”。在宕昌县南河镇北有两个相邻的村子，一个叫作“大族”，一个叫作“小族”，之所以有“大族”“小族”之分，实际上还是历史上形成的汉族与少数民族的区别。“大族”村多为杂姓，而“小族”村里则多为杨姓。尤其是在四川北川县、九寨沟县居住的羌族，在陕西凤县、宁强县居住的羌族后裔，也多有杨姓者。

那么，羌人中的杨姓是怎么来的呢？据考证，其主要来源有三个：

一是源于羌族图腾。据动物学家研究，早在1万多年前，羊就生活在甘、青草原上。由于羊性情温顺，易于驯服，肉食鲜美，皮毛又是御寒的最佳物品，具有多种实用价值，羌族先民们很早就开始驯化和饲养羊，从羊身上获取生活的必需品，并从中获得与大自然做斗争的力量。当时的羌人认为羊除了能提供日常生活的需要外，还具有灵魂，能保护自己部族的成员，因此在众多的自然物中，羌族先民选出了与自己生存最密切、最亲近、最重要、影响最大的羊，将它放置在特殊的位置上，采用专门的仪式，经常对之崇拜，期望能得到它的庇护和好处，由此产生了羊崇拜。

《说文解字·羊部》说道：“羌，西戎，羊种也。”[①]指明羌族人的祖先为古中原西部的羊种人，也即以羊为图腾的民族。古羌族人从殷商王朝时期起，便以牧羊为生，“羌”字即由“羊”“人”两字合成，乃是以养羊而获利的游牧民族，故后裔有的便以羊为氏。在今甘肃境内，有一支羊氏族人，其族系古代羌

①〔东汉〕许慎：《说文解字·羊部》，商务印书馆1989年版。

族人的后裔。后来在民族大融合的历程中，受汉文化影响，因“羊”与“杨”谐音，便改“羊”为“杨”了。

二是源于氐羌融合。历史上，陇南氐族杨氏是古代氐族中的大姓，也是杨姓在古代少数民族中最大的一支，长期以来与弘农杨氏并称。氐族自称是盘瓠之后，可能与崇拜狗图腾的南方少数民族有血缘关系。后来，他们努力向西扩展，在今陕西、甘肃、四川一带从事畜牧和农业，并与冉駹夷、白马羌交错杂居在一起，在羌族的融合下，慢慢地“嫁娶有似于羌”。故史学家又把氐羌统称之为“西戎”，有氐羌同源说。

杨姓是古代氐族中的第一大姓，在氐族建立仇池、前秦、后凉三国的过程中，杨姓族人起了中坚作用，其中仇池国就是杨姓氐人建立的地方政权。仇池国消亡后，杨氏氐人又相继在陇南建立了武都国、武兴国、阴平国等地方政权。其时，羌民族多有依附，与氐民族相互融合，以国姓为荣，遂改为杨姓。

三是源于固有之姓。“杨”姓的起源中，就有“源于古羌族，出自春秋时期西戎后裔羌族部落，属于以部落名称为氏”。这说明，羌人中的杨姓，古已有之。

六、宕昌羌的活化石凶猛傩舞

宕昌羌傩舞是源自古老的羌藏民族的祭祀活动，史料记载，宕昌藏族是南北朝宕昌羌人和唐宋时吐蕃鲁黎部木家蕃人的后裔。民国以后，木家蕃人改称为木家藏族。木家藏人居住在千沟万壑之地，只能以种植和狩猎为生，物质生活匮乏，常受野兽和疾病的困扰。苯教信仰相信祭祀活动可以“上祭天神，下镇鬼怪，中兴人宅”，为敬畏神灵、驱赶山精鬼怪和祛病辟邪，傩舞由此而生。

宕昌羌傩舞又叫木家藏族凶猛舞，藏语名叫“脑后吼”，是一种典型的苯教祭祀舞蹈，属傩文化中的乡傩。宕昌羌傩舞是宕昌地区融合羌藏文化而成的民间舞蹈，主要由苯教巫师苯苯以家传和师传方式传承，舞者则以苯苯和村民为主。

每逢苯苯学成出师或村寨中有疾病、冰雹、瘟疫等不幸和灾害时，藏族村寨就会在苯苯的主持下举行驱鬼逐疫仪式，并在仪式中跳宕昌羌傩舞。该舞由10至15人组成，其中舞者10人。表演时，在苯苯的带领下跳八卦舞步。前面五位苯苯的服饰和法器各不相同，其中三人各戴代表五方神灵的五佛冠。后跟5人头戴面具。起舞时，舞者随着皮鼓和牛角号的音乐节奏，屈膝抬脚拧身，忽进乍退，从左开始绕圈，反复进行三次。当地藏族以此来祈求神灵护佑藏家村寨平安、风调雨顺、五谷丰登和人畜健康。

凤凰山神在藏族意识中有至高无上的地位，苯苯所做的仪轨、唱诵和舞蹈都与之相关。宕昌苯苯将天、地、日、月、星辰、雷电、冰雹、山川、土石、禽兽等万物都视为凤凰山神将官。宕昌藏族的苯教信仰因其地处汉藏文化过渡地带而独具文化特质，宕昌羌傩舞则是这种过渡地带文化特质的体现。

关于宕昌羌傩舞的起源，当地流传着一个古老传说。大意是傩舞是为纪念族中五个青年和凤凰山神共同铲除水怪所跳，其中五佛冠就代表被奉为神灵的五位青年。宕昌羌傩舞是藏族人面对自然灾害和生活不幸时所采取的祭祀仪式的组成部分。它蕴含着藏族劝人向善、济世救人、社会和谐、追求美好生活和与自然和谐相处的精神理念，刚柔相济的生命张扬意识以及古朴、雄浑的艺术风格。

七、"当归"与宕昌的历史渊源

笔者在探讨宕昌地名的同时，发现了一个特殊现象：盛产于古羌水（岷江）上游的中药材"当归"，其"当"字药典著述的书面语读作"dāng 当音"，而宕昌西北部岷江上游产地药农的口语却读作"dàn 旦音"。这与其出产地地名宕昌的"宕""石"，历史上也分别读作"dàng 荡音"和"dàn 旦音"有着惊人的相同。宕昌这一地名，与其出产的标志性物产"当归"，首字读音的相互对应，相互重叠，互为诠释，十分有趣，绝不会是一种偶然巧合。

"当归"是一种中药材，是治疗妇科疾病的首选良药，主产于甘肃东南部，云南、四川、陕西、湖北等地也有栽培，其中的"岷归"是当归中的上品，为医药宝典所推崇，享誉海内外，盛产于甘肃省陇南市宕昌县西北部和定西市岷县一带，为当地大宗中药材之一，也是当地药农的主要经济来源之一。

"当归"名称的由来有三种说法：其一，古人娶妻为生儿育女，"当归"调血是治疗女性疾病的良药，有想念丈夫之意，因此有"当归"之名，恰与唐诗"胡麻好种无人种，正是归时又不归"的意思相同。其二，"当归"可以治疗妊娠妇女产后恶血上冲，其疗效显著；若发生气血逆乱，服用之后即可降逆定乱，使气血各有所归，"当归"之名也由此而来。其三，出自地名。"当归"的主产地原在甘肃岷县。唐朝时，岷县附近叫"当州"，因唐以前这一带为"烧当羌"居住之地。当地特产一种香草叫"蕲（qí）"，就是当归，古代"蕲"与"归"音韵相同，所以叫"当归"。

唐代苏敬在他编著的《新修本草》一书中说："当归今出当州，宕州最良，多肉少枝气香。"[①]因而有了"当归出自当州"说。据《旧唐书·地理志》记载，

① 〔唐〕苏敬：《新修本草》，上海古籍出版社 1985 年版。

当州设置于唐贞观二十一年（647 年），治通轨县（今四川黑水县北），属剑南道，辖境相当今四川省黑水县。周武帝天和元年（566 年），北周大将田弘攻灭宕昌国，以其地为宕州，设宕州总管府，治阳宕县（今宕昌南阳），辖宕昌、甘松二郡。开皇四年（584 年），废宕州总管府。大业三年（607 年），改宕州为宕昌郡。唐高祖武德元年（618 年），改宕昌郡为宕州。

《北史·宕昌传》记载，北魏宣武帝正始二年（505 年），北魏封宕昌国首领世子梁弥博为宕昌王。是年，梁弥博向南梁贡献甘草、当归，以建立友好关系。这是宕昌“当归”见诸史籍的最早记载。此后的相关史籍记载，则在唐显庆二年（657 年）以后，间隔一百五十余年。

从上述史料并结合唐代以前的史籍来看，一是“当归”的名称早于当州地名的出现；二是宕州设置比当州早七十一年；三是当州的地理位置属于川蜀地界，地处青藏高原东部，阿坝藏族羌族自治州中部，与甘肃省的宕昌县、岷县这两个“当归”主产地相距较远，而非“在岷州附近”；四是唐代苏敬的《新修本草》是根据当时的行政区划编著的，没有刻意去探讨“当归”与主产地的历史渊源。因而，唐代的当州是出产“当归”的地域之一，但“当归出自当州”说，却不足采信。倒是其说的“当归”的品质以“宕州最良”，最为可信，无意之中佐证了宕昌是“当归”主产区的历史事实。

因此，笔者认为，当归的“当”字，无论药典著述的书面语读作“dāng 当音”，还是宕昌西北部岷江上游产地药农的口语读作“dàn 旦音”，都与宕昌的“宕”字读音有着十分紧密的联系。“当归”这个名称应该是从“宕昌”这个地名派生出来的，是宕昌羌人命名的。

那么，“当归”又何以称作“岷归”呢？

宕昌河为古羌水，又名“岷江”；宕昌出产的名贵中药材“当归”，历来也被叫作“岷归”。长期以来，由于“岷江”“岷归”名称里都有一个“岷”字，人们便望文生义，说岷江“因宕昌县古属岷州，故名”。说岷归“因产于甘肃省岷县而得名，属于岷县特产”。成了公认的权威性解释。笔者认为，该说法对“岷江”和“岷归”名称的解释都是很牵强的，应该正本清源，予以纠正。

“岷江”意为“发源于岷山山系的江河”。麻子川分水岭西北的岷县属黄河流域的洮河水系；分水岭东南的宕昌县属长江流域的白龙江水系。实际上，岷江的得名，与这条河的发源地属于岷山山系有关。“岷归”意为“出产于岷江流域的当归”。岷县靠近宕昌县的广大地域，是岷归的适生区和主产区之一，但是，宕昌县的阿坞、哈达铺、理川、八里、南河等乡镇，才是岷归的主产区。因这些地方都属于岷江流域，故这片地域出产的当归被称作“岷归”。

编者按：本文原题为《羌水悠悠话宕昌》，后作者予以修订，更名为《古宕昌国拾零》，于 2021 年 10 月 21 日再次发表于作家网，可谓作者最新的认识和成果。其中所论，是在宕昌工作生活过十多年的陇南当地作家的认知与观点，故而具有一定的参考价值，可供专家学者研究有关问题之时参考。

【作者简介】

娄炳成（1957—），甘肃省武都区人，祖籍山东，现为甘肃省作家协会会员、民间文艺家协会会员，发表小说、散文、戏剧、红学评论等作品 300 万字以上。曾任陇南市人大常委会副秘书长、研究室主任，知名作家。

羌人与中华民族多元一体格局

◎高　强（陕西省宝鸡文理学院教授）

羌人是中国最古老的族群之一，在中华民族多元一体格局形成与发展的过程中发挥了极其重要的作用。探究羌人的兴衰变迁，尤其是对中华民族多元一体格局形成与发展的特殊作用，意义重大。在古代，“羌”只是一个比较松散且变动很大的共同体，不能与现在的羌族等量齐观。因此，本文采用了“羌人”这一更加宽泛的概念。

一、羌人是中国最古老的族群之一

关于羌人的来源，众说纷纭。有说羌人来源于湖湘地区，是三苗的后裔。此说本于《尚书·舜典》中“窜三苗于三危”之记载。晋代司马彪的《续汉书》和南朝范晔的《后汉书·西羌传》都说：“西羌之本，出自三苗，姜姓之别也。其国近南岳，及舜流四凶，徙之三危，河关之西南羌地也。”三苗是尧舜禹时代中国南方比较强大的部族集团，活动区域在洞庭、彭蠡、衡山之间，禹时被北方的华夏族团击败，一部分被迁往三危山一带。三危山，一说在今甘肃敦煌，一说在今青海河曲，近来又有学者认为泛指多山的北方地区。[①]笔者以为，三苗的一支迁至北方，成为羌人的一部分，或有可能，但在三苗北迁之前古羌人就已经存在了，三苗之人并非羌人的主体。

还有学者说羌人原居西北地区，与华夏族同源异流。笔者赞同此说，古羌人当为西北地区的古老部族。《说文解字》云：“羌，西戎牧羊人也。从人，从羊。”可见羌人是一个从事畜牧业且以牧羊为主要特色的族群，传说炎帝、大禹都与古羌人有着密切关系。《国语·晋语》载：“昔少典娶于有蟜氏，生黄帝、炎帝。黄帝以姬水成，炎帝以姜水成，成而异德，故黄帝为姬，炎帝为姜。”“姜”从女，指代姓氏，“羌”从人，指代部族，二字互通互用，故而炎帝族也被称作姜炎族或炎姜族。章太炎先生认为：“姜姓出于西羌，非西羌出于姜姓。”[②]王

① 刘夏蓓：《两汉前羌族迁徙论》，《民族研究》2002 年第 2 期。

② 章太炎：《西南属夷小记》，《太炎先生文录续编》卷 6 下。

献唐先生认为："羌者，炎帝之族，其字正象羌人之形，原始羌族游牧之服饰，悉可于此字求之。"[①]《帝王世纪》称："神农氏姜姓。"贾逵《国语·周语》注曰："共工氏姜姓。"意谓共工氏为炎帝之后。

甘青地区发现的大量古文化遗址多与羌文化有关，如马家窑、齐家、卡约、寺洼、辛店、上孙家寨、诺木洪等。古羌人最初生活在甘青地区，主要在黄河支流湟水、洮河流域，后来逐渐向渭水流域和岷江流域迁徙，扩散到陕西、川北、晋南、豫西一带，其中炎帝族这一支"以姜水成"，以姜为姓。姜炎族培育粟谷，发明耒耜，极大地提高了农耕水平，走在了时代的前列，成为当时羌人乃至中国先民的先进代表。因此，至今仍有一些羌族自称"尔玛"（炎帝之后），仍然尊奉炎帝为祖先神。四川省北川羌族自治县的羌民不仅有崇拜"火""羊头""白石"的习俗，而且还有祭祀炎帝的礼仪。[②]

《史记·六国年表》说："禹兴于西羌。"《吴越春秋》称禹的父亲鲧"家于西羌，地曰石纽。石纽，在蜀西川也"。《蜀本纪》说："禹本汶山广柔县人也，生于石纽。"《帝王世纪》载："伯禹夏后氏，姒姓也，生于石纽，长于西羌，西羌夷人也。"徐中舒先生指出："夏王朝的主要部族是羌，根据由汉至晋五百年间长期流传的羌族传说，我们没有理由再说夏不是羌。"[③]羌人在殷商时期非常活跃，与商王朝既有冲突战争，也有正常交往。《诗经·商颂》云："昔有成汤，自彼氐羌，莫敢不来享，莫敢不来王。"甲骨文中有大量商王朝征伐羌方，掳掠奴隶，用以祭祀的记载。羌人与周人的关系更为密切、友好。周人的始祖后稷，其母为姜姓部族女子姜嫄，周人尊奉姜嫄为始祖母。古公亶父率周人迁岐后，与原居于周原的姜姓部族联姻结盟，太王之妃太姜、文王元妃周姜、武王元妃邑姜、成王王妃王姜、宣王之后姜后、幽王之后申后皆为姜姓族人，姜姓部族可谓周人的母族。周人借助羌人的力量在周原地区站稳脚跟，发展壮大。姜太公辅佐武王伐纣时，羌人即为伐纣联军中的有生力量。《国语·周语》认为，武王之所以顺利打败殷人，是因为出兵的日子选得好，把岁、月、日、星、辰"五位"全都照顾到了。在这"五位"之中，周家占了三事，姜家占了二事，姜家与周家的关系是何等的密切！[④]周王朝建立后，分封了齐、吕、申、许、纪、向等一批姜姓诸侯国，其数量仅次于姬姓诸侯国。我们可以说，西周兴起于姬姜两族结盟，衰亡于姬姜联盟的破裂。

---

① 王献唐：《炎黄氏族文化考》，青岛出版社 2006 年版。

② 耿静：《论姜炎关系》，载霍彦儒主编《炎帝与汉民族论集》，三秦出版社 2003 年版。

③ 徐中舒：《中国古代的父系家庭及其亲属称谓》，《四川大学学报》1980 年第 1 期。

④ 顾颉刚：《从古籍中探讨我国的西部民族——羌族》，《社会科学战线》1980 年第 1 期。

古羌人早在新石器时代就已经生活在甘青地区了，他们开辟了河西走廊、陕西北部、宁夏南部、嘉陵江上游和岷江上游的土地。炎帝族和黄帝族都与古羌人有着千丝万缕的联系。夏商周三代时，羌人进入中原地区，深刻地影响了中国的历史进程。羌人无疑是中国最古老的族群之一，为中华文明的诞生与发展做出了巨大贡献。

二、羌人是中国诸多民族的来源之一

费孝通先生在论及中华民族多元一体格局形成的过程时说:“羌人在中华民族形成过程中起的作用似乎和汉人刚好相反。汉族是以接纳为主而日益壮大的，羌族却以供应为主，壮大了别的民族。很多民族包括汉族在内从羌人中得到血液。”[①]这一论断符合历史实际，除了今天生活在四川北部北川、汶川、茂县、理县、黑水、松潘、平武的羌族同胞外，其余更多的羌人在不同历史时期分别融入各族之中，成为中国许多民族的重要来源之一。除了最大的一部分不断向东迁徙，逐渐融入汉族外，羌人“一部分西迁进入新疆塔里木盆地，与当地土著同化，成为现代维吾尔族先民的一部分；一部分远迁至我国西南地区，成为今彝族先民的一部分；一部分迁至今四川西北部，逐步发展为现代羌族；一部分留居青海，演化成今天的土族；还有相当一部分，则迁入青藏高原腹地，与青藏高原的土著民族相融合，发展成为后来的藏族”。[②]羌族与汉族、藏族、彝族、白族、怒族、纳西、哈尼、拉祜、普米、傈僳、独龙、景颇、门巴、珞巴、基诺、阿昌等十几个民族皆有密切的族源关系，许多民族的血管里都流淌着羌人的血液，汉、藏尤甚。羌人与中国各民族关系密切和复杂之程度，仅次于汉族，羌人在中华民族多元一体格局形成过程中的作用极其特殊和重要。

马长寿先生在其名著《氐与羌》中指出：“历史上羌族之融合于汉族，主要有三次：第一次是在春秋战国时期。在此之前的夏商之际，就有大批的羌民进入中原，建立了一些小的国家，如吕国、申国、许国等。以后、羌族又陆续迁入陕西、河南等地，这些在秦以前陆续迁入中原的羌族，经过春秋战国到秦汉时已经基本上融合到汉族之中。第二次是在魏晋十六国南北朝时期。由于当时中国北方处于分裂混乱的局面，许多部族迁入中原，氐羌也是其中之一。经过这一时期民族的大融合，因各种原因迁徙到陕西、甘肃东部及河西的部分羌族，

① 费孝通:《中华民族的多元一体格局》，中央民族学院出版社1989年版。
② 罗广武:《西藏自古以来就是中国的一部分》，《光明日报》2008年5月5日。

也逐渐汉化。第三次是隋唐时期。此时秦陇地区的羌族进一步融合于汉，河湟及四川西北一部分羌族逐渐融合于藏。”[①]马长寿先生为我们梳理和勾勒出羌人融入汉藏等民族的脉络，为我们了解羌汉关系史指明了方向。

如前文所述，中华民族的人文初祖炎帝和治水英雄大禹，或与古羌人存在血缘关系。大禹治水时，一部分羌人因辅佐大禹有功，留居中原，成为华夏族的成员。周人是炎黄子孙，是姬姜联合体，其中不乏羌人的成分。不仅周王迎娶姜姓女子，姬姓诸侯也纷纷效仿。春秋时姬姓之国娶自姜姓者，卫有庄姜、敬姜、夷姜、宣姜、定姜，鲁有文姜、声姜、哀姜、穆姜、敬姜，晋有姜氏、齐姜，郑有齐姜，而姜姓之国娶自姬姓者，齐有季姬、王姬、蔡姬、卫姬、孟姬、虞姬、声姬、东郭姬等。[②]

秦人征伐西戎，融合了陕甘一带的周人、羌人，奠定了民族和国家大一统的基础。秦人的征伐，迫使仍居住在河湟地区的羌人不得不放弃“以射猎为事”的生活方式，转而兼行农耕与畜牧。在中国上古时期和夏商周三代，尤其是在春秋战国时期，羌人不断扩散、分化，融入中原族群中，成为华夏族的重要组成部分。两汉魏晋南北朝是羌人大量内迁与融入汉族的时期。当时羌人支系众多，有发羌、婼羌、钟羌、白马羌、牦牛羌、黄羊羌、参狼羌、青衣羌、先零羌、烧当羌、牢姐羌等150余种，散居在甘肃、青海、陕西、四川、宁夏广阔的土地上。汉王朝开疆拓土，国力强盛，羌人世居的河湟地区为中原王朝直接管辖。汉王朝在羌人聚居地设置汶山郡、汉嘉郡、沈黎郡、金城郡、临羌县、破羌县等郡县，还设置了“护羌校尉”“属国都尉”“陇西南部都尉”“金城西部都尉”等职官，管理羌人。[③]

东汉建武十一年（35年），马援击先零羌，将其部数千人迁至天水、陇西、扶风三郡。永平元年（58年），窦固、马武击烧当羌，将降者七千口徙置于关中三辅。三国时期，羌人是曹魏和蜀汉争相拉拢的对象，魏蜀皆强制羌人内迁，并大量征调羌人从军。曹操军中有羌人，诸葛亮军中有青羌，姜维利用羌兵进攻曹魏。建兴三年（225年），诸葛亮迁万户青羌于蜀。正始元年（240年），魏迁三千户羌人于关中。

两汉魏晋时期的羌人内迁与先秦时期的羌人内迁相比较，政治的原因多于经济的原因，被动的内迁多于主动的内迁。不论原因如何，内迁在客观上促进了族群之间的交流与融合。

---

① 马长寿：《氐与羌》，广西师范大学出版社2006年版。
② 马长寿：《氐与羌》，广西师范大学出版社2006年版。
③ 马长寿：《氐与羌》，广西师范大学出版社2006年版。

西晋时“关中之人百余万口，率其少多，戎狄居半”。[①]这里所说的戎狄包括匈奴、氐、羌等。公元 386 年，烧当羌后裔姚苌建立后秦，成为十六国中唯一一个由羌人创立的政权。后秦政权存在了 34 年，在十六国中存在时间仅次于后赵和前秦。

魏晋南北朝时期关中地区羌人的状况在当时的碑铭中也有反映。据马长寿先生《碑铭所见前秦至隋初的关中部族》一书研究，《邑主携蒙口娥合邑子卅一人等造像记》记载实际题名者 57 人，其中羌姓 38 人，占总数的 66%以上。《邑主同蹄龙欢合邑子一百人等造像记》记载邑子中 67 人为出自羌姓的同帝氏，占造像人全部题名的 67%。《圣母寺四面造像碑》记载造像者 150 人，但实际可识者仅 122 人，其中羌姓 82 人，占总数的 67%以上。《昨和拔祖等一百廿八人造像记》记载 87 名造像者中羌姓有 74 人，占总数的 85%以上。《邑主雷惠祖合邑子弥姐显明等造像记》和《邑主弥姐后德合邑子卅人等造像记》题名漫漶不清，仅余 63 人，其中羌姓 52 人，占总数的 82%以上。《广武将军口产碑》内西羌人称将军者 6 人，称酋大、部大者 35 人，共 41 人，占少数部族将吏总数 76 人的 54%。《邓太尉祠碑》题名中邓太尉麾下西羌军吏 19 人，占 29 名车吏的 65%以上。[②]由此可见，当时关中地区羌人不仅数量众多，而且势力颇大，已渗入到社会生活的方方面面。

唐代是羌人进一步分化，大部分融入汉人、藏人以及其他族群的时期。关中和陇东的羌人基本融入汉族，河湟、陇南的羌人则多数融入藏族。唐末有一支党项羌，颇具实力，其首领拓跋思恭被封为夏国公，镇守今宁夏、陕北一带。宋宝元元年（1038 年），党项羌首领元昊建立西夏王朝，长期与宋、辽、金、元相对峙，盛极一时。西夏王朝存在了 190 年，客观上促进了羌、汉、藏、回鹘各族的融合。宋代以后已难觅羌人踪迹，只有居住在四川西北部岷江上游和前江上游的少数羌人保留下来，成为今天的羌族。

三、羌人缘何成为输出者

为何历史上羌人总是为其他族群输出血液？这可能与羌人主动与被动地不断迁徙，缺乏稳定的生存环境有关；与羌人居住地生存环境相对较差，缺乏发展壮大所必需的资源有关；与羌人长期处在汉、藏等强大的族群之间，外部压力和吸附力太大有关。

① 〔唐〕房玄龄：《晋书·江统传》，中华书局 1982 年版。

② 马长寿：《碑铭所见前秦至隋初的关中部族》，广西师范大学出版社 2006 年版。

族群迁徙在历史上屡见不鲜，但像羌人这样长时期、高密度、大规模、跨区域的迁徙并不多见。羌人大规模的迁徙从远古时代后期一直到古代后期，绵延数千年，几与中国文明史相始终。羌人的迁徙范围遍及甘肃、青海、陕西、四川、河南、宁夏、新疆、西藏、内蒙古等省区，涉及中国西部和中原地区，兼跨游牧地区和农耕地区。羌人的迁徙既有主动为之者，也有被动为之者，以后者居多。羌人缺乏稳定的生存环境，力量薄弱，难以在生存条件较好的地区扎下根来。即使是在羌人的发源地河湟地区，也经常处在强势族群的挤压之下，难以稳定。羌人居住时间最长的是河湟地区与川西北地区，河湟地区早期自然条件较好，草肥水美，宜于畜牧，后来环境有所恶化，而且面积较小，不利于族群的发展。川西北地区属于山区，山高沟深，自然条件相对较差，缺乏族群壮大所必需的资源。

羌人长期生活在多民族交汇地带，生存压力很大。羌人聚居区东有汉人，西有藏人，长期处于汉、藏等比自己强大的族群之间，要想在夹缝中发展壮大绝非易事。迁入关中及内地的羌人，经过族群大熔炉的长期陶冶，逐渐融入汉族之中。仍居甘青地区的羌人，大多数也分别融入汉族和藏族之中。即使是现在居住在川西北的羌族，也存在着明显的汉化和藏化现象。正如王明珂先生所说的那样："羌族，像是汉、藏间的变色光谱，愈往东南，这儿的羌族便愈像汉族；愈往西北去，当地的羌族就愈像藏族。"[①]岷江上游每条沟中的人群都有三种身份——自称的"尔玛"（羌）、上游人所称的"汉人"、下游人所称的"蛮子"，这便是"一截骂一截"的族群结构[②]。羌族地区的文化差异，呈现出"汉"与"藏"间一截一截的连续过渡变化。这样的现象，自然是由于长期以来，本地人群处于"汉""藏"两大文化系统之间所致。[③]

羌人虽然不断向其他族群输出血液，但其自身一直延续下来，并未在向外输出中消失，这与羌人多元的族群结构，众多的族群支系，川西北复杂封闭的地理环境，自给自足的经济状况，以及羌人极强的适应能力有关。

编者按：本文为国家社科基金西部项目"炎黄文化与中华民族凝聚力研究"的阶段性成果，项目批准号：09XZSO014。发表于《中国文化论坛·巴蜀文化》2010 年第 4 期。经作者授权收录于本丛刊之中，供有关学者研究之时参考、交流。

① 王明珂：《羌在汉藏之间》，中华书局 2008 年版。
② 王明珂：《羌在汉藏之间》，中华书局 2008 年版。
③ 王明珂：《羌在汉藏之间》，中华书局 2008 年版。

【作者简介】

高强（1965—），陕西佳县人，生于兰州，毕业于西北大学历史系，现为宝鸡文理学院历史文化与旅游学院教授。主要研究炎黄文化和周秦文化，主持多项国家社科基金项目和陕西省社科规划项目，发表、出版学术论文（著）80余篇（部）。

卷四 早秦文化研究

秦天水附近都邑考

◎徐卫民（西北大学文化遗产学院教授）

秦早期都邑是指秦在建都雍城以前的都邑，之所以这样划分，是因为这一时期的都城与后来秦的都城有较大的差别，当时秦国力弱小，都城规模不大，在都邑发展史上还处于探索发展的阶段。雍城以后都城的规模扩大，布局讲究，而且形成了自己的特色。

一、秦人早期发展脉络

秦人的历史悠久，秦文化源远流长。秦人崛起于陇西地区，据司马迁《史记·秦本纪》记载，秦的先世出自颛顼，到商代晚期的中潏，已经“在西戎，保西垂”。西周中叶，非子居于犬丘，因为周孝王时养马有功，得为附庸，封邑于秦。

对于秦人来源的研究，20 世纪形成了“东来说”“西来说”以及“北来说”，后来黄留珠先生又提出了秦文化“源于东兴于西”的观点。[①]其中以“东来说”和“西来说”为主。

“东来说”最早产生于 1933 年，由傅斯年先生在《夷夏东西说》中提出，他认为：“秦赵以西方立国，而用东方之姓者，盖商代西向拓土，嬴姓东夷在商人旗帜下入于西戎。”首次提出秦人的祖先在东方的观点，很有见地。其后卫聚贤先生在《中国民族的来源》和黄文弼先生在《嬴秦为东方民族考》文中亦持相同的观点。20 世纪 50 年代，我国著名的古史专家徐旭生先生在叙述中国古史的华夏、炎黄、苗蛮三大集团时，提出嬴秦为东夷集团嬴姓，“至于秦、赵为殷末蜚廉的子孙西行后所建立的国家”。[②]自从傅斯年先生提出“东来说”以来，70 年间年经卫聚贤、顾颉刚、林剑鸣等先生们发扬光大，使之更加系统化、条理化，得到了不少学者的赞同。

与“东来说”相反，有不少学者主张嬴秦族源“西来说”。“西来说”的观

① 黄留珠：《秦文化二源说》，《西北大学学报》（哲学社会科学版）1995 年第 3 期。

② 徐旭生：《中国古史的传说时代》，广西师范大学出版社 2003 年版。

点产生于 20 世纪 30 年代。1936 年《禹贡》杂志刊登了蒙文通先生的《秦为戎族考》一文，是最具权威性的“西来说”观点。其后还有熊铁基先生、刘节先生等持嬴秦族源“西来说”观点。

有意义的是近几年来考古界的专家们通过地下考古发掘资料，也介入到这场讨论之中，并由此引发了以物质文化为基础的新的“东来说”和“西来说”的讨论。如果说史学界、文化界的“东来说”和“西来说”之争，是对文献认识的角度不同的话，那么考古界对现已发掘出的地下资料同样持相左的意见，则更显得意义非常。持嬴秦族源“东来说”的考古学家是以邹衡先生为代表的，还有韩伟先生、牛世山、赵化成等先生采用考古资料反对“西来说”，支持“东来说”的观点。近年来大量的考古资料的发现，特别是早期秦文化考古成果更使人相信秦人东来说是成立的。

近年李学勤先生在整理清华大学藏竹简时发现新资料，撰文认为秦人来源于东方。2008 年 7 月入藏清华大学的战国竹简，性质主要是经、史一类书籍。其中有一种保存良好的史书，暂题为《系年》，一共有 138 支简，分成二十三章，记述了从周武王伐纣一直到战国前期的史事，作为竹简的整理报告《清华大学藏战国竹简》的第二辑发表。李学勤先生在整理过程中发现，《系年》有许多可以补充或者修正传世史籍的记载，有些甚至能够填补历史的空白，关于秦人始源的记载，就是其中之一。由《系年》简文知道，商朝覆灭之后，飞廉由商都向东，逃奔商奄。奄国等嬴姓东方国族的反周，飞廉肯定起了促动的作用。乱事失败以后，周朝将周公长子伯禽封到原来奄国的地方，建立鲁国，统治“商奄之民”，同时据《尚书序》讲，把奄君迁往蒲姑，估计是看管起来。但在《系年》发现以前，没有人晓得还有“商奄之民”被周人强迫西迁，而这些“商奄之民”正是秦的先人，其所以把他们遣送到西方，无疑也和飞廉一家有关，因为飞廉的父亲中潏正有为商朝“在西戎，保西垂”的经历，并且与戎人有一定的姻亲关系。中潏、飞廉一家，本来也是东方出身的。《系年》的记载还有一点十分重要，就是明确指出周成王把商奄之民西迁到“邾”这个地点，这也就是秦人最早居住的地方。“邾”在战国楚文字中常通读为“吾”，因此“邾”即是《尚书·禹贡》雍州的“朱圉”，《汉书·地理志》天水郡冀县的“朱圄”，在冀县南梧中聚，可确定在今甘肃甘谷县西南。[①]

主张“西来说”的考古界代表人物是俞伟超、叶小燕、刘庆柱等先生。

目前虽然关于这一问题的讨论还在进行，但秦人源于东方的观点得到了大

① 李学勤：《清华简关于秦人始源的重要发现》，《光明日报》2011 年 9 月 8 日 11 版。

部分学者的支持和认同。

尽管对秦人来源争论不休，但是都承认秦人是从天水一带壮大发展起来的，秦人自迁居西犬丘后，就一直活动在今甘肃天水一带，后世流传的秦川、秦城、秦安、秦亭、秦谷等地名，实质上都与秦人的早期活动有关，经过对甘谷县毛家坪、天水县董家坪的遗址进行考古调查和发掘，发现了西周时期秦文化遗存，为探讨秦人的早期活动提供了依据。秦人就是在天水一带被周王册封为诸侯并东进关中的。

早期秦文化的考古最早虽可追溯到20世纪30年代北平研究院发掘的宝鸡斗鸡台11座屈肢葬墓。40年代后期文物工作者在甘肃甘谷毛家坪遗址发现了早期秦文化遗址，50年代甘肃省文物工作部门对全省进行的文物古迹普查工作中，又对该遗址进行了复查。但对于秦文化的起源进行系统的考古调查研究，则是80年代以后的事。从1982到1983年，北京大学考古系和甘肃省文物工作队在甘肃省甘谷县盘安镇毛家坪发掘出了属于西周到春秋时期的秦文化遗存，发现墓葬31座（其中12座属于西周时期）、房基2处，鬲棺葬4组、灰坑37个。[①]这是最早在甘肃发掘的秦文化遗迹。毛家坪遗址发现的重要意义在于首次确认了西周时期的秦文化，为探索秦文化起源提供了一个更早、更可靠的基点，并使大多数研究者把追溯秦文化起源的目光指向了东方。对于研究秦的早期文化具有指标性意义。赵化成先生在此基础上撰写了《寻找秦文化渊源的新线索》一文，[②]在学界产生了重要影响。

2012年早期秦文化考古队对甘肃天水毛家坪遗址再一次进行了勘探和发掘，确定了遗址的范围和规模，遗址面积不少于60万平方米，远远超出了原先的估计。遗址的墓葬总数可能近千座。如此规模的遗址在甘谷县境内是绝无仅有的，再考虑到其地理位置在战略上的重要性，毛家坪遗址应可以与古文献记载的某处历史名城或县邑对应。甘谷县秦时为冀县。《史记·秦本纪》记载："秦武公十年（前688年），伐邽、冀戎，初县之。"秦武公攻伐当地戎人后建立了邽县和冀县，为秦国最早设县，是郡县制的滥觞，在历史上有深远的意义。毛家坪遗址以周代秦文化遗存为主，年代从西周延续到战国。从年代、地望及遗址的规模来看，毛家坪遗址极可能是秦武公所设冀县的县治（县城）之所在。

毛家坪遗址出土了大量的东周时期西戎文化的遗存（B组遗存），这些遗存在居址和墓葬中往往与秦文化共存。说明除了秦人之外，当时的冀县还生活着

① 甘肃省文物工作队、北京大学历史系：《甘肃毛家坪遗址发掘报告》，《考古学报》1987年第3期。

② 赵化成：《寻找秦文化渊源的新线索》，《文博》1987年第1期。

不少戎人。这些戎人被认为是《史记》所记载的“冀戎”。遗址的发掘对探讨当地乃至渭河上游古代民族分布、生活，以及民族融合过程有重要意义。[①]

天水的秦人是从东夷族迁徙而来的，东夷诸部在夏末以前的传统居地是我国东方的济淮流域，即今日山东省的中南部、河南省的东部及江苏、安徽的北部。那么东夷族为何要西迁呢？这得从东夷与夏商的关系说起。夏朝初年东夷分为九部，史称九夷，即畎夷、于夷、方夷、赤夷、白夷、黄夷、玄夷、风夷、阳夷，东夷曾在夏启死后乘夏内部混乱之机，率领东夷人袭取夏都安邑，统治夏国和东夷之地。到夏后相子少康时，在有虞和有鬲氏的支持下，杀寒浞，平定了夷人的反抗，恢复了夏王朝，史称“少康中兴”。少康子后杼率领夏军一直打到东海边，使“九夷来御”。到夏桀时为了转移夏人对腐败内政的注意力而发动了对东夷的战争，出现了“桀为暴虐，诸夷内侵”的局面，这时商族在黄河下游乘机崛起，同东夷联合，消灭了夏王朝，因此，夏桀时期东夷部的反抗斗争实为夏朝灭亡的重要原因之一。

从此后东夷开始西迁，进入关中地区，《竹书纪年》载：“桀三年，畎夷入于岐以叛。”《后汉书·西羌列传》也载：“后桀之乱，畎夷入居邠岐之间。”

秦人的第二次西迁发生在商朝末年，是从今山西省汾河流域开始西迁的。据《史记·秦本纪》云：“费昌当夏桀之时，去夏归商，为汤御，以败桀于鸣条。大廉玄孙曰孟戏、中衍，鸟身人言，帝太戊闻而卜之使御，吉。遂致使御而妻之。自太戊以下，中衍之后，遂世有功，以佐殷国，故嬴姓多显，遂为诸侯。”反映出在商王朝时，秦的力量开始强大，并得到重用，与商的关系密切。《史记·秦本纪》又载：其玄孙中潏“在西戎，保西垂。中潏生蜚廉，蜚廉生恶来，恶来有力，蜚廉善走，父子俱以财力事殷纣，周武王之伐纣，并杀恶来。是时蜚廉为纣石北方，还，无所报，为坛霍太山而报。”看来由于秦人对商朝过于忠诚，遂成为西周的眼中钉。到蜚廉的儿子季胜时，“生孟增，孟增幸于周成王，是为宅皋狼。皋狼生衡父，衡父生造父，造父以善御幸于周穆王，得骥、温骊、骅駵、騄耳之驷，西巡狩，乐而忘归。徐偃王作乱，造父为穆王御，长驱归周，一日千里以救乱，穆王以赵城封造父，造父族由此为赵氏。”[②]皋在今山西省离石县（今吕梁市离石区）西北。赵城，在今山西省洪洞县北赵城镇之西南。

季胜及后人虽然投靠了周人。但还是因其先人俱为殷纣之宠臣，助纣为虐，所以周人对他们并不怎么感兴趣，把他们从肥美的汾河流域迁到了今山西离石

①《甘肃甘谷毛家坪遗址》，中国文物信息网 2013 年 2 月 27 日。

②〔汉〕司马迁：《史记》卷五《秦本纪》，中华书局 1982 年版。

县（今吕梁市离石区）。实质上秦人在西迁过程中，一部分迁到山西，还有一部分迁到关中地区，前面已提到夏朝末年就有人迁至邠岐之地。到中潏时“在西戎，保西垂”。到非子时，“居犬丘，好马及畜，善养息之。犬丘人言之周孝王，孝王召使主马于汧渭之间，马大蕃息。孝王欲以为大骆适嗣”。申侯之女为大骆妻，生子成为适。申侯乃言孝王曰：“昔我先骊山之女，为戎胥轩妻，生中潏，以亲故归周，保西垂，西垂以其故和睦。今我复与大骆妻，生适子成。申骆重婚，西戎皆服，所以为王。王其图之。”于是孝王曰：“昔伯益为舜王畜，畜多息，故有土，赐姓嬴。今其后世亦为朕息马，朕其分土为附庸。”[①]邑之秦。使复续嬴氏祀，号为秦嬴。

从上可看出此时周人和秦人的关系已开始转变,周秦关系开始向良性发展。更由于这时西戎势力开始强大，直接威胁西周王朝的后方，于是周令秦人伐西戎。“周厉王无道，诸侯或叛之。西戎反王室，灭犬丘大骆之族。周宣王即位，乃以秦仲为大夫，诛西戎。”秦仲在与西戎战争中被杀，周遂命其长子庄公“与兵七千人，使伐西戎，破之。于是复予秦仲后，及其先大骆地犬丘并有之，为西垂大夫”。

庄公时，“居其故西犬丘，……襄公二年，戎围犬丘，世父击之，为戎人所虏岁余，复归世父”。

从以上的文献记载来看，秦在西迁过程中曾到达甘肃东部一带，在这一带得到了发展，建立了秦早期的都邑西垂（西犬丘）和秦邑。

二、秦　邑

据《史记·秦本纪》记载：由于非子善于养马，周孝王指出：“昔伯益为舜主畜，畜多息，故有土，赐姓嬴，今其后世亦为朕息马，朕其分土为附庸，邑之秦，使复续嬴氏祀，号曰秦嬴。”从“邑之秦”可看出，秦人曾以秦为都邑。

对于秦邑的所在，学界是有争论的，过去传统的观点认为就在甘肃清水县的秦亭，即位于清水县城东北 45 里，这里是秦人当初从甘肃进入关中的地方。但真正去实际考察就会发现这里作为都邑显然是不行的，这一带地势狭窄，一条无名小溪仅宽 1 ~ 2 米,溪流两岸无发育较好的台地,也未发现秦的文化遗迹。这里的秦亭当与邮驿有关。还有学者认为秦邑就在陈仓（今天的宝鸡市），秦文公建都“汧渭之会”至今是个悬而未决的问题。有学者通过大量史实证明，秦文公在“汧渭之会”所建新都就是秦汉时期的陈仓城，是在非子秦邑旧址上重

① 〔汉〕司马迁：《史记》卷五《秦本纪》，中华书局 1982 年版。

建的。它是秦文公在岐下大败后，适应戎强秦弱的形势所做出的最佳选择，对秦国转弱为强，战胜西戎，夺取周土有着重要意义。[①]

关于秦邑的地望，《史记正义》引《括地志》云："秦川清水县，本名秦，嬴姓邑。"《史记集解》引徐广云："今天水陇西县秦亭也。"《汉书·地理志》云："今陇西秦亭，秦谷是也。"《十三州志》云："秦亭，秦谷是也。"又据《水经·渭水注》云："(秦)水出大陇山秦谷，二源双导，历三泉而合成一水，而历秦川，川有故秦亭，非子所封也。秦之为号，自是始矣。秦水西经降陇县城南，……过清水城西，南注清水，清水上下，咸谓之秦川。"

从上记载来看，秦邑应在秦川，而秦川是由秦水冲蚀形成的。秦川有故秦亭，即秦的都邑秦，为非子所封之地。

秦邑的地望过去我曾经认为在今甘肃省天水市张家川自治县城南的瓦泉一带，这是文献资料记载和实际考察的结果，文献资料已经明确指出秦在清水。晋代的《十三州志》认为秦亭在清水县东北。徐日辉曾撰文并对新版《辞海》予以纠正，认为：秦亭不在张家川东，更不在清水东北，而在张家川县城城南之川地上。[②]

通过近几年的考古发掘资料，可以看出清水李崖遗址应该是非子的秦邑。《史记正义》引《括地志》云："秦州清水县本名秦，嬴姓邑。《十三州志》云秦亭，秦谷是也。"《水经注》则更明确指出，秦水汇流的秦川是秦仲封地育故亭，以别于清水上游东亭川先有的秦亭。而清水县秦谷正在县城东北40多里处，今秦亭镇秦乐山下秦亭河谷地的秦亭铺村，即秦祖非子的封地秦邑所在地。一直以来，外界都认为清水县秦亭镇是秦非子封地，是秦人牧马的地方。为了在秦文化研究方面有所突破，搞清秦人早期的发展过程，从2005年开始，早期秦文化联合考古队将调查的重点转移到清水县境内。

李崖遗址位于甘肃天水以北的清水县，历史上是通关中过陇山的必经要道。从清水县城出发向西北步行1公里左右就到了李崖遗址。李崖遗址位于县城西北牛头河与樊河的交汇处，西临滴水崖沟，北依邽山，台地发育良好，符合城邑的自然条件，面积100万平方米，文化层深厚，遗存十分丰富。被公布为第七批国家级重点文物保护单位。山顶古城原残存城墙长50余米，高1米至2米，地表采集到大量西周、汉魏时代的陶片，器形有鬲、瓮、盆等。东南侧所在区域相当一部分为居民区，从断崖处看，遗存更为丰富，地势更开阔，惜

① 王雷生：《秦文公建都"汧渭之会"及其意义——兼考非子秦邑所在》，《人文杂志》2001年第6期。

② 徐日辉：《秦亭考》，见《秦州史地》，陕西人民美术出版社1994年版。

已被占用，无法考察。只能从遗址北侧着手勘探发掘。北侧全是农业耕作区，地表有大量陶片，断崖处有大量盗洞及灰坑。

从 2009 年开始，秦文化联合考古队在清水李崖古城遗址进行为期 3 年 6 个月的考古工作，已发掘遗址面积数千平方米，清理墓葬近 30 座，出土陶鬲、陶罐等 150 余件，灰坑 120 个，各类标本 10 000 多件，考古专家从墓葬出土器物判断，墓葬属于西周中期，与秦非子牧马封邑时代相符；从墓葬形制看，2010 年发掘的 4 座墓葬均为土坑竖穴，有棺有椁或有棺无椁。墓葬为东西方向（西偏北），头向西，M5、M7、M8 仰身直肢葬，M6 仰身下肢微屈。四墓均带腰坑、坑内殉狗。M8 无随葬品，其余三墓陶器组合为鬲、簋、盆、罐，年代均为西周时期，部分陶器具有明显的商式风格。具有典型秦人葬俗特点。赵化成先生认为，李崖遗址就是秦非子封邑所在地。李崖遗址面积大、西周时期遗存丰富，周代墓葬和灰坑的年代集中在西周时期，很少见春秋时期的遗迹或标本，表明遗址的繁荣期在西周时期，进入东周则很快废弃。这与非子至秦仲四代居秦邑，至庄公迁徙至西犬丘的文献记载大致吻合，李崖遗址为非子封邑是有可能的。此外，《史记正义》引《括地志》云："秦州清水县本名秦，嬴姓邑。《十三州志》云秦亭，秦谷是也。"北魏清水郡城的确定也为探讨非子所封"秦邑"提供了线索。但李崖遗址目前尚未发现夯土居址及较大型的铜器墓等，该遗址是否为秦邑还不能肯定，有必要继续研究。遗憾的是，李崖遗址一级台地西南部为村庄所压，而这一部分最接近牛头河与樊河交汇处，或只有等将来县城扩展村庄搬迁后再做钻探和发掘了。[①]

秦非子封邑是在周朝的第八代天子周孝王时期。关于封邑，《史记·秦本纪》中有这样的记述："邑之秦，使复续嬴氏祀，号曰秦嬴。"秦是地名，嬴是姓。秦嬴说明嬴族人从此以后有了新的族名。至于非子受封的"秦邑"在何方，司马迁的记载中没有明言。学界对此也各有说法。仅就秦非子而言，他可算得上是嬴族人中的一个代表人物，封邑也是他对嬴族人的一个贡献，更重要的是封邑也意味着嬴族人向当时的中原文明跨进了一大步。邑，在古代就是城堡，代表的是地方政权。封邑让作为周王朝附庸的游牧部族嬴族人开始转型为农耕民族。从这一点上来看，秦非子是个转折点。

李自智先生认为："秦人称秦，始于非子封于秦时。那么，秦邑即为秦的始都之地，也就是秦所建的第一座都邑。"[②]这种认识是对的。

① 《甘肃清水李崖遗址考古发掘获重大突破》，《中国文物报》2012 年 1 月 20 日。

② 李自智：《秦九都八迁的路线问题》，《中国历史地理论丛》2002 年第 2 辑。

三、西犬丘（西垂）

西犬丘和西垂究竟为一地还是两地，学界过去争论较大，随着大堡子山秦公墓地的发现，这一问题基本得到解决，大部分学者认为是一地两名。

关于秦在西犬丘都邑的地望，学者们进行了长期的研究，但是也存在着很大的争论，众说纷纭，莫衷一是。王国维先生撰有《秦都邑考》，他指出：

庄公为西垂大夫，以语意观之，西垂，殆泛指西土，非一地之名。然《封禅书》言秦襄公既侯，居西垂。《本纪》亦云：文公元年居西垂宫。则又似特有西垂一地。《水经·漾水注》以汉陇西郡之西县当之，其他距秦亭不远。使西垂而系地名，则郦说无以易矣。唯犬丘一地，徐广曰今槐里也，……此乃周地之犬丘，非秦大骆、非子所居之犬丘。夫槐里之犬丘，为懿王所都，而大骆与孝王同时，仅更一传，不容为大骆所有。此可疑者一也。又云：宣公子庄公，以其先大骆地犬丘为西垂大夫。若西垂泛指西界，则槐里尚在雍、岐之东，不得云西垂。若以西垂为汉之西县，则槐里与西县相距甚远。此可疑者二也。且秦自襄公后始有岐西之地，厥后文公居汧渭之会，宁公居平阳，德公居雍，皆在槐里以西，无缘大骆庄公之时，已居槐里。此可疑者三也。案《本纪》又云：庄公居其故西犬丘，此西犬丘实对东犬丘之槐里言，《史记》之文本自明白，但其余犬丘字上，均略去西字。余疑犬丘、西垂本一地，自庄公居犬丘号西垂大夫，后人因名西犬丘为西垂耳。[①]

徐中舒先生认为位处今陕西兴平的犬丘与位处今天水市西南境的犬丘，秦人都曾居住过（地名随部族而迁），而天水西南之犬丘称西犬丘，又称西垂，也即《史记集解》引徐广所说之秦亭。

段连勤先生则肯定中潏至非子八世皆在犬丘，也即西垂，地处今天水之西南方，而非子所邑之秦，处今甘肃清水县境内。[②]

关于秦在西犬丘的文献记载有：庄公时，“居其古西犬丘”；文公元年，“居西垂宫”。[③]这些不同的早期都邑的迁徙是这一时期秦人发展的缩影。因此，搞清这一时期都邑的地理位置及其变化，具有重要的意义。

西垂和西犬丘为一地两名，《史记·秦本纪》云：“非子居犬丘”，“于是复予秦仲后，及其先大骆地犬丘并有之，为西垂大夫”，“庄公居其故西犬丘”，“文

① 王国维：《观堂集林》卷十二，中华书局1959年版。

② 段连勤：《关于夷族的西迁和秦嬴的起源地、族属问题》，1982年人文杂志增刊《先秦史论文集》。

③〔汉〕司马迁：《史记》卷五《秦本纪》，中华书局1982年版。

公元年，居西垂宫”。从上可看出，非子、秦仲到庄公、文公都曾在西垂（西犬丘）居住过或以之为都邑。

《史记正义》引《括地志》云：西垂在“秦州上邽县西南九十里，汉陇西西县也”。据《汉书·地理志》，陇西郡属县中确有西县，新莽时改名曰“西治”，东汉时又复称“西”。王国维先生云：“余疑犬丘、西垂本一地，自庄公居犬丘号西垂大夫，后人因名西犬丘为西垂耳。”①

既然西垂和犬丘的地望在西县，那么探讨秦时西县的治所是非常必要的。西县的地望，《史记正义》引《括地志》云“秦州上邽县西南九十里”。顾祖禹《读史方舆纪要》、王国维《秦公敦跋》、马非百《秦集史》、刘琳《华阳国志校注》均采天水西南一百二十里之说。《汉书·地理志》：“西，《禹贡》嶓冢山，西汉所出。”《后汉书·郡国志》：“西，故属陇西，有嶓冢山、西汉水。”确定西县故城的位置不仅有方位、距离可参，又有山、水可依。

20 世纪 90 年代，甘肃礼县的大堡子山成为学界关注的焦点，陆续发现了一些早期秦文化的遗迹。在这里发现了秦公墓地，从而为我们寻找秦的西犬丘提供了十分重要的资料。在此发现秦立国以后的第一个高等级墓葬群，有两座大墓，特别是有代表诸侯级墓葬的“中”字形墓，墓葬中有丰富的文化遗存，只可惜被盗墓者盗掘和破坏，大部分被盗卖海外。尽管如此，经过考古工作者的科学发掘，仍然为我们留下了大量的第一手考古资料，在该墓葬内还发现了不少青铜器和陶器，这些青铜器和陶器一部分存甘肃省考古所，一部分存礼县博物馆。使我们对这一墓葬群有大体的了解，也为寻找秦都邑西犬丘提供了难得的第一手数据。

随着甘肃礼县成为学界关注的热点地区，不少的学者来此考察并撰写研究文章。李学勤先生在美国纽约也发现一对秦公壶，这对壶保存良好，高 52 厘米，通体覆蓝绿色薄锈。经过对秦公壶的研究，李学勤先生认为其器在周厉王晚期到宣王初年期间，就是秦庄公时期，壶作于他即位以后，比不其簋要晚一些，这对秦公壶，很可能出于礼县的墓葬。②韩伟先生在法国看到一批金箔饰片，据收藏者讲，该批文物出土于甘肃礼县，这批金箔饰片形制奇特，数量众多，制作精美，前所未闻，实属罕见文物。如此众多且贵重的金饰品，非一般人所有，结合大堡子山秦公墓地的发掘，应该是秦先公的陪葬品，被盗后卖往国外。③随后，上海博物馆从香港购回秦公鼎四件、秦公簋两件，其中最大的一个

① 王国维：《观堂集林》卷十二，中华书局 1959 年版。
② 李学勤、艾兰：《最新出现的秦公壶》，《中国文物报》1994 年 10 月 30 日。
③ 韩伟：《论甘肃礼县出土的秦金箔饰片》，《文物》1995 年第 6 期。

鼎高 47 厘米，口径 42.3 厘米。器腹内铸有铭文二行六字“秦公乍铸用鼎”。[①]经研究是礼县大堡子山秦公墓葬出土的文物。

从 2003 年开始，经国家文物局批准，由北京大学考古文博学院、中国国家博物馆、甘肃省考古所、陕西省考古所、西北大学文化遗产学院五家联合成立考古队，展开了对早期秦文化的考古钻探与发掘。几年来，取得了令人瞩目的成绩。他们以礼县大堡子山为线索，在其周围进行了大量的学术考察和考古勘探，取得了一大批成果。发现大大小小周秦文化遗址达到 38 处之多，如西山遗址、六八图遗址、赵坪遗址、雷神庙遗址等。同时考古工作者又对部分遗址进行了发掘，在西山遗址上发现了一个秦的中型墓葬，未被盗掘，出土了一批珍贵文物，这对于我们研究秦当时的墓葬制度具有重要意义。同时还发现了秦的殉马祭祀坑、建筑遗址等。2006 年在大堡子山上又有了极为重要的发现，在秦公陵附近，又发现了大型的乐器坑和大型建筑遗址，挖掘的遗址中包括建筑基址、祭祀坑、车马坑等，出土了钮钟、石磬、铜虎等大量国宝级的文物。专家推测祭祀坑可能是用于祭祀地神的。此次发掘出土的文物中最引人注目的是一套秦早期的青铜编钟，由 3 个大钟和 8 个小钮钟组成，外观完整，整体呈现深绿色，形状和宝鸡太公庙出土的编钟的形状非常相似，11 个钟一字排开，整齐地放在坑道里。这套编钟保存得非常完好，出土后完全可以再一次演奏出美妙的音乐。在祭祀坑里还有两具人牺牲的骨架，专家认为这两具骨架是人牺牲中童男童女的祭祀骨架。人牺牲就是用人来当作祭祀的祭品，这非常符合秦的历史特征。同时，离祭祀坑 1 000 多米的地方还有一座大型的建筑基址，被初步判断为是秦早期的宫殿遗址。在这个遗址上还发现了土夯的城墙和 17 根大型的柱础，每一个直径都接近一米，非常壮观。此次大型宫殿基址的发现，从体量大和其他特征上判断，已经被证实为秦早期所有，并且人牺牲和大型古乐器的同时出现也证明了当时已经拥有了完善的礼乐祭祀制度，已经为贵族和王族所有，这是标志性的发现。大堡子山城址总面积约 25 万平方米。

大堡子山遗址钻探面积 129 万余平方米，到目前为止共发现各类遗迹 699 处。城内目前已钻探出夯土建筑基址 26 处，探明的规模最大的一座建筑基址南北长 102 米，东西宽 17 米，平面形状呈回字形；另一座东西长 70 米，南北宽 13.5 米，形制与前者基本相同。此外，秦公大墓和车马坑及祭祀坑也位于城内。北城墙长约 250 米，东、西城墙长约 1 000 米，南城墙尚未发现，在东、西城墙的正中有小路横贯城址，形成的缺口可能和城门有关。城墙为夯筑，宽 3 米

① 李朝远：《上海博物馆新获秦公器研究》，《上海博物馆馆刊》第七辑，上海书画出版社 1996 年版。

余，保存高度 2—3 米。[①]证明这里应是西犬丘的政治中心都邑所在。

从大堡子山的考古遗址的勘探与发掘来看，秦的西犬丘城址应在此附近，因为古代君王的墓葬都在都城的附近，特别是秦前期更是如此。不管这些中字形墓是谁的墓葬，秦的西垂（西犬丘）都应在此附近，这处墓地位于西汉水的两岸，地势较高，是建都的理想场所。结合西汉水一带优越的地理环境、古代的文献记载及现在的考古发现，笔者认为秦的西垂（西犬丘）就在现在礼县的永兴附近。[②]

秦在西垂的祭祀建筑有西畤，《史记·秦本纪》云：秦襄公立国后，“与诸侯通使聘享之礼，乃用駵驹、黄牛、羝羊各三，祠上帝西畤”。宗庙的修建是都城建设中不可或缺的部分。

笔者曾数次去甘肃礼县一带考察，实地考察了西汉水上游盐官、永兴一带的地理环境。这里素称“秦陇锁钥，巴蜀咽喉”。在秦先祖时期，环境比现在优越得多，北邻秦岭、岷峨山，西汉水两岸形成了高数米或数十米的黄土地，或为梯形坡地，或为起伏土丘。尤其是黄土台地，因土壤肥沃，气候温暖湿润，临近水源，适宜耕种。这里的考古发现证明，早在史前社会晚期，人类就开始在这里生产、生活，在此发现了不少仰韶时期的文化遗址。秦人迁居这里后，利用这里优越的地理环境，发展农业和畜牧业，在此定居，并不断扩大自己的势力，征服了周边民族，走出陇山，挺进关中平原。

然而学界对于西犬丘的确切地望，目前看法并不一致。康世荣先生依据《水经注》的有关记载，考证认为西犬丘当在今礼县红河（又称冒水河或茅水河）谷的岳家庄、费家庄一带。[③]王世平先生以大堡子山墓地为据，认为犬丘故址可能在墓地不远处的汉水北岸一带。[④]张天恩先生以大堡子山秦公墓地为坐标，结合位于其东南的永兴乡赵坪遗址，再加上已经发现的圆顶子山春秋秦墓地，指出如果在西汉水与西和河交汇地带再找不到范围更大的周代遗址的话，西犬丘非赵坪遗址莫属。[⑤]徐日辉先生认为在礼县东北的盐官镇至大堡子山、永兴乡一带。[⑥]

以上可以认为是有关这一问题的一些代表看法，除了红河谷观点以外，其

① 早期秦文化考古联合课题组：《甘肃礼县大堡子山早期秦文化遗址》，《考古》2007 年第 7 期；《2006 年甘肃礼县大堡子山祭祀遗迹发掘简报》，《文物》2008 年第 6 期。

② 徐卫民：《秦都城研究》，陕西人民教育出版社 2000 年版。

③ 康世荣：《秦都邑西垂故址探源》，《秦西垂文化论集》，文物出版社 2005 年版。

④ 王世平：《也谈秦早期都邑犬丘》，《陕西历史博物馆馆刊》第 2 辑。

⑤ 张天恩：《礼县等地所见早期秦文化遗存有关问题刍论》，《文博》2001 年第 3 期。

⑥ 徐日辉：《秦早期发展史》，中国科学文化出版社 2003 年版。

他几种认识所指的范围相对较为接近，均在大堡子山附近。随着大堡子山发现建筑遗址和城墙遗址，这一问题的答案就清楚了。

【作者简介】

徐卫民，1960 年 1 月生，陕西华州区人。历史学博士，西北大学文化遗产学院二级教授，博士生导师。2017 年 10 月，民盟陇南市“陇学研究院”聘为特邀研究员。

先后主持国家社科基金“秦汉都城与自然环境关系研究”“秦汉帝陵制度研究”和教育部重大攻关项目“中国历代长城研究”子项目“秦汉长城研究”等。多年来主要从事秦汉历史和考古、历史地理、文化遗产等的研究。

已出版了《秦公帝王陵》《秦汉历史地理研究》《文景之治》《秦汉历史文化研究》《秦汉都城与自然环境关系研究》《十三朝》《文景之治》《秦汉都城研究》等三十多部著作，主编和参编著作二十多部，在《光明日报》《中国史研究》等杂志报纸发表学术论文 100 余篇。其博士论文被评为陕西省优秀博士论文。先后获得陕西省哲学社会科学三等奖 4 次和西安市多项奖励。兼任中国秦汉史研究会副会长等职。

秦人对汉民族形成的贡献

◎高　强（宝鸡文理学院 历史文化与旅游系教授）

本文所谓"秦人"并非指今日之陕西人，亦非指秦朝时之中国人。本文所谓秦人实指源于山东，兴于陕甘，先后建立秦国和秦朝的秦人族群。秦人在数百年的时间里，先是由东向西迁徙，后又从西往东发展，几经沉浮，百折不挠，最终一统天下，其族群也随之不断壮大。秦朝覆亡后，秦人逐渐融入汉民族这个更为庞大的民族共同体，为汉民族乃至中华民族的形成做出了重大贡献。以往史家多从政治、军事、文化等方面评说秦朝之影响，却很少有人专论秦人对汉民族形成之贡献①。笔者对此试作梳理，以求方家同仁匡正。

一、源自东夷，兼有商奄

秦人源自哪里？学界说法不一。一说秦人源自山东，原为东夷的一支，曾帮助商人推翻夏朝，并一路西进，先到晋豫，后至陕甘，先后为商人和周人守西垂。是为秦人东来说，卫聚贤、黄文弼、傅斯年、徐旭生、钱穆、徐中舒、丁山、马非百、王玉哲、林剑鸣、邹衡、韩伟、何汉文、段连勤、尚志儒等主张此说。另一说秦人源自甘肃，原是西戎的一支，后东进陕西，逐鹿中原，所谓"秦之祖先，起于戎狄"②；"秦之为戎，固自不疑"③。是为秦人西来说，王国维、蒙文通、周谷城、岑仲勉、熊铁基、俞伟超、刘庆柱等主张此说。④黄

① 徐杰舜的《汉民族发展史》（武汉大学出版社 2012 年出版）、田继周的《中国历代民族史・秦汉民族史》（社会科学文献出版社 2007 年出版）、周伟洲的《陕西通史・民族卷》（陕西师范大学出版社 1997 年出版）、王钟翰主编的《中国民族史》增订本（中国社会科学出版社 1994 年出版）、翁独健主编的《中国民族关系史纲要》（中国社会科学出版社 2001 年出版）、田晓岫的《中华民族发展史》（华夏出版社 2001 年出版）、萧君和主编的《中华民族史》（黑龙江教育出版社 2001 年出版）、李龙海的《汉民族形成之研究》（科学出版社 2010 年出版）等著作均对秦人与汉民族的关系有所论及。

② 王国维：《观堂集林（卷十二）・秦都邑考》。

③ 蒙文通：《蒙文通中国古代民族史讲义》，天津古籍出版社 2008 年版。

④ 学界关于秦人来源诸说详见陈平《关陇文化与嬴秦文明》第 134—142 页，江苏教育出版社 2005 年版。

留珠先生认为，“秦人源于东而兴于西”，秦文化有东西二源[①]。徐日辉先生也认为，秦人“东源西成”，“源于夷夏，成于戎狄”[②]。笔者认同东来西成之说。陈连开先生认为，秦人的来源大致有几大部分：占统治地位的秦公族、数量不少于秦公族的“周余民”以及被征服的西戎[③]。除此之外，秦人的来源还应加上商奄之民。

《史记·秦本纪》曰：“秦之先，帝颛顼之苗裔。”《世本》茆泮林辑本曰：“颛顼是黄帝之孙。”秦人是黄帝之后在陕西凤翔秦公一号大墓（秦景公墓）出土的石磬铭文上得到印证，铭文曰“高阳有灵”，高阳即颛顼。有学者认为，“秦人母系先祖出于颛顼族是《秦本纪》开宗明义的第一句话，它源于秦国史官所记之《秦纪》，且有《世本》《汉书·地理志》与秦公一号大墓出土石磬铭文的双重证据为凭，具有坚实的依据”[④]。颛顼“不可能是后世秦人为攀附华夏而伪造出来的华夏祖先，而且用他也与华夏族攀附不上什么关系”[⑤]。

秦人的第二代先祖大费（即伯益）曾协助大禹治水，舜要奖励大禹，大禹说：“非予能成，亦大费为辅。”于是舜赐姓大费为嬴氏，这就是秦人嬴姓的来历。大禹指定大费为自己的接班人，但大费却被禹的儿子启攻杀。启开创了夏朝，禅让制至此终结。秦人因此失去了建立中国第一个王朝的机会，并与夏人结下了仇怨。秦人与商人关系密切，他们有着共同的始祖传说。《史记·秦本纪》：“玄鸟陨卵，女修吞之，生子大业。”大业是秦人有名有姓的第一代先祖。《史记·殷本纪》：“见玄鸟堕其卵，简狄取吞之，因孕生契。契长而佐禹治水有功。”《诗经·商颂·玄鸟》：“天命玄鸟，降而生商。”秦人与商人的先祖据说都是吞了燕子的蛋诞生的，都曾经辅佐大禹治水有功，其经历何其相似。夏末商初，秦人同商人一道灭夏，并且逐渐西迁至河南、山西、陕西一带，此为秦人第一次大规模西迁。有商一代，特别是仲衍之后，“嬴姓多显”[⑥]。商末，秦人首领中潏奉商王之命，率众西迁，保卫商王朝的西部边疆，此为秦人第二次大规模西迁。商纣王时，飞廉、恶来等嬴姓之臣助纣为虐，故而武王伐纣时秦人遭到周人镇压。武王死后，成王即位，周公摄政，秦人与武庚、管叔、蔡叔等一起叛乱。周公东征，用时三年，平定叛乱。陈连开先生认为秦人“其中可能

① 黄留珠：《秦文化二源说》，《西北大学学报》1995 年第 3 期。

② 徐日辉：《秦早期发展史》，中国科学文化出版社 2003 年版。

③ 王钟翰主编：《中国民族史》（增订本），中国社会科学出版社 1999 年版。

④ 陈平：《关陇文化与嬴秦文明》，江苏教育出版社 2005 年版。

⑤ 陈平：《关陇文化与嬴秦文明》，江苏教育出版社 2005 年版。

⑥〔汉〕司马迁：《史记》卷五《秦本纪》，中华书局 1982 年版。

包括一部分西周时被西迁的商遗民”[①]，清华简证明这一推测是对的。清华简《系年》第三章载：“飞东逃于商盍氏。成王伐商盍，杀飞，西迁商盍之民于邾，以御奴之戎，是秦先人。”[②]三监之乱以后西迁陕西之秦人当中确有商奄之民，他们融入秦人族群中，此为秦人第三次大规模西迁。

由于秦人与商人共同对抗周人，因此遭到周人的镇压和驱逐，地位低下，直到周孝王时才迎来转机。周孝王命当时秦人的首领非子在汧渭之间为周王室养马，汧渭之间即汧河与渭河的夹角地带，大致为今天的宝鸡市区及千阳、陇县一带。非子率秦人把马养得膘肥体壮，周孝王非常高兴，于是让非子“邑之秦”，“为附庸”，筑城于“秦”这个地方，号曰秦嬴。何为附庸？孟子说：“不能五十里，不达于天子，附于诸侯，曰附庸。”[③]秦人的附庸地位比较特殊，为周天子养马，未附于任何诸侯，可以称之为“直属附庸”。附庸地位远不及诸侯，但毕竟是日后成为诸侯的铺垫和前奏。直到此时，秦人才真正获得了“秦”这个称谓，“秦人”之名自此始。非子始封之秦所在何处？一般认为是“今陇西秦亭秦谷是也”[④]，即今甘肃天水清水秦亭。但问题是既然非子养马是在陕西宝鸡的汧渭之间，为何会被周孝王以“附庸”身份远封至甘肃的秦亭？其实答案就在《史记·秦本纪》里。秦文公四年，文公东猎至汧渭之会，对族众说：“昔周邑我先秦嬴于此，后卒获为诸侯。”[⑤]原来非子始封之秦就在汧渭之会，后来其后裔迁移之陇上，秦之名也随之转至陇上，后来之秦便取代了最早之秦[⑥]。

非子的后代秦仲率族人西迁至甘肃礼县西犬丘，被周宣王封为西垂大夫，替周人对付西戎，此为秦人第四次大规模西迁。古代犬丘有多处：山东犬丘（今曹县）——河南犬丘（今永城）——陕西犬丘（今兴平）——甘肃犬丘（今礼县），由东向西，从山东到甘肃，浓缩了秦人西迁的历程。

二、久居西垂，“遂霸西戎”

秦人最晚于商末就已经居住在西垂了。何谓西垂？西垂泛指西部边陲之地，并非具体地名。本文所说的西垂是指甘肃西汉水流域和渭水流域，即今甘肃天水、礼县一带，这里是西戎的世居之地。西戎不仅以陇上为根据地，而且曾经

① 王钟翰主编：《中国民族史》（增订本），中国社会科学出版社 1999 年版。
② 李学勤：《清华简关于秦人始源的重要发现》，《光明日报》2011 年 9 月 8 日第 11 版。
③〔战国〕孟轲：《孟子·万章下》。
④〔汉〕班固：《汉书·地理志》，中华书局 1982 年版。
⑤〔汉〕司马迁：《史记·秦本纪》，中华书局 1982 年版。
⑥ 祝中熹：《早期秦史》，敦煌文艺出版社 2004 年版。

广泛分布于今陕西、甘肃、山西、河南等地。西戎“饮食衣服不与华同，贽币不通，言语不达”[①]。来自东方的秦人一旦进入西垂，就不可避免地受到西戎文化的影响，所谓“秦杂戎狄之俗”[②]，“始秦戎狄之教”[③]。秦人墓葬的屈肢葬、洞室墓、铲脚袋足鬲都与西戎文化有关。从甘肃甘谷毛家坪西周时期秦文化遗址来看，“秦文化有多个源头，既接受了周文化的影响，又继承了甘青古文化的因素”[④]。

秦人与西戎为争夺地盘，长期进行战争。秦国东面的戎人主要有大荔、彭戏等，北面的戎人主要有义渠，西面的戎人主要有绵诸、獂等。

周厉王时，西戎灭掉居住在西犬丘的秦人大骆一族。周宣王即位后，封秦仲为西垂大夫，伐西戎，自此以后，与西戎作战就成了秦人永恒的主题。秦仲死于戎人之手后，其子庄公继续伐戎。襄公建立秦国后，采取软硬两手策略，即联姻与战争，与西戎争夺西岐之地。《史记·秦本纪》：“襄公元年，以女弟缪嬴为丰王妻。”公元前559年，西戎首领驹支说：“昔秦人负恃其众，贪于土地，逐我诸戎。”[⑤]这句话反映了秦人与西戎的关系。

据《史记·秦本纪》和《左传》记载，公元前750年，“文公以兵伐戎，戎败走”。公元前713年，“秦与亳战，亳王奔戎，遂灭荡社”。公元前712年，“遣兵伐荡社，取之”。公元前704年，秦伐荡社，取之。公元前697年，秦武公伐戎之彭戏氏，至于华山下。公元前688年，武公伐邽、冀戎，初县之。公元前687年，秦灭戎人的一支小虢。公元前649年，戎入王城，焚东门，“秦、晋伐戎以救周”。公元前638年，秦、晋共同迫使陆浑之戎（又称姜戎）东迁。

公元前623年，秦穆公采用由余的计谋，大举进攻戎人，“益国十二，开地千里，遂霸西戎”[⑥]。穆公称霸西戎使得秦国稳定了西部，为日后东进奠定了基础。更重要的是，在客观上促进了西北地区经济、文化的交流，加速了戎人与秦人的融合，为中国的统一、汉民族的形成创造了条件。

公元前461年，秦厉共公以兵二万伐大荔，取其王城。公元前361年，秦孝公出兵东围陕城，西斩戎之獂王。

义渠是西戎之中实力最强的一支，控制着秦国以北的大片区域，“筑城数十，

① ［春秋］左丘明：《左传·襄公十四年》，中华书局2009年版。
② ［汉］司马迁：《史记·六国年表序》，中华书局1982年版。
③ ［汉］司马迁：《史记·商君列传》，中华书局1982年版。
④ 王学理，梁云：《秦文化》，文物出版社2001年版。
⑤ ［春秋］左丘明：《左传·襄公十四年》，中华书局2009年版。
⑥ ［汉］司马迁：《史记·秦本纪》，中华书局1982年版。

皆自称王”[①]。公元前444年，秦伐义渠，虏其王。公元前430年，义渠来伐，至渭南。公元前327年，秦国在义渠设县，义渠君向秦惠文王称臣。公元前315年，秦伐取义渠二十五城。公元前310年，秦伐义渠。《史记·匈奴列传》：“秦昭王时，义渠戎王与宣太后乱，有二子。宣太后诈而杀义渠戎王于甘泉，遂起兵伐残义渠。”至此，秦人经过数百年努力，终于征服了义渠，解决了西戎问题，在西戎曾经盘踞之地设立了陇西、北地、上郡三郡。

顾颉刚先生在《秦与西戎》一文中说：“秦之致强盛，得周王畿之西部，建立大国，一也；以五百年之努力，逐渐融化邻近诸戎族，增益人民，二也；灭巴与蜀，以奠定经济基础，三也。”[②]周伟洲先生认为：“秦国称霸西戎的过程，是其开疆拓土、日益强盛的过程，也是秦人及其所并诸戎逐渐融入华夏族的过程。”[③]信哉斯言。

三、“收周余民”，畤祭四帝

自从周孝王时秦人首领非子为周王室养马，秦人与周人的关系得到明显改善。周宣王时秦仲被封为西垂大夫，诛西戎。秦襄公护送周平王东迁有功，遂立秦国。秦文公于公元前750年打败西戎，占据岐丰之地，并且“收周余民”[④]，把平王东迁后留在岐周、宗周的周人变成了自己的族众，这极大地提高了秦人的农耕水平和文化实力。陈平先生认为：“只是在秦文公东猎移都关中周人故地以后，秦人才在生活习俗及精神文化方面全面地向周人学习、靠拢。而滞留在关中的周人余民，无疑便是秦人进行这一改革的良师益友。”[⑤]

秦穆公曾对由余说：“中国以诗书礼乐法度为政，然尚时乱，今戎夷无此，何以为治？”[⑥]从考古资料看，秦人的青铜器、宫殿、宗庙的确受到周文化的影响。季札在鲁国观乐，听到《秦风》时赞曰：“此之谓夏声，能夏则大，其周之旧乎？”[⑦]秦人不可避免地受到当时渭水流域主流文化周文化的影响，这无论是在秦人墓葬里陶器的组合形态上，秦人铸造的青铜器造型与纹饰上，还是秦人立国之后使用的礼仪制度上，都有所体现。譬如礼县圆顶山秦墓，虽然因

① 〔南朝〕范晔：《后汉书·西羌传》，中华书局2000年版。
② 顾颉刚：《史林杂识初编》，中华书局1963年版。
③ 郭琦、史念海、张岂之主编，周伟洲著：《陕西通史·民族卷》，陕西师范大学出版社1997年版。
④ 〔汉〕司马迁：《史记·秦本纪》，中华书局1982年版。
⑤ 陈平：《关陇文化与嬴秦文明》，江苏教育出版社2005年版。
⑥ 〔汉〕司马迁：《史记·秦本纪》，中华书局1982年版。
⑦ 〔春秋〕左丘明：《左传·襄公二十九年》，中华书局2009年版。

为盗扰，使得青铜器组合关系已不清晰，但基本组合形式尚能窥见对西周礼制的承绪，充分说明了秦人对西周文化的执着追求和全面继承[①]。

公元前374年，周烈王的特使周太史儋西行入秦，对秦献公说："始周与秦国合而别，别五百岁复合，合十七岁而霸王者出。"[②]太史儋此行的目的是取得秦国对日益衰弱的周王室的支持，他用历史上周、秦之间特殊的关系以及对秦公将成霸王的恭维来打动秦献公。令太史儋始料未及的是，被周天子寄予厚望的秦人却成了周王朝的终结者。虽说太史儋对秦的期望落了空，但他对周秦关系的描述颇有些道理，秦人正是在周人的发祥之地接纳了周余民并吸吮着周文化的养分发展壮大起来的。

秦人继承了周人的天帝观念，继承了雍州天帝祭祀的传统，并根据自身需要，开创了独特的畤祭体系。《说文解字》释畤云："天地五帝所基址，祭地。"《史记索隐》云："畤，止也，言神灵之所依止也。亦音市，谓为坛以祭天也。"《史记·封禅书》云："自古以雍州积高，神明之隩，故立畤郊上帝，诸神皆聚云。盖黄帝时尝用事，虽晚周亦郊焉。"黄帝时有无畤祭，我们不好断言，但畤祭在雍州古已有之，历史悠久，当为事实。

秦人先后设有六畤。秦襄公作西畤，祠白帝；秦文公设鄜畤，祭白帝；秦宣公设密畤，祭青帝；秦灵公作吴阳上畤，祭黄帝；作下畤，祭炎帝；秦献公作畦畤，祀白帝。西畤在甘肃礼县，畦畤在陕西栎阳，其余四畤在陕西宝鸡。六畤之中白帝之畤占据一半，徐旭生先生认为："白帝少皞的祀典特别隆重，是因为他是秦人所自出；青帝太皞继立，是因为他系同集团的明神。二三百年后并祭黄帝、炎帝，是因为多数被统治着的人民的信仰对象不得不加以崇奉。"[③]至于说秦人畤祭中为何独独没有黑帝？王晖先生认为，秦人是颛顼之后，秦人自然会祭祀黑帝，只是采取的是更高级别的禘礼，不入其他四帝的郊祭之列，故而秦人畤祭中无黑帝之畤[④]。后来刘邦把黑帝之畤补进去，才凑够了五畤。从秦襄公在西垂作西畤，到秦献公在栎阳作畦畤，时间跨越300余年，地点向东推移了800余里，恰与秦人东进之节奏相一致。秦人通过增加畤祭的对象，对天帝祭祀系统进行大整合，表明了秦人包容八方、一统天下的胸襟，起到了凝聚和团结各族群的作用。

---

① 张懋镕、田旭东：《礼县圆顶山秦墓铜器琐谈》，载西北大学文博学院、天水师范学院、秦文化研究会编：《早期秦文化研究》，三秦出版社2006年版。

② 〔汉〕司马迁：《史记·秦本纪》，中华书局1982年版。

③ 徐旭生：《中国古史的传说时代》（增订本），文物出版社1985年版。

④ 王晖：《秦人崇尚水德之源与不立黑帝畤之谜》，《秦文化论丛：第三辑》，西北大学出版社1994年版。

春秋战国时期，秦人已在宝鸡这块土地上完成了族群整合，演变成为由老秦人、商奄之民、戎人和周人融合而成的新秦人，而秦文化也演变成为由东夷文化、周文化和西戎文化融合而成的多元文化。

四、“秦晋之好”，秦楚联姻

秦人不仅“收周余民”，兼融诸戎，而且还加强与其他诸侯的联系，通婚联姻是最常见的一种方式。春秋时与秦毗邻的大国有晋国和楚国。晋国是秦国向东扩张、争霸中原的最大障碍，因此处理好秦晋关系是秦国外交的头等大事。秦晋之间发生过河阳之役、韩原之战、殽之役、彭衙之战、“渡河焚船”之役、河曲之战、“迁延之役”等一系列战争。“秦、晋交兵，自鲁禧公三十三年殽之役开始，经历六十八年，此后春秋再不书晋、秦征伐。”[①]秦晋之间也有联合。公元前635年，秦穆公派兵助晋文公杀周王弟带。公元前632年，秦穆公助晋文公败楚于城濮。公元前630年，穆公助晋文公围郑。秦晋公室之间存在着联姻关系，如秦穆公娶晋献公的女儿为妻，晋文公娶秦穆公的女儿为妻，因此有了“秦晋之好”这个成语。有学者认为：“秦晋联姻混血，表明夏、商、周三族之间的民族界限完全被打破了。”[②]

秦康公时秦国转而与楚联合。“康公十年，楚人、秦人、巴人灭庸。秦人从楚师。”[③]秦景公将其妹嫁于楚共王，与楚联姻，共同伐晋，两次败晋。景公十三年，秦景公请求与楚联合，共同伐晋。楚臣子囊认为“晋不可敌”，楚共王曰：“虽不及晋，必将出师。”[④]景公十五年七月，“楚子囊乞旅于秦”。秦军从楚伐郑。十二月，秦军伐晋以救郑，战于栎，晋师败。景公十六年，“秦嬴归于楚”，杜注：秦嬴为秦景公妹。楚共王夫人，嫁于楚者久矣，此因返秦省其母，因又归于楚[⑤]。

哀公十一年，楚平王来求秦女为太子建妻，女好而自娶之。秦女不管是嫁给了楚平王，还是太子建，总归是延续了秦楚联姻的传统。哀公二十一年，楚令尹子常欲立平王庶弟子西，子西怒曰：“国有外援，不可渎也。”[⑥]此处所言外援即指秦国。令尹惧，乃立昭王（其母为秦女）。哀公三十一年，吴王阖闾与伍子胥伐楚，楚昭王逃亡，吴军攻破楚都郢。楚大夫申包胥赴昭王的舅国秦国

① 杨伯峻：《春秋左传注》（修订本）（三），中华书局1990年版。
② 徐杰舜：《汉民族发展史》，武汉大学出版社2012年版。
③〔春秋〕左丘明：《左传·文公十六年》，中华书局2009年版。
④〔春秋〕左丘明：《左传·襄公九年》，中华书局2009年版。
⑤〔春秋〕左丘明：《左传·襄公十二年》，中华书局2009年版。
⑥〔春秋〕左丘明：《左传·昭公二十六年》，中华书局2009年版。

乞师，七日不食，日夜哭泣。哀公令子蒲、子虎率车五百乘救楚，败吴师，复楚国。哀公之所以发兵救楚，除了被申包胥感动外，秦楚同盟的关系才是主因。秦楚公室之间的联姻，在秦人与楚人之间搭建起了一座桥梁。如同秦晋联姻一样，秦楚联姻有助于各族群之间的交流与融合。

五、统一中国，融入汉人

秦国统一中国的过程，实际上也是中国各族群交融、华夏族进一步发展的过程。如果说秦国的强大促进了中国西部地区族群融合的话，那么秦朝的建立则加速了中国各族群的融合以及汉民族的形成。

秦统一前，中国“分为七国，田畴邑亩，车途异轨，律令异法，衣冠邑制，言语异声，文字异形”[1]。秦统一后，“车同轨，书同文，行同伦”[2]，从而为中国各族群提供了共同的生活地域、经济环境、政治环境、文字工具和价值观念。秦汉时期，中国形成了以辽阔的封建王朝统治版图为基础的疆域一统，以封建中央集权制度为标志的政治一统，以农耕生产为特色的经济一统，以杂糅了百家学说的儒家思想为核心的文化一统。[3]钱穆先生认为，从秦始皇到汉武帝“这段时期是中国国家凝成民族融合开始走上大一统以后一段最光明灿烂的时期”[4]。

第一，秦的统一为中国各族群提供了共同的生活地域。秦统一的不仅仅是楚、齐、燕、韩、赵、魏六国，还有岭南地区、巴蜀地区，越人、巴人、蜀人都开始融入华夏。直道、驰道、新道、栈道、灵渠等通道的修建，方便了各族群之间的交往。秦国最早实行郡县制，秦统一后将郡县制推广到全国，初设36郡，至秦末已增至48郡。郡县制打破了旧有的血缘宗法关系，实际上也打破了旧有的族群关系，用地缘关系取而代之，编织起更大的族群网络。郡县制的确立在加强中央政府对地方统治的同时，也稳定了华夏族共同的生活地域。秦灭六国以后，为削弱六国势力，实行移民政策，迁各地富豪十二万户于京都咸阳，迁三万家于丽邑（今临潼东北），五万家于云阳（今淳化西北）。秦时共迁入关中20万户，每户如以5口计，就有100万人。这在客观上加速了各族群融合，有利于汉族的形成。

①〔东汉〕许慎：《说文解字·序》，中华书局1963年版。
②〔汉〕戴圣：《礼记·中庸》，中华书局1959年版。
③ 高强：《〈史记〉与汉民族的形成》，霍彦儒主编：《炎帝与汉民族论集》，三秦出版社2003年版。
④ 钱穆：《中国文化史导论》（修订本），商务印书馆1994年版。

第二，秦的统一为中国各族群提供了共同的经济环境。秦朝统一了货币，统一了度量衡，废止了战国时期各国使用的五花八门的货币，以圆形方孔的半两铜钱为主要流通货币，结束了中国币制和度量衡混乱的局面，促进了商品流通和经济交往，为各族群创造了统一、稳定的经济环境。

第三，秦的统一为中国各族群提供了共同的文字工具。秦统一后，规定以秦国的小篆为标准文字，以隶书为日用文字，在全国推广，结束了“文字异形”的混乱局面。文字的统一，规范汉字的使用，促进了中国不同族群之间的交流。统一的汉字使得不同地区的人们有了共同的文化认同感，不再有交流的障碍。举世公认，汉字是维系中华文化绵延不绝、维系华夏族群生生不息的重要纽带。“书同文”的实现，对于汉民族乃至中华民族的形成，功莫大焉。

第四，秦的统一为中国各族群提供了共同的价值观念。秦朝以秦律为基础，统一律令。汉承秦制，秦律的基本内容得到延续，这在《云梦秦简》《张家山汉简》等出土秦汉简牍里可以证明。虽然秦始皇“焚书坑儒”，法家思想更受秦朝统治者青睐，但实际上秦朝的思想已经多元化、综合化。正如杨宽先生所言：“吕不韦主编《吕氏春秋》，综合采用儒家、法家、兵家和阴阳家的政治学说，准备用作完成统一的指导思想。而秦始皇则以卫鞅、韩非的法家学说为主，而兼采阴阳家和儒家学说来为他的统一事业服务。”[①]“圣智仁义”等秦朝尊奉的伦理道德也是华夏族共同恪守的价值观念。

崇尚与追求一统是中国文化的核心特质，也是中国人最根本的价值取向之一。大一统观念萌芽于炎黄时代后期，初步形成于周代，最终确立于秦汉时期。尽管中国历史上曾经多次出现分裂局面，然而统一却是常态与趋势。同样是被中原诸国视为夷狄的楚国和秦国，楚自称蛮夷，而秦自称华夏，这充分体现出秦人向华夏文化靠拢和学习的意识。实际上这是一种“大中国”“大华夏”的大一统意识，这种大一统意识对秦的统一、对汉民族的形成至关重要。中国能如此之大，中国人能如此之多，中国文化能如此不绝，大一统意识所造就的向心力、凝聚力不容忽视。秦始皇推行的“车同轨，书同文，行同伦”的政策极大地加强了中国各地及各族之间的联系，进一步强化了大一统的观念。

秦朝国力强盛，威名远播，因此周边各国都称中国人为“秦人”，直到汉朝时仍有“秦人”之称谓。如《史记·大宛列传》记述贰师将军语：“闻宛城中新得秦人，知穿井。”《汉书·西域传》记述汉武帝诏书里有“秦人，我丐若马”一语。《汉书·匈奴传》载：“卫律为单于谋‘穿井筑城，治楼以藏谷，与秦人

① 杨宽：《战国史》，上海人民出版社1998年版。

守之'。"新疆拜城发现的东汉永寿四年《刘平国治□谷关颂》刻石内记"龟兹左将军刘平国以七月二十六日发家，从秦人孟伯山、狄虎贲、赵当卑、万□羌、石当卑、程阿羌等六人……"。王国维先生考此石刻后认为，"匈奴西域皆谓汉人为秦人"[①]。然而，秦朝毕竟短祚，比不上代之而起的汉朝统治绵长，故而"秦人"只是从"华夏"到"汉人"之间的一个过渡，最终成为汉民族族称的是"汉"不是"秦"。

秦人起源于山东，崛起于陕甘，主要由老秦人、商奄之民、西戎之人和周余民构成。秦人先是统一了西部地区，壮大了华夏族队伍；然后统一了中国，壮大了汉民族队伍。秦人沟通东夷与西戎，交融华夏各族，促进各族群之间的融合，最后自己也完全融入汉人中去，成为汉民族重要的组成部分。秦人本身是多元一体的，同时也是多元一体的汉民族的重要来源，是中华民族多元一体格局形成的一个缩影。如果缺少了秦人，多元统一的中国就难以形成，多元一体的中华民族也会减色不少。秦朝短祚，秦人不朽！

编者按：本文原刊于《宝鸡文理学院学报》2013年第3期，第40-45页，经作者授权收录于本丛刊之中，供有关学者研究之时参考、交流。

① 王国维：《观堂集林（卷二十）· 刘平国治□谷关颂跋》。

秦公簋出土时间疏证

◎秦　风（天水地方文化学者）

秦公簋是久负盛名的秦人祭祀祖先的青铜礼器，堪称国宝，制作于春秋中晚期，作器者为秦桓公之子秦景公（前 576—前 537 年在位）。对秦出土文物年代的争论之多，除石鼓文之外就数秦公簋了。秦公簋，旧称秦公敦，自出土于天水西南乡以来，在近百年的时间里已有众多学者对其进行了研究，取得了一些较有影响的成果，然而，关于其出土时间近百年来有多种学术观点。大体可以分为清末、民国初年、1916 年、1917 年、1919 年、1921 年、1922 年、1923 年、20 世纪初等十种说法。本文综合学术界的意见，并结合自己的一些看法，就这一问题做一叙述，敬请方家赐教惠正。

一

关于出土的时间，有以下说法。

（一）清末说

伍士谦认为，秦公钟铭文与刘原父藏盄和钟（见《历代钟鼎彝器款识》卷九）及清末甘肃秦州出土的秦公簋（见《三代吉金文存》卷九，三十三页）的铭辞大半相同。[①]

（二）民国初年说

容庚指出，秦公簋，民国初，出于甘肃秦州。[②]

白川静指出，此器（秦公簋）近年出秦州，民国初，出于甘肃秦州。[③]

容庚、张维持指出，秦公簋，民国初出于甘肃秦州。[④]

① 伍士谦：《秦公钟考释》，《四川大学学报》（哲学社会科学版）1980 年第 2 期。
② 容庚：《商周彝器通考》，上海人民出版社 2008 年版。
③ 白川静：《金文通释》（卷四），白鹤美术馆，昭和四十八年（1978 年）六月。
④ 容庚、张维持：《殷周青铜器通论》，文物出版社 1984 年版。

吴镇锋指出，秦公簋民国初年出土于甘肃秦州（今天水市）。[①]

《北京图书馆藏青铜器铭文拓本选编》指出，此簋（秦公簋）民国初出土于甘肃秦州。[②]

《殷周金文集成释文》指出，秦公簋，民国初，出于甘肃秦州。[③]

何琳仪指出，秦公簋"民国初出于甘肃秦州"。[④]

陈昭容指出，民国初年，甘肃天水出土秦公簋，铭文与宋著录盄和钟极为相似，绝大多数的学者认为是同一秦公所作。[⑤]

王辉指出，秦公簋民国初年出土于甘肃省秦州，即今天水地区。[⑥]

裘锡圭指出，文中（指马几道《秦于石鼓》）所谓秦公敦即民国初年出土的秦公簋。[⑦]

高明指出，秦公簋民国初年出土于甘肃省天水县，当时被陇督张广建得之。[⑧]

王学理、梁云指出，春秋中期的有铭铜器至今未见，春秋晚期的当首推北宋金石学家著录的秦公钟（又称盄和钟）和民国初年甘肃天水出土的秦公簋。[⑨]

马如森指出，民国初年于甘肃秦州出土。[⑩]

陈絜指出，春秋中期的秦器铭文尚不易确定，至于晚期器铭则有传世的秦公钟和民国初天水出土的秦公簋等。[⑪]

罗琴指出，秦公簋民国初年出土于甘肃天水，盖铭 53 字，器 51 字，共 104 字。[⑫]

王世贤指出，秦公簋在民国初年出土于甘肃省天水，属于春秋中晚期时器。[⑬]

牛鹏涛指出，该器（秦公簋）相传于民国初出于甘肃天水西南，现藏中

① 吴镇锋：《新出秦公钟、镈铭考释与有关问题》，《考古与文物》1980 年第 1 期。

② 北京图书馆金石组编：《北京图书馆藏青铜器铭文拓本选编》，文物出版社 1985 年版。

③ 中国社会科学院考古研究所编：《殷周金文集成释文》（第三卷），香港中文大学出版社 2001 年版。

④ 何琳仪：《作录宗彝解》，载《中国训诂学研究会论文集（2002）》，中国文史出版社 2002 年版。

⑤ 陈昭容：《秦公簋的时代问题》，《中央研究院历史语言研究所集刊》第 64 本第 4 分册，1993 年。

⑥ 王辉、陈昭容、王伟：《秦文字通论》，中华书局 2016 年版。

⑦ 裘锡圭：《关于石鼓文的时代问题》，《传统文化与现代化》1995 年第 1 期。

⑧ 高明：《中国古文字学通论》，北京大学出版社 1996 年版。

⑨ 王学理、梁云：《秦文化》，文物出版社 2001 年版。

⑩ 马如森：《甲骨金文拓本精选释译》，上海大学出版社 2010 年版。

⑪ 陈絜：《商周金文》，文物出版社 2006 年版。

⑫ 罗琴：《秦系文字・大篆》，载刘志成主编《汉字学》，天地出版社 2001 年版。

⑬ 王世贤：《文字学通论》，光明日报出版社 2008 年版。

国国家博物馆，盖铭 10 行 54 字，器铭 5 行 51 字，器盖铭连读成篇，共 105 字。①

（三）民国五年（1916 年）说

丁楠指出，民国五年（1916 年）甘肃天水县西南红河乡王家东台秦西垂宗庙遗址上发现一个青铜器窖藏，有青铜器若干件。②

雍际春指出，北宋还发现了盄和钟（又称昭和钟），其铭文与 1916 年在天水西南发现的秦公簋铭文相类，故学术界也认为钟与簋乃属同期之物。襄公鼎与盄和钟的出土，才是天水地区秦公陵墓文物首次见于记载的发现。秦公陵区文物的第二次面世是 1916 年，这一年发现了后来驰名中外的秦公簋等一批秦墓铜器。③

（四）民国六年（1917 年）说

石志廉指出，（秦公簋）传为一九一七年甘肃天水西南乡出土。④

陈泽指出，现藏中国历史博物馆的传世秦公簋，1917 年出土于甘肃省礼县红河乡西垂宗庙遗址王家东台的一个青铜器窖藏。⑤

李思孝指出，1917 年，在礼县红河乡的王家东台，出土了数十件青铜器，农民把它们当作破铁烂铜卖给古董商人，两年后流入兰州商肆，其中一件置厨中盛残浆，幸亏甘肃督军张广建尚能识货，重金收藏，直到 1923 年在北平被王国维见到并为之作跋，才真相大白，原来它就是现藏北京国家博物馆的国宝“秦公簋”。⑥

《篆隶通鉴》指出，“秦公簋铭文。春秋时期秦国所作。1917 年甘肃天水西南乡出土。现藏中国历史博物馆。大篆。”⑦

陈见东指出，1917 年，春秋秦公簋出土于甘肃省礼县红河乡西垂宗庙遗址王家东台的一个青铜器窖藏，被关中一名张姓古董商收购。1919 年流入兰州商肆，为甘肃都督张广建所得。1923 年王国维先生在北平见之并为之跋，于是举

① 牛鹏涛：《清华简〈系年〉与铜器铭文互证二则》，《深圳大学学报（人文社会科学版）》2012 年第 2 期。

② 丁楠：《秦公簋铭文考释（增订本）》，中国时代出版社 2014 年版。

③ 雍际春：《〈秦公簋铭文考释〉序》，载丁楠：《秦公簋铭文考释》，中国时代出版社 2014 年版。

④ 石志廉：《春秋秦公簋铭文》，《书法丛刊》1985 年第 9 辑。

⑤ 陈泽：《秦公簋铭文考释与器主及作器时代的推定》，北京大学古代文明研究中心《古代文明研究通讯》，2001 年第 9 期。

⑥ 李思孝：《礼县：秦的发祥地》，2006 年 3 月 16 日《人民日报·海外版》第六版。

⑦ 司惠国、张爱军、王玉孝主编：《篆隶通鉴》，蓝天出版社 2012 年版。

世皆知。[①]

《我们的中国》第四编《思想地图》指出，“他（王国维）是以 1917 年甘肃礼县新出的‘秦公敦’（即秦公簋）和宋代著录的齐侯镈钟（即叔弓镈）为例，讨论这一问题。前者，我是定为秦共公（前 608—前 604 年）的器物，它的‘十有二公’，是指共公以前的十二代先君，他们全都住在今陕西宝鸡和甘肃礼县一带，但铭文却说，是住在‘禹迹’。后者是讲齐臣叔弓受齐庄公（前 553—前 548 年）册命，叔弓是宋人之后，铭文说，他的祖先是‘赫赫成汤’，曾住在‘禹堵’。”[②]

礼县甘肃秦文化博物馆指出，秦公簋，1917 年出土于礼县红河乡，1919 年流落至兰州，后又辗转至北京，经国学大师王国维等大家考证系秦国西垂宗庙祭器，并按其上铭文定名为“秦公簋”，现藏中国国家博物馆。

李永平指出，1917 年甘肃礼县出土的“秦公敦”（即秦公簋）记载秦有“十有二公”，是指秦共公以前的十二代先君，他们全都住在“禹迹”。[③]

（五）民国八年（1919 年）说

冯国瑞指出，民国八年，天水西南乡出土铜器颇多，旋即散轶。今传世秦公簋初流传至兰州商肆，置厨中盛残浆。[④]

李学勤指出，此簋（秦公簋）1919 年出土于甘肃天水西南乡，铭文与宋仁宗时得于陕西的秦公镈相似，为同一秦公所作。[⑤]

《中国文物鉴赏辞典》指出，秦公簋，春秋早期，相传 1919 年出土于甘肃省天水县西南乡。[⑥]

赵文汇指出，（秦公簋）民国八年（1919 年）出土于甘肃天水礼县横河（今红河）乡王家东台。[⑦]

《中国地域文化》指出，石鼓文同 1919 年甘肃天水西南乡出土的秦公簋铭文文字相较，除了秦公簋所重出的“公”“不”“受”等 16 字以及其他偏旁相同

---

① 陈见东：《中国设计全集》卷 13《工具类编·计量篇》，商务印书馆 2012 年版。

② 李零：《我们的中国》第四编《思想地图》，生活·读书·新知三联书店 2016 年版。

③ 李永平：《在甘肃考古发现的汉魏时期伏羲图像考略》，《中华伏羲文化网》2016 年 5 月 10 日。

④ 冯国瑞：《天水出土秦器汇考》，陇南丛书编印社 1944 年版。

⑤ 李学勤：《秦公簋年代的再推定》，《中国历史博物馆馆刊》1989 年第 13、14 合期。

⑥ 高大伦、蔡中民、李映福主编：《中国文物鉴赏辞典》，漓江出版社 1991 年版。

⑦ 赵文汇：《秦公簋与西县》，《礼县文史资料》第二辑，1995 年 10 月；载礼县西垂文化研究会《秦西垂文化论集》，文物出版社 2005 年版。

的字，书法大致与石鼓文近形外，二者显出了更多的差异。[①]

马秀银指出，传一九一九年甘肃天水西南乡出土。[②]

徐卫民指出，秦公簋是 1919 年发现的，该器驰名中外，器高 19.8 厘米，器盖共铸铭文 105 字。[③]

雍际春指出，现存中国历史博物馆著名的秦器秦公簋，1919 年发现于天水西南。[④]

徐日辉指出，1919 年著名的秦公簋及一批青铜器就出于以“庙山”为中心的一带地。[⑤]

陈昭容指出，秦公簋于民国八年（1919 年）出自甘肃天水地区，为秦器中极为著名的青铜器，现藏北京中国历史博物馆。[⑥]

牛世山指出，1919 年，在礼县盐官镇出土春秋中期的秦公簋。[⑦]

祝中熹指出，民国八年（1919 年），天水西南乡出土铜器颇多，旋即散轶。今传世秦公簋初流传至兰州商肆，置厨中盛残浆。有贾客以数百金购之，其名乃大著，后为合肥张氏所得，携往北平，十二年（1923 年），王静安先生既为之跋矣，于是举世始知。[⑧]

李朝远指出，1919 年天水西南乡出土的“秦公簋”，有秦汉间人在盖外刻铭“西一斗七升大半升盖”，器外刻铭“公元器一斗七升奉簋”，西即西县，沿革于西垂名。[⑨]

赵琪伟指出，据记载，秦公簋 1919 年出土后，几经周折传至京城，一度引起我国文物考古界的轰动。[⑩]

汪受宽指出，1919 年在礼县红河乡与天水市秦城区秦岭乡交界的庙山发现

① 蒋宝德、李鑫生主编：《中国地域文化》（上、下册），山东美术出版社 1997 年版。

② 中国青铜器全集编辑委员会编：《中国青铜器全集》（中国美术分类全集）第 7 卷·东周（一），文物出版社 1998 年版。

③ 徐卫民：《天水附近秦都城考论》，《天水师专学报》1999 年第 4 期。

④ 雍际春：《嬴秦故园——天水秦文化寻踪》，甘肃人民出版社 2000 年版。

⑤ 徐日辉：《秦早期发展史》，中国科学文化出版社 2003 年版。

⑥ 陈昭容：《秦系文字研究——从汉字史的角度考察》，台北中央研究院历史语言研究所，乐学书局有限公司 2003 年版。

⑦ 牛世山：《神秘瑰丽——中国青铜文化》，四川人民出版社 2004 年版。

⑧ 祝中熹：《早期秦史》，敦煌文艺出版社 2004 年版。

⑨ 李朝远：《青铜器学步集》，文物出版社 2007 年版。

⑩ 赵琪伟：《秦公簋出土地考述》，《陇南论坛》2008 年第 2 期。

了秦公簋，器上刻有“西元器一斗七升”等字，其“西”字，即指西县。[①]

朱凤瀚指出，1919年甘肃天水出土的秦公簋。[②]

江林昌指出，秦公敦即秦公簋，1919年出土于天水西南乡，其事记西秦事。[③]

梁云指出，此簋（秦公簋）1919年出土于甘肃礼县红河乡，具体地点，有的说在“庙山”，有说在“王家东台”或“天台山”。[④]

秦凤鹤指出，1919年，天水市秦州区秦岭乡和礼县红河乡交界处出土的秦公簋，时代为春秋早期。[⑤]

马几道指出，与发现于1919年的“秦公簋”不同，“秦公镈”早在宋代就被发现了。[⑥]

赵逵夫指出，1919年，礼县红河乡王家东台就出土了极为珍贵的秦公簋，1923年王国维先生考其铭文撰《秦公敦跋》。[⑦]

程燕指出，1919年，在天水市秦州区秦岭乡和礼县红河乡交界处出土了一件春秋时期的秦公簋，著录于《殷周金文集成》。[⑧]

王宏理指出，传为1919年甘肃天水西南乡出土的秦公簋（中国国家博物馆藏，图1·2·319），高19.8厘米，口径18.5厘米。[⑨]

赵文慧指出，庙山，乃秦州区西南秦岭镇董集寨、梨树坡两村与礼县红河镇六、八图庄相交处的一座大山，最高处董集寨土堡子海拔1914米，因1919年在庙山一带出土了驰名中外的秦公簋而声名大振。[⑩]

《陇南金石校录》指出，“冯国瑞《天水出土秦器汇考》一书序云：‘民国八年，天水西南乡出土铜器颇多，旋即散轶。今传世秦公簋至兰州商肆，置厨中盛残浆。有贾客以数百金购之，其名乃大著。后为合肥张氏所得，携往北平。

---

① 汪受宽：《甘肃通史·秦汉卷》，甘肃人民出版社2009年版。

② 朱凤瀚：《中国青铜器综论》（下），上海古籍出版社2009年版。

③ 江林昌：《考古发现与文史新证》，中华书局2011年版。

④ 梁云：《用活字打印出铭文的簋“秦公”簋》，载吕章申《中国国家博物馆展品中的100个故事·15》，文物出版社2012年版。

⑤ 秦凤鹤：《秦公簋铭文“𠹬”、“徵”略考》，《丝绸之路》2012年第2期。

⑥ [美]夏含夷主编：《中国古文字学导论》第三章《东周青铜器铭文》（马几道），中西书局2013年版。

⑦ 赵逵夫：《秦人发祥与织女传说》，载赵逵夫主编《西和乞巧节》，上海远东出版社2014年版。

⑧ 程燕：《秦公簋“徵各”解》，载中国文字学会《中国文字学报》编辑部编《中国文字学报》第六辑，商务印书馆2015年版。

⑨ 王宏理：《中国金石学史》，华东师范大学出版社2016年版。

⑩ 赵文慧：《秦公簋出土、流传与著录考》，2017年8月10日、17日《天水晚报》。

十二年，王静安先生即为之跋矣，于是举世皆知。’”[①]

（六）民国十年（1921年）说

李零指出，传说1921年甘肃天水县附近出土的秦公簋，现藏中国历史博物馆。[②]

张政烺指出，秦公簋，1921年甘肃省天水县出土，先后归合肥张氏、大兴冯氏收藏，今藏北京中国历史博物馆。铭文与秦公钟大半相同，学者多以为是一时所铸。[③]

郝本性指出，传一九二一年甘肃天水出土的秦公簋，现藏中国历史博物馆。[④]

杜乃松指出，传1921年甘肃天水出土。[⑤]

《中国文物大辞典》指出，【秦公簋（guǐ）】春秋中晚期盛食器。高19.8厘米，口径18.5厘米，足径19.5厘米。传1921年甘肃天水出土。[⑥]

《文物春秋战国史》指出，秦公簋，1921年甘肃礼县出土。[⑦]

冯时指出，此器（秦公簋）传1921年出土于甘肃天水西南乡。[⑧]

“中国国家博物馆网站”指出，秦公青铜簋，春秋秦景公时期（公元前576—前537年），盛食器，传1921年甘肃天水出土。（撰文：杨桂梅）

（七）民国十一年（1922年）说

康世荣指出，最有实证力的是1922年在与红河镇壤土相接的秦岭乡出土的“秦公簋”。[⑨]

（八）民国十二年（1923年）说

《商周青铜器铭文选（四）》指出，秦公簋，春秋秦景公，一九二三年甘肃

① 赵逵夫主编：《陇南金石校录》（全4册），社科文献出版社2018年版。

② 李零：《春秋秦器试探——新出秦公钟、镈铭与过去著录秦公钟、簋铭的对读》，《考古》1979年第6期。

③ 张政烺：《“十又二公”及其相关问题》，《张政烺文史论集》，中华书局2004年版。

④ 郝本性：《虢、郑、秦、蔡、黄等国青铜器综述》，中国青铜器全集编辑委员会：《中国青铜器全集·7》（东周1），文物出版社1998年版。

⑤ 杜乃松：《中国青铜器定级图典》，上海辞书出版社2008年版。

⑥ 中国文物学会专家委员会主编：《中国文物大辞典》，中央编译出版社2008年版。

⑦ 中国国家博物馆编：《文物春秋战国史》（彩色图文本），中华书局2009年版。

⑧ 冯时：《中国古文字学概论》，中国社会科学出版社2016年版。

⑨ 康世荣：《秦都邑西垂故址探源》，《礼县文史资料》1985年第6期；载礼县西垂文化研究会《秦西垂文化论集》，文物出版社2005年版。

省天水县西南乡出土。[①]

《中国书法全集（第 3 卷）：商周、春秋战国金文》指出，秦公簋器铭、盖铭，春秋秦景公，一九二三年甘肃天水县出土。[②]

阿辻哲次指出，秦公簋，它于 1923 年出土于甘肃省，是一件盛食品的容器，推测为秦景公时代（公元前 576—前 537 年在位）的遗物。[③]

蒋文光指出，一九二三年甘肃天水西南乡出土。[④]

《辞海》指出，秦公簋，春秋时期秦国青铜器。1923 年出土于甘肃天水。[⑤]

黄正明指出，《秦公簋》为秦景公时器物，1923 年出土于甘肃天水西南乡。[⑥]

彭裕商指出，秦公簋，1923 年甘肃天水出土。[⑦]

9. 20 世纪初说

张政烺指出，秦公簋，本世纪初甘肃省天水县出土，先后归合肥张氏、大兴冯氏收藏，今藏北京中国历史博物馆。[⑧]

陈平指出，与传世秦公镈铭文基本相同的秦公簋，20 世纪初期在甘肃天水西南乡出土。[⑨]

雍际春指出，该器（秦公簋）20 世纪初发现于“天水西南乡”，即今西汉水上游天水市与礼县接界处一带。[⑩]

连劭名指出，二十世纪初，秦公簋出土于甘肃天水地区，内有长篇铭文。[⑪]

二

以下我就上述诸说做一简要论述。首先关于秦公簋出土于清末的说法是错的。清末也称晚清，是清朝统治的晚期。因为伍士谦先生所引的罗振玉《三代

① 马承源主编：《商周青铜器铭文选（四）》，文物出版社 1990 年版。
② 刘正成主编，丛文俊编：《中国书法全集第 3 卷：春秋战国金文》，荣宝斋出版社 1997 年版。
③ 阿辻哲次：《图说汉字的历史》，山东画报出版社 2005 年版。
④ 蒋文光：《秦公簋——永不落幕的书法博物馆》，《中国美术全集》，人民美术出版社 2006 年版。
⑤ 辞海编辑委员会：《辞海》（第六版・彩图本），上海辞书出版社 2009 年版。
⑥ 黄正明主编：《中国书法鉴赏・篆书篇・十一》，南京大学出版社 2007 年版。
⑦ 彭裕商：《春秋青铜器年代综合研究》，中华书局 2011 年版。
⑧ 张政烺《“十又二公”及其相关问题》，《张政烺文史论集》，中华书局 2004 年版。
⑨ 陈平：《关陇文化与嬴秦文明》，江苏教育出版社 2005 年版。
⑩ 雍际春：《秦早期历史研究》，中国社会科学出版社 2017 年版。
⑪ 连劭名：《东周青铜器铭文与传统思想》，《中原文化研究》2016 年第 5 期。

吉金文存》主要著录传世的商周青铜器铭文拓本 4 835 器，是 20 世纪 30 年代质量较高的集金文拓本之大成的金文合集，《三代吉金文存》一书，迄今为止依然是彝铭学研究的重要经典和必备的工具书，是这一学术领域必须予以研究和精读的集大成者和总结性著作，也是中国古今两千多年青铜器及其铭文研究史上的巅峰之作和旷世经典。该著成书于 1937 年，里面的确有秦公簋的著录但并未注明出土时间，民国初即 1914 年罗振玉作《秦金石刻辞》，是首次收集秦金石刻辞的专书，里面无秦公簋的记载。

其次，民国初年是一个较为宽泛的时间概念，当指 1912 年至 1919 年这一时期。就具体一个器物的出土时间而言，未免太过于宽泛，不严谨不科学也不可取。

同样，说秦公簋出土于 20 世纪初也是失之于笼统。

至于陈平、丁楠所说的 1916 年之前说笔者不敢苟同。近代著名史学家、甲骨文研究学家柯昌济编行的《韡华阁集古录跋尾》一书中对秦公敦（簋）有所介绍。该书书牌页标注："中华民国二十四年铅字本"，证明其出版在 1935 年。陈平说："据 1916 年柯昌济编行的《韡华阁集古录跋尾》即已著录此簋的事实分析，该簋的出土时间至少不应晚于 1916 年。"其说可商。因为《韡华阁集古录跋尾》于 1935 年印行，陈平认为此书的完成时间是 1916 年，是据周进在为该书所作的序言中说："《韡华阁集古录跋尾》者，二十年前纯卿尚未弱冠，读欵识时之所作也。"纯卿即柯昌济（1902—1990），著名元史学家、《新元史》的作者柯劭忞次子，金石学家柯昌泗之弟。著有《金文分域编》等，是 20 世纪著名的甲骨金石学者，曾同容庚、商承祚、唐兰一起被王国维誉为中国当时古文字学研究中极具实力的"四少年"。"二十年前纯卿尚未弱冠，读欵识时之所作也"是说柯昌济开始编著《韡华阁集古录跋尾》的时候还不到 20 岁，"二十年前"很有可能是该书开始撰写的时间。而且此书言"先师王先生释最为详正，具见《观堂集林》"，所说正是国学大师王国维那篇著名的《秦公敦跋》，而此文是 1923 年作，由此判断柯昌济作此文的时间必定晚于 1923 年，故笔者认为陈平的推断是错误的。

1917 年说同样也有问题。首先，石志廉先生说（秦公簋）传为一九一七年甘肃天水西南乡出土，而未提及他的说法出自哪一较为权威的文献资料，至于陈泽先生的说法"秦公簋 1917 年出土于甘肃省礼县红河乡西垂宗庙遗址王家东台的一个青铜器窖藏"也没有引用资料佐证其观点。

关于秦公簋的出土时间，李学勤说是在 1919 年，这个说法来自冯国瑞的《天水出土秦器汇考》，当今学者多从之。事实上最早明确记录秦公簋出土时间的便是民国时期甘肃名仕天水人冯国瑞（1901—1963）。他在《天水出土秦器汇考》自序中云："民国八年，天水西南乡出土铜器颇多，旋即散轶。今传世秦公簋初流传至兰州商肆，置厨中盛残浆。有贾客以数百金购之，其名乃大著，后为合肥张氏所得，携往北平（《陇右金石录》）。十二年，王静安先生既为之跋矣，于是举世始知。"[①]该说后世学者多信从。冯氏是天水人，1926—1927年曾就读于清华国学研究院，受教于梁启超、王国维等国学大师，曾对秦公簋做过仔细研究，所言可信。可以说冯国瑞先生考证的全面、深度和广度是前所未有的，结果也令人信服，其考证方法值得借鉴和学习。他说的"合肥张氏"，即时任甘肃督军的合肥人张广建，秦公簋就是被他带出甘肃的。《陇右金石录》系甘肃临洮人张维所著，细查该书并未言明秦公簋的出土时间。"十二年，王静安先生既为之跋矣"指1923年王国维所写《秦公敦跋》（当时称簋为敦），这是使该簋扬名于世的第一篇大文。这段文字蕴涵了极为丰富的内容。首先明确指出了秦公簋出土于民国八年这一准确的时间；其二是指出了出土地为"天水西南乡"，这儿正是嬴秦早期活动的中心区域即古文献记载中的西垂地区；其三是指出"出土铜器颇多，旋即散轶"。冯氏这一语值得注意，即是说与秦公簋同时出土的青铜器很多，表明此簋并非如后来有人所说的是一件流传中偶然失落的孤器，即否定了有人所说的由放羊娃"办会会"时一铲铲挖出来的传言。

庙山，乃秦州区西南秦岭乡梨树坡、董集寨两村与礼县红河乡六、八图村相交处的一座大山，海拔1 914米。因出土了驰名中外的秦公簋而声名大振。秦公簋此后便当作废铜卖给了天水人杨衣官在横河里（今红河镇）街上开的"聚源当"。后被一个陕西姓张的古董商买走，带到兰州。因无识货者，流传至兰州南关商肆，在厨房中盛残浆。幸有识者发现其并非普通古器，以高价收购，遂名声大著。时任甘肃督军的合肥人张广建闻风以权势占为已有，其时当为1919年冬。张广建（1864—1938），字勋伯，他1920年底离甘时又将此物带至北京。1921年北京举办八旗冬赈，为京中旗人谋求生计。张广建参加了这次冬赈，同去的还有山东胶县（即今胶州）人柯劭忞（1848—1933），字凤荪。柯氏与寓居天津嘉乐里的罗振玉是多年论交的好友，他告诉罗振玉，张广建请他去观赏其收藏的敦煌文献。罗振玉1921年11月便将这一消息告诉了王国维："（张广建）颇储铜器，率无可观，弟问以甘肃有出土者否，乃出一敦，形至拙（张所以不见示者以此），而文字精绝，中有'十有二公'语，知为秦穆公物，因是考知石鼓确为先秦制作。与商拓墨，初甚吝，后介一拓工，强请之，乃拓三分，彼留

① 冯国瑞：《天水出土秦器汇考》，陇南丛书编印社1944年版。

其二，以一本见畀。昨匆匆草一跋尾，当寄与易墨本二三纸，当可必得，得后当奉赠其一也。先将所得一本奉览（海内孤本，幸郑重收贮），拙跋亦附呈。此器文字，将来流传必少，何不影照付《亚洲学报》，印之卷首，以流传之乎（须照原大，不可缩小）。”罗振玉的嫡孙罗继祖按语说：“又此札记‘秦公敦’之发现，亦证公巨眼识珍。”秦公敦即秦公簋。罗振玉据该簋铭“‘十有二公’语，知为秦穆公物，因是考知石鼓确为先秦制作”甚为高见，并由该札“拙跋亦附呈”可看出罗振玉已经就秦公簋作了跋文，即《松翁近稿》里的《秦公敦跋》。因罗振玉与张是故交，于是罗便出面诚邀了当时有名的青铜器拓本专家周希丁为该簋做拓本。当代著名史学家、文物鉴定家，原国家博物馆研究员史树青（1922—2007）先生在《悼念周希丁先生》一文记述1921年周希丁先生曾手拓甘肃天水出土的秦公簋，秦公簋因铜锈很厚，以往不知有秦汉间刻字，希丁拓墨时才发现。罗振玉1921年11月27日给王国维的信札中说：“秦敦拓本存尊处者即以奉赠，影照后宜用玻璃板，石印不能用也。兹有致乙丈书求转交。”此“秦敦拓本”即张广建委托罗振玉诚邀周希丁所留的秦公簋拓本。罗振玉1921年11月致王国维的信札中云：“前赴都料理八旗冬振，张广建语凤老，请看渠所藏西陲卷轴，中有晋魏写经数种，余皆唐物，无甚奇品。乃无意中见一至宝。张颇储铜器，率无可观，弟问以甘肃有出土者否，乃出一敦，形至拙（张所以不见示者以此），而文字精绝，中有‘十有二公’语，知为秦穆公物，因是考知石鼓确为先秦制作。与商拓墨，初甚吝，后介一拓工，强请之，乃拓三分，彼留其二，以一本见畀。昨匆匆草一跋尾，当寄与易墨本二三纸，当可必得，得后当奉赠其一也。先将所得一本奉览（海内孤本，幸郑重收贮），拙跋亦附呈。此器文字，将来流传必少，何不影照付《亚洲学报》，印之卷首，以流传之乎（须照原大，不可缩小）。”罗继祖按语说：“又此札记‘秦公敦’之发现，亦证公巨眼识珍。”新见罗振玉赠王国维秦公敦盖（秦汉凿字部分）拓本（北京文津阁2014年春季拍卖会拍品，2017年12月清华大学艺术博物馆“独上高楼：王国维诞辰140周年纪念展”展出），其上王国维手书长跋与上引文字内容基本相同，落款年月则为“辛酉孟冬”，“辛酉孟冬”即1921年初冬，也就是说，王国维至迟在1921年就已经取得秦公敦研究的初步成果。1921年，王国维为《秦公敦》做的300多字的小楷题跋，书风与敦煌唐人写经相似，是其此类小楷的代表佳作。在真、草、隶、篆诸体书法中，王国维最擅长的书体是楷书、行书和篆书。王国维曾参加过科举考试，能够写得一手端正规矩的小楷倒也不足为奇，其小楷代表作《秦公敦》，用笔严谨，笔画取左低右高的态势，以欹侧取势，庄重朴茂，字形宽博，俨然大字气象。值得一提的是他的小楷能够从清代馆阁体中脱离出来，这或许是因为他研究汉晋木简、敦煌文献，视野开阔的缘故。清末民初著名藏书家江苏苏州人章钰（1865—1937）先生在罗振玉赠其《秦公簋墨本拓题跋释文》中说："秦公簋，春秋早期。跋：此器辛酉出陇上，执友上虞罗叔言参事得墨本二份，以一见贻。戏仿篆题并录释文藏之。十二月朔钰记。"[①]"辛酉"即民国十年（1921 年）。"上虞罗叔言参事"即罗振玉，"十二月朔"指农历十二月初一。这一年章钰 57 岁，十二月初一，跋于《秦公簋》拓本，谓此器陇上新出，罗振玉得二份，赠章氏一份。结合上述可知罗振玉赠送给章钰的秦公簋拓本正是周希丁"后介一拓工，强请之，乃拓三分，彼留其二"之一。章钰先生以收藏拓片宏富、考订严谨、题跋众多而著称。如此看来，秦公簋的发现应早于 1921 年，故 1921 年、1922 年、1923 年出土之说是错误的。

有的学者在不同的著述中对秦公簋出土时间有不同表述，例如李零先生，或云 1921 年（《春秋秦器试探——新出秦公钟、镈铭与过去著录秦公钟、簋铭的对读》，《考古》1979 年第 6 期），或云 1917 年（《"三代考古"的历史断想》，《中国学术》，2003 年第 2 期）。

综前所述，笔者赞同前贤冯国瑞先生的观点，即认为秦公簋于民国八年（1919 年）出土于天水市西南秦州区秦岭乡梨树坡、董集寨两村与礼县红河乡六八图村相交处的庙山一带[②]，极有可能出土于和庙山处于同一山系的周秦文化遗存六八图遗址。

编者按：本文见于"天水在线"微信公众号 2018 年 9 月 28 日。经作者授权，本刊由此收录，并对错别字与标点符号予以校正。

【作者简介】

秦风，本名赵文慧，甘肃秦州区人，地方文化学者。在山东省烟台市从事企业管理之余，热心于天水文化事业和乡邦文献资料的搜集整理；尤其注意结交文化学术界名人，见贤思齐，颇有作为。著有《魅力秦源》等。

① 冀亚平：《国家图书馆章钰藏拓题跋集录》，国家图书馆出版社 2008 年版。

② 赵文慧：《秦公簋出土、流传与著录考》，载 2017 年 8 月 10 日《天水晚报》。

礼县大堡子山秦先公墓补说

◎高天佑（地方史文化学者、高级讲师）

近年，甘肃礼县永坪乡大堡子山发现的先秦时期的墓葬群，以其形制之巨大，墓葬规格和出土文物等级之高，引起了海内外考古学家、文物专家和地方史志工作者的广泛关注。这一发现，对于秦国发祥地和秦人早期先公陵区——“西垂陵区”的学术认定，对于先秦时期秦文化的全面认识和重新评估，均具有重大的学术研究价值。对此，虽然李学勤先生、韩伟先生已有专文论及，但还有一些重要线索尚值得引起足够的重视。现将笔者耳闻并管见述说如下，或有补于上述问题的深入探讨。

一、巴黎所见金箔饰片为礼县出土，金箔饰片当为椁饰

早在 1993 年底，笔者耳闻礼县大堡子山先秦大墓被盗掘，当时极感震惊，曾在日记中写道：“闻今年八九月间，礼县永坪乡大堡子山上，当地农民盗掘出一特大型古墓。据传，单墓室就有农村人家三间房子那样大，四壁以大木垒砌，上面贴满了金叶子，形状各异，上有纹饰，极其华贵。地上铺满了玉鱼及其他小型玉雕饰件（至今未见报道）。中间置一棺，棺之两侧排列有大小不等的 12 口大钟（或为编钟）。如此规格的古墓在甘肃前所未闻，即使在全国亦属罕见。西和、礼县为秦人发祥地，此墓位居二县交界地带，无疑当属秦人先祖王公墓葬。藉此即可想见，秦统一六国绝非偶然，乃是其先祖历数十代数百年苦心经营的必然结果。人们对于秦人历史及其文化的认识，就目前获得的考古资料看来，仍然存在许多局限。然而，令人扼腕而叹者，如此珍贵而重要的历史文化遗产，有关部门未能及时而科学地予以发掘和保护，竟被一群农民和文物贩子抢先破坏，惨遭厄运！据传，大部分高档次文物已经流失国外。”

又据传闻：金叶子发现之初，农民误以为铜片，以每片 5 元卖给了当地的文物贩子，后来发觉是金质的，遂抬高价格卖给了南方“客人”。由此推测，金箔饰片流失之多、之广，当远不止于巴黎所见者。那么，这些传闻的可靠性究竟如何呢？

后来，从《中国文物报》上读到李学勤先生《探索秦国发祥地》[①]一文，从中了解到韩伟先生于巴黎曾目验过大量近期出土并流失海外的纯金饰片。又据韩先生专文《论甘肃礼县出土的秦金箔饰片》[②]所提供的确切信息："2 号墓为中字型，总长 87 米，墓室在中部，墓室面积为 12×11 米。"这一数据与上述传闻极其近似。据韩文介绍，金饰片有鸱枭形 8 件 2 型，金虎 2 件、口唇纹鳞形 26 件 3 型，云纹圭形 4 件，兽面纹盾形 2 件，目云纹窃曲形 2 件，共计 6 种 9 型 44 件。该文后记中言：甘肃文物考古队从 M2 中又掘得 7 件。至此，已知者达 51 件。再结合李先生另一文《最新发现的秦公壶》[③]，方知一大批重要文物果然已经流散于美国、英国、法国。李、韩二位先生文章的发表，作为从国外反馈的信息，不正从一个侧面证明了上述传闻的可靠性、真实性么？可见，韩伟先生于巴黎所见金箔饰片，确为礼县大堡子山先秦墓出土无疑。而且，依据上述传闻，金箔饰片数量之多，流失之广，当远非韩先生于巴黎所见者。此外，若证之于上述事实与传闻，愚以为这些金箔饰件当是 M2 中字型大墓内椁板上的饰物，而非"棺饰"。因为从传说农民误以之为铜片的情形来分析，饰片发现之时表面肯定有一层较厚的锈蚀物，这在与离土层更近的椁壁上似更容易生成。又从其数量大、形状多为鸟兽纹，且饰片上有钉孔来推断，这些金箔饰片具有为死者营造出生前人间万物景象和宫殿华丽瑰伟气氛的装饰功用，这或为后世棺绘、墓室壁画的滥觞吧。果如此，则这些金箔饰片对于研究周秦丧葬文化，以及秦人文化之渊源，无疑均有极其重要的史学价值。

二、值得注意的巨型青铜器，其当与大堡子山先秦墓葬群有关

1994 年至 1995 年间，笔者亦曾多次耳闻礼县出土有特大型鼎、壶、钫等文物的传说。据云："出土了一个大鼎，十几人抬放于一辆小四轮拖拉机上，除半面占满拖拉机车厢外，另一半只好悬空于车厢外面。"如此巨型青铜礼器，真是亘古未闻，闻之令人惊讶不已。又云："因鼎太大，农民和文物贩子们因不好搬运，加之目标太大。于是，此鼎遂被锯成两半运走了。""此鼎被敲成数块，让骡子驮下山之后，掩埋于运送铅锌矿粉的大卡车中被拉走。"诸如此类，说法较多。说者兴趣盎然，听者心中惨然。如此巍然巨制青铜鼎，其上不可能没有铭文，而且肯定是长篇的，它的史学、考古学价值自不待言。

① 李学勤：《探索秦国发祥地》，《中国文物报》1995 年第 3 版。
② 韩伟：《论甘肃礼县出土的秦金箔饰片》，《中国文物》1995 年第 6 期。
③ 李学勤：《最新发现的秦公壶》，《中国文物报》1994 年第 3 版。

又据传说："还出土有一个大圆壶，高约一米，直径亦约一米，两侧有特大型铺兽首衔环，单环子就有男人们大拇指那么粗"，"还有一对带有铭文的大钫，其上有盖……"

以上虽属传闻，但若与大堡子山大型墓葬群和秦人尚大的价值观念联系起来，就一点也不奇怪，并且足以令人相信其有了。最近，恰巧又看到刚刚刊行的《礼县文史资料》第二辑①，其中地方史志工作者康世荣先生在《近年来秦国发祥地研究动态》一文中，已明文肯定确有"大鼎""编钟"的出土，并言他本人曾实际考察过其确切的出土位置；文中还言及"成对的青铜簋、两套列鼎"等。从而旁证了上述传闻的真实性，以及传闻中各种巨型青铜器与大堡子山先秦墓葬群的相关性。

毫无疑问，如果这些巨型、成套青铜礼器他日得以面世，大堡子山秦人早期先公墓墓主为何人的疑案便可迎刃而解了。当然，其考古学和史学的价值与意义显然不仅仅止于此。

三、大堡子山秦公墓墓主当为襄公

流散于海外的一大批珍贵文物其科学价值在于：从考古学和史学方面断定出土这些文物的墓葬年代，以及该墓墓主人之归属，否则，只能因盗掘滥挖而成为一桩文物鉴定和学术研究上的"无头案"。国内学术界率先对这一问题做出推断的人，似是陕西历史博物馆研究员韩伟先生。

韩先生曾撰文《中国文物仍流失海外·北京猿人下落有新说》②，其中对巴黎戴迪所藏 54 件（另文统计为 44 件，见上文，存疑）金箔饰片首次予以披露，并推断："从时代上看，大约属春秋秦国之文物。"后来在《论甘肃礼县出土的秦金箔饰片》一文中，推论"营造大墓者，非秦仲、庄公莫属。这批金饰片考古断代为西周晚期之物"。几乎同时，李学勤先生撰文《最新出现的秦公壶》，推论在美国纽约出现的"形制酷似颂壶的秦公壶的器主，应该就是庄公。壶作于他即位之后"。可见，两位著名专家的推断是不谋而合的，均推断墓主为庄公。但愚以为，在流散于国内外的珍贵文物，尤其是具有长篇铭文的重器大鼎、编钟、对簋、对钫等尚未面世之前，该问题仍有商榷之处和深入探讨之必要。

正像韩伟先生和许多学者所考察的，以及为众多考古学现象所不断证实的那样，司马迁《史记》中的绝大部分记载都是十分可信的信史，为此，结合《史

① 礼县政协编：《礼县文史资料》第二辑，1995 年内部刊行。

② 韩伟：《中国文物仍流失海外·北京猿人下落有新说》，《文博》1994 年第 5 期。

记·秦本纪》中的有关记载，愚以为礼县大堡子山先秦大墓其墓主当为秦襄公或秦文公，理由如下：

据《史记·秦本纪》："周宣王即位，乃以秦仲为大夫，诛西戎。"不久，秦仲即"死于戎"。之后，"周宣王乃召庄公昆弟五人，与兵七千人，使伐西戎，破之。于是复予秦仲后，及其先大骆地犬丘并有之，为西垂大夫"。据此可知，秦仲及其子庄公之时，秦仅仅是作为周的附庸而存在，之所以晋封其主为大夫，不过是周室为了利用秦人伐西戎保西陲而已，秦的政治地位并未上升到诸侯。因此，首先以政治地位来看，秦仲、庄公二人作为大夫，根本不具备享受如此高级规格（参之上文，其墓葬形制乃为诸侯等级）葬仪的身份和资格。若再揆诸情理，此时西戎仍很强大，秦人疲于应付，就连"大夫"之位尚且朝不保夕；加之秦人羽翼未丰，仲、庄父子岂敢有僭越？何况西周以来等级制度极其森严，秦人墓葬亦严守其规。关于这一点，秦史专家林剑鸣先生早在 15 年前即已论及[①]。从其他地方（如陕西）考古现象来看，也未发现秦人王公在殡葬制度上有僭越的例子，况且是"始大"状态下的秦人。所以，墓主为秦仲、庄公的可能性实在很小。

从大堡子山 M2 为中字形制（诸侯规格）以及出土有大型成对、成套青铜礼器，大批量纯金饰件和玉器来看，只有被周王封为诸侯的秦襄公及其以后的秦公才配享用。验之《史记·秦本纪》："周避犬戎难，东徙洛邑，襄公以兵送周平王。平王封襄公为诸侯，赐之以岐以西之地。"并且，周平王与秦襄公"盟誓而封爵之。襄公于是始国，与诸侯通聘享之礼。乃用骆驹、黄牛、羝羊各三，祠上帝西畤。"（又见《封禅书》）可见，秦的政治地位上升为诸侯国，疆土大规模地扩展，并以诸侯的身份参与各国外交，对内首次祭祠上帝于西畤，表现出雄心勃勃的政治抱负，均是发生在襄公时期的政治大事。因此，要说第一个或最早能够拥有诸侯级别葬仪的秦先公，自然非襄公莫属。

在此需要说明的是，我们不能够以后来秦人"执敲扑而鞭笞天下，威震四海"，[②]统一了六国，就断然认为秦人自祖先起就以不拘礼法、敢于冲破等级观念束缚为其文化特征或民族特性。事实上，这种观点和倾向在近年秦文化研究中已非常流行，实在是一个不小的误区。其中所包含的功利主义目的是很明显的。这似乎是值得警醒的。因为《史记》明载，秦国"常雄诸侯"，乃是秦献公（前 384 年）之后的史实，而"秦取天下多暴"更在始皇之时，岂可一概而论，并推及秦人先公先祖？

---

① 林剑鸣：《秦史稿》，上海人民出版社 1981 年版。

② 〔汉〕贾谊：《过秦论（上）》，高步瀛：《两汉文举要》，中华书局 1990 年版。

依据《史记·秦本纪》，秦襄公和文公死后均归葬西垂，并且其活动时限均在西周末东周初。襄公于“十二年，伐戎而至岐，卒”。“五十年，文公卒，葬西山。”襄公、文公安葬于西垂，史有明文，且二公均已成为诸侯，这一显赫的政治地位和身份实为秦仲、庄公所无。因此，礼县大堡子山中字型大墓的墓主，襄公或文公最可当之。虽然李学勤先生采用了器物类比分析断代方法，韩伟先生采用了碳-14 年代测定树轮校正断代结果，但正如医生不应该因有了“X”射线透视和“B 超”而放弃“望闻问切”一样，现代考古学也不应该因采用现代科技手段和方法而放弃史料印证与主观经验的推断。其实，韩伟先生在一篇文章中认为“大约属春秋秦国之文物”的推论是颇具见地的，而在另一文中却为“考古断代”所囿，改定为“非秦仲、庄公莫属”，显然是为了迎合碳-14 年代测定结果。

根据上文所引述传闻，M2 中字型大墓墓室中，在棺之两侧排列有 12 口大钟（或为编钟，或为镈）。这与襄公立十二年而卒颇为巧合，是非常值得注意的一点。虽然《史记》中也有“宁公（考古证实应为宪公）生十岁立，立十二年卒，葬西山”的记载，但考虑到宪公已晚于襄公、文公半个多世纪而立，与考古学断代为西周晚期相距稍远的情形，在此就不再作为考察对象了。

综上所析，不难看出：秦襄公和文公二人中，襄公成为礼县大堡子山中字型大墓墓主的可能性最大，文公则次之。当然，这不过是依据史料和传闻而作的推论，尚有待于流散于海内外的珍贵文物面世来证明。

四、金箔饰片黄金来源试析

韩伟先生在《论甘肃礼县出土秦金箔饰片》一文中，对“秦族当日使用黄金来源问题”做了推测，认为“这些黄金很可能来自黄金产地的河西走廊或阿尔泰地区”。这一推论试图说明古代秦人与西域羌戎族交通贸易的可能性，无疑对于探讨古代丝绸之路的开凿具有出人意料的启发性。然而，愚以为这一推论似乎缺乏足够的科学分析和文献证据，故而尚不足以排除其他的可能性。

韩先生的推论，是建立在“大堡子山 3 座大墓又是周宣王、周幽王时秦仲、庄公之陵墓”的基本观点之上的。据《史记·秦本纪》：“秦仲立三年，周厉王无道，诸侯或叛之。西戎反王室，灭犬丘、大骆之族。周宣王即位，乃以秦仲为大夫，诛西戎。”秦仲伐西戎战死之后，“周宣王乃召庄公昆弟五人，与兵七千人，使伐西戎，破之。于是复予秦仲后，及其先大骆地犬丘并有之，为西垂大夫”。从这条记载来看，秦仲所立 23 年间，与西戎常年战争，他本人亦死于西戎战争；揆诸情理，他似乎不具备获取黄金的条件和机会。而对于庄公，也只有两种可能：一是庄公因大破西戎取得胜利从西戎那里掠夺而来，即作为战利品而拥有。二是庄公获胜后，周宣王将西犬丘地全部赐予庄公，并加封其为“西垂大夫”时所赐，作为对庄公兄弟誓死力保西陲的奖赏。然而，前者史书中未见载录，后者从被认为是庄公所作的不其簋铭文中也未见有赐金的记述。

此外，尚有两种可能可供参考、研究。一是来源于西戎战败之后的归降之礼，作为归顺诚服的表达。一是来源于秦地自产。从本地地矿资料来看，秦人先祖所居西犬丘地，即今西汉水中上游的礼县、西和县，以及天水西南区域，确有黄金蕴藏。其中西汉水中上游的礼县罗坝、洮坪乡一带，近年已发现岩金矿，且其蕴藏颇为可观，其距大堡子山不过百余里之遥。而西汉水中下游的成县（秦武王时曾设置下辨邑）境内则有镡河、毛坝金矿，天水秦城区（今秦州区）李子原附近亦有沙金和岩金矿，目前均正在开采。成县与西和县接壤的纸坊、苏元乡一带亦有沙金，且其地曾出土过商周贝币，战国秦半两，也有秦汉墓葬群。又据传闻，礼县永坪、永兴乡曾出土有色金贝和鎏金贝，均已流失。

因此，礼县大堡子山先秦墓葬中金箔饰片之黄金来源，应具有多种可能性。因为众所周知的种种考古学现象（如秦兵马俑坑、秦景公大墓等）越来越明晰地表明，秦人远非我们以前所认定的那样粗蛮荒昧，秦文化及其科技水平也远非我们以前所认识的那样封闭落后。

编者按：本文首刊于《天水师专学报》（社会科学版）1998 年第 2 期，第 18 卷（总第 42 期）。此文的面世，得益于时任学报主编雍际春先生的真诚约稿和及时发表，特表谢忱！后又见于《陇南政协》《陇南文史》（2012 年第七辑）等书刊。是作者当时经由自订《中国文物报》《考古与文物》等专业报刊信息，结合民间口传、地方矿产和《史记·秦本纪》记载，在该墓葬群被盗之初和学术界研讨的较早时间段针对考古发现比较准确地认定礼县大堡子山秦先公墓葬墓主归属的文章，同时也是对于墓葬中出土金器金子的来源提出异议，并做出不同解释的文章。

卷五 陇南地名研究

从“宕昌县”的“tàn”音进入《现代汉语词典》说起

◎莫　超（兰州城市学院副校长、教授）

一、缘起

甘肃南部古有宕昌羌。《北史·宕昌传》云：“宕昌羌者，其先盖三苗之胤，周时与庸、蜀、微、庐等从武王灭商。汉有先零、烧当，世为边患，其地东接中华，西通西域，南北数千里，姓别自为部落，酋帅皆有分地，不相统摄，宕昌即其一也。……有梁勤者，世为酋帅，得羌豪心，乃自称王焉。”公元 424 年，梁勤孙梁弥忽派遣儿子弥黄奉表向北魏太武帝拓跋焘请求内附，北魏嘉许，拜弥忽为宕昌王，开启了“宕昌国”的历史。至公元 566 年为北周所灭，“宕昌国”历经 142 年。隋代在其地设宕昌郡，唐宋为宕州，元明清时其地为军民守卫千户所，民国时其地隶属西固县（今舟曲）。1954 年中华人民共和国在其地设宕昌县。

自古及今，“宕昌”作为一个地名一直沿用，当地人称“tàn 昌”。但是字书中的标音一直与当地人读音不合，这是甘肃省人所共知的事实。“宕”为宕韵定母字，《广韵》注“徒浪切”，《集韵》《韵会》均注“大浪切”，并音“荡”。《现代汉语词典》《新华字典》等都只列了“dàng”音。多年来，当地人总是提起此事，认为字典中应该加入“tàn”的注音。甘肃省语言文字工作委员会为此也向国家普通话审音委员会提出了书面申请，要求增加“tàn”的注音。去年厦门大学李如龙教授来信告知我：

> 贵省有关方面来信向普通话审音委员会征询关于“宕昌县”“宕”字读音的意见，他们说，本地都读为“tàn”，建议定为“tàn”。我查了你的《白龙江流域汉语方言语法研究》一书[①]，好像宕昌的音系中宕摄字并不读“an”韵，不知他们说得有没有错？宕字并无异读，字义的意思也并没有什么不好，为什么要郑重其事地申请改读呢？你调查过宕昌话，还有印象吗？便中请示知，以便

① 莫超：《白龙江流域汉语方言语法研究》，中国社会科学出版社 2004 年版。

答复他们。

我给李先生的回复是：

“宕昌”，当地人都读“tàn 昌”，我思考过这一问题，古全浊音今逢塞音、塞擦音，在陇南无论平仄绝大多数均读送气音，所以读“t”声母；就韵母而言，宕摄字在当地一般都读“ang”韵，也有读前鼻音的，如肩膀的“膀”读“bán”，螃蟹的“螃”读“pán”，但是只有几个字，比例占少数，不能推论“宕”读“an”韵。事实上，甘肃省的广播电台及电视台一直是读“tàn 昌”的，依照“名从主人”的原则，应当在字典中加入“tàn”音并解释“宕昌县，在甘肃”。这是我的一点浅见，乞正于先生。

李先生又回复：

谢谢莫超的回信。这几个读成前鼻音的例外字，会不会是由于语音的同化造成的？“宕昌”“螃蟹”是受后字声母“ch”“x”的影响，“ang”变成“an”；“肩膀”是受到前字韵尾“-n”的影响，也是“ang”变成“an”，都属于“同化”现象。如果可以这样理解，作为地名的注音，在《地名录》《地名词典》中可以“名从主人”注为“tàn”的音，但在《现代汉语词典》中不宜作为多音字为宕字另立“tàn”的音。你同意这样处理吗？

我的回答是：

谢谢先生指教！“ang”读“an”韵，我也曾做过这种推测，但是“长城”当地还读“cháng 城”，不读“chán 城”；“螃蟹”当地人读的是“pán hai”，后字不读“x”声母，因此还无法从后字或前字的影响——即语音“同化”得到解释。可能这几个字都是无规律可循的方言读法。我同意先生关于在《地名录》《地名词典》中注为“tàn”的音，但对在《现代汉语词典》中不宜作为多音字为宕字另立“tàn”的音持保留意见。

我之所以持保留意见，是受南京大学鲁国尧教授的影响。鲁国尧先生《接受“丁学”、“溱”之 qín 音、“丁声树谜题”——为纪念丁先生百岁诞辰而作》中说，他曾提供给丁先生“名从主人”的两条材料：一是“溱”字，鲁先生的家乡江苏泰县（2012 年撤县设市，今秦州市姜堰区）溱潼镇的“溱”字读“qín”，二是江苏如皋县（1991 年撤县设市，今为如皋市）栟茶镇的“栟”字读“bēn”。在此之前的《现代汉语词典（试用本）》（商务印书馆 1960 年版）中，“溱”只有“zhēn”音，“栟”只有“bīng”音；而《现代汉语词典（试印本）》（商务印书馆 1965 年版）中，“溱”有二音：①zhēn，水名，在河南；

②qín，溱潼，地名，在江苏。“栟”也有二音：①bīng，栟榈，即棕榈；②bēn，栟茶，地名，在江苏。丁先生手批的一本1962年版的《新华字典》中，清楚地写着：鲁国尧云[①]。

溱，《广韵》《正韵》为“侧诜切”，《集韵》《韵会》为“缁诜切”，折合成今音读均为“臻（zhēn）”；栟，《广韵》府盈切，木名，即棕榈，今应读“bīng”，不读“bēn”。“溱”之“qín”音、“栟”之“bēn”音均属例外。我想，作为一个乡镇地名的异读音，语言学大师、词典学编纂大家丁声树先生都能认可，将其读音编入《现代汉语词典》与《新华字典》，而一个堂堂县名的异读音为什么不能加入《现代汉语词典》呢？这涉及对于地名异读音的态度问题。

二、“名从主人”与地名异读的表现

“名从主人”最早出自《穀梁传·桓公二年》：“孔子曰：‘名从主人，物从中国’。”含义是事物以主人所称之名为名。《左传·襄五年》：“仲孙蔑、卫孙林文会吴于善道”，《穀梁传·襄五年》：“仲孙蔑、卫孙林文会吴于善稻，吴谓‘善’‘伊’，谓‘稻’‘缓’，号从中国，名从主人。”范宁《集解》：“善稻，吴地。夷狄所号地形及物类当从中国言之，以教殊俗，故不言伊缓，而言善稻，人名当从其本俗言。”可见自古已然。“名从主人”作为一条原则，多年来常用在人名、地名、物名的中外文翻译之中。在国内的语言文字运用中也常存在遵从“名从主人”的情况。在人名方面，我们会自然联想到国学大师陈寅恪的名字。“恪”，《广韵》“苦各切”，《集韵》《韵会》《正韵》均为“克各切”，均读“kè”。陈先生常自谓“陈寅 què”[②]，因而有“陈寅 kè”“陈寅 què”两读。字典中未标“què”音，依照“名从主人”原则，我们认为读“què”似乎也是对的。近期网上发布了一则消息，是关于村民姓氏读音和书写问题的：

在蚌埠怀远县古城乡庙荒村，有着上千名村民，他们都姓“钅且”（音同“池”）。因为这个字在电脑上打不出来，给他们日常生活带来了很多不便。在怀远县除了庙荒村“钅且”姓比较多以外，杨刘村也集中了大量“钅且”姓人家，加在一起有2 000人左右。2013年，庙荒村七八百名村民，联合向当地公安机关提交了申请材料，要求将“钅且”姓改回“鉏”。这个要求得到了相关部门的

① 中国社会科学院语言研究所编：《学问人生 大家风范——丁声树先生百年诞辰纪念文集》，商务印书馆2009年版。

② 承西北师大张文熊教授（已故）见告，20世纪40年代后期他在燕京大学听课时，陈寅恪先生自称。

批准，但是改回的范围仅限于身份证和户口本，问题仍然没有根本解决。因为学生学籍上没有改，两者不一致，还是麻烦不断。记者翻阅商务印书馆出版的《现代汉语小词典》第 5 版，找到了“钅且”字，音同“举”，为锄头之意，“钅且”作为姓氏时念“chi（第二声）”。鉏姓聚居地较集中的地方为蚌埠、蒙城、嘉兴。但《现代汉语词典》第 5 版尚未列出“chi（第二声）”音[①]。

我们认为，《现代汉语小词典》第 5 版列出“鉏”作为姓氏时念“chi（第二声）”，就是遵从“名从主人”原则的结果。

就地名而言，“名从主人”原则更为重要。地名的读音常常有与所用的字的一般读音不同的情况。情形多种多样，或文白异读（多数地名从白读，有的也从文读），或保留古读（地名因口口相承，往往保留旧读），或雅化改字（如北京有狗尾巴胡同写成高义伯胡同），或音变造成异读，或因为用方言词命名，无字可写，另写别字。就笔者较熟知的西北地名而言，上述几种情况均属常见。

文白异读者如：榆中地名“苑川”读“wǎn 川”；榆中地名“哈岘”读“kǎ岘”；文县地名“哈南寨”读“kǎ南寨”；永登地名“哈家嘴”读“kǎ家嘴”，不同地方带“哈”字的地名都读“kǎ”。“哈”，《广韵》“五合切”，《集韵》“鄂合切，又色恰切”，字书无读“kǎ”音者；“裴家窑”读“pī家窑”；“翟家湾”读“zhé家湾”；永登县瑞芝村读“fèi 芝”，“瑞”在西北多读“shuì”，而兰州及周边“sh”拼合口呼韵母时变读为“f”声母，因而“瑞芝”读“fèi 芝”；永登“北灵关”读“biè灵关”，等等。

保留古读者如：甘肃“宕昌县”。前文已述，宕昌之名，得之极早。“宕”读“tàn”音，应起自秦汉，延至现在。除宕昌外，他处方言也有将“宕”读为“tàn”者，在甘肃中南部、陕西关中、宝鸡一带的方言中，“延宕”一词，读“延 tàn”（含义为拖延、不利索）。永登地名“大通”读“dài 通”（“大”有“唐佐切、徒盖切”二音，“dài 通”之“dài”当为后者的遗留。）；永登“皮袋沟”读“皮 tài 沟”。“袋”，《广韵》“徒耐切”，定母字，全浊仄声送气，保留了秦晋古音[②]，也属中原官话关中片及秦陇片的特征之一。

音变造成异读者如：榆中县“响水子”读“xiǎo 水子”（来紫堡乡与银山乡均有此地名，都读“xiǎo 水子”）；青海门源县有浩门镇读“gē门”；榆中“打虎岔”读“打 gǔ岔”；“桑园子”读“桑 yán 子”；永登“华家井”读“华 er 井”、“甘家庄”读“甘 er 庄”、“秦王川”读“秦 yáng 川”。这些异读字有的在地名

① 2014 年 7 月 7 日中安在线。

② 李如龙、辛世彪：《晋南、关中的“全浊送气”与唐宋西北方音》，《中国语文》1999 年第 3 期。

词头，有的处在中间，都是为了说得轻便（语言经济原则的体现）而发生的音变，实质是语音的弱化现象。陕西省乾县有个“杨汉村”，系“杨奂村”之音变（元代著名文学家杨奂故里）、旬邑县有“后掌乡”，系“后庄乡”的音变[①]，均属此类。但也有例外，如兰州地名“阿干镇”，当地老年人读“阿 gāng 县”（承中国社会科学院语言所杨永龙先生见告，“阿 gāng 县”系金代于此地所设）。查多种字书，“干”均无读“gāng”者。陕西省大荔县有“奓村”，读“duō村”[②]。“奓”，《广韵》《韵会》并作“陟加切”，《集韵》有“陟加切”“诗车切”二音，应当读“zhā”或“shē”两音，无读“duō”音者。可能受“多”偏旁读音影响所致。

雅化改字者如：甘肃省酒泉火车站所在地原名“骡马镇”，可能是骡马买卖市场，后改为“罗马镇”；永登地名“净羌驿”改为“金强驿”；兰州地名“牛卧庄”改为“宁卧庄”；景泰县的“永泰龟城”改为“永泰古城”，等等。

方言词命名，无字可写，另造他字者如：李㚅（qú）、华家㚅[均在甘肃定西县（今为定西市安定区）宁远乡]，“㚅”含义是“位于半山坡的阴洼地”。㚅字，字书未见。

三、结　语

方言地名遵循“名从主人”原则，为的是照顾群众习惯，保持地名的稳定性。同时，对于地域文化、历史演变的研究，稳定的地名能够提供很大的便利，它们是极富价值的材料。L.R.帕默尔说过：“地名的考察实在是令人神往的语言学研究工作之一，因为地名往往能提供出重要的证据来补充并证实历史学家和考古学家的论点。”[③]

对地名的异读现象，是否应当编入词典，应当有取舍的原则。笔者的观点是：乡镇以上的地名异读，应继承丁声树先生编词典的传统，将其读音列入通用的词典之中。今年二月初，甘肃省语言文字工作委员会的工作人员专门就此征求过我的意见。几天后，国家语言文字工作委员会同意将“宕昌县”的“tàn”音补入新版《现代汉语词典》中，其结果与笔者的建议相符。毕竟“宕昌”是个县名啊！乡镇以下的村名或更小的聚居点的地名用字，如果有该字但读音不同，可以不在字典中标出“又读”，但可在当地的地方志、地名录或地名

① 陆耀富主编：《中华人民共和国地名词典—陕西省》，商务印书馆 1994 年版。
② 2014 年 7 月 7 日中安在线。
③ L.R.帕默尔《语言学概论》中译本，商务印书馆 1983 年版。

词典中载入，为方言调查或其他（如民俗、历史沿革）调查提供资料和依据。当然也不应限制或修正本地人的读音，顺其自然，如前述兰州“阿干镇”，当地老年人读“阿 gāng 县”，此地是否曾为“县”姑且不论，“阿甘”读“阿 gāng”已将“寿终正寝”了，这是“自然淘汰”的结果。还有一种情况，古地名的读音与今读并不同，今读错了，但已为“主人”所接受甚或习焉不察，则以今读音为是。例如甘肃临夏，古地名为“枹罕”。据《康熙字典》：“枹，他结切，音铁。《史记·武帝纪》‘枹罕’注：‘金城县名’”可知，“枹罕”实应读“tiě罕”。但临夏人均读“fú罕”，习非成是，我们自然也取认同态度。

有些只存在于地名中的生僻字不见于任何字书，且往往是小地名，为了不徒然增加汉字的数量，且在当地人也能接受的情况下，应该换用同音字代替。

【作者简介】

莫超，陇南文县人，兰州城市学院党委常委、副校长、文学院院长、教授，兼任《甘肃高师学报》主编、甘肃方言研究所所长，西北师大文学院特聘教授，硕士研究生导师。系甘肃省语言文字学会常务理事，中国语言学会会员、全国方言学会会员。发表论文 40 多篇，出版专著 4 部。曾荣获甘肃省高校青年教师成才奖（教育厅奖，2004）、甘肃省高校社科成果二等奖（教育厅奖，2006）、甘肃省“园丁奖”（省委、省政府奖，2006）、甘肃省社会科学成果二等奖（省委、省政府奖，2007）。

专著：《关联词语通论》《白龙江流域汉语方言语法研究》《甘肃方言与普通话测试丛书》等。

论文：《“动宾短语+开/起”的西北方言例补》，《中国语文》，2005 年第 2 期；《兰州及周边方言中的“们 3”》，《语言科学》2004 年第 6 期，《人大复印资料·语言文字学》2005 年第 1 期全文转载；《说“惊现”》，《语文建设》2004 年第 1 期；《也谈关联词语的连用》，《兰州大学学报（社科）》2005 年第 6 期；《“句”的内涵及单复句的区分》，《兰州大学学报（社科）》2003 年第 6 期；《语法重新分析与关联词语的构成》，《西北师范大学学报（社科）》2007 年第 2 期，等等。

“文武成康采地说”考论

◎唐旭波（陇南市文联《中国乞巧》编辑部副主任）

一、“文武成康采地说”的文本源流及文州置州

“文武成康采地说”始见于宋人邵博《邵氏闻见后录》(简称《邵录》)：“武都为武王采地，文、成、康三州亦三王采地，皆因以得名。虽无经见，其传亦久矣。”① “采地说”意旨明确，即武都郡和文、成、康三州四地皆为西周文、武、成、康诸王采地，故因以名之。邵博其人，《宋史》无传，只有一些零星记载。《宋史》载：“(邵伯温）三子：溥，博，傅。”②宋陈骙《南宋馆阁录》载：“邵博，字公济，河南人。”③又佚名《氏族大全》载：“邵溥，宋绍兴中除徽猷阁待制，弟博，除秘书省校书郎。”④据此可知邵博为邵伯温次子，字公济，河南人，主要活动于南宋绍兴年间,《邵录》自序其成书于南宋绍兴二十七年（1157年）。“采地说”在《邵录》之前无史可徵，清康熙四十年（1701年）陈梦雷编撰《方舆汇编》时采摘其说，又清嘉庆十三年（1808年）吴鹏翱撰《武阶备志》和清光绪二十年（1894年）吕震南撰《阶州直隶州续志》亦采邵氏“采地说”，其文本源流大致若此。

“采地说”文本始见于《邵录》成书之年即绍兴二十七年，但依其内容和学理逻辑，“采地说”形成完整文本必在武都、文州、成州和康州四地均作为正式政区出现之后，这是“采地说”文本形成的年代上限，而绍兴二十七年只是“采地说”文本最早出现的年代，换言之，若要追溯“采地说”文本形成的年代上限，就需要考查武都、文州、成州和康州四地中何者是最晚出现的政区意义上的建置。

武都置郡始于汉武帝元鼎六年（前111年）⑤，时间无争议。

文州置州一般认为始于西魏废帝平蜀置文州，但年代不确。《武阶备志》载：“文州……废帝平蜀置州。”⑥《阶州直隶州续志》载：“文州……西魏废帝平蜀，

---

①〔宋〕邵博：《邵氏闻见后录》，中华书局1983年版。

②〔元〕脱脱等：《宋史》，中华书局1977年版。

③〔宋〕陈骙：《南宋馆阁录》，上海古籍出版社1987年版。

④ 佚名：《氏族大全》，上海古籍出版社1987年版。

⑤ 周振鹤：《西汉政区地理》，人民出版社1987年版。

⑥〔清〕吴鹏翱：《武阶备志》，成文出版社有限公司2000年版。

建阴平国，旋废。始置文州。”[①]清康熙江景瑞《文县志》载：“西魏置文州。”[②]清光绪长赟《文县志》载：“西魏废帝封阴平氐杨法深，从尉迟迥平蜀归，因争废国，始置文州。”[③]今《文县志》亦含糊其词，作“西魏废帝始置文州。”[④]地方志书均采西魏废帝平蜀置文州，惜无确辞。关于始置文州的经过，《周书》载：“废帝元年，以法深为黎州刺史。二年，杨辟邪据州反，群氐复与同逆……是岁，杨法深从尉迟迥平蜀，军回，法深旋镇。寻与其种人杨崇集、杨陈侳各拥其众，递相攻讨。赵昶时督成武沙三州诸军事、成州刺史，遣使和解之。法深等从命。乃分其部落，更置州郡以处之。”[⑤]魏废帝二年（553 年），氐酋杨法深从尉迟迥平蜀归镇阴平，与族人杨崇集、杨陈侳发生攻战，赵昶遣使和解，于是析分部落，始置文州。然而《北史》记载杨法深从尉迟迥平蜀归镇阴平的时间在西魏废帝三年，这直接关系到文州建置的时间。《北史》载：“二年，杨辟邪据州反，群氐复与同逆……来岁，杨法深从尉迟迥平蜀，军回，法深旋镇……乃分其部落，更置州郡以处之。”[⑥]《北史》与《周书》纪事如出一辙，唯前者把杨法深从尉迟迥平蜀归镇阴平的时间系于“来岁”即魏废帝三年，后者系于“是岁”即西魏废帝二年。检阅《周书》和《北史》，均无尉迟迥平蜀归来的时间，仅言“三月，太祖遣大将军、魏安公尉迟迥率众伐梁武陵王萧纪于蜀……八月，克成都，剑南平。”[⑦]《周书·尉迟迥传》载：“诏迥为大都督、益潼等十八州诸军事、益州刺史。以平蜀功，封一子为公。自剑阁以南，得承制封拜及黜陟。”[⑧]由此可知，尉迟迥于西魏废帝二年三月伐蜀，至八月克成都平剑南后，并未即刻返回，而是得到西魏废帝的嘉奖，以“大都督、益潼等十八州诸军事、益州刺史”镇守蜀地，故《周书》言魏废帝二年杨法深从尉迟迥平蜀归镇阴平的说法有误，文州置州始于魏废帝二年也就无从谈起。又《北史》载：“废帝三年，诏贵代尉迟迥镇蜀。”[⑨]《周书》作：“三年，诏贵代尉迟迥镇蜀。”[⑩]可知，尉迟迥在西魏废帝二年平蜀后至三年宇文贵取而代之前一直镇守蜀地，所以杨法深从尉迟迥平蜀返回阴平的时间应以《北史》为是，即魏废帝三年（554 年），故文州置

① 〔清〕吕震南：《阶州直隶州续志》，成文出版社有限公司 2000 年版。
② 〔清〕江景瑞：《文县志》，文县党史研究县志编撰办公室点校本 2015 年版。
③ 文县志编撰委员会：《文县志》，甘肃人民出版社 1997 年版。
④ 〔清〕长赟：《文县志》，凤凰出版社 2009 年版。
⑤ 〔唐〕令狐德棻等：《周书》，中华书局 1971 年版。
⑥ 〔唐〕李延寿：《北史》，中华书局 1974 年版。
⑦ 〔唐〕令狐德棻等：《周书》，中华书局 1971 年版。
⑧ 〔唐〕令狐德棻等：《周书》，中华书局 1971 年版。
⑨ 〔唐〕令狐德棻等：《周书》，中华书局 1971 年版。
⑩ 〔清〕长赟：《文县志》，凤凰出版社 2009 年版。

州始于魏废帝三年。

二、成州、康州、西康州考

成、康二州的始置时间,《周书》载:“(魏废帝)三年春正月……又改置州郡及县……南秦为成州”[①]，即成州置州始于魏废帝三年(554年);又“(周明帝二年)三月甲午……以广业、修城二郡置康州”[②]，即康州置州始于周明帝二年(558年)。要考察清楚成、康二州的源流就必须对南秦州的政区变迁作一番梳理，南秦州是今陇南地区继汉武都郡以后政区演变的第二个关键雏形。

南秦州置州始于前秦咸安元年(371年)克前仇池国，但其地处南北政权之要冲，故历代氐杨政权均依附于南北，在自建安中至南朝梁元帝承圣元年的绝大部分时间内，南秦州郡县只是南北政权的附属，军镇意义凸显，并不具备完全版图意义上的政区。如后仇池国杨盛就曾“分氐羌为二十部护郡，各为镇戍，不置郡县”。[③]又永昌元年，“难敌称藩，曜大悦，以为上大将军，益、宁、南秦州牧，封武都王。”[④]其时杨难敌仅有仇池一隅之地，而益州属成汉，宁州远在云贵高原，时属东晋，益、宁二州与杨难敌风马牛不相及，实属遥领郡县。《魏书》载:“南秦州，真君七年置仇池镇，太和十二年为渠州，正始初置。治洛谷城。领郡六，县十八。”[⑤]《魏书·地形志》(后称《魏志》)所载南秦州六郡分别是天水郡、汉阳郡、武都郡、武阶郡、修武郡和仇池郡，窃疑南秦州六郡十八县是北魏太平真君至太和年间之初置郡县，后当有调整。因《魏书·灵征志》载:“永平三年五月庚子，南秦广业郡大雨雹，杀鸟兽、禾稼”[⑥]又“永平三年五月乙亥,南秦州广业、仇池郡大风,发屋拔树”。[⑦]至迟在永平三年(510年),广业郡已属南秦州,故其时南秦州当领七郡。广业郡置于何时《魏志》阙载,《魏书》载:“高祖初……喜至，申恩布惠，夷民大悦，酋帅强奴子等各率户归附，于是置广业、固道二郡以居之。”[⑧]清钱大昕《廿二史考异》称:“考《皮豹子传》:‘子喜，高祖初年拜都督秦雍荆梁益五州诸军事、仇池镇将，酋帅强奴子等各帅户归附，于是置广业、固道二郡以居之。’则广业郡亦延兴中置

① 〔唐〕令狐德棻等:《周书》，中华书局1971年版。
② 〔唐〕令狐德棻等:《周书》，中华书局1971年版。
③ 〔清〕吴鹏翱:《武阶备志》，成文出版社有限公司2000年版。
④ 〔清〕吴鹏翱:《武阶备志》，成文出版社有限公司2000年版。
⑤ 〔北齐〕魏收:《魏书》，中华书局1974年版。
⑥ 〔北齐〕魏收:《魏书》，中华书局1974年版。
⑦ 〔唐〕李延寿:《北史》，中华书局1974年版。
⑧ 〔北齐〕魏收:《魏书》，中华书局1974年版。

矣。”[1]据此，广业郡应始置于北魏孝文延兴四年（474年）。但《魏书》中有两处广业郡，一属南岐州，一属东益州。《魏志》载：“南岐州，领郡三。固道郡，延兴四年置。广化郡。广业郡。”[2]又“东益州，领郡七，县十六……广业郡，领县二，广业，广化”[3]。那么永平三年前已划属南秦州的广业郡是否有属县，或者属于东益州还是南岐州？

广业郡，《元和郡县图志》载：“同谷县……本汉下辨道……后魏宣武帝于此置广业郡并白石县。”[4]此处广业郡属县设置颇难理解，《隋书·地理志》载：“同谷，旧曰白石，置广业郡。西魏改曰同谷。”[5]北魏于下辨置广业郡，并未省并白石县，故西魏有改白石为同谷之举。《旧唐书·地理志》亦载：“同谷，汉下辨道，属武都郡。后魏于此置广业郡，领白石县。”[6]《水经注·漾水》载：“汉水又东南迳浊水城南，又东南会平乐水……汉水又东南于槃头郡南与浊水合，水出浊城北，东流，与丁令溪水会，其水北出丁令谷，南迳武街城西，东南入浊水。浊水又东迳武街城南，故下辨治也……今广业郡治。浊水又东，宏休水注之，水出北溪，南迳武街城东，而南流注于浊水。浊水又东迳白石县南。”[7]该文字对厘清广业郡的政区设置非常重要，今《成县志》以浊水为青泥河水系，不确，对照成县水系图，浊水应发源于成县西部的沙坝镇或小川境内，谭其骧《中国历史地图集》标注浊水城在小川境，应为一地，东南流至抛沙镇蹇家沟境内，与发源于二郎乡的丁令溪水即今杨坝河汇合，至抛沙镇丰泉村南过武街城即汉下辨城，至城关镇与宏休水即东河汇合，南过白石县。按《魏志》多郡县同名而置的情况，广业郡当领广业县，而武街城就是广业郡县的治所，故广业郡领广业和白石二县。

《魏志》“广业郡”条下有广化县，疑有误，《元和志》载：“河池县，本汉旧县，属武都郡……后魏于此置广化郡广化县。”[8]《隋志》载：“河池，后魏曰广化，并置广化郡……又后魏置思安县，大业初省入。”[9]广化郡下当有思安县，这也与《周书》相印证，《周书》载：“世宗初，凤州人仇周贡、魏兴等反，

①〔清〕钱大昕撰，方诗铭等点校：《廿二史考异》，上海古籍出版社2004年版。
②〔北齐〕魏收：《魏书》，中华书局1974年版。
③〔北齐〕魏收：《魏书》，中华书局1974年版。
④〔唐〕李吉甫撰，贺次君点校：《元和郡县图志》，中华书局1983年版。
⑤〔唐〕魏徵等：《隋书》，中华书局1973年版。
⑥〔后晋〕刘昫等：《旧唐书》，中华书局1975年版。
⑦〔北魏〕郦道元原注，陈桥驿注释：《水经注》，浙江古籍出版社2013年版。
⑧〔唐〕李吉甫撰，贺次君点校：《元和郡县图志》，中华书局1983年版。
⑨〔唐〕李吉甫撰，贺次君点校：《元和郡县图志》，中华书局1983年版。

自号周公，有众八千人。破广化郡，攻没诸县。”[①]《北史》与《周书》记载略同，若广化郡下无属县或仅领一县，则于此不得言“诸县”。

清杨守敬《隋书地理考证附补遗》载：“《地形》有两广业郡一属南岐州，无属县；一属东益州，领广业、广化两县。《水经·漾水注》：‘故道川南入东益州之广业郡。’在白石县东，是东益州之广业郡，更有白石县。按《魏志》郡县多有重复而实只一地者。由州改而郡县未改，郡改而县未改。《地形志》不为之详其先后置立。但各据其时绾籍书之，又或有先为本土后陷而复得者，稍有改益，亦遂以前后州郡并载之。如此，广业郡当是先属岐州，后属东益州，本一郡也，附记于此以审读《魏志》者。”[②]杨氏认为两处广业郡本为一郡，实属卓见，但广业郡先属东益州后属南岐州才符合事实，因为东益州置州要早于南岐州。

东益州初置于北魏正始二年（505 年），北魏神龟元年（518 年）杨绍先复国武兴，州遂废，西魏大统元年（535 年），杨智慧遣使内附，遂以武兴为东益州。南岐州置于何时，《通典》载：“后魏置固道郡，兼置南岐州”[③]，此说易误导，认为南岐州与固道郡同年而置，即延兴四年（474 年），实则大谬。《元和志》载：“孝昌中以固道郡置南岐州，废帝三年改南岐州为凤州……按成州同谷县本是凤州西界。”[④]故南岐州以固道郡初置于北魏明帝孝昌年间（525—528 年），这也与《魏书》《周书》所载叱罗协、尧难宗和卢侍伯等南岐州刺史任职时段相符，领梁泉、两当和广乡三县，故永平三年前划属南秦州的广业郡原属东益州，领广业和白石二县。

《元和志》与《魏志》南岐州领郡数目有别，后当有调整。《周书》载：“（魏废帝）三年春正月……又改置州郡及县……南秦为成州……南岐为凤州……凡改置州四十六、置州一，改郡一百六，改县二百三十。”[⑤]《元和志》与《魏志》南岐州之别极有可能就是这次大规模地改置郡县所致。又《北史》载：“周明帝初，凤州人仇周贡、魏兴等反，自号周公，破广化郡，攻没诸县，分兵西入，围广业、修城二郡……兴州人段吒及氐酋姜多复反，攻没郡县，昶讨斩之。”[⑥]明帝初，仇周贡和段吒等叛乱，攻破广化郡诸县，成州刺史赵昶后虽平定叛乱，但郡县残破，人口损耗已属必然。北朝更替之际，“但要荒之所，旧多浮伪，百

① 〔唐〕令狐德棻等：《周书》，中华书局 1971 年版。
② 〔清〕杨守敬：《隋书地理志考证附补遗》，清光绪二十三年刻本。
③ 〔清〕杨守敬：《隋书地理志考证附补遗》，清光绪二十三年刻本。
④ 〔唐〕李吉甫撰，贺次君点校：《元和郡县图志》，中华书局 1983 年版。
⑤ 〔唐〕令狐德棻等：《周书》，中华书局 1971 年版。
⑥ 〔唐〕李延寿：《北史》，中华书局 1974 年版。

室之邑，便立州名，三户之名，空张郡目”[①]，在这样的时代背景下，广业郡州属、领县之变动实属常举，在史料不足征的情况下，审慎起见，把广业郡从东益州划属到南岐州且省并属县的时间确定在魏废帝三年至周明帝初年最为妥当。从政区设置看，南岐州调整后领三郡，大致呈一字型，自西至东依次为广业郡、广化郡和故道郡，辖境大致相当于今成县、徽县、两当和凤县地区，仅比唐代凤州多出广业郡一地。

孝武帝永熙三年（534 年），北魏西迁长安，南秦州开始析分重组。武都郡四县一分为二，石门东平二县置武州，孔提县置孔提郡，白水县划属白水郡；武阶郡三县亦一分为二，南五部和赤万县划属万郡，北部县划属武阶郡；武州领三郡八县，治安育县（今武都区角弓乡），成州领六郡十五县，治苍泉县（今西和县洛峪镇）。魏废帝三年（554 年），南秦州改置为成州，标志着自前秦咸安元年以来中原政权历后秦、北魏和西魏经营开拓的南秦州完成了州郡县三级政区在今陇南地区确立的历史使命，其政区遗产一分为二，即以南秦州为主体的成州六郡与以南秦州西部地区整合重组的武州三郡，这一历史进程对陇南地区的政区划分影响深远。

北周明帝二年（558 年），以成州所属广业、修成二郡置康州，领二郡五县之数，即广长、平落、下辨、柏树和白石五县，以广长县为州治，《中国历史地图集》标注广长在成县以南的西汉水北岸，广长县治当在今成县镡河镇将利村境内，康州全境约合今康县、成徽二县南部和略阳西部，大业初康州废。成州经北周明帝析置康州后，还有四郡之数，即天水郡、汉阳郡、武阶郡和仇池郡，郡治未变，州境约和今礼县、西和县、成县大部和武都区东北部。唐宝应元年（762 年），成州没于吐蕃，徙治他处，此不赘述。

厘清成康二州置州的确切年代和政区范围不仅是政区变迁研究的应有之义，而且据此还能够勘正一些正史中相互抵牾的重要史实，如《周书》载豆卢永恩：“（魏废帝）二年，出为成州刺史。”[②]此说当有误，《周书》“二年出为成州刺史”条出校勘记曰：“《文苑英华》卷九二五庾信《豆卢永恩碑》事在‘三年’”[③]。成州置州始于魏废帝三年正月，故应以“三年”为是。又《周书·氐传》载：“（大统）十五年，安夷氐复叛，赵昶时为郡守，收其首逆者二十余人斩之，余众乃定。于是以昶行南秦州事……赵昶时督成武沙三州诸军事、成州

① 〔唐〕李百药：《北齐书》，中华书局 1972 年版。
② 〔唐〕令狐德棻等：《周书》，中华书局 1971 年版。
③ 〔唐〕令狐德棻等：《周书》，中华书局 1971 年版。

刺史，遣使和解之。”[①]而《周书·赵昶传》载：“（大统）十五年，拜安夷郡守，……朝廷嘉之，除大都督，行南秦州事。时氐帅盖闹等反……拜武州刺史、车骑大将军、仪同三司、诸州军事。”[②]前者谓赵昶拜成州刺史，而后者言其为武州刺史，《赵昶传》“拜武州刺史”条出校勘记曰：“卷四九《氐传》作‘督成、武、沙三州军事，成州刺史。’”一字之差，谬之千里。大统十五年（549 年），赵昶在安夷郡守任上平定氐乱，其时成武二州还隶属于南秦州，均未置州，故授其“行南秦州事”，全权负责包括成武二州在内的南秦州事宜，其平定盖闹等叛乱后，其时已以南秦州二郡之地析置武州，而以南秦州六郡改置成州，故拜其为成州刺史，顺理成章，因为绝无大州刺史受嘉奖后反去小州任职之理，故应以《氐传》成州刺史为是。

需要引起注意的是，成州从魏废帝三年置州至唐宝应元年没于吐蕃二百余年的时间中，虽因史料所限，亦有赵昶、豆卢永恩、韦琬、刘志、元伟和裴守贞等 11 位刺史可考，而康州从周明帝二年置州至隋大业初州废的四十余年中竟无一刺史可考，殊为异常。

唐武德元年（618 年）所置西康州与康州又有何种政区沿革渊源呢？西康州，《新唐书》载：“同谷，中下。武德元年以县置西康州，贞观元年州废，来属，咸通十三年复置。”[③]《旧唐书》：“成州，下……贞观三年……又割废康州之同谷县来属。”[④]《元和志》载：“同谷县……后魏宣武帝于此置广业郡，并白石县，恭帝改白石为同谷县，隋开皇三年罢郡，以县属康州，大业初属凤州，贞观元年属成州。”[⑤]对此三者所载（西）康州，《两唐书地理志汇释》补释认为：“《旧志》《元和志》无‘西’字。”[⑥]其实《元和志》所载康州实指北周明帝二年以广业、修成二郡所置之康州，隋开皇三年（583 年），同谷县属康州，其在隋大业三年（607 年）已废，《隋书》载：“同谷，旧曰白石，置广业郡，西魏改曰同谷，后周置康州，开皇初郡废，大业初州废。”[⑦]故同谷县在康州州废后先后隶属凤成二州。唐武德元年以同谷县置西康州，贞观元年（627 年）即废，同谷县属成州，故《旧唐书》所谓“废康州”应为废西康州。

《汇释》“同谷”条编者按云：“志未云复置者何。据《寰宇记》卷五〇，成

① 〔唐〕令狐德棻等：《周书》，中华书局 1971 年版。
② 〔唐〕令狐德棻等：《周书》，中华书局 1971 年版。
③ 〔宋〕欧阳修，宋祁：《新唐书》，中华书局 1975 年版。
④ 〔后晋〕刘昫等：《旧唐书》，中华书局 1975 年版。
⑤ 〔唐〕李吉甫撰，贺次君点校：《元和郡县图志》，中华书局 1983 年版。
⑥ 吴松第：《两唐书地理志汇释》，安徽教育出版社 2002 年版。
⑦ 〔唐〕魏徵等：《隋书》，中华书局 1973 年版。

州下属各县于至德后并废为镇，咸通十三年复置县，此云‘复置’乃复置同谷县，疑‘来属’后有脱文。”[①]据《旧唐书》“成州”条“又割废康州之同谷县来属”可知“来属”后脱文为成州无疑。

西康州自武德元年置州至贞观元年州废，前后不过十年时间，存在极为短暂。但值得注意的是西康州在州废之后仍不时出现，唐乾元二年，杜甫《凤凰台》诗曰：“亭亭凤凰台，北对西康州”，清仇兆鳌注曰：“《唐书》：武德初，以同谷置西康州，贞观中废。谓之西康者，别于岭南之康州也。”[②]又杜甫《长沙送李十一衔》曰：“与子避地西康州，洞庭相逢十二秋”，仇注曰：“西康州即同谷县。”[③]其时距西康州州废不过一百余年，杜甫在同谷县滞留月余，对当地的政区建置肯定熟稔，不至于对西康州州废这一事实置若罔闻，其作《乾元中寓居同谷县作歌七首》和《发同谷县》就是明证，杜氏两次言及西康州应有言外之意。无独有偶，南宋乾道九年蒲顺举撰《成州广化寺记》，亦云：“西康人勤，生而吝施。”[④]蒲氏时任成州州学教授，依然称成州为西康。又南宋淳熙二年杜定撰《宋拱卫大夫康州刺史田公墓志铭》曰：“以其父拱卫之丧，葬之以西康之西十里西山之下。”[⑤]南宋淳熙十二年田世雄撰《宋太宜夫人刘氏之墓》曰：“夫人生于政和壬辰……葬于西康西山皇考刺史茔之侧。”[⑥]田世雄其时任成州知州，两通墓志铭分别对应其父母。南宋淳熙十四年卑牧撰《西狭题记》称：“汉李翕守西康。”[⑦]卑牧是田世雄继任的成州知州。迟至元至元四年，盘溪子撰《重修北极宫》称：“同谷对景之南山……比至西康州……真西康之胜景也。”[⑧]检视诸多关于西康州的文本发现，杜甫距西康州州废为时不远，除此之外，其他五则文本距西康州州废最近者已达500余年，最远者更达700余年，故以西康之名指代同谷之地。那么后世文本为什么要以西康之名指代同谷之地呢？其一，西康州初以同谷县置州，在上文述及的唐、宋、元诸季，同谷县始终作为一级正式政区存在，其政区范围与西康州基本吻合，这是后世文本以西康指代同谷的政区地域基础；其二，西康州是古人“取以嘉名”地名思想的延续和体现，

① 吴松第：《两唐书地理志汇释》，安徽教育出版社2002年版。
② 〔唐〕杜甫著，〔清〕仇兆鳌注：《杜诗详注》，中华书局1979年版。
③ 〔唐〕杜甫著，〔清〕仇兆鳌注：《杜诗详注》，中华书局1979年版。
④ 赵逵夫：《陇南金石校录》，社会科学文献出版社2018年版。
⑤ 赵逵夫：《陇南金石校录》，社会科学文献出版社2018年版。
⑥ 赵逵夫：《陇南金石校录》，社会科学文献出版社2018年版。
⑦ 赵逵夫：《陇南金石校录》，社会科学文献出版社2018年版。
⑧ 赵逵夫：《陇南金石校录》，社会科学文献出版社2018年版。

《说文解字》释康曰："凡康宁，康乐皆本义空中之引伸。"①西康之"康"在上述文本情境中正是取康宁、康乐之意，不论是安史之乱中日薄西山的天宝盛世，还是偏安一隅的南宋，或是蒙古铁骑下的蒙元，上述文本就产生于这样的情境之中，西康相比同谷因"制内两水同聚一谷"而得名的平庸无奇，确实寄寓了作者天下康乐之愿景。迟至民国三十六年（1947 年），成县境内仍置西康乡，古人"取以嘉名"思想张力之强可见一斑。

要之，武都郡、文州、成州和康州四地中最晚出现的政区是康州，即周明帝二年，依逻辑而论，在康州作为政区意义的建置出现之前，"采地说"难以形成《邵录》文本，故"采地说"文本形成的年代上限即北周明帝二年，但"采地说"文本最终形成年代是南宋绍兴二十七年（1157 年）。

三、"采地说"与地名泛化

令人始料未及的是，文州置州后不仅被视为周文王采地，而且还衍生出羑里城、天牢山和文王庙等与文王相关的地理景观。对于成周之际的疆域，宋洪迈称："成周之世，中国之地最狭，以今地理考之，吴、越、楚、蜀、闽皆为蛮，秦为戎……其中国者，独晋、卫、齐、鲁、宋、陈、许而已，通不过数十州，盖天下特五分之一耳。"②此说甚当，成周之世文州与文王采地相距甚远。羑里城，《汉书·地理志》载："河内郡……汤阴，……有羑里城，西伯所拘也。"③《汉志》明确指出其在河内郡汤阴县。明代文县士人萧藉《羑里辩》云："当文王囚羑里时，长子伯邑考质于殷纣，烹为羹赐文王食之，以此推之，岂有携羹于千里之外尚堪食乎？则其在汤阴也。"④萧藉亦认为羑里在汤阴。然而，自《邵录》起，有关文州羑里城、天牢山和文王庙的记载不绝于史，蔚为大观。兹将有关记载梳理如下（见表 1）。

表 1　史籍中有关文州羑里城、天牢山和文王庙的记载

序号	年代	内　　容	出　处
1	宋	文王庙，在郡治后。孙谔诗：秋空度见周王庙	《方舆胜览》
2	明	天牢山……相传为古羑里。上有羑里城	《大明一统志》
3	明	余数登天牢之巅……故斯文之统开于文王	孙岩《文县志》

①〔汉〕许慎：《说文解字》，中华书局 1963 年版。

②〔宋〕洪迈撰，穆公点校：《容斋随笔》，上海古籍出版社 2004 年版。

③〔汉〕班固：《汉书》，中华书局 1962 年版。

④〔清〕江景瑞：《文县志》，文县党史研究县志编撰办公室点校本 2015 年版。

续表

序号	年代	内　　容	出　　处
4	明	文州古羑里，孤城何巍巍	《阶州直隶州续志》
5	明	荒台遗址寄山隈，谁到周文从此来	《阶州直隶州续志》
6	清	天牢山，在文县西北二里……上有古城	《嘉庆重修一统志》
7	清	又有天牢山……相传为古羑里，文王囚于此山。上有羑里城	《读史方舆纪要》
8	清	文王庙，在县左旧治后台上。宋移建于南门西	《阶州直隶州续志》
9	清	文王庙，在县左旧治后台上。宋移建于南门西	《武阶备志》
10	清	天牢山……相传为羑里，文王囚于此山。上有羑里城	《武阶备志》
11	清	天牢山，在文县西北三里，上有羑里城	长赟《文县志》
12	清	文王庙，古建于旧治后台上，宋移建于南门西	长赟《文县志》
13	清	天牢山，在文县西北二里……上有古城	《甘肃通志》
14	清	文王庙……旧文州旧治后台上,宋移建于南门西	《甘肃通志》
15	清	天牢山势郁孤幽，西伯当年见此囚	《阶州直隶州续志》
16	清	羑里山高天亦小，阴平道险梦还惊	《阶州直隶州续志》
17	清	台上古羑里，当年囚西伯	《阶州直隶州续志》
18	明	非争羑里也，争文王也	《萧献伍集》
19	清	荒台遗址寄山隈，闻道周文从此来	江景瑞《文县志》
20	清	天牢山下水空流，演易闻经羑里囚	江景瑞《文县志》
21	清	至德昭垂万城同，宁颂羑里表仁风	江景瑞《文县志》
22	清	羑里明夷修易象，镐京文显创宗周	江景瑞《文县志》
23	清	羑里犹在昨，相传圣在兹	江景瑞《文县志》
24	清	台上古羑里，当年囚西伯	江景瑞《文县志》
25	清	纣怒据之羑里，即此古文州郡	江景瑞《文县志》
26	清	邑城之西北文台山，名曰羑里，又曰天牢	江景瑞《文县志》
27	清	夫何纣恶，滔天羑里	江景瑞《文县志》
28	清	昔纣听崇侯虎之谮，囚文王于羑里	江景瑞《文县志》

依上表，文王庙的记载始见于南宋嘉熙年间祝穆撰《方舆胜览》，然祝氏所注引的孙谔诗表明至迟在北宋时期文王庙已经存在，《宋史》载：“孙谔……元祐初，起为太常博士，迁丞。……出为利、梓路转运判官。”[①]孙谔北宋元祐间曾任利、梓路转运判官，祝穆所引当为其任上途径文州时所写。此外，《武阶备

① 蓝勇：《西游记中南北丝路历史地域原型研究》，《清华大学学报》（哲社版），2019 年第 5 期。

志》《阶州直隶州续志》《甘肃通志》和《文县志》均言文州文王庙起初修建于旧州治后台上，至“宋移建于南门西”，值得重视。文州旧治，《阶州直隶州续志》载：“旧城在西园。唐建中三年，以旧城窄小难守，移治于河北高原上。宋、元因之。”[①]要之，文王庙至迟在唐建中三年（782 年）就出现了，唐移州治之时，文王庙未能移之，至宋代才移建于南门西。宋以降，明清诸朝继续修葺拓展文王庙，“明正德知县黄渊重建于上城羑里山前，嘉靖建知县全福拓修，崇祯戊寅寇焚，顺治丁酉知县刘霖重修，道光十二年知县李闲移修于文庙之左”[②]。不仅如此，从明代万历后期开始，“采地说”在地域上突破文县一隅之地延伸至阶州（治武都），其标志是阶州城始建周武王庙，《阶州直隶州续志》载：“周武王庙，在州城内，明知府余新民建。”[③]余新民万历四十四年（1616 年）任阶州知府，武王庙当是其任期所建。武王庙的修建证明“采地说”在阶州开始被士人和群众广泛接受。

现在我们来审视“采地说”与地理景观附会中的“地域泛化”问题。有研究者指出，中国古代景观附会中存在大量的“地域泛化”现象，所谓“地域泛化”，“是指中国古代在某传统和背景的影响下，人们将历史上本来有特定具体地域的事件、人物附会在其他具有相似自然和文化背景的地域上的行为”[④]。从文本书写维度看，不论是地方志书还是文人诗文，文州诸多地理景观的构建和重塑，如羑里城、天牢山和文王庙，如上文述之，均以文州为文王采邑而名之。需要注意的是，明代官方总志《大明一统志》避重就轻，刻意回避和模糊文州作为文王采地的可能性，在言及文州天牢山和羑里城时，用语含糊，甚至都没有把文王和二者联系起来，仅言“天牢山……相传为古羑里。上有羑里城”[⑤]。“相传”二字颇能反映这种模棱两可的窘态，《大明一统志》是一部严肃的全国总志，其撰者不可能不对“采地说”这样捕风捉影的“异闻”持谨慎态度。清末有士人对“采地说”提出质疑称：“周时地尚属戎羌，采邑何能畀远方。文武成康名郡县，后人附会太荒唐。”[⑥]惜其个见很快淹没在茫茫文本书写中。尽管如此，后世地方知守前赴后继地修葺文王庙并在撰修的地方志书中一再肯定文王在当地教化中扮演的显赫地位，士人数百年不间断地书写和吟咏，

① 〔清〕吕震南：《阶州直隶州续志》，成文出版社有限公司 2000 年版。

② 蓝勇：《西游记中南北丝路历史地域原型研究》，《清华大学学报》（哲社版），2019 年第 5 期。

③ 〔清〕吕震南：《阶州直隶州续志》，成文出版社有限公司 2000 年版。

④ 〔明〕李贤等：《大明一统志》，三秦出版社 1990 年版。

⑤ 〔明〕王圻：《谥法通考》，万历二十四年刻本。

⑥ 〔清〕吕震南：《阶州直隶州续志》，成文出版社有限公司 2000 年版。

使“采地说”渐趋树立起主流话语权，直接推动了“采地说”“地域泛化”现象。研究者还指出，“这里的‘相似自然和人文背景’表明中国古代史上的景观附会虽然往往是无中生有的，但多多少少都是在自然相同、区位相近、历史相似、文化相近的背景影响下产生的”[①]。文州羑里城、天牢山和文王庙地理景观显然是汤阴文王圣迹“地域泛化”的产物，但仔细甄别，文州和汤阴在自然、区位、历史和文化背景方面却全然不同，从文州置州的过程中我们看到，文州置州前为阴平国，杨法深平蜀归镇阴平国时与氐酋发生攻战，西魏成州刺史遣使和解，遂分部落置州，或许正因阴平国饱受氐酋攻战之苦，故冀以“文”止战，以“文州”名之。文州“地域泛化”源于大量与文王采邑相关的记载和历代文王庙的修葺，而阶州仅有武王庙而未见文本记载，成康二州则两者俱无，但“采地说”囊括文武成康四地，“地域泛化”时空跨度之大，殊为罕见，但其实皆源于四地政区名与西周诸王谥号偶合。明王圻《谥法通考》载：“王昌，姬姓，裔出帝喾，在商为西伯，武王即位追谥为文；王发，文王子，谥武；王诵，武王子，谥成；王钊，成王子，谥康。”[②]按照“周公谥法”的释义，文武成康诸谥号可具体解释为“经纬天地曰文”“刚强直理曰武”“安民立政曰成”“安乐抚民曰康”等 17 种含义。无论哪种含义都是按照诸王的生平功绩择善而对应赋予的，所谓“谥者，行之迹；号者，功之表”是也，文武成康四地政区命名与此无关，这种与历史地域原型在自然、区位、历史和文化方面全然不同的景观附会现象可称之为偶合式“地域泛化”。这种偶合式“地域泛化”现象还呈现出超长时段的特征，文州、武都、成州和康州作为政区名正式出现经历漫长的过程，武都郡置郡最早，始于汉武帝元鼎六年，而置州最晚的康州则始于北周明帝二年，从“采地说”形成的年代上限北周明帝二年算起至南宋绍兴二十七年文本最终形成则历时几近六百年。这种景观附会的“地域泛化”现象既有物质景观，如文州的文王庙和羑里城，阶州武王庙，也有人文景观，即文武成康四地的命名被默认为源于文武成康诸王。

四、斯文在兹：“采地说”与边疆治理

“采地说”在明清时期风行一时，地方士人不仅创作了大量以“文王”“羑里”为主题的诗文，宣称文邑得名源于文王被囚羑里。清陶庚起《重修文王庙

① 〔明〕李贤等:《大明一统志》，三秦出版社 1990 年版。

② 〔明〕王圻:《谥法通考》，万历二十四年刻本。

记》云："夫文王庙者，从古羑里而立者也。县曰文者，又因文王得名者也。"[①]明肖藉《羑里辩》亦称："文邑有羑里，故城下有文王庙，从来郡邑皆以文名，说者谓吾羑里，即囚文王处也。"[②]肖氏所谓"说者"之言正代表了地方士人对"采地说"的认知和接受程度。清季以降，文王庙以太公、周公配飨，春秋以乐舞、牲帛祀之，地方邑令、士人和民众等共襄盛举，官民互动，为地方盛事，颇能说明文王庙在当地政治秩序和群众信仰中的地位。

"采地说"和文王信仰备受推崇与当地在边疆治理中面临的"西蕃"问题有关。文州因分置氐酋而置，至唐吐蕃崛起，饱受战乱之害。《武阶备志》载："广德元年，陇右地陷，凤翔以西皆为左衽……大历三年大酋马重英合南诏二十万寇文、扶等州……建中初，袭火井，掠龙州，陷文、扶等州……嗢末者，吐蕃奴部也……其在阶文等州者皆与氐羌杂处，自分部族。中朝人总以西蕃名之，不复别其汉唐种……（宋熙宁）十年十月，文州蕃贼寇边，州兵击却之……终明之世数百年，西宁、洮河等州时被寇患，而阶文得少宁云。"[③]文州自西魏置州至明初洮岷三十六族归附，"由是西蕃之势益分，其力益弱"[④]，原氐羌部族与吐蕃长期融合，以致后世志书和中原人士以"西蕃"视之，即使如此，明清文县"西蕃"祸乱依然甚烈。清康熙《文县志》称："文县东至四川昭化县界三百里，南至生番界五十里，西至生番界一百九十里……西北至生番界一百二十里，西南至番界八十里。"[⑤]文邑四面环番，面临十分繁重棘手的边疆治理问题，生番反复无常，掠夺成性，"文旧无守备，嘉靖二十四年以来，中、北、南三路生番猖獗，抚院题请添设守备一员，以控制之"[⑥]。守备虽设，而居民为防生番之虞依然置墩寨处之，"墩以谨斥堠，寨以聚居处，总为备御羌氐计也。夫文设在天际，四面与番为邻，管辖仅中原一线"[⑦]。据统计，文县墩寨中北南6路共计54处，番地共计王、马两百户52处，而位于县治周边的里坊和村堡共计才72处，相当于墩寨和番地之数的68%，故文县"管辖仅中原一线"绝非夸大其词，其时"生番"问题之严重可见一斑。墩寨和百户番地虽为防御生番而设，但时常为生番攻陷，墩寨亦不得裁撤，"崇祯元年旱，斗米银数钱，是岁生番遂歹，相延至今，杀掠者自贡士韩登俊父母始，不能悉载志中，后失茨落

① 〔清〕江景瑞：《文县志》，文县党史研究县志编撰办公室点校本2015年版。
② 〔清〕江景瑞：《文县志》，文县党史研究县志编撰办公室点校本2015年版。
③ 〔清〕吴鹏翱：《武阶备志》，成文出版社有限公司2000年版。
④ 〔清〕吴鹏翱：《武阶备志》，成文出版社有限公司2000年版。
⑤ 〔清〕江景瑞：《文县志》，文县党史研究县志编撰办公室点校本2015年版。
⑥ 〔清〕江景瑞：《文县志》，文县党史研究县志编撰办公室点校本2015年版。
⑦ 〔清〕江景瑞：《文县志》，文县党史研究县志编撰办公室点校本2015年版。

九原等寨”[①]。更有甚者，“生番”勾结百户番地，袭掠墩寨，杀死守备，“崇祯十三年，守备李志忠剿马儿族生番，为马百户部番倒戈杀死”[②]。又“顺治十五年十二月二十六日，南路部番纠合生番，夜袭铁楼寨，杀掳过多”[③]。生番袭掠墩寨的事件不胜枚举，边疆治理中如此棘手的“生番”问题直接驱动了当地官员致力于圣王之教。

文王自战国时就被视为道统传承谱系中不可缺少的一位圣王，《孟子正义》载：“由尧舜至于汤五百余岁，若禹、皋陶则见而知之。由汤至于文王五百余岁，若伊尹、莱朱则见而知之，若文王则闻而知之。由文王至于孔子五百余岁，若太公望散宜生则见而知之，若孔子则望而知之。”[④]这个传承数千年的道统经韩愈、朱熹等人的梳理和阐释，在宋代程朱理学确定为儒学正统后更加深入人心。西周成康之际自春秋以降就被视为清平盛世的代称，汉严安上书汉武帝称：“臣闻周有天下，其治三百余年，成、康其隆也，刑错四十余年二不用。”[⑤]成康之际俨然是治世蓝本。《竹书纪年》亦称：“成康之际，天下安平，刑措四十余年不用。”[⑥]文邑知守和士人视文王为尧舜圣王之治传承至周季的道统接续者和弘扬者，而文邑是文王采地，故在面临“生番”问题时以“斯文在兹”自诩，论证实施和延续圣王之教的权威性和可行性，强调教化为先。明邑令黄渊《重修文王庙记》称：“正以伏羲、尧、舜、禹、汤没，而斯道之在文也，当年羑里之拘，天下恨之……独不知天下之作成斯文也……而依然丰镐之气象，宛若三圣而喜集一堂，则天下不欲没我斯文也。”[⑦]清陶庚起《重修文王庙记》亦称：“在昔殿宇峻巍……穆穆天子之容，令人入庙知肃严若斯文在兹，是诚千古不可没灭之迹。”[⑧]黄陶二人皆强调文王之“斯文”在兹，以期从根源上化解“生番”。文邑向化里就是官方推行圣王之教的典范，“向化里，旧名百顷里，山地广阔每付不下百顷故名。昔刁民悍，有野人之称。后抚绥招徕，渐归驯善，乃更名向化。近则政令所及急公无懈，较之他里，催征尤为省逸焉。”[⑨]《阶州直隶州续志》引《太平寰宇记》云：“文王为西伯，化理西羌。文王薨后，羌人感其化，

① 〔清〕江景瑞：《文县志》，文县党史研究县志编撰办公室点校本 2015 年版。
② 〔清〕江景瑞：《文县志》，文县党史研究县志编撰办公室点校本 2015 年版。
③ 〔清〕江景瑞：《文县志》，文县党史研究县志编撰办公室点校本 2015 年版。
④ 〔清〕焦循撰，沈文倬点校：《孟子正义》，中华书局 1987 年版。
⑤ 〔汉〕司马迁：《史记》，中华书局 1963 年版。
⑥ 李民等撰：《古本竹书纪年译注》，中州古籍出版社 1990 年版。
⑦ 〔清〕吕震南：《阶州直隶州续志》，成文出版社有限公司 2000 年版。
⑧ 〔清〕江景瑞：《文县志》，文县党史研究县志编撰办公室点校本 2015 年版。
⑨ 〔清〕江景瑞：《文县志》，文县党史研究县志编撰办公室点校本 2015 年版。

妇人以孝髽角，至今未泯。”[①]文王为西伯时就“化理西羌”，然而即使“羌人感其化”，至清代墩寨仍以“镇羌”名之。要之，“采地说”和《太平寰宇记》有异曲同工之妙，均是在边疆治理中面对“西蕃”问题时所构建的一种圣王之治的努力和暗示，其表征意义远大于实践成效，凸显出文武成康四地在大一统多民族国家格局中的边缘化属性。

【作者简介】

唐旭波（1988—）男，汉族，甘肃成县人，历史学硕士，研究方向为嘉陵江上游地区历史地理，在《西北民族大学学报》《中华文化论坛》《陇右文博》《河西学院学报》和《陇东学院学报》等期刊发表学术论文多篇，现供职于陇南市文联《中国乞巧》杂志编辑部。

① 〔清〕吕震南：《阶州直隶州续志》，成文出版社有限公司2000年版。

嘉陵江名源于秦“嘉陵”考

田　佐（陇南地方史文化学者）

嘉陵江为长江上游一条著名的支流，其源向为史地学者所关注，岐说颇多，或曰陕西西秦岭的黄牛铺，或曰甘肃碌曲县郎木寺镇的曲哈尔登泉水群，或曰四川纳摩大峡谷，或曰甘肃秦城区（即今秦州区）齐寿山，但仔细分析，上述各说均重于发源地，而未关注甚至忽略嘉陵江名源及流变，失于文化学和历史学意义。窃以为，古嘉陵江即今西汉水，其名源于早秦“嘉陵”。现不揣肤浅，就教于专家学者。

一、嘉陵名源

先看传世文献记载。《史记·秦始皇本纪》：“十九年……赵公子嘉率其宗数百人之代，自立为代王……”“秦初并天下，令丞相御史曰：‘……赵公子嘉乃自立为代王，故举兵击灭之……’。”《史记·赵世家》：“太史公曰……悼襄王废适子嘉而立迁……秦既虏迁，赵之亡大夫共立嘉为王，王代。六岁，秦进兵破嘉，遂灭赵以为郡。”

秦灭代，代王嘉被秦所虏，其下落史籍未作交代。但唐人所撰《元和姓纂》记载：“嘉子公辅主西戎，居陇西郡天水西县。”宋人所纂《通志·氏族略》云：“秦并代，使嘉子公辅主西戎，世居天水。”同为宋人所编的《新唐书·宰相世系表》云：“（代王）降于秦，秦使嘉子公辅主西戎。西戎怀之，号曰赵王，世居陇西天水西县。”由此可知，代王嘉降秦后，秦命嘉子公辅主政西戎事务，从此，公辅“世居陇西天水西县”。

这里有必要对“天水”一名略加讨论。所谓“天水”，是早期秦人对发源于祖邑之地的汉水的美称，后转化成了地名。20 世纪 70 年代初至 90 年代末，在今西汉水上游的礼县永兴镇蒙张村、文家村，祁山乡祁山村和盐官镇附近，陆续发现了四个有“天水”字样铭文的秦青铜鼎，可惜两个已经外流，尚有一个收藏在礼县博物馆，另一个收藏在礼县民间。收藏在礼县博物馆的秦鼎器高 22.5 厘米，口径 22 厘米，重 4.5 公斤，盖、腹各刻“天水家马鼎容三升并重十九斤”字样，出土于蒙张村；收藏在民间的秦鼎器高 17.5 厘米，口径 14 厘米，盖表铸“天水家马鼎容三升并重十斤”字样，出土于文家村；流失的一个秦鼎上刻有“天水人家”字样。另外，1990年在西汉水上游支流峁水河谷的礼县红河镇草坝村出土一通宋代《南山妙胜廨院碑》，该碑碑文云：“秦州南山妙胜院，敕额古迹，唐贞观二十三年赐额昭玄院、天水湖。”并记载，宋太祖建隆元年赐敕改“昭玄院”为“妙胜院”，改“天水湖”为“天水池”。又云：“南山妙胜廨院在天水县茆谷城，有常住土田。”碑文“茆谷”为“峁谷”异文。妙胜廨院故址即在“峁谷”草坝村，也就是说，“昭玄院”或“妙胜院”、“天水湖”或“天水池”，即在峁谷。峁谷距“天水家马鼎”或“天水人家鼎”的出土地直线距离不足20公里，均在西汉水上游地区，说明在秦汉直至唐宋的漫长历史时期内，西汉水上游地区一直称“天水”，至今此地域地名尚有叫“小天水”者①。

再回到正题。上文引述文字中，所谓“西戎”，即在嬴秦早期活动地域的“西垂”诸族；所谓“西县”，即汉西县，《书·尧典》作“西”，《史记》作“西垂”，在包括祁山在内的今甘肃礼县东境，为嬴秦早期都邑所在地②；所谓“天水”，如上所述，即古天水地域，亦即今西汉水上游地区。如此，则：西县、西垂、天水、西戎之地、西汉水上游地区所指相同。

公辅在古天水亦即西县主政西戎有方，受到西戎人的拥戴，被尊称为“赵王”。公辅为赵人后裔，而秦赵同祖③，可以看出，公辅之主西戎，是秦王室的刻意安排，应负有特殊使命。那么，公辅的特殊使命是什么呢？著名早期秦史研究专家、《甘肃通史·先秦卷》主编祝中熹先生云：

因为有这层族源关系，故秦王室让公子嘉一族迁到陇右去“主西戎”，并且居于西县。这决不单纯是三代政治、军事斗争中盛行的“废父兴子”传统的遗

① 参见田佐著《话说西汉水》之“‘天水’渊于西汉水流域考”。中国文联出版社 2007年版。

②〔汉〕司马迁《史记·封禅书》：“秦襄公既侯，居西垂。”《正义》：“汉陇西郡西县也，在秦州上邽县西南九十里也。”《史记索隐》：“襄公始列为诸侯，自以居西。西，县名，故作西畤。”王国维《秦公敦跋》：“西者，汉陇西县名，即《史记·秦本纪》之西垂，乃西犬丘。”

③〔汉〕司马迁《史记·秦本纪》：“秦之先，帝颛顼之苗裔。孙曰女修……生子大业；大业……生大费……是为柏翳（也作伯益），舜赐姓嬴氏。大费生子二人，一曰大廉……二曰若木……其玄孙曰费昌……大廉玄孙曰孟戏、中衍……其玄孙曰中潏，在西戎，保西垂。生蜚廉，蜚廉生恶来。恶来有力，蜚廉善走，父子俱以材力事殷纣。周武王之伐纣，并杀恶来。是时蜚廉为纣石北方……死，遂葬于霍太山……蜚廉复有子曰季胜，季胜生孟增，幸于周成王……（孟增）生衡父，衡父生造父，造父以善御幸于周缪王……缪王以赵城封造父。造父族由此为赵氏……恶来革者，蜚廉子也，早死，有子曰女防，女防生旁皋，旁皋生太几，太几生大骆，大骆生非子，以造父之宠，皆蒙赵城，姓赵氏。”非子即嬴秦直系宗祖，故曰“秦赵同祖”。

风，也是一种经过周密考虑的政治伦理安排，反映了秦王室对其祖邑、祖茔的重视。公子嘉一族到西县去，无疑肩负着卫护、看守嬴姓先祖故都和陵墓的任务，并主持定期的祭祀，因为该地宗庙里祭祀的是秦、赵共同的远祖[①]。

祝先生之论甚确。20 世纪 90 年代在礼县大堡子山发现的秦公西垂陵区说明嬴秦祖茔就在今礼县东部的西汉水上游地区，同时期发现的礼县圆顶山西周至战国时期秦贵族墓说明秦人东迁后直至战国末期，在西汉水上游地区还留有大量留守人员，无疑，这些留守人员的任务就是“卫护、看守嬴姓先祖故都和陵墓”。从史籍透露的信息看，秦人在西垂地区的留守人员非“主西戎”的公辅一族莫属。

民国时期，在礼县东部的红河镇王家东台发现了著名的秦公簋，上有铭文 105 字，又有秦汉间凿“西元器”字样，郭沫若断为秦景公时器[②]。“西”为汉西县，即今西汉水上游地区；“元器”，神器，亦即宗庙之器。21 世纪初，在礼县鸾亭山发现了春秋时期延续至汉代的祭天遗址，学界普遍认为是秦襄公所立西畤[③]遗址。从延续时间上看，作为秦宗庙遗物的秦公簋和作为秦祭天（同时祭祖）坛的西畤至汉代尚在使用，说明西垂地区在一个相当长的历史时段内一直保存着秦人的宗庙祭统。话说回来，按宗法制之余绪，公辅一支公子嘉的后裔，“必然尊嘉为宗主，嘉之名也必显闻于当地……原代王嘉一族驻守秦之故都，并主持秦先祖陵墓的祭祀，后世遂称该陵区为‘嘉陵’。或更直接的，人们把原代王嘉的陵墓称为‘嘉陵’……”[④]。

也有学者以为“嘉陵”是秦人对其西垂祖陵的美称[⑤]。

不论哪种说法，“嘉陵”的位置不出今礼县西汉水上游区域。20 世纪 90 年代初位于礼县东部亦即西汉水上游地区的大堡子山秦公大墓严重被盗，大量文物流失国外，其中流失于日本的一套“秦子钟”有“秦子作和钟，肇右嘉陵”[⑥]铭文，可知早秦时期已有“嘉陵”之称谓，其发端即在包括祁山在内的西汉水

① 祝中熹：《早期秦史·都邑篇》，敦煌文艺出版社 2004 年版。

② 郭沫若：《殷周青铜器铭文研究》，大东书局 1931 年石印手稿本。

③〔汉〕司马迁《史记·秦本纪》：“（秦）襄公于是始国……祠上帝西畤。”《十二诸侯年表》：“（秦襄公）八年，初立西畤，祠白帝。”《封禅书》：“（秦）襄公既侯，居西垂，自以为主少昊之神，作西畤，祠白帝。”

④ 祝中熹：《早期秦史·都邑篇》，敦煌文艺出版社 2004 年版。

⑤ 梁云：《新西邑考》，《中国历史文物》2007 年第 6 期。

⑥ 陈泽《秦子钟与西垂嘉陵》一文载，2000 年 7 月在礼县参加《秦人西垂文化保护开发利用座谈会》期间，见北京大学徐天进教授从日本滋贺县 MIHO 美术馆拍照的出土于礼县大堡子山秦公墓而流失日本的“秦子钟”照片，其中一件钲部有“秦子作和钟，肇右嘉陵”九字铭文。

上游地域。

二、今西汉水即古嘉陵江

西汉水发源于陇南市礼县东北部的嶓冢山（天水市秦城区齐寿山），径流陇南市礼县、西和县、成县、康县，于陕西略阳入今嘉陵江。然而，有趣的是，如今流入嘉陵江的西汉水古名却为嘉陵江，而今天的嘉陵江在西汉水称嘉陵江的时期还尚未形成。

《水经注·漾水》云："汉水[①]又南，入嘉陵道而为嘉陵水。"《通典·州郡四》"秦州"下云："嶓冢山，西汉水所出，今经嘉陵曰嘉陵江。"《元和郡县图志》"绵谷县"条下云："西汉水，一名嘉陵水。"任乃强校注《华阳国志校补图注·汉中志》"东西汉水辨"条云："漾水自今甘南南流入川，至重庆入江，古有嘉陵水、武都水、羌水、阆水、巴水、渝水等异名。"又在"汉沔通津辨"条云："漾水即西汉水，自有人类，即已为嘉陵江源矣。"

由上述引文可知，西汉水魏晋时期称嘉陵水，至唐代中期改称嘉陵江。唐代以前，与"嘉陵"有关的地名均在今西汉水流域。

康熙二十七年《巩昌府志》"礼县"下云："郡东南一村落耳……秦曰天嘉，汉为汉阳，三国属魏，诸葛出师履其地。后于祁山堡置长道县，属西和州。"乾隆二十九年《直隶秦州新志》"礼县" 下云："礼县……秦置县曰天嘉。"《巩昌府志·古迹》："天嘉古郡，在今礼县东四十里，秦武公所置。"

由以上引文可知，秦汉时期在今礼县东部亦即西汉水上游有个叫"天嘉"的地方，是礼县境最早行政建置的治所。恰恰 "天水""嘉陵"位处同一区域，如果将两者合称之，则为"天水嘉陵"，简称之，则为"天嘉"，完全与史籍记载和当地实际相符。

再看典籍记载。《前汉书·地理志》："武都郡……县九：武都、上禄、故道、河池、平乐道、沮、嘉陵道、循成道、下辨道。"汉代的武都郡治在今甘肃西和县洛峪，其所属嘉陵道必距之不会太远。

《水经注·漾水》："汉水又西经兰仓城南，又南，右会两溪，俱出西山，东流注入汉水……汉水又南，入嘉陵道而为嘉陵水……汉水又东南得北谷水，又东南得武街水，又东南得仓谷水，右三水并出西溪，东流注汉水；汉水又东南经瞿堆西又屈经瞿堆南。"曾主编《礼县志》的何德未先生对《水经注·西汉水》的记载做过认真的实地考察，他认为，兰仓城位于今礼县城至石桥镇之间；右

① 在《水经注》中，西汉水也称汉水。

会的两溪为谷峪河和瑶峪河；嘉陵道治在礼县江口至雷坝临近西汉水之地，疑在龙林，今礼县江口以下为其辖地；瞿堆即今西和南名胜仇池山。[①]何德未先生的考察是可信的。部分学者也认为嘉陵道治在今礼县南部、西和县西部一带，与何先生的考察结论基本相符。[②]如果以天嘉、嘉陵道治作为参照，完全可以证实，古嘉陵江径流河道恰恰为今西汉水径流河道。由此说明，今西汉水即古嘉陵江无疑。

三、今嘉陵江为西汉水古名的位移

查谭其骧主编《中国历史地图集》，今嘉陵江形成较晚。隋代始有故道水，发源于散关（今陕西宝鸡境），经河池郡（今甘肃徽县境），在长举（今陕西略阳境）、顺政（今陕西略阳境）间汇于西汉水；唐代故道水经凤州（今陕西凤县境），在兴州（今陕西略阳境）以西与西汉水合流为嘉陵江；北宋时，原故道水上游称固道水，中游以下称嘉陵江，在兴州（今陕西略阳境）以北纳西汉水；南宋时，仍以西汉水为嘉陵江上游，元代才明确将与西汉水合流的原故道水整条河流叫嘉陵江。也就是说，今嘉陵江之得“嘉陵”名，距今只有 700 余年，比西汉水之至晚在战国已称嘉陵江迟 1500 年左右。祝中熹先生在为田佐著《话说西汉水》所作的序言中云：“嘉陵江并非自古就有的，它大致滥觞于东汉后期，魏晋时代仍存在时通时断的现象，完全形成约在隋唐时代。至北宋《元丰九域志》，才首次将故道水与西汉水合流后南行入川的水流名之为嘉陵江，而且水名就源自西汉水所经流的‘嘉陵’。”[③]甚确。

《中国历史地图集》并有关历史典籍告诉我们，今嘉陵江原名故道水[④]，今名为古嘉陵江即西汉水名称的位移，其最终形成年代当在元代。

四、结　语

嘉陵江名源于秦嘉陵，今西汉水为古嘉陵江，发源于陇南市礼县东北部的齐寿山（古嶓冢山）。今嘉陵江河流形成较晚，宋代西汉水与故道水合流后称作嘉陵江，后故道水名湮没，连同与西汉水合流在内的河段统称嘉陵江，西汉水

① 何德未：《礼县志》，陕西人民出版社 1999 年版。

② 参见祝中熹《早期秦史》、梁云《新西邑考》，见马建营《秦西垂史地考述》敦煌文艺出版社 2010 年版。

③ 田佐：《话说西汉水》序，中国文联出版 2007 年版。

④ 亦可参阅马建营著《秦西垂史地考述·“嘉陵”源流考》：“今嘉陵江初称故道水，始名唐代。”

反而成了新嘉陵江上游的一条支流。

【作者简介】

田佐（1953—），甘肃礼县人，地方史文化学者、国画家。曾任礼县政府办公室副主任、乡党委书记、县黄金局长，陇南市政协文史委副主任、正县级调研员，现已退休。主编《秦文化探研——第二届秦文化学术研讨会论文集》《礼县民俗志》，出版专著《周易故事钩沉》，地方文史普及读本《西汉水史话》等。

古沓中历史地理位置浅说

◎娄炳成（陇南地方文化学者、作家）

陇南历史文化沉淀深厚，包括了伏羲文化、先秦文化、羌氐文化、三国文化、茶马文化、秦陇文化等十分丰富的内容。三国时代，陇南是蜀魏鏖兵的主战场之一，蜀国丞相诸葛亮三出祁山，率军北伐，大将军姜维屯兵沓中、白水，魏国著名将领邓艾建造邓邓桥、从阴平古道裹毡滚坡攻取成都等历史事件，都发生在陇南。至今，陇南礼县、宕昌、武都、文县等地，依然留存着许多三国时代的遗迹，为研究三国文化提供了有力的实物佐证。

从《三国志》[①]《华阳国志》[②]等史籍中，都会读到姜维率蜀军屯田沓中的记载。然而，沓中的具体地理位置却并不明确，到底是在今甘肃的迭部县、舟曲县、临潭县还是宕昌县，史书和专家学者都有不同的说法。有学者说，古沓中就像古羌中一样，是一个区域范围较大的地名，是泛指，而不是专指。另有学者认为，沓中在今甘肃舟曲西、岷县南。查阅地图可以看出，舟曲西，与迭部南、武都西北接壤，范围较小；而岷县南，其范围就大得多了，包括了临潭、宕昌、舟曲、武都、文县等大片地域。还有学者说，沓中在今甘肃省舟曲、迭部县一带，同样不够明确。现今最主流的说法是，三国时期的沓中，位于今甘南舟曲县大峪镇、武坪乡一带。对此笔者仍有疑问，试探讨如下。

一、史籍中关于沓中地理位置的两种观点

“沓中”一词多次出现在《三国志》中，但是，“沓中”一词并非首见于《三国志》，而且该书对其具体位置也没有明确标注。根据《晋书》中的记载，“沓中”出现的历史可以追溯到春秋战国时期。[③]秦文昭王（西秦）乞伏炽磐继位之后，曾攻伐“强川”与“沓中”两地。由此得知，在公元前 412 年之前，“沓中”的地名就已经存在了。而且，《晋书》中还明确指出，沓中位于“沙强”之地。

① 〔西晋〕陈寿：《三国志》，中华书局 1987 年版。

② 〔东晋〕常璩：《华阳国志》，四川人民出版社 1985 年版。

③ 〔唐〕房玄龄等：《晋书》，中华书局 1988 年版。

据清代的《甘肃通志》载，“沙强”指的就是乞伏炽磐攻伐的“强川”，属于白龙江流域。[①]按照这个记载，“沓中”应该在“强川”境内。但是，这一说法却与《华阳国志》的说法不符。《华阳国志》认为，“强川”即如今的陇南市宕昌县；“沓中”在今甘南藏族自治州的舟曲县境，两者之间不存在隶属关系。

《华阳国志》又名《华阳国记》，是一部专门记述古代中国西南地区地方历史、地理、人物等的地方志著作，由东晋常璩撰写于晋穆帝永和四年至永和十年（348—354）。《晋书》是中国的二十四史之一，由唐代房玄龄等二十一人合著。《三国志》也是二十四史之一，由西晋史学家陈寿所著。从这三部史籍成书的时间来看，《三国志》距离三国时期最近，其次才是《华阳国志》《晋书》。而距离三国时期最近的《三国志》却语焉不详，后二者又各执一词，让后世学者难以取舍，稽考不休，众说纷纭。

宋末元初史学家胡三省编撰的《资治通鉴注》中载：“沓中在诸羌中，乃沙强之地。”[②]此说将《华阳国志》的观点推翻，认同《晋书》的观点。清乾隆年间编著的《甘肃通志》中：“沙强即强川”，该地位于洮州卫的西南，而此地就是如今的甘肃省陇南市宕昌县。笔者经过查阅文献资料，分析思考，也倾向于这种说法，认为沓中就在今陇南市宕昌县境内。

二、沙强地名的演变辨析

与陇南康县、文县毗邻的陕西省汉中市宁强县，原名为“宁羌”县。清朝时期编纂的《宁羌州志》记载：“其曰宁羌，盖辑宁羌氏之义，欲羌之永宁耳！”[③]在我国许多历史地名中，凡是带有“宁”“定”“镇”“和”“安”“平”等字眼的，大多与历史演变、平息社会动荡有着密切的关系。如：带“宁”字的，宁夏、宁都、宁海等；带“定”字的，定西、定海等；带“镇”字的，镇南关、镇原、镇远等；带“和”字的，西和、和田等；带“安”字的，延安、广安、西安、雅安、安康、安东等；带“平”字的，北平、阴平、平武等，或者是汉族政权与少数民族政权发生过战争的地方，或者是中央政权与地方割据政权发生过战争的地方，都带有希望长治久安的意思。“宁羌”县名，其意思也大概如此。

那么，“沙强”是不是“杀羌”的演变呢，就如同“宁羌”后来被更改为“宁

① 〔清〕升允、长庚修：《甘肃通志》，天津古籍出版社 2019 年版。

② 〔宋〕胡三省注：《资治通鉴注》，中华书局 1987 年版。

③ 〔清〕马毓华编纂：《宁羌州志》，陕西人民出版社 1888 年版（影印件）。

强”一样？“杀羌”因不符合中央政权在和平时期安抚边地少数民族的国家利益，从而更改成了“沙强”；而“沙强”又具有“杀羌”的谐音，同样会产生歧义和麻烦，继而又更改为“强川”了。在宕昌县境内，如今还有许多带“川”字的地名，例如“理川”“南河川”“叽子川”“八路川”等，“强川”也就是“羌川”。中国的地名有一种很特殊的现象，没坝的地方却要起名曰“坝”，少川的地方却要起名曰“川”，缺水的地方却要起名曰“水”，大概是出于某种弥补不足、缺啥补啥的理想理念吧。也许笔者这种推测比较牵强，但作为一家之言，笔者姑妄言之，读者姑妄听之吧。

三、姜维选择沓中屯兵的历史原因

姜维是蜀国的大将军，是诸葛亮寄予厚望的接班人，其军事才能毋庸置疑。据史书记载，姜维的部队曾在沓中率军屯田五年，作为蜀汉的第二粮食基地，其战略地位至关重要。那么，蜀汉大将军姜维为什么要在沓中屯田驻军呢？他之所以选择在沓中屯兵，作为北伐的根据地，一定有他的考虑，有他的道理，至少应该具有以下三个方面的原因：

第一，沓中在三国时期应该是一个战略要地。在蜀汉后期，沓中周边就有四个郡，宕昌郡治阳宕（后改名良恭，今宕昌南阳）、甘松郡治怀道（今舟曲县峰迭附近）、武都郡治所（今舟曲西关，后改治所为洛峪）、阴平郡治所（今文县的鹄衣坝）。当时的沓中还曾是陇蜀道西线上的重要交通枢纽，南达阴平，再到四川青川、江油中坝；西北到甘松、迭部或松潘；入孔函谷到南峪再到两河口，入北路，即现在的国道212线。

第二，沓中应该是蜀汉的西北门户。在三国时期，从北面入蜀主要有两条路，一条路从东北方向即剑阁（剑门关）入蜀，而另一条路从西北方向即古沓中入蜀。根据姜维的战略部署，不是放弃汉中，而是要在汉中打歼灭战，其主要原因是姜维的兵力已显不足，想打开一个缺口，引魏兵进来再瓮中捉鳖。而姜维将主要兵力部署在西北，一是可以守住西北门户；二是沓中离阴平不远，便于回援；三是通过西线进攻，联合各羌人、胡人的部落为羽翼，可以截占陇地以西的地方，拓展疆域。如果后主刘禅肯听姜维的意见，让廖化镇守阴平，张翼镇守安阳关，这样的防御确实是最好的，沓中的战略作用将大大增加。蜀汉灭亡前夕，蜀汉的两个门户经过姜维的周密部署都被守住了，而中路（即阴平古道）本来没有路，却被邓艾生生劈开了一条路，更遇到了投降派代表人士马邈。

第三，沓中应该是一个屯田养兵、攻防兼备的绝佳之地。具有战略军事地位，退可抄小路快速抵达阴平、桥头，进可攻占魏国西线岷县、卓尼等地。而且这个地方还比较隐蔽，好比“世外桃源”，有天然屏障与外界隔离，便于军队休养生息。还有一点，沓中在三国时期的蜀地，应该是一个土地比较肥沃的地方。而据史书记载，姜维的部队通过五年的屯田，已经将这里建成了一个产粮基地。

四、宕昌县比舟曲县更适合屯田的理由

《三国演义》第一百一十五回写道：“维自引兵八万，来沓中种麦，以为久计。”此为小说家言，不足为信。姜维屯田沓中，率领部队人数，史籍记载多为虚数“数万人”。今甘南舟曲县大峪镇、武坪乡一带为峡谷草甸，是一个处于岷山、迭山环抱中的小型盆地。而今天的舟曲县方圆上百公里也没有一个较大的盆地，能容纳这么庞大的部队，并在此屯田，至于蜀汉时期的舟曲和现在相比有何变化，就不得而知了，想必不会有翻天覆地的巨变。总体上来说，其地山大沟深，面积狭窄，即使在 21 世纪的当今，其地居民也不够数万；况且还受白龙江渡运的制约，行军、运输、作战极为不便；交通的不便，还制约了信息的畅通，不便于侦查、传递关于敌国动向的情报；更重要的是，史载姜维屯兵沓中，播种收割的主要粮食作物是小麦，而甘南舟曲县大峪镇、武坪乡一带，主产青稞、蚕豆、糜谷、荞麦等杂粮，产青稞的土地也可以种植小麦，但单位面积产量很低，不是屯田的理想之地，更难以成为粮食基地。

此外，彼时魏国名将、姜维的克星邓艾驻军狄道，亦即今甘肃临洮、岷县一带，姜维的蜀军既要屯田种粮、又要攻防邓艾的魏军，宕昌无论是农业生产条件还是军事地理位置，都要优越于舟曲，其数万军队，以麻子川岭为屏障，前出到临潭一线警戒，分别驻扎于宕昌境内的哈达铺、理川、何家堡、南河、叽子川、南阳、沙湾一带，既可屯田，又可休整、备战，是完全可以施展得开的。十六国时期，羌人在宕昌建立王国，而不是将国都建在其固有的地盘舟曲，也从另一个侧面说明了这一点。

再者，邓艾率魏军南下攻取蜀都，从邓邓桥等三国遗迹来看，其行军路线是途径沓中，顺着岷江（宕昌河），至阴平古道入蜀的。其时姜维得报，钟会率魏国大军取汉中，从阳平关南下攻蜀，急忙撤退沓中，会战汉中，却不料给了邓艾以可乘之机，率五百精兵，从阴平古道南下，裹毡滚坡，直取成都，等到姜维回师，后主刘禅已经投降，做了俘虏。从邓艾进军的路线也可以看出，沓

中就在宕昌县境内。

综上所述，笔者认为，《晋书》所言沓中位于“沙强”之地，《资治通鉴》注中说的“沓中在诸羌中，乃沙强之地”是可信的，古沓中应该就在今陇南市宕昌县境内。《魏书·宕昌传》载：“（宕昌）其地仇池以西，东西千里，席水以南，南北八百里，地多山阜。”[①]即其地东接氐人杨氏建立的仇池政权（后是武都政权，及武兴政权等），西与吐谷浑所建河南国以叠川为界；南与白水江流域的邓至国隔大山为界；北接北魏陇西、天水和洮河中游以南的地区。因而，宕昌的属地也包括舟曲一部（今甘南舟曲县大峪镇、武坪乡一带），其范围涵盖白龙江中下游流域，甚至更加宽泛一些，还应该包括武都的角弓、石门、坪垭等地。姜维的数万将士，是一个既能战斗、又能生产的建设兵团，所以，不可能选择在舟曲县大峪镇、武坪乡一带空间狭窄的峡谷中屯田，困守一隅，自我封闭。

① 〔北齐〕魏收：《魏书·氐吐谷浑宕昌高昌邓至蛮獠》第89卷，中华书局1974年版。

秦国陇西郡郡治所在地考

◎张润平　白文科
（岷县文体广电旅游局原副局长　定西市委政策研究科长）

检索现当代学者关于秦汉历史的各类专著，对不论是战国时期的陇西郡还是统一六国后的陇西郡，郡治所在地均定位在当时的狄道，即现在的临洮，而忽视当时的临洮即今天岷县的存在，导致很多学术研究误入歧途，比如对秦长城首起地的定位和确认，2012 年国家文物局在人民大会堂隆重宣布长城遗址保护单位时，甘肃段始皇万里长城竟然阙如，令人质疑《史记》记载秦始皇在位期间修筑长城的事实。如今我们考实了甘肃岷县为秦始皇万里长城首起地的记载，学术成果在《丝绸之路》2019 年第 4 期发表。秦国陇西郡郡治所在地是秦汉历史研究中不容规避的关键问题，必须认真对待，匡谬这一学术之误。笔者所考仅是一家之言，意图在抛砖引玉，欢迎方家批评。

一、秦国陇西郡的核心位置就是岷县

根据王蘧常专著《秦史》“附：郡县考索引”列举，秦国设置郡级单位，依次共计 48 个，其中：惠文王置郡 3 个，昭襄王置郡 8 个，庄襄王置郡 3 个，始皇帝置郡 33 个，“内史郡”不详。其中对陇西郡的记录为：“陇西郡　昭襄王二十八年置（前 278）。治未详。汉治狄道，疑承秦制。”[①]治地不祥，是因为《史记》中没有明确注明在哪个县域。

（一）秦国的西垂界域就在岷县

“垂”作为名词讲有 5 个义项：①形声。从土，本义：边疆。②通“陲”。边疆；边境。③垂，远边也。——《说文》。按，下垂的垂，说文作垂。④垂，疆也。——《广韵》。⑤堂檐下靠阶的地方，又如：垂堂（堂边近阶处屋檐下）。这里的“垂”显然是边疆、边境之义，“西垂”就是秦国西面的边疆、边境。在甘肃礼县大堡子山秦国帝王陵园未发现之前，对西垂的位置一直存在争议。那

① 王蘧常：《秦史》，上海古籍出版社 2000 年版。

么，秦国帝王陵园发现之后，《史记·秦始皇本纪》记载的襄公、文公均葬西垂就不是什么悬案了，西垂就在甘肃礼县一带。据此可以推论其他相关问题。显然，礼县一带绝对不是秦国西面的边界带，秦人不可能把帝王陵园建设在边界带上，在西面一定还有相当可观的纵深带、缓冲带、非常稳固的防御带。当时的临洮县即现在的岷县处在相邻礼县的正西面，毫无疑问，岷县就是保护秦帝王陵园的防御带，而纵深带应该比现在的岷县西面边界还要远，甚至延伸到西面广袤的草原临界。这里的"西垂"，明显包含两层含义：一个是区域性含义，即指秦国西部势力范围，含现在的礼县、西和、宕昌、岷县、漳县、卓尼、临潭、舟曲、迭部等地。一个是边界带含义，即指秦国最西边防御线所在地，这个防御线正是后来秦国长城布防的地带。因为岷县地处中国第二级地质带上，属农牧结合带，也是农牧分界线，还是长江与黄河水系的分水岭，岷县以东、以南、以北均属农业区，以西为牧业区，是天然的分界线。

（二）秦人是从什么时候开始经营西垂之地的？

西垂是一个区域性、范围性概念。王国维在《观堂集林·秦都邑考》中议论：

然则有周一代，秦之都邑分三处，与宗周、春秋、战国三期相当，曰西垂，曰犬邱，曰秦，其地皆在陇坻以西，此宗周之世，秦之本国也。曰汧、渭之会，曰平阳，曰雍，皆在汉右扶风境，此周室东迁，秦得岐西地后之都邑也。曰泾阳，曰汧阳，曰咸阳，皆在泾渭下游，此战国以后秦东略时之都邑也。观其都邑，而其国势从可知矣。[①]

从这里可以看出秦国自西向东逐渐拓展壮大的轨迹。西垂是秦国西界的极限，也是秦国发展的根基原点，是秦国向东拓展的后方基地。秦之祖先，在夏朝时因善于"调驯鸟兽"，"舜赐姓嬴氏"；在商朝时"以佐殷国""遂为诸侯"，"其玄孙曰中潏，在西戎，保西垂"。说明其祖上早在夏商时就世居西戎、西垂。至周成王时，"造父为缪王御，长驱归周，一日千里以救乱。缪王以赵城封造父，造父族由此为赵氏。自蜚廉生季胜已下五世至造父，别居赵"。从此秦国的前身赵氏家族才有了周朝赐封的法定居所。但秦人真正的发展是从非子开始，从如下申侯与周孝王的对话可以看出秦人从夏朝初期直至周朝初期近 1100 年时间内一直经营西戎的事实：

申侯乃言孝王曰："昔我先郦山之女，为戎胥轩妻，生中潏，以亲故归周，

① 王国维：《观堂集林》（附别集），中华书局 2010 年版。

保西垂，西垂以其故和睦。今我复与大骆妻，生适子成。申骆重婚，西戎皆服，所以为王。王其图之。”于是孝王曰：“昔伯翳为舜主畜，畜多息，故有土，赐姓嬴。今其后世亦为朕息马，朕其分土为附庸。”邑之秦，使复续嬴氏祀，号曰秦嬴。亦不废申侯之女子为骆适者，以和西戎。①

从周初直至战国时期，秦人开始逐渐向东、向南、向北扩张发展，定都咸阳，建立了中国历史上第一个大一统王朝。在此期间，西垂一直是秦国的命脉之地。

（三）秦国的犬丘就是岷县的东部山区闾井一带

在秦国的历史中，还有一个地理概念不能忽视，那就是犬丘与西犬丘。西犬丘概念外延没有西垂大，是一个有确指的区域性概念。对西犬丘的定位，王国维有言：“此稿既成，检杨氏守敬《春秋列国图》，图西犬丘于汉陇西郡西县地，其意正与余合。”②时“西县”即今天的礼县西和一带。杨宽在《西周列国考》中将“西犬丘”确定为“秦始封之邑，在今甘肃礼县东北”，二人结论接近，但还有待继续商榷，需要从具体地理位置和地理特征出发去分析这一概念的意义。西犬丘是秦国的大本营，后方基地，其区域不止现在的甘肃礼县一带，一直延伸到更西的岷县、卓尼、临潭、迭部一带。学者在研究这一问题时，若只查看地图，不考究特定的地理地貌，如此得出的结论往往会与史实大相径庭。

让我们先考究“犬丘”地名的来历。

丘：（名）1.会意兼指事。甲骨文字形，象地面上并立两个小土峰。本义：自然形成的小土山。2.同本义。3.泛指山。4.坟墓。5.废墟。6.荒凉的乡里。7.通“区”。8.地域。9.姓。（形）1.空；寡。2.通“巨”；大。（量）（方）：指用田塍隔开的水田。又如：三丘秧田。

作为“犬丘”的“丘”，应该还是其本义“自然形成的小土山”。现在的礼县以西以北正是青藏高原东向延伸末梢的终点，海拔在 2 800 米左右，比起相邻的南、北、东各县，海拔总高出 500 至 1 000 米左右，历来是天然的国有牧场，直至 21 世纪初才划归地方所有。“犬”是放牧的保护神，是牧民的标配。任乃强在《羌族源流探索》中谈道：

进入高原草甸后，与这种野兽争斗最为剧烈。结果是它们被征服了，纷

① 〔汉〕司马迁：《史记·秦本纪》，中华书局 1999 年版。

② 王国维：《观堂集林》（附别集），中华书局 2010 年版。

纷被杀死或俘虏。可能是出于好奇心，他们把稚龄的放入土窖内饲养，取名叫作“猰”。经过驯养，成为非常得力的一种家畜，这就是今人所谓的“藏犬”。

驯养这种野兽。比驯养野牛更难十倍。但是羌人善于驯服，终始成为守家、御盗、捍卫人畜都很得力的家犬。羌人藏人每家都养有藏犬一条或几条。它能识别家人；在牧场捍卫畜群，使牛羊不走失，害敌不敢靠近。家养时，必须用铁链拴系住，因为它见生人就要猛扑，并专咬喉部，不畏刀棍，死不退缩。长达里余的藏商驮队，只要有藏犬一头随行，便能保证安全。[①]

“犬”字在前，“丘”字在后，二者合成的词组，正是高原草甸牧区的专有称谓，也可以说是青藏高原牧区的专用名词。它的核心区域就在礼县西北 60 公里外的岷县东部山区闾井一带，再延伸到距离礼县 200 公里左右的岷县洮河南部的迭山脚下。这里大部分是海拔 2 800 至 3 800 米的高原草甸。这就是“犬丘”地名的来历。岷县及礼县以东就进入纯粹的农业区域，海拔也愈来愈低，“犬丘”之名无以存在。岷县闾井是青藏高原最东端的末梢，与礼县相邻，而且闾井一带，截至 20 世纪 40 年代，一直与岷县犬牙交错，共用这片地方，1945 年经两县协商才全归岷县管辖。出现这种地域属辖特异现象，与先秦时期“犬丘”世代祖居的历史根源不无关系。

（四）“犬丘”与“西犬丘”的关系

自从秦人有了“秦嬴”封号和封地“秦”，“犬丘”之名从此就开始登上历史舞台了。有了封地和封号，所居之地自然就得到世人的关注和史家的记录。后来由于秦人不断地开疆拓土，核心居所不断向东转移，因此就出现了“西犬丘”的称谓，它与原来的“犬丘”并非两个地方，而是秦人不断东移权力中心所致。正因此，从庄公开始就有了“西犬丘”的称谓。这是对王国维在《秦都邑考》中关于“犬丘”与“西犬丘”之疑的简单回应。史书中的“西垂宫”就在今天的礼县，“犬丘”“西犬丘”就在今天的岷县东部及西南部山区，“西垂”就在今天的礼县、西和、宕昌、岷县、漳县、舟曲、卓尼、临潭全境，还有迭部、陇西、渭源、临洮等部分地域，“西戎”包含“西垂”所有地域，还要延伸至更广大的西部草原区域。秦国的犬丘腹地的核心就是岷县的东部山区，秦国的临洮县就是今天的岷县。

① 任乃强：《羌族源流探索》，重庆出版社 1984 年版。

二、秦国陇西郡的建制

（一）秦国由西向东的发展简史

秦国的发展基地就是现在的礼县、西和、宕昌、岷县及以西相邻区域，这就是战国时期秦国的正西面。后来逐渐扩大势力范围，向东向北发展，纳入现在的陇西、通渭、武山、甘谷、清水、天水、张家川等地，逐渐形成了陇西郡的范围。武公十年（前 687 年），伐邽、冀戎，初县之。十一年，初县杜、郑。说明秦国的县治从此时就开始了。孝公十二年（前 349 年）始入咸阳建都，并大规模设立县治单位达 41 个，显然是对武公十年“初县”的整合和重新划分。临洮、西、上邽三县应该在这 41 县之列。从孝公十二年开始，秦国最西端、西北端、西南端的版图区域就确定了，直至秦二世时代都非常稳定，没有任何变化。变化最大的区域是咸阳以东、以南、以北，开疆拓土范围极其巨大。秦原是嬴姓游牧部族的一支，原居犬丘，周孝王（前 910—前 895）封以秦邑（今甘肃张家川东），作为附庸。周宣王以秦仲为大夫进攻西戎（前 827 年），被西戎杀死；周宣王乃召秦仲长子庄公统率兄弟五人，兴兵七千，使伐西戎而破之，周宣王因而给以西邑，称为西垂大夫（前 822 年）。同时周宣王又给以原来所住犬丘之地。这时秦庄公只是西周王朝的大夫，并未成为诸侯。秦自周平王元年（前 770 年）始列为诸侯。

平王封襄公为诸侯，赐之岐以西之地。曰：“戎无道，侵夺我岐、丰之地，秦能攻逐戎，即有其地。”与誓，封爵之。襄公于是始国，与诸侯通使聘享之礼，乃用騂驹、黄牛、羝羊各三，祠上帝西畤。[①]

《史记·封禅书》言“秦襄公既侯，居西垂”。有了周平王的封赐，秦襄公不可能不用力。从此开始，秦国就启动了以西垂为根据地全面开疆拓土的雄心壮志。《括地志》云：“平阳古城在岐州岐山县西四十里。秦宁公徙都之处。”其地当在今陕西岐山、宝鸡二县交界地带，属雍之城。秦人由此而将活动重心东移。接着秦武公即位，“居平阳封宫”。《史记·封禅书》记载“秦德公既立，卜居雍，后子孙饮马于河。遂都雍”。时在周厉王五年（前 677 年）。雍城遂形成秦人新的活动中心。而后秦人再次东进。直至周显王二十年、秦孝公十二年（前 349 年）方最后确定以咸阳为国都。从《史记·商君列传》“作为筑冀阙宫廷于咸阳，秦自雍徙都之”来看，雍城是秦国在徙至咸阳之前的政治中心，秦灵公“居泾阳”（前 424 年）、秦献公“徙治栎阳”（前 383 年），皆为时较短，属暂居

---

① 〔汉〕司马迁：《史记·秦本纪》，中华书局 1999 年版。

性质。[①]从都平阳至都咸阳历时 328 年，可见秦国励精图治的韧性。

秦国的发展，一直是一路向东、向南、向北发散性拓展，而西面纹丝未动，非常安定。把这种情势比喻为一把撑开的伞，伞的顶部就是岷县，伞把就是由西向东的秦岭，围绕秦岭逐渐向东延伸，向南、向北拓展，愈向东，向南、向北拓展的幅度愈大。在整个秦国向东发散性拓展的过程中，未发生过一例西戎叛乱的记录，这肯定是有其原因的。秦国在向东拓展以前经营西戎达千年之久，已经磨合得非常融洽了，这从如上引用申侯与周孝王的对话就能得知。同时秦国的向东拓展少不了西戎兵源的支持，包括洮河马、西戎将士。据专家研究秦始皇兵马俑的原型就是洮河马，说明整个西戎都是秦国的战略后方，这里的西戎包含岷县以西及西北整个甘肃青海范围内的羌人。

（二）秦国临洮县的治理范围

秦国临洮县东面、北面以相关联的山系、水系为界，西面、南面以农牧区划为界，半农半牧是其交叉带、交汇带、分界带，其中东南及东北邻界区域均为秦国治理范围，无须设防。设防核心是正西。秦岭西北末梢端就是秦国临洮县的边界线。古代的区划通常是严格按照山系和水系的完整区域和便利条件而划界的。南面的边界线其实就是古代雍州与梁州的分界线，也是岷山山系、青藏高原、西秦岭三大地质板块撞击的分界线。西面的边界线就是黄土高原与青藏高原农牧分界线，也是西秦岭与青藏高原板块撞击的分界线。北面的边界线正是西秦岭与黄土高原的分界线，东面的边界线是青藏高原末梢端与西秦岭黄土高原撞击的分界线。这样的划分是符合历史区划的基本原理和秦国初期势力范围的。整个秦国的临洮县地理板块海拔均比南、北、东相邻县海拔高出 500 到 1 000 米不止。这个地理特征非常鲜明，它是一个完整的地理区域，是中国大版图中部最理想的草原地带、天然牧场，同时还是中国版图中部核心腹地最大的原始森林分布区域。在中华人民共和国成立初期还有老虎、豹子等动物出没，由此可想岷县的植被情况。行政板块的形成，离不开特定山系、水系的小流域、小区域范围或特定地理板块的区隔。

（三）秦国临洮县附邑狄道所处位置与地位

狄道（今临洮）位居秦国临洮县（今岷县）洮河下游西秦岭边界位置。狄道者，顾名思义即古代北方狄人核心通道。在整条洮河流域的防御把控上，与

① 曲英杰：《史记都城考·秦都雍城》，商务印书馆 2007 年版。

临洮南部黄河、长江分水岭麻子川岭峰位置相当，互为犄角，各自把守东南、西北角，位置极其重要。古代的东西方通道是以秦岭为主轴的。秦岭以北多是戈壁沙漠地带，人烟稀少，补给困难。秦岭以南多是横断山脉，无法穿越。贯穿东西方的秦岭与昆仑山，自然就成了东西方互通的不二选项。临洮既地处整个全国大版图几何中心位置，又处在秦岭与昆仑山及南北向的千里岷山与北方黄土高原地质板块交错位置，使临洮成为东南西北互通的核心区域，这一区域就是从西南流入又折东而返，再西而北进入黄河的洮河流域。喇叭形洮河的正西面就是广袤的甘南大草原，是西戎的腹地。临洮南面就是巴蜀之地，狄道北面就是狄人的腹地。狄道以北包括湟水流域、青海一带史前文明非常发达，人口密集，在秦汉以前，就是通过狄道顺洮河而下到达临洮，再向南翻越分水岭，顺白龙江、嘉陵江、岷江、长江南下，这是一条非常古老的人类通道。但是当这一带有了一个有组织、有规划的、坚强的政权机构以后，它就会对这一通道进行有秩序的把控，这就有了“狄道”这一军政管理单位。这一单位虽然重要，但不是独立的，是受临洮的总体防御部署节制的，属于整条洮河防御体系中不可或缺的一环。同时这个地方属于古代雍州西界，这也是秦国西北方的边界，在边界设卡更是不容置疑。这种情况在乾隆二十八年《狄道州志》甘肃巡抚明德序言中有所体现：“狄道溯秦汉以来，历为附郭邑。”《狄道州志》作者序言：“奥稽前代狄道为用武之地。盖自周东迁，即限于戎。唐季宋初，皆非中国。……临洮之名始于秦，而境在今之岷州。……陇西名郡，自汉始，唐亦有陇西郡，乃即今之陇西。”《狄道州志·建置沿革表》列述“周——雍州，陇西郡，本禹贡雍州西界。周衰，其地为狄秦。”

上述文字，把秦汉时期狄道不是独立的县级政权单位，而是秦国临洮县的附邑解释得相当清楚。秦国当时防御的是从西南而东而西北的整条洮河流域，绝对不是狄道通向西北的一个关口，是通过对整条洮河流域的把控来总摄通蜀、通西戎、通北狄的通道，这才是秦国从战国至始皇两度修筑长城的战略考量。只有这样才能确保西秦岭的绝对安全，秦国才能无后顾之忧地一路凯歌向东扩展。司马迁没有明确写出陇西郡治所在地具体位置并非疏忽，因为这对于史家来说属于基本常识。当时狄道是临洮县附邑，属于边缘末梢地带，郡治所在地是防御的核心重地，要便于与地方行政中心及时协商，民事工作需要地方行政中心协作处理，在防务管理上互为依托，怎么能把极其重要的郡治重地设置在防御的末梢端狄道去呢？！秦国当时的势力范围仅至狄道以北的洮河临界点，也是秦国当时洮河下游至狄道以北的边界线。离开洮河流域的狄道以北就不是秦国的范围了。秦国的西部版图是紧紧围绕西秦岭的，不论是战国时期的秦国西部版图，还是始皇统一全国后的西部版图，可以说纹丝未动，维持原样，仍然保持着昭襄王时期陇西郡范围的版图。秦国统一六国后的所有拓展均在正东、东北、东南方向。狄道洮河以北至西汉开始才有了大规模扩张，直至西北、河西更广袤的地区。《读史方舆纪要》对狄道此后的变迁记录很详尽：

狄道故城在今府治西南。汉所置也。吕后六年，匈奴寇狄道。七年，复入寇。文帝十二年，匈奴寇狄道，即此城矣。蜀汉延熙十八年，姜维围魏王泾于狄道，不克。寻又引军出狄道，不克而还。《水经注》亦谓之降狄道。盖县之别名也。隋、唐以来，州郡皆治此。宋改筑熙州城，即今治也。①

狄道从汉以后，由于统摄从东南至西北河西、青海、新疆的防务，逐渐变得愈加重要，如《狄道州志・形胜》引用《甘肃通志》的记载，说得透彻：

襟带河湟，为西陲之保障。自秦筑长城，起临洮而边境大斥，无南牧之患。蜀姜维数出狄道，以扰关陇。魏人建为重镇，维不能得志。晋之衰也，河西扰乱，大约据狄道，则足以侵陇西。狄道失而河西有唇齿之虑矣。拓跋魏兼有秦凉，以狄道为咽喉之地，列置郡县，恃为藩蔽。唐拒吐蕃，临州其控扼之地也。宝应初，临州不守，而陇右遂成荒外矣。宋承五季之敝王官所莅不越，秦城熙宁以后边功渐启。议者谓欲图西夏，必先有事熙河。及熙河路建，而湟鄯之域次第收复。志曰：郡土田膏腴，引渠灌溉，为利甚博，其民皆番汉杂处，好勇喜猎，故徐达亦云：临洮西通番落，北界河湟，得其地足以给军储，得其人，足以资战阀也。

现在的临洮县是在民国十八年（1929年）由狄道县改置，开始正式使用的。

（四）秦国陇西郡的治理范围

史书记载："秦昭王时，义渠戎王与宣太后乱，有二子。宣太后诈而杀义渠戎王于甘泉，遂起兵伐残义渠。于是秦有陇西、北地、上郡，筑长城以拒胡。"②

那么，陇西郡究竟属辖多少个县域？笔者查阅王蘧常专著《秦史》，找到后来学者将陇西郡治定位为"狄道"的根由。

陇西郡，昭襄王二十八年置。据《水经・河水注》。有陇坻在其东，故曰陇西。据应劭《汉书注》。治未详。案《水经・河水注》："汉陇西郡治狄道。"疑秦亦治此，而汉承之也。其领县可征者：

上邽，据《史记・秦本纪》、应劭《汉书注》。

①〔清〕顾祖禹：《读史方舆纪要》，中华书局2005年版。

②〔汉〕司马迁：《史记・匈奴列传》，中华书局1999年版。

临洮，据《史记·始皇本纪》“八年，迁其民于临洮”文。

西，据《史记·五帝本纪》“尧申命和仲，居西土。”《集解》：“徐广云：‘此为秦县’”文。案《水经·漾水注》，以为即秦襄所居之西垂。[①]

显然，王蘧常是严谨的，当他没有检索到确凿证据前，仅存“疑”，并注明原因“汉承之也”。后来很多学者把秦陇西郡治所地确定为狄道可能也仅是推测，不应该直接用肯定语气来表述。汉承秦制，也有具体问题具体对待，普遍性与特殊性的差异，不可能死搬硬套。因为郡治是根据属辖县域的边关军事防御重地行政中心位置而设置的，古今如此，是基本常识，司马迁无须注明。正因此，杜佑在《通典》中明确写道：“岷州，春秋及战国时并属秦，蒙恬筑长城之所起也。属陇西郡，长城在郡西二十里崆峒山，自山傍洮而东，即秦之临洮境在此矣。”[②]

“郡西”清晰点明陇西郡治所在地就是当时的临洮县城。秦国统一全国后唯独没有扩大范围的郡即陇西郡。王蘧常梳理秦国“陇西郡”领“上邽、临洮、西”三县就是最好也是最有力的证明。陇西郡属辖三个县“上邽”“西”“临洮”，相当于今天的天水、秦安、清水、张家川、甘谷、武山、通渭、陇西、漳县、岷县、礼县、西和、宕昌、舟曲、迭部、卓尼、临潭、渭源、临洮等县。在这样一个范围内，“西”在“上邽”之南，“临洮”之东，属于秦国腹地，无须设防。“上邽”在“临洮”之东，其西、南、东向均处在腹地，无须设防。只有“临洮”是三个县中最西边的县治单位，也是整个秦国最西边的边界县治单位，地处西北西秦岭边缘，是陇西郡唯一需要设防的重中之重，也是整个秦国设防的重中之重。南部可以防范匈奴入蜀，有一夫当关万夫莫开之势。守住此要地，匈奴入蜀再无他途。

三、陇西郡对于秦国边关防务的功能和意义

秦汉时期的临洮县在全国地理位置上十分关键，是秦国大本营礼县的西大门。临洮县随着秦国的逐步发迹尤显重要。这与其特殊的地理位置有关。

《华阳国志校补图注》在大山系上对岷县一带地理位置把控很准：

陕南与甘南为秦岭山脉与大巴山脉之间一大向斜槽。当此两大山脉形成后，槽中之水，俱当东流，成一巨川，姑名之为“古汉水”（就古地中海此部上升成陆时言之）。但经若干年后，又有斜断此大向斜槽之造山力徐徐升起，阻碍此一

① 王蘧常：《秦史》，上海古籍出版社2000年版。

②〔唐〕杜佑：《通典·州郡典》，浙江古籍出版社2000年版。

巨川东进。其中，纵亘于陕南、甘南间之白马山背斜部渐渐升起，而其西侧渐渐下降，遂将原来一系之巨川，断为两部水系：白马背斜线以东之水归于沔，为东汉水，入于云梦盆地；背斜以西之水统归于漾，为西汉水，入于四川盆地。《禹贡》云："嶓冢导漾，东流为汉。又东为沧浪之水。过三澨。至于大别。南入于江。"所言汉水二十六字，可议者甚多，如嶓冢山，《汉志》在陇西郡西县。《后汉志》汉阳郡西县云："故属陇西，有嶓冢山、西汉水。"则漾水即西汉水，自有人类，即已为嘉陵江源矣。①

这里的"白马山"实即岷山。"嶓冢山"即起于天水南贯穿岷县闾井东南的山系，因极其重要才引起《华阳国志》常璩的重墨书写和任乃强的仔细作注。而《读史方舆纪要·舆图要览·洮河边第九》对古临洮今岷县位置的描述更为淋漓尽致，也是对《华阳国志》关于岷县东部这一重要地理位置的补充完善。

按陕西山川四塞，形胜甲于天下，为历代建都第一重地，雄长于兹者，诚足挥斥中原矣。然延、绥以及平、固，皆要冲也：西宁以及岷、洮，多羌患矣：一旦窃发其间，连坏于西北者，未免于骚扰也。且夫阴平有道可入蜀，必可入秦、阶、成、秦、凤之间，当究心矣。延安以东，逼近山西，一苇杭之，非不可也，何必蒲津。若夫潼关制全陕之命，汉中实楚、蜀之冲，不必言矣。遐哉秦岭，其中盖难治矣。②

这一段准确说明"岷、洮"在防御"羌患"、免受"骚扰"所具有的要害功能。岷县地处西秦岭末梢端，又是南秦岭的西北大门户，其不可或缺的防御功能不言而喻。

洮河边第九

按洮、岷、河皆古羌、戎地也，与岷、阶等州居山谷之中，为秦、蜀屏蔽。自汉以来，良多故矣，控制之方，岂无所衷乎？乃吾闻阶、文、西固之间，诸羌盘聚，无有宁所，岂非据山谷者易动难静，自昔然哉？盖当曹考阶州有羊肠鸟道之险，西固有重涧复岭之雄，而文县接近松潘，苍崖绝壁，阴平故险，实蜀口之要区也。驭羌靖边者，其必先于此。乃若山川名胜，则洮、岷与河州固其尤也。记曰：西倾，岷山之宗也，朱围、鸟鼠为辅，番冢、秦岭为屏，陇首为限，而江出于岷，渭出鸟鼠，河浮积石，洮出西倾，陇出陇首，天下山川，

---

①〔晋〕常璩著，任乃强校注：《华阳国志校补图注》，上海古籍出版社 1987 年版。

②〔清〕顾祖禹：《读史方舆纪要》，中华书局 2005 年版。

皆其支派，考形胜者，此又不可不知也。[①]

本段更是直切主题，一针见血点明“洮河”边务的重要性。这里的“边”是布防、边关、防务的“边”，而非旁边、河边的“边”。在《读史方舆纪要》中，把某条河流单列出来分析其防务意义，唯“洮河边”这一条，足见其重要性。作者把白龙江、洮河、渭河三条河流并列讨论，强调“实蜀口之要区”，尤其是“乃若山川名胜，则洮、岷与河州固其尤也”，再三肯定洮河的“蜀口之要区”“秦岭为屏，陇首为限”防御功能，这对于我们做秦长城研究的学者来说，真可谓“不可不知也”。

《读史方舆纪要》在“舆图要览”中，对全国最重要的26个地域作了重点绘图和描述，“洮河”就属其列。图中很鲜明地表明洮河是核心要地，“边”是国家长期防御方面需要精耕细作的边务。

“形胜”卷云：“内则屏翰蜀门。北并洮、叠。秦城起于州界。侨（客居异地）治白石镇。据南山建城。”[②]

这一段非常简短，但每句都提供了重要信息：第一句讲岷县这个地方，对内是防御通过洮河南侵蜀地的北大门；第二句讲北向兼并控制洮叠之乱；第三句讲秦长城起于州界而筑；第四句讲岷县当时的防御势力范围，还能够客居白石镇实施防御职能；第五句讲秦长城是凭借南山而筑。南山就是岷县十里镇大沟寨五台山。

下面我们再从著名的胡焕庸线来看岷县的地望。岷县正在胡焕庸线居中的交叉点上，特别是西北干旱区、青藏高原区、东方季风区的交叉点上，也在人口密度交叉点上，这若干个交叉点正证明了岷县在中国版图边防的核心位置。历代如此，秦国更是如此。因为在确定统一全国的战略定位之前，首先要安定其后防，确保无后顾之忧。这就是秦国在未统一全国前与统一全国后两度在古临洮今岷县设置长城防御的根由。扼守住西秦岭南北西向来犯之敌，就保住了东部礼县，即秦国世代祖居地、大本营，也就扼守住了整个秦岭的安全。整个秦岭的安全就是秦国的安全。这就是陇西郡对于秦国边关防务的历史意义。

洮河是黄河第一大支流，是黄河文明之母，史前文明非常发达。洮，从“水”，“兆”声，“兆”最早之意，亦即洮河是西北最早诞生人类文明的河流之意。其在岷县所形成的正西向喇叭口型地貌面对的正是广袤无际的甘南大草原。这正是长于游牧的西羌及匈奴的理想生活地带，不可能不是陇西郡设防的重地，也

① 〔清〕顾祖禹：《读史方舆纪要》，中华书局2005年版。

② 〔宋〕祝穆撰，祝洙增订：《方舆胜览》，中华书局2003年版。

不可能不是整个秦国西部设防的重地。

综合各种文献和实地考察，秦国东西南北的方位坐标是以秦岭为基准的。秦岭是秦国的命脉，西秦岭的安全，决定着整个秦国的安全。岷县是西秦岭末端唯一重镇，是秦国世代祖居地礼县的西大门，郡治重地必须设置在岷县。

陇西郡的称谓是一个区域性泛称，但其建置一直以今岷县为核心，防务的区域就是洮河流域，直至这一边关防务军事建置退出历史舞台为止。陇西郡的称谓直至汉王朝退出历史舞台后才彻底消失，代之以“陇右”这一称谓。我们从某些文献中看到的“陇西郡”辖 21 个县[①]：上邽、西县、下辨、冀县、临洮、狄道、枹罕、兰干、邸道、故道、武都道、绵诸、獂道、襄武、戎道、辨道、予道、薄道、略阳、成纪、阿阳共 21 县，实际是汉代的陇西郡所辖范围，并非秦国所辖。汉代陇西郡属辖由秦国的 3 个县扩展为 21 个县，其郡治重心必须转移到综合治理需要的合理位置。“陇西”作为一个具体地名的出现，已经是 1913 年，亦即中华民国二年，也就是现在的陇西县。

【作者简介】

张润平（1963—），地方文化学者，甘肃省岷县人。主要研究方向为西羌历史、古代少数民族变迁史、民间民俗文化。曾任甘肃省岷县文化馆馆长、文化局副局长，岷县博物馆首任馆长。现为岷县文旅局干部，中国民俗学会理事、中国艺术家协会会员、中国民间文艺家协会会员、定西市特邀文史研究员，陕西师范大学人文社会科学高等研究院研究员，甘肃民族师范学院兼职教授。

论文《也谈“花儿”的源流》《试析古羌族与汉民族的源流——兼议先进文化对培养和强化民族凝聚力的重要性》《花儿与诗经之比较》《甘肃省岷县锁龙乡月露滩青苗会民俗事项考察》等在各类学术研讨会上交流；著作有《岷洮花儿研究》《地方湫神与社群和谐——岷县青苗会研究》《岷县历史文化与民俗散论》《西天佛子源流录：文献与初步研究》等。曾获得定西市第四届马家窑文艺奖民间文艺类一等奖。

---

① 谭其骧：《长水集》，人民出版社 1994 年版。

卷六

陇蜀古道研究

◇《陇蜀古道青泥道论文集》序 / 彭邦本

◇ 蜀道研究的新进展——评《陇蜀古道——青泥道研究论文集》 / 苏海洋

◇ 陇蜀古道考略 / 高天佑

◇ "陇蜀古道"研究概述 / 焦红原　秦　戎

《陇蜀古道青泥道论文集》序

◎彭邦本（四川大学历史文化学院教授）

蜀道，通常指连接历史上关中和蜀中（巴蜀地区）、进而链接南北丝绸之路的古老交通道路系统，包括金牛道、米仓道、荔枝道、故道、褒斜道、子午道、傥骆道、阴平道、祁山道以至河南道（西山道）等重要线路。也有学者从广义角度，以蜀道概称古代通往巴蜀地区的所有交通线路，亦略可备一说。不过，作为长期以来约定俗成的习惯性范畴，学界仍多以上述秦陇至巴蜀之间总体呈南北向延伸的交通路线网络为蜀道，这也基本符合大量传世历史文献和出土资料反映的史实。

蜀道系统在中国和人类文明史上做出过极为重要而长期持续的贡献，因而具有举世瞩目的历史地位。

首先，蜀道是东亚大陆起源和形成最早的交通干线系统之一。在传世文献中，不仅汉代《史记》《蜀王本纪》等典籍中有关于故道、金牛道等蜀道线路的明确记载，而且早在先秦文献中就有诸多反映。如《战国策·秦策》载战国中期秦举巴蜀之后，大修“通于蜀汉”的栈道，以至达到了“栈道千里，无所不通”的程度，尽管往事已越两千余载，遥想当年，仍不禁令人叹为观止。实际上，史籍书写的秦政府上述积极作为，仅仅是大规模改造提升蜀道的系统工程；至于蜀道的开创，则在夏、商、周三代以远。如《尚书·牧誓》记载武王伐纣，周人联盟部队中引人注目的蜀军，就是沿着蜀道北上加盟周人联军的。这和文献反映的商朝晚期周人已经开始经营“江、汉”，开拓南土的史实若合符契。不仅如此，《尚书》中传统被认为成文较早的篇章《禹贡》亦记载大禹治水于巴蜀，先后于“岷山导江，东别为沱”，“沱潜既导”，“浮于潜，逾于沔，入于渭，乱于河”，这就从传说的角度反映虞夏之际，由巴蜀地区沿着嘉陵江等水系北向延伸的水陆交通体系，已经抵达秦岭以北的渭河、黄河流域，说明蜀道可能在五帝时代的秦陇和巴蜀之间就已经起源了。此外，《史记》《大戴礼记》《世本》亦记载了陕甘黄土高原上的黄帝与蜀地嫘祖联姻，所产青阳、昌意二子降居蜀地的古老传说。甚至《帝王世纪》中相传居于宝鸡一带的炎帝之母，游华阳亦即秦岭以南的感孕传说等，亦无不隐约透射出秦巴南北族群交往互动已久的史影，同样反映了交流通道的起源和早期发展信息。

值得注意的是，上述文献记载秦陇与巴蜀间族群交通互动的传说，近年来陆续喜获蜀道沿线考古发现的印证。20 世纪 70 年代，宝鸡竹园沟等处墓地就出土了许多古蜀文化风格的资料；而城固、洋县一带则在更早些时候就陆续发现许多巴蜀文化风格的殷商时期青铜器。这些与商周同时期的典型巴蜀文化资料在蜀道沿线地区的相继出土，确切地证明了蜀道的存在。而投射更早信息的新石器时代资料，近年来亦纷纷破土面世，如陕西城固宝山遗址的发掘者就明确指出，该遗址二、三期与宝墩文化存在联系。四川广元张家坡遗址、邓家坪遗址、绵阳边堆山遗址、成都宝墩文化均出土具有汉水上游龙山文化特点的黑皮陶。岷江上游新石器时代晚期遗址群亦出土马家窑、庙底沟类型彩陶。年代最早的资料当属广元中子铺遗址（距今 6 000—7 000 年）出土的陕西前仰韶文化陶三足器的柱状小实足。这些至少是新石器时代中晚期以来的资料，令人信服地证实了前述传世文献记载并非古人的向壁虚造，而是有真实的依据。应当指出的是，上述具有鲜明独特风格的器物并不能自动流徙往来，它们中有的固然可能是由先民族群间迁徙流动随身携带而至,但更多的应是出土地区的产品，归根结底是族群迁徙流动的结果，至少是迁徙者把早在原居地就形成的工艺技术、审美情趣以至宗教信仰带到新居地后生产出来的。倘果若此，那显然已是一种深度互动交流的结果，这就有力地揭示了穿行跨越秦巴山地等地理屏障的交通路线，很早就已经起源了。易言之，蜀道的起源应不晚于 5 000 年前，夏商周三代时期已经初步形成，战国中期以降遂逐步全面形成。

蜀道系统的开发、建设，创造了人类交通史上的奇观，它是古代中国最重要的交通干线系统之一。首先，它促进了历史上中国西部的开发，是历史上中国西部人流、物流和文化信息流动的大通道，先后造就了关中、汉中和蜀中三个“天府”。尤其是巴蜀，被学者誉为战国以后中华统一帝国的王业之基，其经济、文化在元代以前常领先天下，即使在明清以后虽不再处于先进之列，但仍然在全国举足轻重。其次，蜀道的开通、持续存在和发展，为周、秦、汉、唐盛世的形成，为古代中华多区域、多元一体文明格局的形成，大一统国家的产生、发展、巩固、繁荣，做出了不可替代的贡献。再次，中国西部历来地大物博，族群众多，多元多样，支系纷繁。正是蜀道和茶马古道系统发达的交通，对各族群先民的彼此联系，交流互动，团结互助，文化融合，和谐共生，对中华民族大家庭的形成，起到了不可替代的基础性历史作用。最后，蜀道连通了整个南北丝路和“一带一路”，成为古代中外文化交流大动脉的中枢或枢纽型路段。秦陇和巴蜀地区间的这一数千年来的交通线路网络，尽管其具体形态已经并正在发生巨大的变化，但蜀道体系的核心或枢纽链接地位延续至今，并将继续发挥作用。在我国今天“一带一路”倡议的切实实施历程中，这种作用将更为显著。就此意义而言，蜀道既是中国和人类最伟大的文化遗产之一，又是人类文明的纽带，研究、保护和使用、发展好它，具有非同寻常的意义。

蜀道具有如此重要的作用和地位，因而自古以来就受到重视，历代经史、文集以至图谱的记载可谓汗牛充栋。近世以来，学界对蜀道的研究也日趋重视，成果颇为丰硕。但这些成果主要集中于川陕之间的故道、褒斜道、傥骆道、子午道、金牛道、米仓道、荔枝道等线，其中除故道因有一段途经陇南而被研究所及之外，在整个蜀道系统中非常重要的陇蜀古道，则论者寥寥。

此种状况，与陇蜀古道的重要历史地位和作用极不相称。尤其是近年来联合国教科文组织世界遗产中心已经正式将蜀道列入世界遗产预备名录，如无陇蜀古道作为蜀道整体的重要组成部分，蜀道申遗所必需的真实性和完整性就明显存在缺憾。因此，陇蜀古道研究的滞后状况必须尽快改变。令人欣喜的是，一些学者已经在这方面迈出了切实的步伐，特别是甘肃本土的学者，近年来不仅大力呼吁倡导陇蜀古道的研究，而且导乎先路，通过踏踏实实的研究探索和调查考察，取得了不少可喜的成果。这方面，陇南学者的成绩尤其突出，并且已经形成了一个以中青年学者为主，颇具实力而初显声势的研究集群，覆盖了文、史、哲、地理、考古、文博、艺术等人文社会科学领域，成果兼及实证研究和理论探讨。

2015 年 10 月下旬，由政协徽县委员会主办的“陇蜀古道——青泥道”学术研讨会在徽县举行，这是学界首次以陇蜀古道为研讨主题的学术会议，来自全国的 60 余名蜀道研究专家、学者，知名作家，以及当地文化工作者 120 余人参加研讨会。会议收到学术论文 50 余篇，内容涉及蜀道学理论探索，学术现状梳理，蜀道文艺研究，蜀道线路走向、重要节点及演变考证，蜀道文化资源的价值及其利用，以及相关历史人物与历史事件研究等方面。摆在读者面前的这部论文集，正是此次会议的集中成果。论文集的主编均属中青年学者，但精心研究陇蜀古道以至更为广阔的领域，有的已逾十年甚至二十年，探索有素，成绩斐然。对于书中文章，马强教授的序言已有精彩的点评，此处无须再赘。但要指出的是，本书不仅是此次会议的与会文集，也收入了此前学界关于陇蜀古道的若干代表性成果，可谓集研究探索之大成。如果说这次会议是陇蜀古道研究历程的一通里程碑，这部论文集就是其内容丰富精彩的碑铭。一书在手，陇蜀古道研究的主要代表性成果几乎尽入囊中，对于有志于研究青泥道等陇蜀古道的学者，确实非常有用。

蜀道是中国和人类最伟大的历史文化遗产之一，是沿线地方最具特色的可持续发展资源。历史已经证明，很多资源都是一次性的，不可再生，因而传统的发展模式遭遇到日益严重的瓶颈约束。而文化资源只要使用得当，不仅可以取精用宏，而且将生生不息，越用越丰富，越用越精彩，从而创生出巨大的经济和社会效益。就青泥道等陇蜀古道而言，其线路蜿蜒于异常雄奇险秀的自然风光中，一路是多元多样的生态资源，而文化遗产资源更源远流长、积淀深厚，极为丰富而独具特色，亟须学界和沿线地方联手推进科学的梳理、保护，为此就需要深入持续的研究。当然，陇蜀古道研究毕竟仍属起步不久的初期阶段，这一古道系统自身也由若干线路、节点构成，其各自具体的史实演变、性质特点和相互关系，以及与整个蜀道的关系，在蜀道网络中的地位等，很多基本问题、基本情况都尚待深入探索。作为人文研究，见仁见智是学术常态。我们认为，只要言之成理，持之有故，就可以成一说。这样兼有理、据的不同观点越多，就越有助于我们从问题的不同层面和方面去接近研究对象，从而获得学术研究的真知和进步。本次会议及刚刚出版的这部论文集，正体现了这种百家争鸣、百花齐放的学术探索精神，是一个可喜的开端，预示着陇蜀古道研究的可持续发展和学术繁荣的到来。

2016 年 6 月 16 日于川大（成都）竹林村

【作者简介】

彭邦本（1955— ），四川乐山人，现为四川大学历史文化学院教授、博士研究生导师，兼任中国先秦史学会副会长，中国郭沫若研究会理事，四川省孔子学会副会长，四川省大禹文化研究专委会副会长兼秘书长，四川省巴蜀文化研究中心学术委员。曾任哈佛大学哈佛—燕京访问学者（1997—1998 年），中国社会史学会理事（1992—2000 年）。曾获省政府优秀成果二、三等奖各一项。

主要学术成果有：《论春秋时代的蒸报》，《民族论丛》第二辑《先秦民族史专集》，1982 年；《西周国家结构形式与其共主政体》，《先秦史论集》，中州古籍出版社，1989 年；《从曲沃代翼后的宗法组织看晋国社会的宗法分封性质》，《中国史研究》，1989 年第 4 期，人民大学复印报刊资料《先秦、秦汉史》1990 年第 5 期全文转载；《商周古文字和巴蜀文化研究的几个问题》，《四川社联通讯》，1991 年第 1 期；《春秋晚期吴文化的北向影响初探》，《齐鲁学刊》，1992 年第 2 期，人民大学复印报刊资料《先秦、秦汉史》1993 年第 6 期全文转载；《论早期文明探索中的几个重要范畴》，《四川文物》，1995 年第 3 期；《郭沫若学术风格早期成因的几点思考》，《郭沫若学刊》，1996 年第 4 期；《早期蜀史诸代的并存、相继关系及其共主秩序考略》,《徐中舒先生百年诞辰纪念文集》，巴蜀书社，1998 年；《禹族西兴东渐及其在黄河中下游的活动初探》,《社会科学研究》2003 年第 1 期；《从大禹到李冰：我国传统水利理念初探》，载四川省大禹研究会编《禹羌文化研讨会文集》;《理性之光 ——荀子的智慧》，四川教育出版社，1996 年。

蜀道研究的新进展

——评《陇蜀古道——青泥道研究论文集》

◎苏海洋（天水师范学院历史文化学院教授）

蜀道指古代由中国北方经秦巴山地、迭岷山地通往四川的道路系统，由关中翻越秦岭山地东段和大巴山通四川的称为秦蜀古道，由陇右翻越秦岭山地西段和迭岷山系通四川的称为陇蜀古道。前者贯穿秦岭山地的有褒斜道、故道、傥骆道、子午道和文川道，贯穿大巴山的有金牛道、米仓道、荔枝道和洋州巴州道，后者贯穿西秦岭山地和岷山的有祁山道、阴平道和岷洮迭潘道（或称之为西山道）。学术界对前者的研究成果较多，但对后者的研究较为薄弱。甘肃徽县处于秦蜀古道和陇蜀古道的汇合处，故道青泥路、白水路与祁山古道支道青泥河道、木皮岭道和火站峪道在此汇合，交通位置十分重要。2015年10月25日，由政协徽县委员会主办的“陇蜀古道——青泥道”学术研讨会在徽县举行，来自全国的60余名蜀道研究专家、学者、知名作家和县内文化工作者120余人参加了研讨会。2016年，四川大学出版社将本次会议论文集结出版，内容涉及陇蜀古道理论研究、文学艺术研究、线路演变和走向研究、文化线路价值和文化资源利用研究及重要节点、历史人物与历史事件研究等5个方面。

一、理论探索

历史交通地理与交通史研究向来忽视理论研究。高天佑《蜀道学刍议》从蜀道学提出的时代背景、蜀道学的概念及定位、蜀道学的内容及其范围、蜀道学的价值及其意义等4个方面，首次对蜀道学学科建设提出构想，具有重要的理论意义。焦红原、秦戎在《陇蜀古道研究概述》一文中对近年来陇蜀古道学术研究概况做了梳理，有利于促进研究者提高研究水平，推动学术创新。

二、文学与艺术研究

文学艺术是历史文化的重要组成部分，将文学艺术与蜀道历史文化结合，揭示蜀道文学艺术的历史价值或揭示历史文化遗产的文学艺术价值是本论文集的一大特色。

（一）文学研究

任一梦《"蜀道难"系列诗歌的承继与发展》一文论述了齐梁至明清"蜀道难"诗创作特色的嬗变过程，有助于从文学史视角审视蜀道的历史文化价值。陶喻之《〈过青泥岭〉：一首作者被误传许久的蜀道诗》认为《过青泥岭》的作者并非长久被误传的余靖，而是素有"铁面御史"之称、为人刚正不阿的赵抃。聂大受《杜甫与青泥道及其他——杜甫徽县行吟二题》对杜甫入蜀途中经历的栗亭、木皮岭、白沙、青泥岭和水会等几个重要的历史地名进行了考证。蒲向明《陇蜀道诗：杜诗地域研究之重要区域》在旧有分类方法的基础上，以杜甫蜀道诗为例，提出依据地域分类的新观点，是运用文学地理学空间分析法分析文学现象的新尝试。袁冰冰《古代诗歌中的青泥岭白水路》梳理了唐宋至明清描写青泥岭、白水路的代表性诗作，为陇蜀古道文学研究提供了丰富资料。王平将宋琬《栈道平歌为贾胶侯尚书作》与李白《蜀道难》诗对比，认为前者在继承后者的同时，在主题、写法和艺术风格上均有所创新。

（二）蜀道艺术研究

冯岁平通过实地考察，对北宋《新修白水路记》摩崖石刻摩崖形制、泐白残者、空字格和镌刻作了深入的分析，并与陕西略阳灵岩寺刘拱两种碑刻、贾公直等石门题记、南郑真身洞郑炎题诗摩崖等进行比较，指出《新修白水路记》为北宋摩崖石刻的名品，蜀道沿途书法艺术瑰宝；撰书者雷简夫擅长诗文，其书法诸体兼备，为北宋书法艺术从尚法到尚意的代表人物。对《新修白水路记》摩崖石刻艺术价值的研究尚属首次。陶喻之《入蜀历代栈道图考述》考述了王维、李昭道、张询等画家创作的不同风格的入蜀栈道图。认为历代层出不穷的栈道图大多是以这些图画为蓝本再创作的；研究栈道图这一独特绘画题材，有利于直观地了解蜀道沿线古栈道路况和古人跋涉实况，进而通过栈道图了解与之相关的其他诸多背景信息。余永红在《陇蜀古道陇南段几处石窟造像的艺术特色与文化意义》一文中认为，陇蜀古道沿线的法镜寺、八峰崖、大云寺、佛爷台等几处石窟虽然石质不同，造像时代各异，但艺术风格和文化底蕴一脉相承，体现了陇南地域特色，填补了秦蜀古道佛教石窟的艺术空白。刘吉平《氐羌遗韵：八峰崖石窟造像艺术的文化解析》将八峰崖与邻近的麦积山石窟、法镜寺石窟相比较，认为该石窟的建造与"仇池古国"有着必然的内在联系。在现存的造像中，宋代佛教造像风格鲜明，表现出浓郁的世俗生活气息和理想的审美追求，具有强烈的地域性特点。一般认为，佛爷崖造像属于隋唐时期。但许占虎《蜀道青泥岭北周佛爷崖造像考述》依据历史文献、造像特征、出土文物等三个方面的证据，提出徽县水阳乡佛爷崖造像属于北周时期的新看法。

三、陇蜀古道历史演变及线路走向研究

重视新材料、新方法、新手段应用是论文集的又一特色。高天佑《陇蜀古道考略》认为陇蜀古道开创于新石器时代晚期，由嘉陵道、祁山道、踏中阴平道和洮岷迭潘道组成。该文曾发表于《文博》1995 年第 2 期，在国内首次提出“陇蜀古道”的概念，并完整勾画了陇蜀古道道路系统。蒲向明《关于陇蜀古道的文献和文学考察》全面梳理了历史文献与文学文献对陇蜀古道的形成和线路组合方面的记载及今人对这一问题的研究。晏波《秦汉时期氐族与故道、下辨道设治及其陇蜀交通》依据甲骨文和汉简材料，考证了与氐族关系密切的故道、下辨道的位置，指出氐族与秦蜀、陇蜀古道的开通密不可分。蔡副全《沮道兴废考》考察了历史时期从下辨（今成县）出发，顺青泥河至沮县（今略阳）交通的兴废历史和沿途古道遗迹。虽然对“沮道”的命名有商榷之处，但重视实地考察是该文的亮点。

梁中效《论唐宋青泥路的变迁及文化地位》考证了唐宋时期青泥路变迁的政治背景、详细经过，客观、准确地评价了青泥路的历史地位，认为青泥路是唐宋经济的大动脉，是唐宋诗词美文的大画廊，是唐宋连接南北丝绸之路的大通道。苏海洋《论青泥道的时空特征与独特价值》借助高分辨率卫星影像和高精度路径测量工具，精准复原了古代青泥道从徽县银杏镇东南经青泥河店子至白水镇，最后由白水镇西至白水江的路线，在研究方法与结论上均有创新之处。苏海洋《杜甫入蜀行程北段路线新考》将北朝晚期至唐代石窟和石刻资料、实地调查与文献资料结合，考证了乾元二年（759 年）杜甫入蜀行程北段的确切路线为：天水（秦州）—南河沟（赤谷）—张家峡（铁堂峡）—盐官（盐井）—祁家峡（寒峡）—石堡镇—青羊峡（青阳峡）—坛土关（龙门镇）—纸坊镇—殿山梁（积草岭）—沙坝—白洼崖（泥功山）—抛沙镇—成县（同谷）—栗川镇（栗亭）—木莲花掌（木皮岭）—小河厂（白沙）—白水江（长举县）—青泥河入嘉陵江处（水会）—略阳（兴州），纠正了严耕望先生《唐代交通图考》中的一些疏误。王使臻《唐宋陇蜀道研究：基以文物和出土文献的考察》采撷了敦煌文献中所透露的陇蜀道信息，令人耳目一新。王浩远《河池县治与青泥

古道考》在文献考证两汉、唐宋河池县治位置的基础上，考察了唐代驿路在河池境内的走向及宋代开通白水路的原因。鲁建平《宋金时期西垂与河池盐马交易通道——牛尾道和祁山道》一文中认为，宋金时期，牛尾道、祁山道将白龙江上游盛产骡马的宕昌、舟曲等地区与西汉水流域、徽成盆地紧密地联系在一起，在促进南盐（茶）北运和北马（盐）南下方面发挥过积极作用。罗卫东《茶马古道“秦蜀”道探析》认为秦蜀道是西南茶叶输送至西北的最早的商道，是真正意义上的以茶易马的古道。秦蜀道干线及支线所经路线主要在陇南境内，因此，陇南是茶马古道主要分布地区。

石志刚《北宋以后白水路的变迁》将文献和实地考察结合，提出了与白水路顺洛河河谷南行的观点不同的新观点，他认为宋代白水路由银杏镇（宋河池县）经徽县进入西寺沟，过十里墩、文池、照壁崖、黑沟抵达白水峡边的大河店，再沿洛河南下至瓦泉村，然后折向东北，过瓦泉山至长峰县村。元明以后，白水路沿白水峡抵白水江。曹鹏雁《徽县通秦州古道与明代火站批验茶饮所》考证了明代由徽县经火站、高桥、白音峡通秦州的茶马古道线路和火站峪明代批验茶饮所，填补了祁山古道道路网研究中的空白环节，对认识明代茶马古道在陇南的走向具有重要的参考价值。郑国穆《浅议 GPS、RS 及 GIS 技术在蜀道及茶马古道考古调查中的应用》认为在蜀道及茶马古道考古调查研究中，系统引入全球定位系统、遥感和地理信息系统，有利于文化遗产保护，更能够满足世界遗产的完整性、真实性的逻辑表述的基本要求。孙启详《故道简论》认为故道异名繁多，屡屡被错误阐释，并简要梳理了故道兴起、演变、线路与地位变化的历史。

该组文章共 15 篇，占总数的 26.5%，比重最大，整体质量也较高，在新观点、新材料、新方法和新手段的应用上尤其突出。

四、文化线路价值和资源利用研究

苏海洋《论青泥道的时空特征与独特价值》探讨了青泥道和白水路独特的生态价值、历史价值与文化价值。讨论这一话题的还有曹鹏雁《青泥古道文化概论》、程文徵《论陇蜀古道茶文化开发》、苏浩《关于青泥古道文化的思考》、王敏杰《青泥岭——唐宋时期的快活林》、李宜蓬《蜀道诗与蜀道旅游资源开发——以褒斜道为例》、甘宏《透过历史看陇蜀古道》、高敏《诗山画岭话青泥——兼述其在蜀道申遗中的价值体现》、陈宝军《青泥古道的人文底蕴和旅游开发价值》、龙青山《青泥岭诸多历史载述与发展旅游业的思考》、吴志文《广元蜀道古树名木的原真性及历史文化独特性与保护利用》。面对保护意识淡漠、在盲目的旅游开发中破坏历史文化资源的现状，孙启祥在《论陇南古道在蜀道申遗中的地位和优势》一文中警示，陇南历史遗址众多、文化底蕴深厚，在蜀道申遗中有很重的分量。虽然申遗起步晚，但在申遗时可以避免走“建设性”破坏、急功近利的歧路。该部分论文占提交论文总数 25%，说明青泥古道文化资源利用问题已经引起社会各界的高度关注。

五、青泥道重要节点、历史人物与历史事件研究

研究重要节点的有刘雁翔《杜甫陇蜀纪行诗〈木皮岭〉地理位置讨论》、王义《仙人关战场遗址考辨》、高敏《从〈议制令〉看蜀道重要节点城镇——三泉》；研究历史人物的有吕方《关陇军事家马援的悲剧与启示》等；研究重要历史事件的有吴世刚《仙人关大捷》、石志刚《略阳“郭御史”修路传说质疑》；研究历史文物的有冉加强《徽县虞关乡〈许清虞关修路摩崖碑记〉新识》。人是文化的主体，人的活动构成了文化的全部内容，人类活动的遗留物和遗迹就是文化遗存。本次研讨会上提交的与陇蜀古道关系密切的历史人物与历史事件研究的论文不足 7%，反映了学术界在文化线路研究上重“物”轻“人”的普遍倾向。

“陇蜀古道——青泥道”学术研讨会是首次在甘肃境内召开的以蜀道为主题的学术会议。《陇蜀古道——青泥道研究论文集》集中收录了这次研讨会提交的论文精华，并适当做了延伸。在研究领域上，由实证研究向理论研究扩展；在研究思路上注意文史结合、传统文献研究与考古新材料结合；在研究手段上，除了传统的文献考证外，还出现运用田野考察、3S 技术辅助调查、复原的新趋势。陇蜀古道研究扩宽了蜀道研究内容和范围，反映了学术界特别是甘肃地方学术界在蜀道研究方面力量的汇合和自我意识的觉醒，一定程度上弥补了蜀道研究的薄弱环节，标志着近年来蜀道研究获得新进展。

编者按：该文原载《天水师范学院学报》2017 年第 5 期，后在博客、微信相继传播，经作者授权再刊于此。

【作者简介】

苏海洋（1971—），甘肃天水秦州区人，博士。现为天水师范学院历史文化学院副教授，硕士生导师。

陇蜀古道考略

◎高天佑（甘肃省成县师范学校讲师）

陕西境内有著名的子午道、褒斜道、傥骆道、故道等北段蜀道。这四条古道，姑名之曰“秦蜀古道”。“秦蜀古道”北接北方丝绸之路，悉归汉中后，向南与蜀道（中段）、川滇、滇桂、滇缅印等古道相贯通，可谓连接南北丝绸之路的四座桥梁。对此，研者如云，论者如沸，毋庸赘言。那么，作为中国大陆腹地且自古为陕、甘、川、青四省交汇之地的陇南（广义概念，包括今陇南市、甘南州和天水市），在古代是否也存在着类似的交通古道呢？成语有云：“得陇望蜀”，当自有所本。近现代出土发现的历史文物也不断证明，在古代陇南的确存在着通往陕秦、达于川蜀的古道。对此，历来虽有星光之见隐于史志，却无宏观总论显于当世，从而未能引起世人的注目。有感于是，笔者检索正史、方志，并参以古迹、石刻、考古资料，结合今人的一些研究成果之后，认为“陇蜀古道”确确实实是存在的，其主要由“嘉陵道、祁山道、沓中阴平道和洮岷迭潘道”四条古道组成，并对“陇蜀古道” 的开创时限提出一己之见，以期为蜀道研究或南方丝绸之路的研究提供一个新思路、新视角。

一、陇蜀古道的开创

先秦时期，陇南地属《禹贡》所载雍梁州境，居民以华夏族为主，华夏族以农业耕作为生。数千年间，他们在本区大小河谷地带创造了发达的上古时期河谷农业文化景观。从历史文化遗存来看，仰韶文化广布于渭河、西汉水、洮河、大夏河、白龙江流域和黄河上游沿岸，以制作彩陶闻名于世的马家窑、半山、马厂三个类型的文化，以及其后的寺洼文化、齐家文化在以上河谷川台地带亦广为分布。而且，21 世纪以来陆续从诸河谷发现、出土的大量彩陶以及其他文物不断证明，早在原始社会末期、新石器时代中晚期至殷商之际，仰韶文化从泾渭向西传至洮河流域，向南达白龙江流域（见《中国历史地图集》第一册）。其后马家窑、半山、马厂文化，以及寺洼文化、齐家文化却从河湟、洮夏东向泾渭、南向白龙江流域传播（《武都地区文物概况》），甚至东到陕西汉水流域，南达川北岷江流域。[①]

其实，这一灿烂的古代彩陶文化流播方向，基本上奠定了陇南数千年来交通道路的大体走向。《甘肃省志》载："成汤之时，羌氐来王，盖复沦于夷狄。"《诗经·商颂》亦云："自彼氐羌，莫敢不来享，莫敢不来王。"约至商代中晚期始，陇南由于西北氐羌族的南迁、东移而开始了多民族杂居相处、共同生活的历史。据史载，至战国时期，本区北部为义渠、邽、冀、獂、绵诸等西戎占据，泾渭河谷秦人与羌戎杂处，洮河、白龙江、白水江流域则为氐羌家园。氐和羌本为游牧民族，后来由于不断迁移于河谷农业区而成为"以产牧为业"(范晔《后汉书》)的农牧兼营的民族。关于其迁徙与流动，有研究者认为："早在新石器时代晚期，氐羌族群的先民就从甘肃地区向西南地区迁徙。约当春秋战国之际，氐人又逐渐移居今四川西部和云南地区。"[②]

20世纪70年代，云南剑川鳌凤山原始社会晚期墓群的考古发掘表明："鳌凤山墓地的文化内涵与四川西部地区石棺葬，乃至甘青地区的齐家文化有着某些渊源关系。""鳌凤山墓地新出土的双耳陶罐最早见于维西弋登封新石器遗址。在云南境内，这种双耳罐在洱海地区青铜文化时期便逐渐减少以至绝迹。而在德钦永芝、纳古、石底及其以北四川境内的雅砻江流域，乃至岷山地区却较多存在。再往北可溯到甘青地区，反映了齐家文化'安佛拉式双耳罐'的强烈影响……两地文化如此相似，当与氐羌族南迁的历史事件有关。"[③]

对于氐羌族在历史上的南迁，研究者均已认同，且对于其南迁路线和年代，学者们的看法亦大体一致："康藏高原东端横断山脉南下的雅砻江和金沙江流域，其深陷的峡谷自古以来即构成南北民族交通的要道。甘青地区创造了彩陶文化的原始民族，在新石器时代晚期，他们其中的一个或几个部落便沿着这条要道开始南迁。在理川、汶川县发现的属于马家窑文化的彩陶，证明了这一史实。"[④]如果说"从地理位置分析——横断山脉的峡谷正是我国古代西北、西南地区民族迁徙和文化交流的必经之地"[⑤]的话；那么，绵延横亘于陇南南部边境的西倾山、岷山、摩天岭及秦岭西部支脉与嘉陵江及其支流西汉水、白龙江、白水江，还有黄河上游及其支流湟水、洮河、大夏河所形成的川坝峡谷区，便是古代西北与中原、西南民族迁徙和进行文化、经济交流的天然通道。

① 冉光渝:《略谈四川的新石器时代文化遗址》,《历史知识》1983年第5期。
② 云南省博物馆文物工作队:《云南剑川鳌凤山墓地发掘简报》,《文物》1988年第7期。
③ 云南省博物馆文物工作队:《云南剑川鳌凤山墓地发掘简报》,《文物》1988年第7期。
④ 冉光渝:《略谈四川的新石器时代文化遗址》,《历史知识》1983年第5期。
⑤ 云南省博物馆文物工作队:《云南剑川鳌凤山墓地发掘简报》,《文物》1988年第7期。

从上述历史文化、考古资料宏观的分析中，我们不难发现这样一个历史的真相：自从有了人类的活动，有了各民族相互的接触与交流，便有了交通，同时也有了各民族文化的传播与交流。这二者是相互作用，互为依存的。仅此而言，交通的历史，也就是人类活动的历史。本乎此，笔者认为："陇蜀古道"的开创时限当可追溯到商周乃至于原始社会晚期新石器时代。其理由有二：一是彩陶文化的兴盛与传播；一是氐羌民族的不断东移与南迁。可以说，氐羌族先民就是"陇蜀古道"的开创者。对于南方丝绸之路的开创及其时间问题，其实亦可作如是观。

二、"陇蜀古道"干线述略

"陇蜀古道"的开创源远流长，在本区域的形成和发展情况也极为复杂。史前时期的道路交通，没有任何确切的史料记载，只有沿本区众多河流峡谷残存的石器文化和彩陶文化为我们勾勒出一个模糊的轮廓。商周时期，始见有凤毛麟角般的记载。自秦汉以来，随着政治、军事、民族和文化的大变革，交通道路得到空前拓展，史书、石刻论述也才日渐增多。但由于本区域山大沟深、江河纵横，地形异常复杂、地貌形式多样。同时，陇南山区又是多民族杂居之地，陆路水运或纵横交错、或时断时续、或废旧辟新、或扑朔迷离。历史既久，名称繁杂，称呼不一。自西周以来，便有周道、故道、下辨道、西狭道、天井道、阴平道、景谷道、祁山道、青泥道、白水路、飞龙峡栈道、羌氐道、吐蕃道等。对此，从未有人进行全面、系统的研究。近年来，笔者常潜心于此，现经研究梳理，统名之曰"陇蜀古道"。并检索正史、方志，参以古迹、石刻，取以考古发掘和文物普查资料，以及时贤的一些研究成果，将其主要干线加以拨冗钩沉、条分缕析，以显于当世，明于后昆。

（一）嘉陵道

"嘉陵道"是以介于甘陕、甘川边界及其交接地带的嘉陵江为主干，以河池（今徽县）白水镇为枢纽的水陆兼行道。先秦时期，"嘉陵道"属周道的西支。《水经注·渭水篇》："（扦）水（即嘉陵江上游）出周道谷，北经武都（郡）故道县之故城西——其又东北历大散关而入渭也。"秦汉之时，属"陈仓故道"的南段。东汉以后，水运才大规模发展起来。历千百年岁月，经数十代修治拓展，其向东北溯故道水可至故道县（凤县境），出散关可入关中、渭水流域，向西经河池登陆可达秦州（天水）而入甘陇，顺流而下至兴州（略阳）登陆乃至汉中，径流而下穿越巴中可直趋长江（重庆）。

“嘉陵道”因其特殊的地理位置，历朝沿用，屡兴不衰，遂成为甘、陕、川三省交通的咽喉。据《史记·曹参传》，西汉初年“（曹参）从汉王至汉中，还定三秦，攻下辨，故道”。此次走的可能是陆路。至于水道的开辟，据《后汉书·虞傅盖藏列传》载，东汉永初年间（107—113 年），武都太守虞诩“乃自将吏士，案行川谷，自沮（今略阳东）至下辨（今成县）数百里，皆烧石剪木，开漕航道，以人僦值雇佣者。于是水运便利，岁有四千余万”。“先是，运道艰险，舟车不通，骡马负载，僦五致一。”由此可知，虞诩实乃历史上有记载的开辟嘉陵道水运的第一人。

至三国时，曹操征张鲁。“四月，操自陈仓出散关至河池。”（《三国志·魏书·武帝纪》）这是从陈仓故道南下而入陇南。“（唐玄宗）天宝十五年（756 年）六月丙午，玄宗因避安史之乱而赴蜀（成都），至河池郡。”（《新唐书·玄宗本纪》）从上述两条史实可证：自汉至唐，由关中南入汉中、巴蜀，皆由此道。

唐宪宗元和元年至四年（806—809 年），“山南西道节度使严砺自兴州长举县（今略阳白水江镇北）向西疏浚嘉陇江水道二百里，直达栗亭（今徽县境内），焚石烧木，通漕以馈成州兵”。（柳宗元《兴州江运记》）。这是继东汉虞诩之后再见于史志的大规模的嘉陵道水路修治活动。

北宋徽宗至和三年（1056 年），“利州路转使李虞卿以徽县至略阳之青泥岭旧道艰险，议开白水新路。自河池驿五十里，历时四月，新路告竣。共建阁道二千三百零九间，邮亭、营属、纲院三百八十二间，减旧路三十三里”。（《新修白水路记》摩崖石刻）。

南宋高宗绍兴七年（1137 年），吴璘大军数十万驻守陇南，“粮饷由四川、汉中运输供给。四川饷运溯嘉陵江千余里，半年方达”。（《宋史·胡世将传》）可见此时，嘉陵水道已全线贯通投运。

元世祖至元四年（1267 年）四月，“发巩昌、凤翔、京兆等处未占籍户一千户，修治陇蜀山路、桥梁、栈道”。（《元史·世祖本纪》）这是元占领陇南后所进行的全面大规模的交通恢复工程。至元五年（1339 年），“成州长官元帅武思信奉朝旨督修嘉陵江上游水路道路，以便漕运军粮。历七旬，修治兴州以上陆地行军运粮路一百八十渡，悬崖阁道三千六百余间，桥梁六十四所，避水患二百余渡。自是漕运流通，行人不苦，粮道不绝”。（嘉靖《徽郡志》）。这已是嘉陵道历史上第五次大规模修整活动，其工程规模之大，堪与北宋至和三年新开白水路相称比。

明太祖洪武三年（1370 年）春，徐达率师从徽州南“百八渡进军至略阳，克河州，入连云栈攻兴元”。(《明史·徐达传》)正德七年（1512年），“按察佥事李璋巡陇右，时四川起义军攻江油、昭化，烽火连境。前年，起义军曾至徽、成，今又来。李璋急驰至徽州，分兵五营，列阵白水江镇，首尾连络，又多设疑兵于险要之地，起义军至而复退”。(嘉靖《徽郡志》)。

由上述诸多史实，就整个“嘉陵道”来看，徽县、略阳交界白水镇及其附近渡口，历来为嘉陵道上的枢纽和核心路段。因为这里是北上陆路或南下水道的交接点，历史上许多重大军事行动均与此有关。

清顺治二年（1645年），张一鹏任徽州知府，“时四川未平，徽州运输军粮，造船只，由永宁河之合河口上船，进入嘉陵江，后因罗汉洞山石阻塞，水道不再通于徽州境内”。(民国《徽县新志》)由合河口溯永宁河北上，乃为由川北、陕西通往秦川、进入甘陇的山路步道之一。六年（1649年），杨三辰任徽州知府，“时大军入川，于徽州统贮粮饷，转运于略阳，徽民负担甚重。三辰督民疏浚嘉陵水道，修造船只，以通水运，民咸称便”。(同上)

同治六年（1867年），四川候补道彭汝琮向陕甘总督左宗棠察陈办理接济甘军米局情况，左氏批复：“略阳白水江合故道嘉陵、两水可通舟楫。陆路经徽、凤抵宝鸡达渭，为程四百里，通秦陇。唐时运道所经，国初用兵巴蜀，军粮从此转输取经。非不知劳费万状，而筹军食者舍此末由。”(《左宗棠全集·札件》)八年（1869年），提督傅先宗察陈陇南官军防剿起义军情形，左宗棠批示：“见在秦州的一路兵力厚重，垂应分别防剿，以利戎机。查徽县城外驻两营，距徽城六十里榆树坝须驻两营，距榆树坝五十里高桥须驻三营，距高桥五十里李子园须驻两营，三十里娘娘坝须驻两营。距娘娘坝五十里皂角铺须驻一营。”(同上)左氏实不愧为有清一代的名臣和军事家，其于嘉陵江水道、陆路可谓了如指掌，故能所向披靡，抚定西北。

光绪十九年（1893年），甘肃总兵易顺胜主持重修徽县至略阳之大石碑路竣工。此项工程计“历时两年，修路五十里，架设桥梁十四处”。事见次年镌《徽县大河店修路碑》。

1935年8月，红二十五军由陕西凤县进入甘肃，攻克两当县城。然后挥师北上，夜袭天水北关，乘胜北渡渭河，占领了秦安、隆德，越过六盘山。中华人民共和国成立后，宝成线铁路亦大致沿本古道线修筑。

综观以上史实，“嘉陵道”在古代大规模的陆路修整和水道疏浚多达七次，不仅是由秦及蜀的孔道，而且是自陇入蜀的通途。称之为“秦陇锁钥，甘川咽喉”实不为过。

（二）祁山道

“祁山道”起于西北秦州（天水），至于陕南汉中，亦为水陆兼行道。水路以西汉水为主干，通过西汉水沿岸各渡口与陇南各条陆路相连。比之嘉陵道中上段，本道河谷宽阔平缓，开发亦早。远古时期，即为两岸各族人民所利用，流域内比较丰富的彩陶文化即其佐证。尤其是三国时魏蜀交战，诸葛亮“六出祁山”伐魏，频频往返于汉中、祁山间，或攻或守，进退自如，遂使本道名扬天下。纵观历史，本道曾在唐朝开元、南宋绍兴、明代万历年间有过三次较大规模的应用和修治。

汉高祖元年（前206年），樊哙率兵“攻西县，县尽于白水（西汉水上游支流今西和县境）之北”。（《汉书·樊哙传》）可见，西汉时，刘邦军队已深入到陇南境内。

东汉灵帝建宁四年（171年），武都太守李翕修治“郡西狭中道”（《西狭颂》摩崖），亦即天井道。该道从郡治下辨始，出西狭、经小川至太石河（搭船坝）入西汉水与水道相贯，向东入青泥河可通嘉陵水道。

三国魏明帝太和二年（228年）春，蜀相诸葛亮首次出祁山伐魏，“亮获姜维，拔西县千余家还于汉中”。（《三国志·蜀书·诸葛亮传》）此次即从祁山道入于嘉陵道而至汉中。太和五年（231年）三月，诸葛亮“复出伐魏，以木牛运粮，出卤城（今礼县盐官镇）攻天水”。（同上）此次与首出祁山相较，其行军运兵可谓“反其道而行之。”[①]

西晋愍帝建兴元年（313年），杨茂搜向晋朝贡，拜为骠骑将军、左贤王。五月，晋梁州刺史张光与巴西流人首领杨虎分别向仇池求救。八月，茂搜遣杨难敌入汉中。十月，难敌助杨虎攻张光，陷梁必卜据有汉中地（《仇池国志》）。可见此时“陇蜀古道”在仇池国境内是畅通无阻的。

唐玄宗开元元年至十二年（713—724年），诏命汉阳郡太守赵承修筑南龙门谷（今西和县坛土关）栈道，历时十年竣工。摩崖碑云：“路泛垫，隘吞蜀。郡南阳冲蜀门之□□，控仇池之险要。”可见，石峡关（又称龙门关）实为“祁山道”之咽喉所在。此栈道沿石峡河而修，石峡河入六巷河而同归西汉水。碑文又云：“连白云而悬垂危梁，跨道□青而□是。劳驰骑，弊征轩。□伤路隅，叹息江岛。我太守赵承□□，上闻天聪。启乎新路，邮堂清闲。”[②]据此，则新栈道必由汉故栈改修而成，当年诸葛亮“六出祁山”往返汉中，当屡经此道。

① 郭荣章：《诸葛亮攻祁山行兵路线自议》，汉中地区文教局《诸葛亮研究文集》。

② 何健：《西和县发现唐代石刻〈新路颂〉》，《甘肃日报》1989年10月29日。

唐肃宗乾元二年（759 年）十月，诗人杜甫离开秦州，经盐官、祁山、汉源（今西和县），入石峡道而至同谷县。住月余后，经河池而入嘉陵水道，直至成都府。（乾隆六年版《成县新志》）当年杜甫所经历，正是由祁山道、嘉陵道而入南向蜀的。

南宋高宗绍兴三十二年（1162 年），上禄（今西和上六巷）修栈道（《修栈道记》摩崖）。隆兴元年（公元 1163 年）正月，吴璘放弃德顺军撤兵，道路为金兵切断，璘退归河池。朝廷采纳申浩奏议，欲尽弃陕西地。虞允文上疏："恢复莫先于陕西，陕西五路新复，州县又系于德顺之存亡。一旦弃之，则窥蜀之路愈多，西和、阶、成，利害至重。"（《宋史·虞允文传》）本道战略位置之重要，由此即见。宁宗嘉定十年（1217 年）十二月，金将完颜阿磷出秦州攻宋。金将杨沃衍攻入西和州祁山堡，又攻破白环堡，再败宋兵于寒山岭、龙门关、太石渡。（《金史·杨沃衍传》）金兵进攻宋军，走的还是祁山正道。

明万历十三年（1585 年），西和上六巷重修柱腰崖栈道（《上巷摩崖碑》）。十年（1637 年）二月，李自成起义军攻陷阶州。不久，起义军复由阶、成出西和、礼县。（《阶州直隶州续志》）同年，李自成率部由秦州经陇南入蜀。（《明史·庄烈帝传》）

清圣祖康熙十五年（1676 年）六月，叛臣四川总兵吴芝茂集溃兵万余屯铁叶峡，于红山堡筑垒，抚远大将图海遣将军佛尼勒进攻。总兵王进宝等败吴兵于牡丹园（今天水南牡丹乡），又连败于罗家堡、盐官、祁山堡，再败于西和次山。吴仅以二十余骑逃亡，官兵追至西和石峡关。（民国《西和县志》）

综之以上史料，结合民间旧有路线，归纳"祁山道"路线为：秦州（天水）—牡丹—罗家堡—盐官—祁山堡—长道—石堡—汉源（西和）—石峡关（龙门关）—太石渡（入西汉水）—镡河渡—白马关（寺台）—大南峪—两河口—横现河—略阳—汉中；或石峡关—纸坊—成县（经青泥河、飞龙峡入嘉陵水道）—略阳—汉中。

（三）沓中阴平道

据《中国古今地名辞典》，沓中"在青海东南境，甘肃临潭县之西，蜀姜维、西秦乞伏炽磐皆尝次师于此。胡三省曰，即沙强之地，在诸羌中。""沓中阴平道"，或云"景谷道"，是以白龙江、白水江为主干的水陆兼行道。远古时期，即为诸羌所用，后因三国时蜀汉姜维屯兵沓中，魏将邓艾伐蜀由之而使此道闻名于世。

"沓中阴平道"之名，首见于《三秦志》，验之史书记载及地理位置，其名颇精当，故本文沿用之。但非为“从成、和、阶、文出者。”（明王士性《广志绎》），其路线乃为：临潭— 岷县— 宕昌— 武都—文县—碧口（陆）—青川—平武—江油— 成都。或碧口（水）—白水—昭化—成都。

魏元帝景元三年（262 年）十月，姜维攻洮阳，邓艾“破维于侯和（今临潭境内，唐之洪和城），维退住沓中种麦”。（《三国志·蜀书·姜维传》）景元四年（263 年）五月，魏徵西将军邓艾、镇西将军钟会、雍州刺史诸葛绪、益城刺史师纂五路伐蜀。魏军追姜维至孤川口（今迭部境内）大战，维败走阴平。又与廖化还至剑阁，拒钟会。二月，邓艾沿白龙江自阴平景谷道（今文县白水江峡谷）入蜀，行无人之地千里，攀木缘崖，进占江油，蜀江油守将马邈等降。艾进至成都，蜀后主刘禅降。（《三国志·魏书·邓艾传》）

关于邓艾伐蜀之道，《三国志》云：“自阴平由景谷道旁入。”《华阳国志》云：“自景谷有步道，经江油左担出涪。”二者记载一致，其具体路线以刘琳说法为确：“此路是由甘肃文县沿白水江、白龙江而东至碧口，由此折而南行，溯碧口山河河谷，经青岩关，越摩天岭，至今青川县”，“盖邓艾为避开蜀汉白水关（今白水镇）守军，故不经景谷正道。”这一路线，直至中华人民共和国成立前仍为民间下四川走成都、重庆的山路捷径，具体是从碧口镇东南入碧峰沟而登摩天岭。

后唐庄宗同兴三年（925 年）九月，庄宗李存勖发兵六万伐蜀。十月，前蜀主王衍引兵数万自成都至汉川。后唐兵来攻，武兴节度使王承捷以凤、兴、文、成四州印节迎降。成州刺史王承朴弃城走，阶州刺史王承岳亦降。蜀天雄军节度使王承休帅一万二千人，赂羌人，买路由文州归蜀。（《资治通鉴·后唐记二》）

北宋建中靖国元年（1101 年），蒲卣为文州通判，朝廷有人提议从文州到陕西汉中修一条路。卣上疏：“洮、岷、积石至文甚远，自文出江油，邓艾取蜀故道也。异时鬼章欲从此入蜀，为其阻隘而止。夏人志此久矣，可为之通道乎?”（《宋史·蒲卣传》）因而否决了这一提议。蒲卣的上疏，其实勾画出了此道的大概。

明洪武四年（1371 年）正月，以中山侯汤和为征西将军，率舟师由瞿塘，颍川侯傅友德为征虏将军，率步骑由秦、陇伐蜀。四月，（友德）抵阶州，败蜀将丁世贞，克阶州城，蜀军断白龙江桥。友德修桥以渡，破五皇关，遂拔文州。又渡白水江，进军绵州。（《明史·傅友德传》）绵州在江油之南，其入蜀当亦从此道。

清嘉庆六年（1801 年）十一月，起义军首领苟文明合各路起义军余部至阶州，当地民众参加起义军，队伍壮大后离阶州回广元一带。(《清史稿.额勒登保传》）起义军们走的是景谷正道，亦即“沓中阴平道”之正道。

分析以上史料，再对照现今地图，我们可以看出，“沓中阴平道”是将洮河、白龙江、白水江流域串接起来的一条锁链，是从甘南州腹地经陇南地区（今陇南市）出走秦巴山地，东至陕西汉中，南达川北（青川、广元、平武、江油）乃至成都的战略要道。自远古时代氐羌民族经由此南迁以来，数千年间绵延不断。至今，该道主干路线虽为甘川公路所替代，但一些支道、山路（步道）仍旧为民间所沿用。

（四）洮岷迭潘道

巍巍岷山，皑皑积雪，孕育了四条大河，山北有白龙江、白水江，山南有岷江、涪江。而这些河流的峡谷地带，首章已述及，自远古始便是西北与西南少数民族迁徙和经济文化交流的孔道。尤其是自宋王韶收复河湟之地至近代以来，随着民族贸易的发展，逐渐形成了连贯青、甘、川三省的洮、岷、迭、潘道，经此道，西北可达临夏、兰州、西宁与北方丝路衔接，南下经茂县、汶川、都江堰至成都与南方丝路相连。也有学者沿用史书旧名“河南道”或“西山道”，[①]因其处于黄河以南，岷山之西，故名。但这种以山川方位而命名的方式，极易造成含混，不若以“洮、岷、迭、潘”四地涵盖命名之更为明确。

西汉武帝元鼎六年（前 111 年）平西南夷，时西县、氐道（治今天水市秦州区平南、大门）、羌道（治今舟曲）属陇西郡。(《汉书·地理志》)

东汉章帝建初二年（77 年），金城、陇西保塞羌反，马援子马防将三万人攻之。羌豪布桥率二万人在临洮（今岷县）西南望曲谷（今宕昌、舟曲）一带，“防三道俱进，破布桥军，斩获千余人，得牛羊十余万头”。(《后汉书·马援列传》)自汉武帝开发西南夷，汉人开始进入该地区并实行管理经营。而在此之前，该地主要为氐羌人居住活动。

唐高祖武德四年（629 年），“置岷州总管府，督岷、宕、迭、旭五州”。(《旧唐书·地理志》）从此，唐政府进一步加强了对该区域的管理。唐太宗贞观九年（635 年）七月，党项攻迭州。时李靖帅军击吐谷浑，厚贿党项，使其为唐军向导。其首领拓跋赤辞谓唐军诸将曰：“隋人无信，喜暴掠我。今诸军苟无异心，我请供其资食； 如或不然，我将据险以塞诸军之道。”“诸将承诺结盟。赤水道行军总管、岷州都督李道彦至涧水，见拓跋赤辞无备，袭击之，获牛羊数千头。

① 赵荣：《青海古道探徽》，《西北史地》1985 年第 4 期。

于是群羌怒，屯野狐峡，李道彦军不得进，赤辞击之，大败，死者数万，退护松州。”（今松潘境）（《资治通鉴·唐纪十》）此道之艰险、重要，由此一见。

北宋神宗熙宁五年（1072年），王韶招纳沿边蕃部，“自洮河以西至，兰、洮、岷、宕、迭等州，共补蕃官、首领五百三十二人”。（《宋史·兵志》）元丰二年（1079年），朝廷“令秦、熙、河、岷四州市易务，招募牙侩，引蕃商持货于市易务中交易”。（《宋史·食货志》）由于王韶的招纳、宋政府的重视，本区域民族贸易迅速繁荣，交通道路也随之勃兴。

元武宗至大二年（1309年）七月，宣政院臣言，武靖王搠想斑与朵思麻宣慰司言：“松、潘、迭、宕、威、茂州等处安抚司管内，西番、秃鲁卜、降胡、汉四种杂居处……酋长令真巴等八人已尝廷见。今令真巴谓其地邻接四川，未降者尚十余万……宜改安抚司为宣抚司，迁治茂州，徙松州军千人镇遏为便。臣等议，宜从其言。”（《元史·武宗本纪》）

明太祖洪武十六年（1383年），“番人岁于边卫以马易茶，马日蕃息”。岷州亦进行茶马交易。（《明史·西番诸卫》）明宪宗成化三年（1467年），陕西副使郑安言：“进贡番僧，自乌思藏来者不过三分之一，余皆洮、岷寺僧冒名贡……章下礼部，令廷臣议，请行陕西文武诸臣，计定贡期，人数及存留，起送之额以闻，报可。已而奏上，诸由乌思藏来者，皆由四川入，不得径赴洮、岷，遂著为例。”（同上）。明神宗万历四十三年（1615年），毕自严任职洮岷道。时地方多警，民苦蹂躏。自严曰：“番族，吾潘篱也，未有潘篱不固，而能御盗者。乃东及汉河，西尽松迭，南抵巴蜀，北距祝送，莫不躬亲阅历，遇有猿溪鸟道，云栈虹梁，舆不能涉，辄徒步从之。得其罅隙，即为之补冲墙，轫要堡。选番兵，整饷备器以为备，四境肃。后迁任榆林，岷主如失慈父，争请留之，不得，乃建祠立碑于迭藏河南。”（康熙《岷州志》）

经由汉始，自唐宋苦力经营，至明清，此道已日显重要。上文毕自严之语，尽道其详。明毅宗崇祯十一年（1638年）三月，李自成由四川松潘过草地入岷州，为官兵曹变蛟部所阻，走入西和、礼县。李自成为避官兵，复谋入蜀，为副将马科、贺人龙所拒，与官兵大战二十七日，乃走汉中。（《明史·贺人龙传》）

清末，创建于清德宗光绪十六年（1890年）的近代著名回族宗教团体“西道堂”以临潭县为中心，形成了操纵西北经济大权的宗教商品经济集团。其坐商点，四川有阿坝、松潘、甘孜、康定等，青海有同德、玉树、哦罗等，甘肃有兰州、眠县、碌曲、玛曲、卓尼、临洮等；作为行商的牛队马帮亦往来活动于这些地区，“洮岷迭潘道”为其行商商队必由之路。①

1935 年 9 月，中国工农红军走过草地溯岷江而上，由松潘登岷山，从迭部县俄界进入甘肃境内。著名的“俄界会议”后，红军一万四千人沿达拉沟、白龙江经过艰险的栈道，于茨日那（今麻牙）渡白龙江，越过由川入甘门户——天险腊子口，到达宕昌县哈达铺，“在此休息整编后，继续北上”。(《甘肃风物志》)

“洮岷迭潘道”因地理环境恶劣，山路栈道奇险难行，需穿行原始森林，又有雪山、草地及江河的阻隔，在“陇蜀古道”中乃非通途大道，实为捷径险路。这一古道的形成，实始于古代该地区少数民族之间的贸易活动，可以看作是贯穿于陇南深山密林中的“贸易之路”。然而每当非常之际，危难之时，却可以绝处逢生，险中取胜，倚天险而变通途。参之上述史实，信然。

三、余　论

嘉陵道、祁山道、沓中阴平道、洮岷迭潘道等“陇蜀古道”，有关记载见于史志者，尚有许多。本文只是按照历史时序，概其要者分而述之，系而统之，以史实证之，乃见全豹而已。其间许多枝节，因本区历来为多民族杂居之所，又是兵家必争之地，道路交通之兴废更迭异常频繁，史志记载亦有不少缺漏和失误，故而有待日后深入、详细探讨。但无论如何，“陇蜀古道”作为介乎西北与西南文化、经济与交通的孔道，说它是南北丝绸之路的又一座桥梁，似乎是毋庸置疑的。

此外，尚有两点需要说明。一是上述四条“陇蜀古道”并非独立无涉的交通干线，而是相互贯通、串联成网的。以水域而言，嘉陵道、祁山道、沓中阴平道皆沿嘉陵江支流峡谷发展、通过，而最终三道归水，入于嘉陵。以终始点而言，四道皆可西向兰州、西宁，北达天水、宁夏，东至汉中、西安，南归蜀中成都。以交互关系而言，西汉时嘉陵道、祁山道经下辨、河池而贯通，且通过阴平、羌道、临洮与沓中阴平道和洮岷迭潘道相交会。隋唐时，吐蕃开始从西部蚕食甘南；安史之乱后，在吐蕃强大的军事压力下，唐蕃双方于公元 783 年签订了《唐蕃清水盟约》，陇南遂尽陷吐蕃，本区交通亦衰落停滞，相关记载也从史册中淡出。北宋以降，因王韶收复失地，四条古道互为襟带表里，关联日益密切。二是“陇蜀古道”除本文所述四条外，尚有从青海东南境贵德、循化，顺大夏河、黄河大弯曲向南经碌曲、玛曲，沿黑河、松潘、岷江而达成都的“河南道”，因资料所限，暂未论及。

① 高占福：《马明仁与西道堂的经济发展》，《西北民族研究》1993 年第 1 期。

编者按：本文是为1993年11月初于陕西汉中举办的“第四届蜀道暨石门石刻学术讨论会”而作的交流论文，当时限于时代和地域，撰文花费了大半年时间，翻检了当时成县师范学校图书馆、成县图书馆和成县文化馆藏的地方志和部分文物考古类杂志，方得其成。后发表于《文博》1995年第2期。此次重刊之时，在行政区划名称和个别文字上做了适当修订。

“陇蜀古道”研究概述

◎焦红原　秦　戎
（陇南市政协教科文化委主任　民盟陇南市陇学研究院院长）

一、“陇蜀古道”概念的提出

历史上，关于“蜀道”，史书中以“栈道千里，通于蜀汉”的“蜀栈道”予以记载，相关史料，自《史记》《汉书》以降，不绝如缕。及至当代，对于“蜀道”的研究工作，起源于陕西的部分高校和汉中市相关研究机构。20世纪80年代以来，由汉中市博物馆举办的“石门石刻与蜀道”学术研讨会已多达十余届，其中国际性的大型研讨会也有三次之多，取得了丰硕的学术研究成果。

1993年11月初，“第四届蜀道暨石门石刻学术讨论会”在汉中隆重举行，来自国内外的学者、专家200余人；其中日本代表团有两个，参会人数多达28人。在本次讨论会上，甘肃省首次组团参会，在成县县委书记刘醒初的重视和亲自带领下，不仅展出了汉摩崖《西狭颂》拓本，展示了东汉时期梁、益二州交通的实物证据；同时，在大会上派出代表做了关于“陇蜀古道”的专题发言。

在本次学术研讨会上，青年学者、时任甘肃省成县师范学校讲师的高天佑先生，提交了长达一万多字的论文《陇蜀古道考略》，发表于《文博》杂志“蜀道暨石门石刻研究专号”，1995年第2期。该文首次对于甘肃境内通往陕南汉中和四川北部的交通路线做了归纳和梳理，具有四个亮点：一是首次提出了“陇蜀古道”的概念，与陕西通往四川的“秦蜀古道”相对应，从理论上补充完善了“蜀道”研究的内涵和外延，扩展了国内外学术界关于蜀道研究的视野。二是提出了“陇蜀古道”主要由嘉陵道、祁山道、沓中阴平道、洮岷叠潘道等四条古道组成的观点，并通过大量史料，以历史朝代为序，粗线条勾勒了这四条古道的起源、走向、分支和兴衰。并指出，它们与陕西境内的故道、褒斜道、子午道、傥骆道一起，共同构成了“蜀道”在陕甘境内延展的内涵。三是提出了“陇蜀古道”的开创时限和主人，认为“陇蜀古道”缘起于夏商周三代西北民族与西南民族的大迁徙和贸易交往活动，其主人应为氐羌族先民。四是指出“陇蜀古道”也是南方丝绸之路重要的组成部分，是连接南北丝绸之路的桥梁。这些新人耳目的观点，当即引起了本次学术研讨会主持人、考古学家石兴邦先生的浓厚兴趣和热切关注。

高天佑先生《陇蜀古道考略》一文发表后，引起了国内学者的广泛注目。据陇南师专教授蒲向明先生查证统计：“该文以其资料丰赡，学术见解独到，被苏海洋《祁山古道中段研究》（载《西北工业大学学报・社会科学版》2012 年第 1 期，博士论文部分内容），李振华、王楠《‘武都（武阳）’买茶考辨》（载《安康学院学报》2012 年第 1 期），陶卫宁《历史时期陕南汉江走廊人地关系地域系统研究》（陕西师范大学 2000 年硕士论文），刘海明《陇南山区小城镇空间结构形态研究》（西安建筑科技大学 2006 年硕士论文）等广泛引用，该论文的电子文本在专业网站（如中国知网）下载量也颇为可观。”[①]

二、陇南市“陇蜀古道”研究状况

二十多年过去了，“陇蜀古道”的研究虽然断断续续有人涉及，但一直没有实质性的进展和突破。2004 年 4 月和 2007 年 9 月，陇南市成县政府利用承办“陇南地区第六届运动会”和“甘肃陇南市首届核桃节”之机，先后举办过两届《西狭颂》暨汉隶学术研讨会，期间也曾收到过几篇当地学者撰写的有关西狭栈道和古代交通的论文，但因研究条件和学识水平所限，几无传世之作。

当川、陕两省政协在全国政协文史委协调下，于 2010 年商议、2011 年启动“蜀道联合调查和申遗”项目之时，甘肃却徘徊于活动之外。于是，高天佑先生闻讯后，当即撰写了《甘陕川政协联手，共同进行蜀道申遗》的“社情民

① 蒲向明：《著勋业于西狭，驰文誉于陇南——高天佑先生学术评介》，《陇南论坛》2012 年第 4 期。

意信息”。[①]此“社情民意”信息于当年底上报甘肃省政协研究室和陇南市委、市政府；时任陇南市委书记的王玺玉先生，阅完信息即予批示：“此建议很好，请市政协牵头，市政府及相关部门予以大力支持，尽快拿出成果来。”2012年，在著名学者赵逵夫的建议下，陇南市借甘肃省“华夏文明传承创新示范区”建设之机，将其打造为文化产业项目。目前，陇南市文联花两年时间收集了国内专家、学者的论文三十余篇，汇编结集为内部交流资料，尚未正式出版。

特别值得一提的是“中国北茶马古道”碑的发现与研究。2009年，康县文化部门的同志在第三次全国文物普查工作中，偶然在望关乡石猫梁山坡间发现了一块明代残碑；从残存文字看，该碑应当名为《察院明文》。其后，康县文化馆副馆长杨清军先生对该碑文字做了初步整理与研究；继之，甘肃省文物局局长杨惠福、研究员郑国穆先生共同撰文《甘肃的文化线路遗产及其保护——以甘肃有关“茶马古道”的线路为中心》，2010年6月参加了由国家文物局和云

---

① 陇南市政协研究室【“社情民意”信息】2010年7月第22期《甘陕川政协联手，共同进行蜀道申遗》主要内容：

从最近召开的西部十二省（区、市）政协文史资料工作协作交流会上获悉，陕西、四川政协已经联合进行蜀道文化线路保护与申遗调研。而事涉其中的甘肃似乎并未知情和参与，特此提请省政协出面协调，建议由陕、川、甘三省政协共同参与，对闻名于世的蜀道文化遗迹进行联合考察，对蜀道文化线路保护联手进行调研，对蜀道文化景观申请世界物质文化遗产共同提出申请，以充分发挥省级政协相互协作、建言献策、共谋发展的议政作用，积极开展政协区域协作，使号称“第二条万里长城”和“南方丝绸之路”主干道的蜀道文化奇观通过申遗保护和文化旅游开发，共同造福于三省人民。

据学术界认定，蜀道，即入蜀之道，可分为由陕西关中、陕南汉中入蜀的“秦蜀古道”和由甘肃陇南、天水、甘南入蜀的“陇蜀古道”。对此，笔者在十七年前曾撰《陇蜀古道考略》一文，在陕西汉中举行的“第四届蜀道及石门石刻学术讨论会”上，面向中日韩学者做过大会学术交流。陇蜀古道遗迹在今甘肃境内的嘉陵江、西汉水、白龙江、白水江流域广泛分布，成语“得陇望蜀”渊源有自，并非虚言。为使遍布于我省陇南、天水、甘南境内的这一古代文明和文化遗产不要错失申遗的宝贵机遇，特提出如下建议：

（一）由省政协出面协调，抢抓机遇，使我省政协也跻身于蜀道文化线路保护与申遗之列，切实开展甘、陕、川三省政协区域合作。

（二）由省政协参照陕、川两省经验，由相关领导、相关部门和相关委员共同组成课题研究小组，成立组织机构，落实人员经费，提出工作方案，明确工作责任，尽快开展工作，跟进陕、川两省工作进度。

（三）根据陇蜀古道在我省的分布，为节省费用，提高效率，建议按地域划分工作任务，分头开展工作。陇南、甘南和天水各为一组，由市县政协联动协作，共同完成调研及相关工作任务。然后，再由省政协组织三省研究人员在典型地段、典型区域共同联合考察。

（四）依据调研、考察结果，及时将陇蜀古道遗迹与文化旅游开发列入省、市十二五文化旅游产业发展规划，以不失时机地实现成果转化，谋福祉于当地人民。

南省政府共同举办的“中国文化遗产保护普洱论坛——茶马古道遗产保护”，从此向学术界正式公布了该碑内容，遂引起了国内研究茶马古道的专家们的注意。

2010 年 4 月下旬，在“陇南市第二届采茶节”期间，陇南市委、市政府在康县举办了“首届茶马古道学术研讨会”，邀请陕西、云南等地的专家、学者，与甘肃省内学者、专家进行了广泛交流和研讨，提交了以康县茶马古道为核心的古代交通论文三十多篇。2011 年 12 月，这些论文结集为《中国北茶马古道研究》一书，由世界知识出版社正式出版发行，可以视为“陇蜀古道”研究最新的阶段性成果。甘肃陇南康县明代《察院明文》残碑是全国唯一明文确载的“茶马古道”碑刻，由此证明了“茶马古道”在甘肃陇南的客观存在。2013 年 8 月，陇南市北茶马古道遗址被国家列入大遗址保护范围，即将立项予以保护。

三、“陇蜀古道”研究最新进展

2013 年 11 月 18—20 日，“中国蜀道学术研讨会”在陕西汉中市召开，来自北京、陕西、甘肃、四川等省市的学者 70 余人参加了为期三天的学术研讨。会上，甘肃学者高天佑、蒲向明、苏海洋、蔡副全、晏波、刘吉平、鲁建平集体发力，在本次学术研讨会上汇报“陇蜀古道”研究、调查情况，并对“陇蜀古道”作为“蜀道”主干道重要组成部分必须纳入申遗范围予以强烈呼吁，形成本次学术会议的一大亮点，为“陇蜀古道”赢得了充分的话语权。他们的发言与呼吁，赢得了中国秦汉史学会会长、中国人民大学教授、博导王子今先生，中国秦汉史学会副会长、四川大学教授、博导彭邦本先生，陕西宝鸡文理学院教授、长城学专家彭曦先生等著名学者的理解和首肯，并且表示将在今后的工作和研究中予以充分关注。

在本次学术研讨会上，甘肃学者提交了以“陇蜀古道”为核心的多篇论文。其中，天水师院教授、博士苏海洋交流了《唐宋至明清时期的陇蜀古道》；天水师院副教授、博士晏波交流了《故氐、故道设置及其治所考》；陇南师专教授蒲向明交流了《关于陇蜀古道的文献和文学考察》，陇南师专教授蔡副全交流了《石门沟古栈道遗迹与宋代茶马交易》；陇南师专副教授刘吉平交流了《陇南古建筑雕饰与蜀陇文化交流——以文县丹堡田家大院为例》；陇南师专讲师鲁建平交流了《祁山道、卤城：陇蜀互动之交通要道与战略支点》；陇南市政协文史委副主任、陇南文史学者焦红原提交了《甘肃康县茶马古道“察院明文”残碑辨识及碑文辨析》；陇南市政协副秘书长、研究室主任、陇文化学者高天佑，做了《蜀道学刍议》即席发言，倡议建立“蜀道学”，集中国内外学术力量，深入研究分布于中国西部多达九个省、自治区，沿线自然风光绮丽、文化形态多样、历史内涵丰富的蜀道自然和人文景观，切实为蜀道研究、保护、申遗和沿线各省市开发文化旅游产业提供学术支撑，获得了与会学者、专家的赞许和认同。

2013 年 9 月 12 日初稿，
2013 年 12 月 10 日再改于武都。

编者按：本文原刊于《陇南政协》2013 年第 3 期，2013 年 11 月在陕西汉中博物馆举办的“中国蜀道学术研讨会”上交流。

【作者简介】

焦红原：陇南文化学者。出生于 1966 年 7 月，甘肃武都人。现为甘肃省作家协会会员，陇南市作协副主席，陇南市政协文史委副主任。主要从事陇南地方史和白马氐文化的研究工作。

秦戎：陇文化学者。出生于 1965 年 3 月，甘肃清水人，祖籍甘肃秦安。研究生学历，高级讲师。现为甘肃省作家协会会员，民盟甘肃省委员会委员，民盟陇南市委员会副主委，陇南市政协常委、副秘书长、研究室主任。业余致力于先秦文学、古代钱币、汉代摩崖、陇右文化、陇南文史之研究，倡导建立“陇学”“蜀道学”。

卷七 陇蜀商贸研究

丝绸贸易史上的汉匈关系

◎王子今（中国人民大学国学院院长）

考察丝绸之路史，可以发现中原出产的丝绸，曾经以多种方式输出。草原民族在丝绸贸易活动中采取积极的态度。在中土丝绸向西运输的过程中，匈奴也发挥过重要的作用。考察汉与匈奴的关系，不仅可以看到血火刀兵，也能通过丝绸绚丽的色泽和轻柔的质感，感受经济交流史与文化融合史平缓亲和的一面。

一、匈奴“好汉缯絮”与关市交易

西汉中期，朝廷关于商业政策与外交政策导向存在争论。《盐铁论·力耕》记录了“大夫”与“文学”的辩议。大夫的发言涉及“中国”与“外国”“敌国”的贸易交往：“汝、汉之金，纤微之贡，所以诱外国而钓胡、羌之宝也。夫中国一端之缦，得匈奴累金之物，而损敌国之用。是以骡驴驼，衔尾入塞，马，尽为我畜，貂狐貉，采旃文罽，充于内府，而璧玉珊瑚琉璃，咸为国之宝。”[①]说“中国”依靠矿产和织品，可以通过贸易获取绝大的利益。而《太平御览》卷九〇一引《盐铁论》曰：“齐陶之缣，南汉之布，中国以一端之缦，得匈奴累金之物。是以骡驴驼衔尾入塞。”则说“中国”在贸易中表现的经济实力的优越完全体现于纺织品，即所谓“齐陶之缣，南汉之布”。

中行说评说匈奴民间消费倾向，指出“匈奴好汉缯絮”，而逐渐舍弃原先服用的“旃裘”[②]，警告对汉地产品的依赖将危害匈奴国力。可见“汉缯絮”确实影响了匈奴经济生活。匈奴得到汉地织品的重要途径是关市。据《汉书·匈奴传下》载，汉文帝时对匈奴的政策就包括“与通关市”。并且，孝景帝“复与匈奴和亲，通关市”。汉武帝即位后，“明和亲约束，厚遇，通关市，饶给之。匈奴自单于以下皆亲汉，往来长城下”。甚至在双方正式进入战争状态之后，匈奴仍贪求汉地物产，希图由此得到经济物资的补充，“尚乐关市，嗜汉财物，汉

① 〔汉〕桑弘羊撰、王利器校注：《盐铁论校注》，中华书局 1992 年版。
② 〔汉〕司马迁：《史记·匈奴列传》，中华书局 1999 年版。

亦尚关市不绝以中之”[①]。汉王朝也有意通过“关市”对匈奴社会施加经济影响。

“齐陶之缣，南汉之布”，可能有相当数量通过“关市”贸易流入匈奴。所谓“夫中国一端之缦，得匈奴累金之物”的交换行为，成为丝绸之路贸易的重要形式之一。

二、西域丝绸市场与匈奴“赋税诸国”

在汉王朝占有河西这一地区之前，匈奴曾经长期控制西域。《汉书·西域传上》记载：“匈奴西边日逐王置僮仆都尉，使领西域……赋税诸国，取富给焉。”所谓“赋税”，应体现为以强劲军力维护的掠夺式制度化经济关系。“赋税诸国”的征收内容，除畜产、农产外，亦包括矿产、手工业制品和其他物产。匈奴向“乌桓民”征收“皮布税”的情形[②]，可以在讨论匈奴于西域“赋税诸国”时参考。《后汉书·西域传》说到两汉之际西域再次“役属匈奴”，而匈奴“敛税重课”竟然导致西域诸国不堪承受，于是外交方向因此而变换的情形：“哀平间，自相分割为五十五国。王莽篡位，贬易侯王，由是西域怨叛，与中国遂绝，并复役属匈奴。匈奴敛税重刻，诸国不堪命，建武中，皆遣使求内属，愿请都护。”

匈奴雄劲的军事实力，使得利用西域交通地理条件发展贸易成为可能。匈奴史学者林幹曾经指出：“匈奴族十分重视与汉族互通关市。除汉族外，匈奴与羌族经常发生商业交换；对乌桓族和西域各族也发生过交换。”此说匈奴“和西域各族也发生过交换”，在另一处则说“匈奴还可能和西域各族发生交换”。一说“发生过交换”，一说“可能发生交换”，似乎表述不同。前说应当是确定的意见。林幹还指出：“（匈奴）并通过西域，间接和希腊人及其他西方各族人民发生交换。”[③]考察丝绸之路贸易行为中匈奴的作用，应当重视这样的认识。

西域许多部族具有从事贸易的经济传统，善于商业经营。如“自宛以西至安息，其人……善贾市，争分铢”，安息“有市，民商贾用车及船，行旁国或数千里”，大夏“善贾市”，都城“有市贩贾诸物”[④]等，都是引人注目的历史记录。《汉书·西域传上》说到罽宾国、乌弋国的“市列”，又说疏勒国“有市列”，

① 〔汉〕司马迁：《史记·匈奴列传》，中华书局1999年版。
② 〔汉〕班固：《汉书·匈奴传下》，中华书局1962年版。
③ 林幹：《匈奴通史》，人民出版社1986年版。
④ 〔汉〕司马迁：《史记·大宛列传》，中华书局1999年版。

指出西域诸国商品经济的活跃和市场建置的成熟。对于这一时期匈奴以军事力量扼制丝路商贸通路的情形，有的学者曾经有如下分析：“匈奴人……企图控制西域商道，独占贸易权益。”“越来越强的贪欲，使他们亟欲控制商道，垄断东西贸易，以取得暴利。”[①]如果不使用“贪欲”“暴利”之类贬斥语意过强的说法，客观说明匈奴对于“西域商道”“贸易权益”的“控制”，显然是有意义的。《后汉书·南匈奴传》记载：“（建武）二十八年，北匈奴复遣使诣阙，贡马及裘，更乞和亲，并请音乐，又求率西域诸国胡客与俱献见。”“西域诸国胡客”和匈奴使团同行“与俱献见”，体现匈奴对于西域胡商贸易活动的鼓励和支持。这很可能是以经济利益为出发点的。或许匈奴对西域之“敛税重刻”，包括商业税征收。

有学者以为，匈奴也直接参与丝绸买卖：“匈奴贵族”“做着丝绸贸易”，“匈奴人”“进行丝绸贸易”，或说“丝绢贸易”。亦有关于“当时匈奴贵族向西方贩运的丝绸的道路”的分析[②]。然而现在看来，这样的意见似乎需要确切的史料的支持。在考古发掘收获中寻求文物实证尤其必要。“匈奴人”在西域及邻近地方“进行丝绸贸易”“丝绢贸易”的经济行为可能性极大，如果得到证实，当然可以推进对匈奴史和西域史的认识。

亦有学者说，匈奴面对西域繁盛的商业，有“抢劫商旅”的行为[③]。这样的情形，当然是很可能发生的。“抢劫”所得，有可能直接“进行丝绸贸易”。

三、汉王朝厚赂匈奴织品的去向

“汉使者持黄金锦绣行赐诸国”[④]，是汉王朝维护与“诸国”关系的通常形式。这一策略也应用于匈奴。《史记·匈奴列传》言汉王朝维护“和亲”的同时“给遗匈奴”，这是“汉物”流入匈奴的重要形式。《汉书·匈奴传下》回顾与匈奴的交往，言刘邦时代“约结和亲，赂遗单于”。“逮至孝文”，更“增厚其赂，岁以千金”。汉武帝时代苏武出使，也有“厚币赂遗单于”的记录。汉武帝元光二年（前133年）“春，诏问公卿曰：‘朕饰子女以配单于，金币文绣赂之甚厚，

① 殷晴《丝绸之路与西域经济——十二世纪前新疆开发史稿》，中华书局2007年版。
② 苏北海：《汉、唐时期我国北方的草原丝路》，张志尧主编《草原丝绸之路与中亚文明》，新疆美术摄影出版社1994年版。
③ 齐涛：《丝绸之路探源》，齐鲁书社1992年版。
④〔汉〕班固：《汉书·傅介子传》，中华书局1962年版。

单于待命加嫚，侵盗亡已。边境被害，朕甚闵之。今欲举兵攻之，何如？'"[①]《说文·巾部》："币，帛也。"所谓"金币文绣赂之甚厚"，体现出汉对于匈奴"赂"这种物资输出形式中丝绸的意义。

汉王朝以"赐"的形式对于匈奴进行的物资输送，多有丝绸织品、"絮"以及较高等级的成衣等。以具有计量统计意义的记载为例，汉宣帝甘露三年（前51年），"(呼韩邪）单于正月朝天子于甘泉宫"，"赐以冠带衣裳……衣被七十七袭，锦绣绮縠杂帛八千匹，絮六千斤"。汉宣帝黄龙元年（前50年），"呼韩邪单于复入朝，礼赐如初，加衣百一十袭，锦帛九千匹，絮八千斤"。"竟宁元年（前33年），单于复入朝，礼赐如初，加衣服锦帛絮，皆倍于黄龙时。"汉成帝河平四年（前25年），"(单于）入朝，加赐锦绣缯帛二万匹，絮二万斤，它如竟宁时"。"(汉哀帝）元寿二年，单于来朝……加赐衣三百七十袭，锦绣缯帛三万匹，絮三万斤，它如河平时"[②]。自汉宣帝甘露三年（前51年）至汉哀帝元寿二年（前1年）五十年间，多次赐匈奴"锦帛"及"絮"，数量逐次增加。仅简单累计，至"锦绣缯帛"8万匹，"絮"8万斤。比较汉文帝时所谓"遗单于甚厚"，仅不过"服绣袷绮衣、绣袷长襦、锦袷袍各一……绣十匹，锦三十匹，赤绨、绿缯各四十匹"[③]，数量颇为悬殊。如此惊人的数额，应已超过匈奴需求。当时在汉地经济生活中，出现了"以实物计价发给官吏替代俸钱"的现象[④]。大量高等级的纺织品"礼赐"单于，或许也可以理解为在汉地推行"禄帛""禄布""禄絮"制度的背景下，有其经济作用，更值得注意的是"赂"的意义。也就是说，丝绸作为一般等价物，在汉与匈奴的经济关系中实现了特殊的价值。可以推想，匈奴得到超出实际消费需要数额的"锦绣缯帛"和"絮"，是可以通过转输交易的方式获取更大利益的。前引有学者分析"匈奴贵族""做着丝绸贸易"，"匈奴人""进行丝绸贸易""丝绢贸易"，"当时匈奴贵族向西方贩运""丝绸"的现象，货源有可能包括汉王朝"礼赐"的高级纺织品。

四、汉匈军事前线的丝绸发现

考古学者在河西汉代边塞的发掘中获得了数量颇多的丝绸残片。贝格曼

---

① 〔汉〕班固：《汉书·武帝纪》，中华书局1962年版。

② 〔汉〕班固：《汉书·匈奴传下》，中华书局1962年版。

③ 〔汉〕班固：《史记·匈奴列传》，中华书局1962年版。

④ 何德章：《两汉俸禄制度》，黄惠贤、陈锋主编《中国俸禄制度史》，武汉大学出版社1996年版。

在额济纳河流域考察汉代烽燧遗址的收获中包括织品遗存。如烽燧 A6，与汉代封泥、木简同出的有“敞开的、织造精美的覆盖有黑色胶质的丝织品残片；丝质纤维填料；细股的红麻线”等文物。通称“破城子”的城障 A8，与诸多汉代文物同出的有“天然丝，丝绸纤维填料”，“植物纤维织物”，“不同颜色的丝织物、丝绸填料、植物纤维材料残片”。烽燧 A9 发现“红丝绸”。障亭 A10 发现包括“褐色、红色、绿色和蓝色”的“不同颜色的丝绸残片”。台地地区地点 1 标号为 P.398 的遗存，发现“（天然）褐色、黄色、深红色、深蓝色、浅蓝色、深绿色、浅绿色”的“丝绸残片”。地点 7 标号为 P.443 的遗存也发现丝织物，“色泽有褐色（天然）、黄褐色、浅绿色、深绿色、蓝绿色和深蓝色”。金关遗址 A32 地点 A 发现“有朱红色阴影的鲜红丝绸残片”，地点 B 发现“玫瑰红、天然褐色丝绸和丝绸填料残片”，地点 C 发现“天然褐色、褐色和酒红色丝绸残片”，地点 E 发现“丝质服装、丝绸填料和纤维织物残片”，“丝绸为天然褐色、绿色、蓝绿色、蓝色和红色”。地湾遗址 A33 地点 4 发现的丝绸残片，色彩包括“褐色、浅红色、深红色、绿黄棕色、黄绿色和黄色”。又据记述，“色度为：接近白色、褐色、红色、绿色、普鲁士蓝”。大湾遗址 A35 地点 1、地点 2、地点 5、地点 12 发现“丝绸残片”，地点 4、地点 6、地点 7、地点 8、地点 9、地点 10 发现“纺织物残片”。地点 1 标号为 P.66 的遗存，发现“各种颜色（浅黄色、灰色、褐色、绿色和玫瑰红色）的丝绸残片”[①]。

有的丝绸残片是在鼠洞里发现的。额济纳河流域汉代遗址的丝绸遗存普遍遭到鼠害破坏，因此每多残碎。但是台地地区“地点 7”标号为 P.402 的遗存发现：“黄色（天然）丝绸残片，其中一块的整体宽 51.5 ~ 51.7 厘米”。地湾遗址 A33“地点 6”发现的丝绸残片中，“第 2 件和第 19 件保留了完整的宽度，其宽分别为 45 厘米和 40 厘米”[②]。《汉书·食货志下》中“布帛广二尺二寸为幅”的统一规格，以西汉尺度通常为 23.1 厘米计，应为 50.82 厘米，“整体宽 51.5 ~ 51.7 厘米”的形制与此接近。而以东汉尺单位量值 23.5 厘米计[③]，“广二尺二寸为幅”恰好为 51.7 厘米。也就是说，这些织品遗存，当时有相当数量并非成衣，

① 以上均参〔瑞典〕弗克·贝格曼考察、〔瑞典〕博·索马斯特勒姆整理、黄晓宏等翻译、张德芳审校《内蒙古额济纳河流域考古报告：斯文·赫定博士率领的中瑞联合科学考查团中国西部诸省科学考察报告考古类第 8 和第 9》，学苑出版社 2014 年版。

②《内蒙古额济纳河流域考古报告：斯文·赫定博士率领的中瑞联合科学考查团中国西部诸省科学考察报告考古类第 8 和第 9》。

③ 丘光明：《中国历代度量衡考》，科学出版社 1992 年版。

而是以全幅形式出现，很可能是以“匹”为单位的丝绸。

据汉代礼俗制度，色彩的使用依身份尊卑高下有所不同。如《续汉书·舆服志下》：“公主、贵人、妃以上，嫁娶得服锦绮罗縠缯，采十二色，重缘袍。特进、列侯以上锦缯，采十二色。六百石以上重练，采九色，禁丹紫绀。三百石以上五色采，青绛黄红绿。二百石以上四采，青黄红绿。贾人，缃缥而已。”自“采十二色”“采九色”“五色采”“四采”至所谓“缃缥”，形成了等级差别。“缃缥”，是极普通的单一之色，下层人士使用这种“天然褐色”织品，河西边塞遗址发现的色彩纷杂绚丽的织品，不大可能用于制作普通军人的贴身衣物。有经济史研究者注意到，“至今仍不时在沿丝路沙漠中发现成捆的汉代丝织品”。当时丝路交通形势十分复杂，“所谓通西域的丝路，实际上是在亭障遍地、烽墩林立和烟火相接的严密保护下才畅通无阻的。”[①]而河西烽燧遗址发现的大量“汉代丝织品”，也成为丝绸之路贸易史的生动见证。不过，“汉代的丝织品”流通与“亭障”“烽墩”的关系，未必可以简单以“严密保护”说明。河西边塞戍卒有“贳卖衣财物”的经济行为。他们从家乡带来的织品通过当地的军人进入河西市场，这种复杂的流通程序不排除匈奴人参与的可能。

居延汉简中可见边塞军人逃亡事件的记录。典型的一例，即所谓“持禁物兰越塞”的五人中，有常安亭长王闳父子、攻虏亭长赵常以及“客民赵闳范翕”。他们“兰越甲渠当曲燧塞，从河水中天田出”，“于边关儌逐捕未得”，可以说叛逃成功。所谓“常及客民赵闳范翕一等五人俱亡皆共盗官兵”，“五人俱亡皆共盗官兵臧千钱以上带大刀剑及铍各一”，是一起严重的“亡人越塞”案（E.P.T68:54-76）。现役军人以“亡”的形式向匈奴方向的叛逃，即史称“亡入匈奴”者，文献不乏记录。典型的例子有《汉书·王莽传中》：“戊己校尉史陈良、终带共贼杀校尉刁护，劫略吏士，自称废汉大将军，亡入匈奴。”这是具有敌对政治情绪者“亡入匈奴”的情形。其他比较普遍的“亡出塞”现象，如“习边事”之“郎侯应”所指出的，第一种为以往从军出征者未能回乡，“子孙贫困，一旦亡出，从其亲戚”；第二种为以为“匈奴中乐”，不必承担沉重的劳役责任，“边人奴婢愁苦，欲亡者多”；第三种为“犯法”“盗贼”“如其窘急，亡走北出”。[②]丝绸作为价位较高的物资，与多种“禁物”同样为“亡人”所“持”而“兰越塞”，“北

① 傅筑夫:《中国封建社会经济史》第2卷，人民出版社1982年版。

②〔汉〕班固:《汉书·匈奴传下》，中华书局1962年版。。

出”匈奴地方，是很自然的事情。这或许可以看作汉与匈奴之间通过丝绸交易体现的经济联系的特殊方式。

编者按：本文刊于《文史知识》2017 年第 12 期“特别关注”栏，又见于 2017 年 12 月 4 日王子今“文史知识”微信版，本次选录经作者授权。

甘肃文县茶马古道初探

◎罗愚频（甘肃省文县文化馆馆长）

一、茶马古道及文献记载中的陇南茶马互市

茶马古道虽有千年的历史，但它做为一个名词出现，却仅有二十多年。1988年，云南大学木霁弘教授为《中甸汉文历史资料汇编》作序时，首次提出了“茶马之道”的名称；1991年，木霁弘、陈保亚等著的《滇藏川“大三角”文化探秘》一书中正式提出“茶马古道”这个称谓。

对于茶马古道的认识，有一个逐渐深化的过程。起初，学界对于茶马古道普遍认同的观点是“指从唐宋至民国时期，汉藏之间以茶马交换而形成的，存在于中国西南地区，以马帮为主要交通工具的民间国际商贸通道，是中国西南民族经济文化交流的走廊”。研究者认为，茶马古道只存在于中国的西南部分地区，只是汉藏之间存在的商贸通道，茶马古道主要有南、北两条道，即滇藏道和川藏道。滇藏道起自云南西部洱海一带产茶区，经丽江、中甸（今香格里拉）、德钦、芒康、察雅至昌都，再由昌都通往卫藏地区。川藏道则以今四川雅安一带产茶区为起点，进入康定，自康定起，又分为南北两条支线：北线从康定向北，经道孚、炉霍、甘孜、德格、江达，抵达昌都，再由昌都通往卫藏地区；南线则是从康定向南，经雅江、理塘、巴塘、芒康、左贡至昌都，再由昌都通向卫藏地区。除以上主干线外，茶马古道还包括了若干支线，如由雅安通往松藩乃至连通甘南的支线；由川藏道北部支线经原邓柯县（今四川德格县境）通向青海玉树、西宁乃至旁通洮州（临潭）的支线；由昌都向北经类乌齐、丁青，通往藏北地区的支线，等等。

随着茶马古道研究热潮的兴起和新的文献资料的发现、出土，陕、甘、川学者立足本土，对茶马古道提出了一些新的认识和看法。比如茶马古道不仅仅是汉藏之间，同时也是汉回之间贸易的通道；茶马古道既存在于西南地区，同时也广泛存在于大西北地区等观点。甚至有的学者提出了茶马古道是以成都为中心，除川藏、滇藏道外，还有川滇道和岷山道的观点。陇南学者则提出了茶马古道秦蜀道的概念，认为陇南是茶马互市和茶马古道的重要地区之一。

现有文献资料中，无论是朝廷组织编撰的正史、地方组织编撰的方志，还是经风雨剥蚀的石刻，关于陇南茶马互市的记载颇多。

《宋史·兵十二·马政》载：

盖南渡前，市马分而为二：其一曰战马，生于西陲，良健可备行阵，今宕昌、峰贴峡、文州所产是也；其二曰羁縻马，产西南诸蛮，短小不及格，今黎、叙等五州所产是也。

刻于宋庆元二年（1196年）的礼县《两县二八分科后记》载：

自朝廷立市西戎之马于宕昌，马政刍秣之重，首事于潭邑……吾乡之民，困于赋役。

刻于宋嘉泰三年（1203年）的成县《世功保蜀忠德之碑》铭文曰：

西边地控全秦，平原浅卑，风埃千里，实骑兵用长之利。信武顺王时，以金缯诱致迭、宕诸羌。自是，益置互市于宕昌，故多得奇骏。

《明史·志五十六·食货四》载：

十五年，御史刘良卿言："……今茶价踊贵，番人受制，良马将不可胜用。且多开商茶，通行内地，官榷其半以备军饷，而河、兰、阶、岷诸近番地，禁卖如故，更重通番之刑如律例。"

明郭从道《徽郡志·艺文志》中载：

戊戌（1538年）之秋，应天沈君中甫奉命巡茶陕西，至火钻镇，叹曰："此地去徽六十里程，去秦二百里程，而茶马由是通焉，岂可以无官守与公署哉？"

刻于明代的康县望关乡《茶马通番捷路》碑曰：

巡按陕西监察（御史）……示知一应经商人等……茶马贩通番捷路……

清吕震南《阶州直隶州续志》曰：

宋雍熙、端拱间，阶、文、成州皆市马。其后置场，则阶州、文州市吐蕃马，取良弃驽。初以铜钱给马值，有司言"戎人得钱，销铸为器"，乃以市帛、盐钞、茶及他物易之。

清徐松《宋会要辑稿·食货》曰：

自绍兴初运茶博马，系于西和州管下宕昌寨、阶州管下峰贴峡置场，其茶运却从兴州置口以去摆铺运发……

清徐松《宋会要辑稿·食货》载熙宁中陇南境内茶场曰：

成州在城及府城场、栗亭场、泥阳场，熙宁九年十二月置。岷州在城及长道县、大潭县、盐官镇、宕昌寨、闾川寨、长川寨、荔川寨、谷藏堡。熙宁八年闰四月置。阶州在城及将利县、西故城镇、峰贴峡寨，熙宁八年闰四月置。

这些文献资料说明，至迟在宋初，文、阶、成、宕地等即开始“市马”，不过，此时的“市马”，“或以铜钱，或以布帛，或以银绢”，还不是真正的茶马互市，到熙宁年间（1068—1077 年），阶、成、徽、宕、长道、盐官等地设立茶场，才开始了真正意义上的茶马互市。

尚平在《南宋马政研究》一文中断言：在几乎整个南宋时期，朝廷所需的西北战马基本上是通过西和州的宕昌寨和阶州的峰贴峡及文州马场获得。我们有理由说，陇南的茶马互市，兴于北宋，盛于南宋，并一直延续至明清民国之际。

二、阴平道与茶马古道

阴平道，在史籍的记载中语焉不详，加之中华人民共和国成立后公路交通的大发展，昔日之道路，早已湮没在荒草密林之中了，关于其起止，特别是具体的线路，已难以考证清晰。但有一点应该是确切的，即阴平道是连接陇右与四川之间的通道，是以阴平（文县）为中心或枢纽的，否则就不会以“阴平”这一郡县之名命名这条道了。

从现有资料分析，历史上的阴平道有三条，一是从沓中（镇戍名，在今甘肃舟曲县西北）顺白龙江经今武都石门、文县临江、玉垒入川，这条道史称沓中阴平道。二是以狄道（临洮）为起点，越露骨山沿岷江南下到阴平入川，这条道史称阴平正道。三是由天水经盐官、礼县、西和、武都与前两条相接到阴平，再入川。阴平道因三国时陇右频繁的战事，特别是景耀六年（263 年）邓艾由此道袭江由（今平武南坝镇）、破绵竹（今四川德阳县北黄许镇）灭蜀而名噪天下。

阴平道的枢纽阴平，为《禹贡》梁州之域，秦以前属氐羌，西汉为广汉郡之阴平道，东汉为广汉属国都尉治，在三国时，先属魏，后为蜀所据。据《三国志·诸葛亮传》记载：“七年，亮遣陈式攻武都、阴平。雍州刺史郭淮率众欲击式，亮自出至建威，淮退还，遂平二郡。”建兴七年即公元 229 年，自 229 年至 263 年蜀国灭亡，阴平郡属蜀国达 35 年。在这 35 年中，由蜀国国都成都到陇右，军旅往还，信息沟通，所凭借的就是阴平道。由于其军事上举足轻重的地位，蜀政权对其进行维护，以保证其畅通，是必要的，也是一定的。因此这条道路，在这 35 年中，乃至在以后的两晋南北朝、唐宋元明清之时，应该是一条有一定等级的道路。同时，这样一条重要的道路，也会产生一些支线，还有一些当年邓艾上书钟会时提到的所谓的“邪径”，从而构成一个丰富的交通网络。

一千多年来，这条著名的古道，在承载着军事与政治功能的同时，也必然地承载着商贸流通的功能。这应该说是肯定的。

这条古道的枢纽点阴平（文县）山高林密，江河纵横，雨量充沛，物产富饶。清长赟《文县志·卷三·籍赋志·土产》列出文县著名土产即达百余种，特别是土漆、蜂蜜、桐油、柿饼、纹党、花椒、熊胆、虎骨、鹿茸等更是名闻遐迩。这些土产在满足当地人需要之余，则通过阴平道送入四川、洮岷等地，以换取食盐、茶叶、布匹、铁器、陶器、纸张、水烟等产品，四川等地的商人，也携带各自的产品来文县进行交易。

在文县和外界以土产进行商贸流通的同时，文县这个阴平古道的交通枢纽点，在连接四川与陇右进行茶马互易之时，也起着极其重要的作用。

《宋史·志第一百三十七·食货下六》载：

五年，李稷死永乐城，诏以陆师闵代之。……而师闵榷利，尤刻于前，建言：“文、阶州相连，而茶法不同，阶为禁地，有博马、买茶场，文独为通商地，乞文、龙二州并禁榷……”事皆施行。

这条记载说明，在起初，阶州（武都）即设有“博马、买茶场”，文州仅为茶的“通商地”，后经陆师闵建言，文、龙二州亦开始“禁榷”。无论如何，到阶州的川茶，必然要经过文州（文县），那么经文县运川茶通往武都的道路将其称之为“茶马古道”是再确切不过的了。

编撰于清康熙年间的江景瑞《文县志·籍赋志》中的“茶法”，记载了官方设“巡茶兵快八名，捕役二名”在“要隘处巡缉”的史实，说明在文县境内不仅存在着由四川经文县到陇右的官方指定的“茶马古道”，而且应该还有一些民间的贩卖私茶的“茶马通番捷路”。《武都地区交通史》记载：“川茶自汉代起至唐代，便运往武都销售，除阴平道外，从四川省的青川过薅溪，翻越碧山到碧口，沿白龙江达武都郡、文州。”明确提到川茶经文县运往武都时的具体路径。

以上论述和文献资料的罗列，可以雄辩地说明，文州（文县）既是茶马互市的交易地，也是川茶运往陇南其他各地，乃至洮岷秦州的必经之地，文县境内应该存在着由四川到陇右的“茶马古道”，这条“茶马古道”与“阴平古道”部分相重合，可以称为“川甘茶马古道文县段”，与近几年学界提出的“川陕甘茶马古道康南段”相呼应、相印证、相媲美。文县是这条长达数百公里的川陕茶马古道的“节点”与重镇。

三、川甘茶马古道文县段线路探析

川甘茶马古道由雅安至成都，北上经绵阳、剑阁、昭化到沙州，到沙州后一路西北经桥头（今文县关头坝大桥附近）至文、武，直至舟曲、临洮、礼县、西和、天水等地，一路西南行至青川青溪，再越摩天岭至让水河，到文县、舟曲、临潭、陇西、武都、礼县、西和、天水等地。这只是两条大的走向，具体的线路无确切的记载。笔者近几年通过查阅史料、实地调查，认为在文县境内存在如下几条具体路线：

一条是由四川青川沙州、姚渡进入文县中庙，经余家湾、肖家坝到碧口，沿白龙江到桥头（今关头坝大桥附近），由此分路，一路沿白龙江经冯坪子、口头坝、蒿子店直抵武都；一路沿白水江经玉垒、马家沟、蒿坪、马泉、尚德到文县城。这应该是一条通商大路。

一条是由青川青溪由南自北翻越摩天岭经窄匣子、苜蓿坪、对树到柏元，进入让水河谷，再经刘家坪、丹堡、马泉、尚德到达文县城。这条道路，既是历史上著名的邓艾入川灭蜀之路，也是文县历史上有口皆碑的“下中坝”（江油）之路。远在南宋孝宗年间（1163—1189 年），据长赟《文县志·卷二·关梁》记载：“文州开青云岭，即青塘岭栈道，以引商贩，冀收其利。抵成都计程十二，以此为孔道。”我们在 2014 年 5 月就此道进行了实地调查，在这道路上，发现古栈道遗址 3 处，古桥址 1 处，古碑 1 通，摩崖 2 处，古碑为清嘉庆二年所立，一处摩崖为咸丰年间所刻，另一处摩崖无记年，从字体风格判断可能是明代所刻，这些古碑石刻虽剥蚀严重，但皆有“修路”字样，由此可以判定这条道路在当时的重要性。在考察的过程中，我们在密林深处还发现了多处窄匣子古桥址房址，这应该就是供来往客商歇脚的行店。这条道路虽不似第一条道路的直接，但由于其传奇的历史、文化的积淀和风光的旖旎，具有很大的旅游开发潜力，是文县茶马古道之精华段。以上两条道路都经马泉（古名“马圈”，民国时改为“马泉”，应是客商经长途跋涉到此歇脚换马之处）抵文县城，到文县城又有几条支线，这几条支线是明清至民国时期逐步形成的。

一是由文县城向北经关家沟，越八盘山，出尖山河谷，经老爷庙、蒿子店、临江、冷堡子、月亮坝沿白龙江至武都。

一是由县城向西经东峪口、石坊过广济桥（今合作化桥）至下柳元，再经旧关、哈南寨、边地坪、柴门关抵松藩、南坪藏区。边地坪自古以来就是文县西南部甘川交接之处，在边地坪村西 2 000 米的白水江南岸临江的马尾墩有一刻于雍正年间的摩崖，上刻“秦蜀交界”四个大字，由这个摩崖往南延伸 1 000

米的石山上还有一刻于光绪年间的摩崖，上刻“秦川锁钥”四个大字，旁边还有 1 处“恭颂德政碑”、2 处“新修路碑记”，都是记叙在此处修路的史实。这些密集的修路摩崖石刻，充分说明了位于甘川交界之处的边地坪曾经在历史上有着极其重要的位置。

一是由县城向西经东峪口、马营、中寨、新农、黄土地拐筏岩进入博峪，抵舟曲藏区，远至洮岷。2009 年，我们在文物普查时在中寨镇黄土地村西北 200 米的石岩上发现了一处刻于民国三年（1914 年）的“兴修拐筏岩路碑”。该碑铭文曰：“我乡东北有拐筏岩，上达洮岷，下通蜀汉，固为秦蜀之要道，亦为文南之咽喉，悬崖峭壁，碧岫青岩。云横秦岭，齐鹳雀以摩空；雾锁岷关，并鹫峰而撷秀。行旅则裹足而不前，商贾则惊心而却步……”这一摩崖石刻传达了两个极为重要的信息，其一是这条路“上达洮岷，下通蜀汉”，其二是这是一条“商贾”通行之路。因此说，这是一条有碑刻实物文献资料确切证明了的由四川（蜀汉）达“洮岷”的“商道”，也必然就是茶马古道。

四、余　论

茶马古道是中华民族一笔丰厚的历史文化遗产，一千多年来，这条古老的通道，不仅仅是一条商贸通道，也是一条文化传播之道，民族团结之道，这条古道承载着中华民族往昔的梦想与荣光，也将是启迪激励当代炎黄子孙自强不息、开拓进取的精神食粮。

茶马古道研究兴起二十多年来，取得了令人瞩目的成绩，但由于其历史的久远，涉及地域的辽阔，其间研究探索的空间还很大，特别是涉及地域的地方学者，有着比较丰富的地方文献资料和便利的实地调查条件，我们要以历史的责任感，将其纳入自己的人文学术研究选题，为茶马古道的研究做出应有的努力。

茶马古道川甘道文县段的研究，其意义是绝不仅止于学术研究的，它必将是提升文县形象、扩大文县影响的助推器，也必将是促进文县旅游开发的助推器。

编者按：本文初见于甘肃省文县史志办《文县史志》微信公众号，后经作者授权，作为陇南古代茶马贸易资料，收编本书。

【作者简介】

罗愚频，中华诗词学会会员、甘肃省书法家协会简牍委员会委员，陇南书法家协会副主席，文县文化馆馆长。

新发现《嘉菴赵翁老先生七袠德寿序》寿帐与康县铜钱赵氏

◎唐旭波（陇南市文联《中国乞巧》编辑部副主任）

一、《嘉菴赵翁老先生七袠德寿序》寿帐基本情况

《德寿序》寿帐现存康县铜钱镇茶味村村民赵某家中，寿帐为黄色丝织品，颜色已略退，微有破损，长约 470 cm，宽约 245 cm，序文为清嘉庆己卯科贡生屈应泰撰并题书，银粉正楷，全文 1 380 字，部分字迹难以辨认，兹录序文如下：

自雅颂有曰万寿无疆，又曰尔寿尔臧，凡以寿为五福，所重而歌咏，君子者遂三致意焉，以见有德者之宜有斯福也，后世不察，祝嘏颂寿托名贵禄巨卿，金书玉轴以夸耀闾里，致有僭与滥之讥，操翰者乃有难词苦果。积德慎行可以迓天庥而膺蕃祉，亦有何恧？友嘉菴君嘉庆四年携口眷避烟烽寓余宅，风晨雨夕，谈酒评茶，其言多仁者之言，其行多君子之行，其心亦毫无□□诈伪之心，厥后旋里聚谈甚稀而往往寄候如晤。兹逢七帙之晨，亲友嘱言于□。

余虽素以谀词为耻，笃行如□，君殆可免僭与滥之失与。君家武都之后山，席素封，选六堂之骄矜不形，蔼然其温恭，椿萱逝而明发，未睹埙筒重而急难，可推□，君昆玉二人常为兵，君其弟讳重兰翁早岁登庠序肄业，兰泉声宏艺苑值教，匪入山，遇之不屈，遂鹿玉石俱焚之，操及时过境迁，而念弟不忘犹然，涕泪滂沱。夫行苇之能敦而岂蓼莪之或薄乎？且其砥坊表乎，应求合伙内赈，一时之穷乏，焚千金之券契，苍松白石其心也广厦，宏栟其量也古，所谓恺悌，君子庶无愧于有斯，德介斯福，忝翰者亦岂有僭与滥之，失哉不第，虽是颂寿者，又曰保艾尔后，锡尔祚，引□番番黄发，贵有克昌，厥后之嗣，乃绕膝玉树，无非荀龙，而映砌芳兰，更媲谢凰伫，看洊沐。

纶章进娱寿，考方以人瑞而备，辟雍更老之班，奚啻八千春秋，侑康爵而祝里社也耶，猗欤休哉，是君之福也，因思君之德，思君之德而益信，君之获福者之不少□也，谨述所见，聊以助南山之酒云。

赐进士出身原任江西南安府知府乡眷弟邢澍顿首拜

特授阶州直隶州分州分马主驻白马关年家眷弟姚如松顿首拜

特授奉政大夫刑部福建司主事兼贵州广东两司总办秋审处行走乡眷弟仓泉张恕顿首拜

乾隆壬子科举人陕西榆林府榆林县知县年愚弟仓泉陈俊儒顿首拜

嘉庆丁卯科举人候铨知县借补县训导乡眷弟仓泉吕濬顿首拜

嘉庆戊辰科恩科举人候铨知县借补汉中府府学副堂乡愚弟仓泉张仲英顿首拜

嘉庆己卯科武举陕甘督标右营候补千总眷晚生仓泉张殿华顿首拜

乾隆己酉科拔贡现任甘肃凉州府儒学正堂眷弟晚生吴鹏翱顿首拜

嘉庆甲子科举人吏部候铨知县乡眷弟吴鹏翔顿首拜

唐封汾阳王后裔世荫生员晚生古郑郭朝辅顿首拜

嘉庆己卯科恩贡生候铨儒学教谕仓泉愚弟屈应泰顿首拜并题书

亨　号

安邑　张珠潮　郃阳　范思厚　安邑　张志仁

安邑　范清涟　醴泉　杜　洵　蒲城　韦文聪

咸阳　左识仁　醴泉　王仕敏　醴泉　王仕章

邵阳　赵奉泰

裕　号

醴泉　李　银　醴泉　张明贵　醴泉　李成益

醴泉　张风彩　李国华

和　号

醴泉　史洪范

亲　友

成县监生　石□世　成县廪生　萧　成　成县生员　乔　城

成县武生　□□□　成县生员　张□□　成县廪生　陈奠□

成县武生　张遇清　成县武生　梁周章　朝邑监生　雷福人

渭　南　易□□　郃　阳　范思登　邵　阳　□思鹏

醴　泉　张汉忠　醴　泉　樊秦谓　□　□　薛□义

朝　邑　张　芳　郃　阳　范茂德　山　西　高廷标

成　县　陈国瑞　成　县　陈　禧　成　县　姚怀德

成　县　段宏蔚　成县生员　邢兴财　成　县　关赐财

监　生　朱育国　生　员　张永才　军　功　朱明经

生　员　阎庭中　□　□　朱应□　□　□　陈思德

□　□　武正宗　□　□　杨兴桐

乡　约

武正彦　杨兴通　吴恩学　王登林　朱金元　王登选　董世学

杨名声　杨明殿　杨民翠　朱国辅　郭登科　夏　廉　王永定

马万荣　冯文礼　赵思义　李多才　黄金发　杨兴安　陈九思

王登龙　魏占奎　马大德　张君才　朱国禄　朱金题　齐大金

王登高　武正前　朱金义　冯思廷　冯思钦　李在龙　杨成国

冯思稳　李世印　冯恩君　冯恩志　杨兴发　武金铎　冯思普

冯思迁　冯思津　冯恩化　冯恩伦　吴恩刚　齐廷榜　陈天鹏

徐怀才　刘得明　李金尧　李成暴　杨干正　朱国榜　唐　玉

刘应德　卢天德　马大运　冯思干　冯思彦　梁春芳　陈天宝

齐廷玉　李金凤　冯登干　冯登汉　冯登业　冯□□　冯登□

冯登爵　冯登武　冯浩修　冯□□

户　族

赵思印　赵思唐　赵思周　赵思元　赵成孝　赵思龙　赵思□

赵思□　赵思□　赵思恭　赵万世　赵万奇　赵万连　赵万年

赵万玉　赵万清　赵万碧　赵万朋　赵万秀　赵万旺

嘉庆岁次己卯二十四年嘉平中浣令旦祝炉

二、赵氏的商业伙伴与康南“山货”

《德寿序》所述赵嘉菴一族为阶州人氏，以经商致家道丰裕，嘉庆四年曾携家眷避难于仓泉屈应泰家，两人相见甚欢，视为知己，其后多书信来往，见面甚稀。赵嘉菴有一弟张重兰为生员，以私塾教授为业，逢匪入山，遂不屈与匪同殁，赵嘉菴遂赈济族人，致有家族丁口兴旺，族人和睦的局面，故其七帙寿辰众人来贺。

嘉菴何解，是讳是字？古人对名讳和字号极为讲究，尤其是在隆重正式的场合，主人公七帙寿辰百人自四方来贺更是如此。方志无赵嘉菴的记载，唯有查阅清代其他寿序的书写范式以做判断，清施闰章《汝玉翁杨孺人六十双寿序》载“吾乡有汝玉君许翁”①，许时美，字汝玉，号仁斋，又《惟仁翁六帙寿序》有“若一德相承允称象贤者，惟许公惟仁乎？”②许光谱，字惟仁，

① 夏建圩：《新辑施闰章集外诗文》，《古籍整理研究学刊》2015年第5期。

② 夏建圩：《新辑施闰章集外诗文》，《古籍整理研究学刊》2015年第5期。

号醒坡，据《德寿序》有“友嘉菴君嘉庆四年携口眷避烟烽寓余宅”语，可知古人在寿序中一般以字号雅称，不直呼其名讳，需要说明的是，“菴”在明清代用作字号颇为常见，如清乾隆《醴泉县志》载：“杨守义，字杲菴，直隶涞水贡生。”[①]又民国《续修醴泉县志稿》载：“赵傒，号苏菴，两当县贡士。”[②]又且《德寿序》载赵氏之弟为赵重兰，又赵氏墓园有《赵进嘉碑文》，其孝子孝孙有“万”“思”等排行，清顾炎武谓“兄弟二人用其一字者，世谓之排行”[③]，其弟名张重兰，那么《德寿序》主人赵氏名讳必有一“重”字，故嘉菴为赵氏字号而绝非名讳。那么赵氏在士农工商的四民社会中从事何种产业，以致有“焚千金之券契”而赈济族人的雄厚经济实力？《德寿序》曰“君家武都之后山，席素封”。“素封”典出《史记》：“今有秩禄之奉、爵邑之人，而乐与之比者，命曰‘素封’。”[④]张守节《正义》解释曰：“言不仕之人有田园收养之给，其利比于封君，故曰‘素封’也。”[⑤]在汉代以素封代称无秩禄但富埒王侯之人，诸如蜀卓氏宛孔氏之流。至明清素封已是家谱和方志中的常见用语，意为家无仕宦但家道殷实产业丰厚，如“南宗周，性好施，家非素封而每遇年终人急常周不足”[⑥]。可见其时素封的标准已降低，家道殷实即可曰素封。《赵进嘉碑文》曰“我高祖自泾阳移居于兹，与内助李氏受千辛之苦，而家道丰裕，由是仰有，事府有所畜”，赵氏产业丰厚无可置疑，而其从事商业贸易活动亦有据可循。《德寿序》后署名者 153 人，最前为原江西南安府知府刑澍领衔的 11 位乡绅官员，其次以“亨号”“裕号”“和号”标榜的 16 人尤令人注目，其中醴泉籍 9 人，安邑籍 3 人，郃阳籍、蒲城籍、咸阳籍和邵阳籍各 1 人，那么这 16 人和赵氏有何关系，为何千里贺寿？赵氏故籍泾阳虽与醴泉、咸阳等同处关中地区，但醴泉籍、咸阳籍众人无一姓赵氏，且赵氏“亲友”和“户族”在《德寿序》中单独成目，故 16 人绝无可能为赵氏宗亲。其实这 16 人为赵氏的商业伙伴，古代店铺和钱庄等都以字号为名称，如清代有以“吉顺字号”“履祥字号”“吴正裕号”“张敬裕号”“和发号”和“和玉号”为名称的造纸作坊，[⑦]可见“字号”“裕号”“和号”作为店铺之名已经非常普遍和行业化了，以《德寿序》“裕号”条醴泉李银为例，其表示醴泉县

① 〔清〕孙星衍：《醴泉县志》，凤凰出版社 2007 年版。
② 〔民国〕曹骥观：《民国续修醴泉县志稿》，凤凰出版社 2007 年版。
③ 黄汝城：《日知录集释》，上海古籍出版社 1985 年版。
④ 〔汉〕司马迁：《史记》，中华书局 1963 年版。
⑤ 〔汉〕司马迁：《史记》，中华书局 1963 年版。
⑥ 〔民国〕曹骥观：《民国续修醴泉县志稿》，凤凰出版社 2007 年版。
⑦ 宋叶：《传世古籍中的“纸号”搜集与整理》，天津师范大学硕士论文。

李银裕号，其他诸商铺亦可同理视之，“亨号”“裕号”“和号”多取通达、富足、和谐等商业活动的愿景，总之，从赵氏 16 人商业伙伴的规模和地域范围可知其经济实力与“素封”美誉名副其实。

康南地处奥区，人口稀少，经济社会发展相对滞后，在《察院明文》残碑发现之前，其秦陇商道的地位和作用长期难以彰显，《德寿序》的发现不仅为我们生动地展示了一位在康南本土从事商业活动而富甲一方的商人实例，也为我们重新审视清代康南“山货”的经济价值和秦陇商道的丰富内涵提供了绝佳视角。康县在政区划属上多有变迁，治所迁徙不定，历史时期多属阶州辖境，其物产以阶州概称之，或受皇朝贡品思维惯性的影响，康南物产独有的经济价值难以在方志记载中凸显，如清光绪《阶州直隶州续志》载：“麝香，阶、文、成贡。”[①]其实麝香在康南为大宗山货，康南黑木耳、金木耳等品质上乘而志书不录，诸多因素长期制约了社会各界对康南山货的认识。赵氏因地制宜，充分发掘康南的山川林泽之利，据民国《新纂康县县志》记载，康南具有重要经济价值的大宗山货有食材类、药材类、皮毛类，食材类如黑木耳：“县南阳坝乱山子、梅子菌、两河口、铜钱坝等处产之，其法当每岁冬至节即砍伐二三年之青岗树……每年运至外省者不少实出产之大宗也。”[②]而白木耳和金木耳因色泽明亮光彩如金银，产出不易而价值更高：“（白木）耳每斤价值三四十元至五十元之多，每年运至天津上海及各省，其价必倍本地人。”[③]此处志载木耳产于铜钱坝，虽未明言远销关中、晋南之地，但赵氏累世经商自不可放弃本地优势产业，而关中、晋南地区人稠地狭，难有大量青岗树以供砍伐，且木耳质地轻便又价值颇高，十分便于跨省贸易，故赵氏商业伙伴中必有从事木耳贸易者。药材类如麝香：“全县皆产，因康邑多深山森林，故麝多居于山林也……故河南天津上海等处商人常驻康收买之。”[④]又如柴胡：“县属各地有之……每年运出川广者不少，为康县之大宗出产也。”[⑤]康南林木茂密，野生动植物资源丰富，如麝香、柴胡、天麻、贝母等地道药材，药性绝佳，如贝母：“康地所产虽不及川产之美

---

① 曾礼：《阶州志集校笺注》，甘肃人民出版社 2013 年版。

② 〔民国〕王仕敏：《新纂康县县志》，民国二十五年天水西关两仪书局本，天水新华书局承印，2003 年版。

③ 〔民国〕王仕敏：《新纂康县县志》，民国二十五年天水西关两仪书局本，天水新华书局承印，2003 年版。

④ 〔民国〕王仕敏：《新纂康县县志》，民国二十五年天水西关两仪书局本，天水新华书局承印，2003 年版。

⑤ 〔民国〕王仕敏：《新纂康县县志》，民国二十五年天水西关两仪书局本，天水新华书局承印，2003 年版。

观，其性质功效当远过于川贝母矣，此系各医家屡经试验者。”①志书言康县柴胡广销川广，故湖南邵阳籍赵奉泰亨号有可能是从事药材贸易的贩运者，其他诸商号亦多参与其中。

皮毛类有狐、羊、水獭、豹、狼、野猫和金线绒等野生动物的奢侈皮毛，如狐“毛厚而煖，冬季人多设法擒得之，其皮贩卖他省者亦多为贵重之皮货也，县各地产之”②。水獭“毛细而密，多狨毛，水不湿，极温煖，为皮中之极贵重者”③。又“金线绒为皮毛中第一有价值之物也，县南产之”④。这些优质皮货吸引了包括序末署名贺寿的诸多商人，以人数最多的醴泉为例，《民国续修醴泉县志稿》载：“醴无大商巨贾，率多小本经营……所属市镇向惟叱干南坊两镇以落地粮炭，北屯镇以甘产皮毛……近一土匪之扰乱北屯几无商号……惟农隙之时间有乡人赴甘以棉布易皮革。”⑤志载其时因匪乱，醴泉籍商人“赴甘以棉布易皮革”的情况已经衰败，但嘉庆时期醴泉、康南两地的棉布皮革贸易盛况与此不可同日而语，志书记载，陕西棉布畅销成县，“至横川称都会……川之花棉、陕之布匹，悉货于是”⑥，而康县其时还未产棉，康县产棉源于成县，“当清代初康邑本无产棉之可言，及清之中叶，镡家河以北毗连成县，该地始有试种者”⑦。故醴泉籍商人必有从事其中者。泾阳志书亦能佐证两地皮革贸易之盛，“有猞猁、狼、豹、羊之属，多产甘肃、西宁、洮岷等地，运往湖广、江浙、汴、蜀等处销售”⑧。康南还出产优质净麻，“全县产南区……其质优良者，每岁除本地自做麻鞋麻绳，外运于川陕者不少亦康县之最优品也”⑨，故与赵氏有经贸往来诸号中当有从事皮货和净麻者无疑。

---

① 〔民国〕王仕敏：《新纂康县县志》，民国二十五年天水西关两仪书局本，天水新华书局承印，2003年版。

② 〔民国〕王仕敏：《新纂康县县志》，民国二十五年天水西关两仪书局本，天水新华书局承印，2003年版。

③ 〔民国〕王仕敏：《新纂康县县志》，民国二十五年天水西关两仪书局本，天水新华书局承印，2003年版。

④ 〔民国〕王仕敏：《新纂康县县志》，民国二十五年天水西关两仪书局本，天水新华书局承印，2003年版。

⑤ 〔民国〕曹骥观：《民国续修醴泉县志稿》，凤凰出版社2007年版。

⑥ 郝晓霞、张弛：《清代〈成县新志校注〉》，光明日报出版社2016年版。

⑦ 〔民国〕王仕敏：《新纂康县县志》，民国二十五年天水西关两仪书局本，天水新华书局承印，2003年版。

⑧ 泾阳县县志编纂委员会：《泾阳县志》，陕西人民出版社2001年版。

⑨ 〔民国〕王仕敏：《新纂康县县志》，民国二十五年天水西关两仪书局本，天水新华书局承印，2003年版。

除此之外，醴泉的地理位置也值得关注，其东毗邻泾阳县，明清时期，泾阳县是西部地区的商品集散地，湖茶、兰烟、甘宁皮货在此云集，使得泾阳成为南北货物加工和流通的重要枢纽，[①]故民间有“宁要泾阳、三原，不要西安”的谚语。泾阳的“砖茶”以湖南茶为原料，畅销西北，醴泉与泾阳相邻，其商人有从事“砖茶”贸易者亦在情理之中，巧合的是“亨号”条下有湖南邵阳籍赵奉泰，赵奉泰商号可能在秦陇湖三地经营茶叶贸易活动。

清代铜钱坝已有发育成熟的集市，方志载“铜钱坝集在县南一百六十里”[②]，其处秦陇商道要冲，山货云集，众多商旅于此处进行贸易活动，限于史料无法得知醴泉与康南商贸的价值总额，但《泾阳县志》有一组民国24年输出货物和输入货物的统计数据可以参考。砖茶每年过境 2 000 000 公斤，自湖南运来，占比 100%，运往甘肃，占比 100%；皮货每年过境 7 000 公斤，自甘肃运来，占比 100%，运往沪津汉，占比 100%。货物输入方面，药材输入 16 670 公斤，金额为 9610 元，货物源地为甘肃、四川。[③]这是在同治回乱和民国战乱后商业萎缩时的情况，乾嘉之际商贸之盛可见一斑。赵氏得益山货和商道之便，多种经营，衔接关中、晋南和湖南商贸网络，遂成大贾。

三、赵氏家族徙陇和嘉庆四年“避烟烽”蠡测

赵氏家族徙陇于史志无征，而《赵进嘉碑文》云：“我高祖自泾阳移居于兹，与内助李氏受千辛之苦，而家道丰裕，由是仰有事，府有所畜，迄今逅传已五世矣。”碑文未言何时因何徙陇，仅言移居于此已五世，碑石落成于清咸丰九年（1859 年），按五世计 100 余年，即赵进嘉于清乾隆初年徙陇。查阅清道光《重修泾阳县志》，雍乾时期，泾河经过 4 次大规模整治，龙洞渠灌溉田亩达 74 030 余亩[④]，稼穑丰稔，无饥馑之祸，虽乾隆十三年邻县醴泉大旱，民众流散十之三四，而泾阳无虞，其时亦未发生战乱，然则赵氏为何徙陇？

赵氏家族因商徙陇，泾阳地处关中沃野，人稠地狭问题突出，明泾阳知县路振飞就指出“泾邑人稠地狭，莫可樵采”[⑤]，据方志载，明代泾阳人口

① 泾阳县县志编纂委员会：《泾阳县志》，陕西人民出版社 2001 年版。

② 〔民国〕王仕敏：《新纂康县县志》，民国二十五年天水西关两仪书局本，天水新华书局承印，2003 年版。

③ 泾阳县县志编纂委员会：《泾阳县志》，陕西人民出版社 2001 年版。

④ 〔清〕蒋湘南：《重修泾阳县志》，凤凰出版社 2007 年版。

⑤ 泾阳县县志编纂委员会：《泾阳县志》，陕西人民出版社 2001 年版。

密度为112人/平方公里，清代为123人/平方公里，远高于康县民国9人/平方公里的水平，单一依靠传统农业生产已难以满足生活需要，故县中从事商业活动者为数不少，"岂生齿日蕃而土地狭小欤……县西北殷实小康之家诸户又多以商起家，其乡之姻戚子弟从而之蜀之陇之湘之鄂者十居六七……推而广之，数不知其凡几"[①]。泾阳一带民众尚商风气甚浓，外出经商定居者为数不少，如志书载"韩福恒……侨居甘之成县……精于外科，疗治施药无虚日"[②]，可见韩氏就是因行医而居成县的，赵氏因康南山货之利而徙居于此实属常态。有研究者指出，称"素封"之徽商多在淮南淮北，而徽州本地不曾听闻，[③]如前所述，"素封"之名加之于从商徙陇的赵嘉菴，符合清代商人风尚。

《德寿序》载"友嘉菴君嘉庆四年携口眷避烟烽寓余宅"，余宅当为序文执笔者苍泉屈应泰之家，嘉庆四年烟烽何指？《圣武记》载："（嘉庆四年）三月……贼西窚阶州……其富成所追蓝号贼往来阶、文山箐，复欲渡白水江。恒瑞与广厚等夹攻，贼败，渡嘉陵江，走略阳，追及白号贼，合奔川北。其前队为额勒登保大军所歼……又以富成拥兵七千，专剿蓝白二匪贼，徒尾追不迎击，任蹂躏秦、陇间，褫职逮问，旋留军效力。"[④]嘉庆四年，白莲教匪乱由陕西宁羌波及阶州，清军将领富成追剿不力，蓝号贼张士龙部在阶、文境内盘桓良久，对地方秩序和民众多有残害，赵重兰因此罹难，赵嘉菴携眷口避难屈应泰处，遂得保全，嘉庆四年五月之后，蓝白号贼远走略阳，阶州复安，故赵嘉菴在屈应泰处应寓居不久即返铜钱。由此可见，白莲教不仅"裹协"人口与清军对阵，亦对当地富商大户人家进行财富劫掠，这是方志阙如而《德寿序》彰显的独特历史记忆。赵嘉菴携眷避难他处为何独留其弟赵重兰？《德寿序》载："兰泉声宏艺苑值教，匪入山，遇之不屈，遂罹玉石俱焚之。"据此推测，白莲教匪事发仓促，正是赵重兰与教匪"玉石俱焚"的忠义为赵嘉菴赢得了携眷避难他处的机会，故赵嘉菴"操及时过境迁，而念弟不忘犹然，涕泪滂沱"，这也解释了《德寿序》内容简略甚至隐去主人名讳而要为赵重兰"立传"的吊诡安排，赵嘉菴为照顾包括赵重兰一支在内的族人，"焚千金之券契"，诚谓"多君子之行"。

---

① 〔清〕蒋湘南：《重修泾阳县志》，凤凰出版社2007年版。

② 〔民国〕曹骥观：《民国续修醴泉县志稿》，凤凰出版社2007年版。

③ 陶绍兴、郑晓明：《素封：明清徽商无奈之抉择》，《安徽商贸职业技术学院学报》2020年第4期。

④ 〔清〕魏源：《圣武记》，中华书局1984年版。

四、《德寿序》与方志《选举志》《人物志》补正

《德寿序》撰于清嘉庆二十四年嘉平中，序末诸位官绅的登科年月和品秩有一定的准确性，故依其对方志《选举志》《人物志》进行补正尤有裨益。

刑澍，清光绪《阶州直隶州续志》载："乾隆庚戌进士……署饶州府，迁江西南安府。"[①]清代进士第分三甲，《清史稿》载："天子亲策于廷，曰殿试，名第分一、二、三甲。一甲三人，曰状元、榜眼、探花，赐进士及第。二甲若干人，赐进士出身。三甲若干人，赐同进士出身。"[②]《阶州志》对邢澍登科名次和致仕年月缺乏记载，而《德寿序》言"赐进士出身原任江西南安府知府乡眷弟邢澍顿首拜"，可知邢澍科举名列二甲，其卸任南安府知府不晚于清嘉庆二十四年。

吴鹏翱，《阶州志》载"吴鹏翱，字云逵，阶州人，乾隆间举人"[③]。《武都县志》称吴鹏翱为"乾隆己酉科（1789 年）举人"[④]，对其乾隆间举人的说法有修订，对其"举人"身份仍沿袭《阶州志》。《德寿序》言"乾隆己酉科拔贡现任甘肃凉州府儒学正堂眷弟晚生吴鹏翱顿首拜"，可见在嘉庆二十四年吴鹏翱仍是拔贡，属于清代"五贡"之一，其身份为贡生，其侄吴日章言《武阶备志》成书于吴鹏翱"自司凉铎后"，陈尚敏先生认为吴鹏翱于嘉庆二十二年离任扶风县教谕后可能任职凉州府儒学正堂，[⑤]《德寿序》则予确证之。

吴鹏翔为吴鹏翱之胞弟，《阶州志》未录其人，其登科年份和品秩阙如，《德寿序》言"嘉庆甲子科举人吏部候铨知县乡眷弟吴鹏翔顿首拜"。

陈俊儒，《阶州志》清"举人"条载"大挑一等知县，"[⑥]《阶州志》始撰于光绪十一年（1885 年），"越十月而告俊"[⑦]，而嘉庆二十四年已任榆林县知县陈俊儒的信息却遗漏未录，《成县志》言"乾隆壬子科，大挑一等，知县"[⑧]，《德寿序》言"乾隆壬子科举人陕西榆林府榆林县知县年愚弟仓泉顿首拜"。

---

① 曾礼：《阶州志集校笺注》，甘肃人民出版社 2013 年版。
② 〔清〕赵尔巽：《清史稿》，中华书局 1987 年版。
③ 曾礼：《阶州志集校笺注》，甘肃人民出版社 2013 年版。
④ 武都县志编撰委员会：《武都县志》，生活·读书·新知三联书店 1998 年版。
⑤ 陈尚敏：《〈武阶备志〉著者吴鹏翱生平考述》，《上海地方志》2020 年第 4 期。
⑥ 曾礼：《阶州志集校笺注》，甘肃人民出版社 2013 年版。
⑦ 曾礼：《阶州志集校笺注》，甘肃人民出版社 2013 年版。
⑧ 成县地方志编撰委员会：《成县志》，西北大学出版社 1994 年版。

张恕，《阶州志》清“选拔”条载“朝考一等，钦点刑部主事”①，《成县志》载：“张恕，县东里张旗人。博学工书，嘉庆六年选贡入京，廷试一等一名，授刑部主事。归，乡居有德行。卒于家。”②清乾隆《成县新志》“里屯”条和“村堡”条有东里张旗寨，《德寿序》言“特授奉政大夫刑部福建司主事兼贵州广东两司总办秋审处行走乡眷弟仓泉张恕顿首拜”。按清制，奉政大夫为正五品封赠，其时官阶已有调整。关于其籍贯，张恕自称仓泉，《魏书》载：“苍泉，太和四年置。”③北魏太和四年（480 年）置苍泉县，属仇池郡，在今西和县洛峪镇境内，疑《成县志》有误。

张仲英，《阶州志》清“举人”条载“汉中教授”④，《德寿序》言“嘉庆戊辰科恩科举人候铨知县借补汉中府府学副堂乡愚弟仓泉张仲英顿首拜”。按清制，教授为府学正堂，正七品，府学副堂为从七品，疑《阶州志》对张仲英的官阶记载有误。

张殿华，《阶州志》清“武举”条载“张殿华”⑤，其登科年份和品秩阙如，《德寿序》言“嘉庆己卯科武举陕甘督标右营候补千总眷晚生仓泉张殿华顿首拜”。

屈应泰，《阶州志》清“恩贡”条载“屈应泰”⑥，其登科年份和品秩阙如，《德寿序》言“嘉庆己卯科恩贡生候铨儒学教谕仓泉愚弟屈应泰顿首拜并题书”。

吕濬，《阶州志》清“举人”条载“吕浚，礼县教谕”⑦，其登科年份和品秩阙如，《德寿序》言“嘉庆丁卯科举人候铨知县借补礼县训导乡眷弟仓泉吕濬顿首拜”。

五、余　论

新发现康县铜钱《德寿序》寿帐保持之完好、规制之高、署名人数之众在陇南境内仅见，除前文所论若干愚见外，寿帐刺绣艺术风格、屈应泰书法、赵

① 曾礼：《阶州志集校笺注》，甘肃人民出版社 2013 年版。
② 成县地方志编撰委员会：《成县志》，西北大学出版社 1994 年版。
③〔北齐〕魏收：《魏书》，中华书局 1974 年版。
④ 曾礼：《阶州志集校笺注》，甘肃人民出版社 2013 年版。
⑤ 曾礼：《阶州志集校笺注》，甘肃人民出版社 2013 年版。
⑥ 曾礼：《阶州志集校笺注》，甘肃人民出版社 2013 年版。
⑦ 曾礼：《阶州志集校笺注》，甘肃人民出版社 2013 年版。

氏家族谱系、子孙捐纳功名和赵氏家道衰败等问题，都值得学界同仁进一步揭橥和研究，尤其是寿帐人物图景不同于清代常见的“麻姑献寿”“明八仙”“暗八仙”等常见题材，颇引人入胜。

（笔者按:铜钱镇党委政府和茶味沟村委干部等在笔者田野考查中提供了极大便利，在此一并致谢）

卷八

陇南著作研究

陇南历代文士及著作综录

◎罗卫东（甘肃省地方史志学会副会长）

陇南地灵人杰，英才辈出。陇南的历史不仅仅是群雄逐鹿，金戈铁马，经济、宗教、文化等领域，都涌现出一批历史名人和文人骚客，留下了许多流传千古、脍炙人口的文化珍品，丰富了陇南文化的内涵，提升了陇南文化的影响力。《诗经·秦风》中的《车邻》《驷驖》《小戎》《蒹葭》《无衣》产生于陇南，所写内容真实地反映了秦先祖在故地西垂的生活经历。此后，陇南籍的文化名人，如赵壹、王仁裕、赵世延、邢澍、何宗韩、吴鹏翱等杰出的学者、诗人、书法家，也都挥毫翰墨，撰著了众多光辉篇章，成为珍贵的文化瑰宝。

赵　壹

赵壹（生卒年不详），字元叔，东汉汉阳郡西县（治今礼县红河镇）人。一生事迹主要见于汉灵帝年间（168—189），是中国文学史上著名的辞赋家、最早的书法评论家。

灵帝光和元年（178年），赵壹任汉阳郡上计吏，到洛阳上计时受到司徒袁逢、河南尹羊陟、弘农太守皇甫规等人的赞赏和举荐，赵壹因而“名动京师，士大夫想望其风采”。州郡先后十次征聘他任职，都被他辞绝了。

赵壹的著作，原有赋、颂、箴、诔、书论及杂文共十六篇，总为《赵壹集》二卷，宋以后失传。现存的著作，据清人严可均辑的《全后汉文》载，有《穷鸟赋》《刺世疾邪赋》《报皇甫规书》以及《迅风赋》《解摈赋》和《报羊陟书》的残句。《非草书》载于《法书要录》《书苑菁华》等。

赵　煚

赵煚（532—599），字贤通，北周时天水郡西县（治今礼县红河镇）人。赵煚少年丧父，赡养母亲至孝。始任北周相府参军事，累功升职为中书侍郎，后被加封上开府、天官都司会。又升迁为大宗伯。隋朝开国功臣，官至大将军，赐爵金城郡公。又迁尚书右仆射，位居宰相要职。不久，因为违逆皇帝旨意，被贬出京，担任峡州刺史，不久转任冀州刺史。

赵昊精通典章礼仪，熟悉治民之道，而且深研兵法，对军事谋略颇有心得，撰有《战略》一书，共计 26 卷。

苻　载

苻载（760—820），字厚之，又记作符载，号庐山山人。唐代武州（今陇南市武都区）人。唐代宗大历（766—779）末，苻载与杨衡、王简言、李元象同栖于青城山，专心读书，切磋学问。建中初（780 年），与杨衡、李群等隐居庐山，号“山中四友”。唐贞元五年（789 年），为南昌军副使。后为四川节度使韦皋掌书记。韦皋卒，刘辟据蜀作乱，苻载长楫东下，栖于庐山，四方交辟，雁羔盈于山门，盛名播于江南。后为江陵赵宗儒记室，历协律郎，官终监察御史。

苻载有奇才，诗文俱佳。现存诗有《题李八百洞》《甘州歌》，文有《蕲州新城门颂（并序）》《愁赋》《贺樊公畋获虎颂（并序）》《上巳日陪刘尚书宴集北池序》《犀浦令府君墓志》《从樊汉南为鹿门处士求修墓笺》等。

张果老

张果老（生卒年不详），名列“八仙”之一，是一个家喻户晓的人物。张果老在历史上实有其人，他是唐代武后、玄宗时代的一个名气很大的道士，名叫张果，《全唐诗》第八百六十卷中录有张果老的一首诗《题登真洞》。诗前附有小传：“张果，两当人。先隐中条山，后于鸞鸑山登真洞往来，天后召之，不起。明皇以礼致之，肩舆入宫，擢银青光禄大夫，赐号通玄先生。未几，还山。”

唐开元二十三年（735 年），唐玄宗命中书舍人徐峤带玺书请张果至长安，授他为 “银青光禄大夫”，赐号“通玄先生”。张果卒于恒山蒲吾县（今河北平山县东南），唐玄宗命在其居处立栖霞观。

世传张果著有《阴符经玄解》。

王仁裕

王仁裕（879—956），字德辇，唐秦州长道县汉阳里（今礼县石桥乡斩龙村）人。五代时期著名学者。王仁裕年二十五岁时始就学。“请受经于季父，诗书一览，有如宿习。凡诸义理，必究精微。下笔成章，不加点窜。岁余著赋二十余首，曲尽体物之妙，由是远近所重。”

王仁裕先后仕任前蜀、后唐、后晋、后汉、后周，可谓五朝元老。王仁裕仕宦一生，且著述甚丰，尤其值得一提的是，王仁裕不但长于诗书绘画，而且精通音律、天文，所教弟子中，中进士者就达23人之多，为将为相知名者如王溥、李昉、和凝、范质等。

在王仁裕现存著述中，以诗为多，据说有万余首，时人称其为“诗窖”，与诗仙李白、诗圣杜甫并称，惜大多亡佚。王仁裕还擅长于作笔记体短篇文言小说。

《宋史·艺文志》中著录有《玉堂闲话》3卷，《王氏见闻录》3卷，《唐末见闻录》8卷，《开元天宝遗事》1卷，《入洛记》1卷，《南行记》1卷，这些文章以大量的真人真事为素材，反映了当时秦陇一带的民俗风情，为研究唐代历史提供了重要的资料。

吴　璘

吴璘（1101—1167），字唐卿，德顺军陇干县（今甘肃静宁）人。吴玠的弟弟。吴璘随其兄吴玠征战多年，保卫秦陇，屏障巴蜀，屡立战功。

绍兴三年（1133年），吴璘擢升为荣州防御使，知秦州，节制阶、文二州。七年，升陕西诸路都统制。绍兴九年（1139年）初，授任秦凤路经略安抚使兼秦州知州。吴玠死后，吴璘代领其兵，加授龙神卫四厢都指挥使，节制陕西诸军，成为西北抗金统帅。

绍兴十年（1140年）升镇西军节度使、侍卫步军都虞侯。十二年（1142年），吴璘加爵检校少师，授阶、成、岷、凤四州经略使。十四年（1144年），分利州路为东西两路，任命吴璘为利州西路安抚使，驻节兴州（今陕西略阳县），节制兴、阶、成、西和、凤、文、龙（四川平武县）七州军马。十七年，移节奉国军御前诸军都统制，帅依旧，知兴州，加太尉。二十六年，加开府仪同三司。

绍兴三十一年（1161年）五月，吴璘任四川宣抚使，进封成国公。驻节青野原（今徽县南）。吴璘独当一面，屡战屡胜，金兵终不能入四川，为朝野所敬重，“守蜀二十余年，隐然为方面之重”。

吴璘善读史书，谙熟兵法，总结了一套克敌制胜的战略战术，诸如“叠阵法”，著有《兵法》两篇。

赵世延

赵世延（1260—1336），字子敬，元礼店文州蒙古汉军西番军民元帅府元帅、梁国公赵国宝之子，秦国公按竺迩之孙。

赵世延天资聪明，幼喜读书，弱冠即被招入枢密院御史台“肄习官政”。后历任云南诸路提刑按察司判官、监察御史、江南湖北道肃政廉访司事。元成宗大德三年（1299 年）后历任山东肃政廉访副使、江南行台治书侍御史、四川肃政廉访司、御史中丞、中书右丞、翰林学士承旨、同知枢密院事等要职。

元泰定五年（1328 年）后，赵世延因迎立元文宗有功，加授集贤大学士、奎章阁大学士、中书平章政事等职，因年高多疾，文宗还特许其可乘小车入朝。

元至顺元年（1330 年）二月，元文宗令奎章阁学士院负责编纂《皇朝经世大典》(简称《经世大典》)，由赵世延任总裁，虞集任副总裁，《经世大典》于当年四月正式开局，次年五月修成，全书凡八百八十卷，目录十二卷、附公牍一卷、纂修通议一卷。

《经世大典》为元代官修大型政书。原书今已失传，在残存的《永乐大典》等书中还有部分留存。据《元文类》所收《经世大典序录》记载，全书分为十篇:君事四篇，即帝号、帝训、帝制、帝系，别置蒙古局负责修纂；臣事六篇，即治典、赋典、礼典、政典、宪典、工典，各典复分若干目。十篇之下又分一百二十八类以上，分类记载了元朝自漠北兴起至文宗朝的帝王谱系、诏训，以及职官、礼乐、经济、军事、法律、匠作等典章制度，尤其是总结了元朝立国以来典制的更替演变，是元代典制之集大成者，具有非常高的史料价值。

《经世大典》在明中期以前保存完整，明初修《元史》多取材于《经世大典》，明成祖永乐五年编《永乐大典》时亦予辑录。可能在永乐十九年将南京藏书运至北京之后即有散佚。正统六年（1441 年），尚见于杨士奇所撰《文渊阁书目》，但已残缺。万历三十三年（1605 年）孙能传、张萱撰《内阁藏书目录》，该书未列，想已遗佚。至清乾隆三十七年纂辑《四库全书》时，已完全佚失无存。清中叶以后才逐渐为学者重视，出现了一些辑佚和研究成果。

为更好地保护这部已严重残缺的古代史学名著，为学界提供一部便于利用的重要史籍，二十世纪末，北京师范大学历史学院教授周少川、德州学院历史与社会管理学院教授魏训田、北京外国语大学国际中国文化研究院助理研究员谢辉开展了《经世大典辑校》工作，历经二十二年寒暑，终于完成了辑校工作，2020 年 4 月由中华书局出版发行。

《经世大典辑校》一书在前人辑佚、研究的基础上，全面地收录大典现存佚文，最大限度地恢复大典原貌，《经世大典辑校》堪称元代典制的集大成之作，是研读元史必备的基本史籍。

张 锦

张锦（1411—1488），字尚䌹，号松壑，岷州南宝盖山（今宕昌县阿坞乡麻界村）人。张锦其祖先为河南太康人，曾祖张敬曾任元朝参知政事，明初为湖广岳州指挥使，后以元代旧臣为由，谪戍岷州以南定居。

明宪宗正统十年（1445 年），张锦考中进士，后一直供职刑部。宪宗成化七年（1471 年）授刑部主事。成化十九年（1483 年），升迁为大理寺丞。二十三年（1487 年）进封嘉议大夫、都察院右副都御史，后辞官。

著作有《松壑小藁》《宣政录》等。

孙巨鲸

孙巨鲸（生卒年不详），字子鱼，号雨溪，陕西徽州（今徽县）人。少时聪明过人，明嘉靖二年（1523 年）殿试金榜第三甲第四十九名同进士出身，被授山西洪洞县知县。孙巨鲸后来调任南川县（今重庆市南川区）知县，开州（今重庆市开县）知州。

孙巨鲸任开州知州期间，主持编修了《开州志》十卷（王崇庆纂）。史载："巨鲸，徽州人，嘉靖二年进士，十年任开州知州。崇庆字端溪，开州人，正德三年进士，官至南京吏部尚书。"现存嘉靖十三年刻本（天一阁藏）。

郭从道

郭从道（生卒年不详），字省亭，陕西省巩昌府徽州栗亭（今徽县栗川乡）人，生活于明弘治、正德、嘉靖间。天资聪颖，颇有才华。累官至贵州按察司兵备佥事。

明正德丙子年（1516 年），郭从道考中举人，授大名府（在今河北省大名县）通判。随后，郭从道升迁为应州（今山西应县）知州，不久又转任潞安府（即今山西长治市）同知。在潞安府时，他母亲去世，即回家治丧，三年孝满，补为顺德府（今河北邢台市）同知。后升任户部员外郎，又转任贵州按察司兵备佥事。

郭从道隐退返乡后，仍笔耕不辍。嘉靖四十二年（1563 年），他应知州孟鹏年之邀，与邑贡生张鹤年共同承担了编纂《徽郡志》重任，不到一年时间，便完成了《徽郡志》八卷的编纂，该书学术价值很高。

萧　籍

萧籍（1568—1642），名凉，字文徵，号献伍，清代文县（文县城关镇西园村）人。曾任河南渑池县知县、山西泽州知州，授文林郎。

任内爱民悯众，宽严有度，渑池县民编《德政录》以载政绩，建“生祠”以为旌赞，颇得上官赞许，在河南开封府别驾（通判）任上不事逢迎，不畏权贵，不徇私情，政声卓著，民甚爱之，但终因刚正不阿，得罪权贵，累遭中伤。辞官后，游武当，寄情于山水。

光宗泰昌元年（1620 年）秋，萧籍返归文县故里西园。明崇祯十四年（1641 年），萧籍居“霞漪斋”，集册成书为《萧献伍诗文集》，散文主要有《谕鼠歌》《金累》《击木虎文》《鹦鹉猕猴梦记》《答客问》等。

何宗韩

何宗韩（1678—1748），字桐藩，又字对溪，清代文县（今文县上丹乡关爷楼村）人。自幼丧父，因聪慧好学，十二岁时“试辄冠童子科”，康熙四十七年（1708 年），以廪膳生参加乡试中举。雍正二年（1724 年）考中进士，被授礼部主事。此后历任仪制司主事、山西副考官、祠祭司员外郎、江南分巡凤庐道按察司佥事、少廷尉、刑部福建司郎中、大理寺左少卿等职。

何宗韩好读书，学问渊博，任祭祠员外郎时，正值《清会典》编修之际，他负责了朝会、郊庙、乡会、科试等条文的增订工作。著作有《北游日记》《南游日记》辑印，《族谱》《敦仁堂集》等，皆散佚。

牛运震

牛运震（1706—1758），字阶平，号真谷，人称空山先生，清山东滋阳县马青（今兖州区新兖镇牛楼村）人，清雍正年进士。

乾隆初，牛运震出任甘肃秦安县令。乾隆八年（1743 年），又兼摄徽县、两当县县令。一人兼理三县，事务繁忙，听断困难，牛运震特意在三县中心点的大门镇（在今天水市秦州区大门镇）设堂办公，听讼断案。

牛运震在徽县创立了社学和“徽山书院”，并捐俸购置了学田数十亩；在县西南诗圣杜甫居住过的栗亭川（今杜公村）修建了杜甫祠堂，又捐俸在县南四十里宋将吴玠、吴璘大败金兵的仙人关创建了吴将军庙。

牛运震学识渊博，博古通今，对天文、地理、兵法、金石等均有钻研，文学尤其优秀。著有《空山堂文集》十二卷,《史论》二十卷,《塞山堂易解》四卷,《春秋传》十二卷,《金石图》二卷，均载《清史列传》传于世。

张 绶

张绶（1747—1801），字佩青，号南坡居士，清陕西巩昌府徽县（今徽县城关先农）人。自小聪悟，文思敏捷，读四书五经，即通晓大意。

清乾隆四十五年（1780年）乡试中举，第二年中进士，任翰林院庶吉士。乾隆四十九年（1784年）授翰林院检讨，并任《四库全书》词垣分册校集编辑。

嘉庆二年（1797年）春，张绶升任右春坊右赞善大夫、上书房行走。嘉庆四年（1799年）春，被任命为日讲起居注官。嘉庆五年（1800年），张绶任国史纂修、文渊阁校理。九月，迁升翰林院侍读学士。次年，又任咸安宫总裁。嘉庆六年（1801 年）秋，张绶出任广西学政。不久，张绶患病逝于广西学政任上。

著有《犁雨书屋古文集》《犁雨书屋今文集》以及古文、馆课、诗赋等。现北京故宫博物院图书馆内珍藏一手抄本孤本《徽县志》，约四万余字，无署名，史料收至乾隆四十六年（1781年），字迹刚柔洒脱，疑为张绶所著。

邢 澍

邢澍（1759—1823），字雨民，一字自轩，号佺山，清甘肃阶州（今陇南市武都区）人。史学家、史志目录学家、藏书家、金石学家。《甘肃通志》中说邢澍“精天文地舆之学，善治大狱，发奸擿伏，皆神效。而行政利人，所至有青天之称”。

邢澍幼年丧父，家境贫寒，然学习刻苦，读书甚多。二十岁时中举。乾隆五十五年（1790年）中进士。乾隆五十八年（1793年），任浙江省永康县知县。嘉庆元年（1796年），邢澍调任浙江长兴县知县。嘉庆十一年（1806年），迁署江西省饶州府知府。不久，又调任江西省南安府（治所在今江西省大余县）知府。二十四年（1819年），离任返回阶州。

邢澍鸿才硕学，著述十分丰富，已知的有十五种，今确知已刊行的有《南旋诗草》《关右经籍考》《金石文字辨异》《两汉希姓录》《金石札记》《寰宇访碑录》等著作。邢澍和钱大昕等编纂的《长兴县志》，成为清代地方志中的善本之一。

民国时，邵力子评价说：邢澍“在乾、嘉诸贤中不愧为卓然大家，岂仅为西北一隅之学者哉!”天水冯国瑞撰有《邢佺山先生事迹考》，对其生平多有研究。2008 年 8 月，漆子扬先生学术专著《邢澍诗文笺疏与研究》一书由甘肃人民出版社正式出版发行。

吴作哲

吴作哲（1723—？），字旦庵，号川源先生，清阶州成县吴家斜坡（今康县寺台乡吴家斜坡）人。

乾隆十八年（1753 年）中举，出任了狄道县（今临洮县）教谕。1766 年，选任云南武定州禄劝县（今云南省禄劝彝族苗族自治县）知县。乾隆四十六年（1781 年），吴作哲被派遣到广东镇平县（治今广东潮州市蕉岭县蕉城镇）任知县。

镇平县前任知县潘承焯曾主持重修《镇平县志》，离任时尚未完成，吴作哲上任后继续主持编修，次年完成定稿，乾隆四十八年（1783 年）《镇平县志》六卷木刻本付梓。

吴鹏翱

吴鹏翱（1763—1826），字云逵，号仙陵山人，清阶州成县吴家斜坡（今康县寺台乡吴家斜坡）人。其父吴作哲在云南、广东等地任知县时，将吴鹏翱带在任上亲自教读。乾隆五十四年（1789 年）中为己酉科举人。

中举后的吴鹏翱仍无意仕途，一心致力于考据之学。父亲遂令其远游浙江，求学于表兄邢澍（吴作哲是邢澍的舅舅）。吴鹏翱借此机会日夜研习邢澍藏书。他深感阶州旧志之简略偏颇，立志编写一部详述阶州历史之志书，于是着手编写提纲目录，开始著述。志书体例草创后，吴鹏翱又返回原籍，遍访陇南古迹民风，查勘山川地理，一一印证前人的著述，纠谬补漏，经过多年艰辛努力，《武阶备志》终于完成。

《武阶备志》成书不易，刊印更难，因没有资金刊印，吴鹏翱就将志稿交给儿子，儿子过世后又传给孙子，六十多年后，被分州白马关州判罗映霄发现，清同治十二年（1873 年）在阶州知州洪惟善的全力资助下刊印，成书二十一卷，始得流传于世。

吴鹏翱后出任陕西扶风县教谕，敕授修职郎。晚年又出任陕西旬阳县教谕。嘉庆二十三年（1818 年）扶风知县宋世荦邀请吴鹏翱、王树棠重修《扶风县志》，嘉庆二十四年（1819 年），《扶风县志》成书十八卷并付梓刻印。

叶恩沛

叶恩沛（生卒年不详），字幼芝，清安徽古歙（今江西婺源、安徽省歙县、黟县）人。于清光绪九年至十二年（1883—1886）知阶州。下车伊始，即大兴教育，因地震、水灾之故，原有十六所义学仅存四所，叶恩沛均筹资予以重修或补修。修补城垣，修筑江堤，重修西固邓邓桥，重修成县杜公草堂，建树颇多，民甚德之。

光绪十二年（1836 年），由叶恩沛主持，吕震南编纂，修成《阶州直隶州续志》三十三卷。《阶州直隶州续志》修成后，叶恩沛和代理阶州直隶州州守张珩之又捐资募匠，剞劂成册。该志体例之完备，归属之合理，史料之翔实，考证之精当，均为方志界所称道，为清代地方志中的善本之一。

刘士猷

刘士猷（1865—1913），字允升，清阶州后两水里高家村（今陇南市武都区蒲池乡高家村）人。光绪二十七年（1901 年）辛丑补行庚子恩正科乡试举人，敕授文林郎、截取知县衔。

刘士猷从小聪敏好学，深得其父刘校书的钟爱与教诲。后在正明书院山长、举人王执中门下受业，文思大进。民国 3 年（1914 年），武都高等小学堂创办伊始，即任教习。

刘士猷先生工于诗文、善书法，尤长篆隶。现存《允升诗抄手稿》《辛卯科乡试日记》《癸卯科会试日记》等。2014 年，其曾孙刘可通先生刊印了《阶州刘氏祖孙诗》，辑集曾祖父刘士猷、祖父刘石余、父亲刘汉华及本人诗抄二百余首。

梁士选

梁士选（1870—1915），字万青，初自号淡吾，后又号问心，秦州直隶州礼县（今礼县城关镇小南街）人。

梁士选出生于商户家庭，自幼聪明颖慧，好学喜文。清光绪八年（1882 年）应童子试，以冠军入泮宫。光绪十三年（1887 年）补博士弟子员。清光绪二十年（1894 年）参加乡试，得中举人。

光绪二十一年春（1895 年），梁士选赴北京参加乙未科殿试，适逢清直隶总督兼北洋大臣李鸿章与日总理大臣伊藤博文签订《马关条约》的消息突然传至，广东举人康有为写成一万八千字的“上今上皇帝书”，反对签订《马关条约》，十八省举人响应，梁士选热忱签名。上书被清政府拒绝，但在社会上产生了巨大影响，是为著名的“公车上书”。

乙未科殿试，梁士选中进士。同年五月，授内阁中书，后请假归籍，主讲礼兴书院。清光绪二十三年（1897 年），遵例截取知县，签分山东，又因父母年老之故，改分陕西。清光绪二十六年（1900 年），任职省巡抚衙门文案，旋任大庆关税榷务。清光绪二十八年（1902 年），梁士选补紫阳县知县。清宣统元年（1909 年）梁士选任礼县劝学所长兼劝学总董。民国二年（1913 年）任礼县参议局议长。

梁士选归家十余年，闲暇之余，潜心研读宋代学者邵雍《皇极经世》、朱熹《周易本义》等，颇有深得。著有《紫阳遗集》（已散佚）、《守拙堂遗稿》等。

郭维城

郭维城（1852—1936），字环山、环珊。晚年自号更生子。清阶州（今陇南市武都区）人。

郭维城自幼勤学苦读。光绪十一年（1885 年）考选为拔贡生。因英年俊秀，才识超卓，同年冬十一月，州守叶恩沛在聘任吕震南纂修《阶州直隶州续志》时，请郭维城及苏蕴芬共相参订。光绪十七年（1891 年），郭维城中辛卯科举人。后去北京参加春闱两次，均落第。光绪二十五年（1895 年），郭维城去北京参加第二次会试期间，参加了著名的“公车上书”举子请愿运动。并在武威举人李于锴起草并领衔签名的甘肃举子《请废马关条约呈文》上签名，反对批准《马关条约》。罢试回省后，郭维城先后任伏羌县（今甘谷县）教谕、秦州学正、阶州正明书院山长、阶州中学堂讲师。民国十七年（1928 年），武都师范传习所成立后，任国文教师。

郭维城花甲以后，或啸傲泉林，或闭门著书，著有《尚书辨伪》《十五国风质疑》《离骚臆解》《更生诗文集》等。

郭维城存诗多首，其诗朴素流畅，清新明快。韩定山在《陇右近代诗选序》中罗列了清咸丰、同治年间甘肃名诗人三十一人，郭维城名列其中，称：“程天锡凤翔于文县，田骏丰鹏骞于甘谷，李克明豹变于武山，郭维城猿吟于武都，类解阔步，不愧前修，只以生不标榜，所以殁少流传。”

赵真学

赵真学（1863—1937），回族，字正轩，清阶州（今陇南市武都区）人。双亲早逝，随掌教阿訇习阿文，天资聪颖，成绩优异。约二十岁时赴临夏、积石山、大河家等地，每至一地，即被聘为掌学阿訇，学愈精而名亦显，先后被安康、汉中等地聘请讲学三十余载。后因年事渐高，受武都回民殷切邀请，民国七年（1918年）赵真学携眷从安康回乡，担任城区清真北寺教长多年，并与陈洪畴等人筹建武都回民教育促进会，建立清真小学，兼任校长，回汉学生兼收，学生以习汉文为主。赵真学生前不仅对阿文研究较深，对波斯文也有造诣。

民国十六年（1927 年），笺注《古兰经》前五卷，题名为《汉译宝命真经五卷》。又讲授《天方道程启径浅说》，花湛露译为汉文，并作一序，在上海鸿宝斋印刷成书。其他著、译，历遭兵燹，多已损失。

王士敏

王士敏（1891—1944），字克明，号德馨，贵州省黄平县老里坝人。少年读书，双亲早故，后离乡当兵，曾为中央军校第五期学员，毕业后，在胡宗南部任营参谋长，后转地方从政。民国二十三年（1934年）与民国二十九年（1940年）先后两次就任康县县长，历时六年之久。

王士敏在康县从政期间，很重视教育事业，首创康县第一所初级中学，并成立了民教馆和国训班，兴建了不少国民小学。民国三十二年（1943年）3月，他以“兴办教育功绩卓著”而受到甘肃省政府嘉奖，记功一次。王德馨特别重视地方史志的编纂工作，首次到康县任职不久，即主持编纂了康县历史上第一部县志《新纂康县县志》，共二十四卷，石印出版，保存至今。

赵钟灵

赵钟灵（1879—1945），字秀山、修三，徽县城关镇后西街人。幼年敏而好学，苦读诗书。清光绪十一年（1885年）拔贡生，保送入京，入国子监，经朝考合格，授候选直隶州判。因其秉性刚直，深恶官场钻营拍马之习，无意为官，遂返回故乡，读书教学，致力于培育人才，被誉为“徽县名儒”。

清光绪三十一年（1905年）二月，清政府通令废除科举制度，停止科考、岁考，各府、厅、州、县城乡设小学堂。徽县知县张若金奉令将徽县凤山书院改为徽县县立高等小学堂（现徽县实验小学），原凤山书院山长吴来被聘为高等小学堂总教习（校长）。赵钟灵、赵峻德、赵毓灵等人受聘为教师。光绪三十二年（1906年），赵钟灵被徽县乡绅推举为徽县教育会会长。

民国十一年（1922年），县知事董杏林谋划编修《徽县新志》，赵钟灵受聘担任总纂，赵钟灵与同行踏勘山岭河川，多方搜集史料，精心考证校对，经数年努力，终于完成了《徽县新志》的编撰工作，并付梓成书（民国十三年石印本）。

民国初年，军阀割据，匪乱不止，徽县百姓备受其害。赵钟灵为了保存历史资料，写成《徽县二十年灾情记》，详细记录了民国元年（1912 年）至二十年（1932 年）间徽县社会变革及百姓受难情况，后石印成书。

程海寰

程海寰（1908—1949），名程步瀛，字海寰，化名程昌、张效剑。文县城关人。中国民主同盟盟员，革命烈士。

程海寰少承家训，天资聪颖，广览博学，勤奋上进，且胆略过人。民国十五年（1926 年），毕业于兰州第一师范学校，先后在甘肃、青海地方和省政府就职。

1942 年夏秋之间，程海寰经胡公冕引荐，与中共西安党的地下组织取得联系，并随胡公冕访问了延安，受到毛泽东、朱德、周恩来等中共领导人的接见。抗日战争胜利后，为制止国民党发动内战，程海寰前往西安，参与成立了“社会前进同盟”，提出了“社会民主化，经济社会化”“反独裁、反内战、反饥饿”的政治主张。

1948 年 9 月，程海寰经西安到达甘肃天水，在共产党员杜汉三、聂青田的协助下，成立了“西北前进同盟策动委员会”（简称西策会），推举民盟盟员汪剑平为策动委员会主席，程海寰担任书记，罗全壁负责与延安、中共西北局、甘肃工委的联络工作。

1949 年 2 月“西策会”领导人在陕西省凤翔县召开会议，决定于 3 月中旬新一旅、新二旅等部队在陕西兴平、武功一带发动起义，不慎，起义计划为敌人侦知，程海寰等“西策会”成员 20 余人扣捕入狱。1949 年 5 月，程海寰、严子夏等 13 人被杀害于西安玉祥门外。

程海寰生前遗著，由其好友叶惟熙编成《革命烈士程海寰遗作》1 册，共收录其古今诗词 39 首，书简 17 篇。

朱绣梓

朱绣梓（1877—1951），字琴伯，西和县城关东后街人。宣统三年（1911 年），在县办师范传习所毕业。民国二年（1913 年），任县参议员，次年又任禁烟会会员。民国六年（1917 年）后，历任县议会议员、劝学所劝学员、教育局文牍兼会计、第一科科长、南坛初级小学校长、凤台女子小学教导主任等职。

民国二十五年（1936 年），西和县长马廷秀倡议重修《西和县志》，成立县志修纂局，聘朱绣梓担任总纂，至民国三十四年（1945 年），始完成《西和县志》初稿，共 12 卷，30 余万言。该志惜因经费缺乏，未能付印。中华人民共和国成立后，该《西和县志》手抄本送交人民政府。

马廷秀晚年将生平文稿整理成《菊园集》一卷，达数万言。

程天赐

程天赐（1869—1951），字晋三，一字纯溪，号诗愚，文县城关所城人。清光绪三十年（1904 年）恩科进士，签分云南禄丰县知县，以耳疾未莅任。中华民国初被委任碾伯县（今青海省乐都区）知事，又调庆阳县知事，均未赴任。又改任高台县征收局长，兼高台、山丹等处盐务总局长。后寓居兰州二十余年，历任甘肃省法政专门学校、省立兰州师范学校、省立兰州中学、兰州女子师范学校、来复育英社国文教员，又任甘肃省政府顾问、甘肃省通志馆编纂。中华人民共和国成立后曾任政协甘肃省第一届委员会委员。1938 年返归故里，其子程海寰、程景瀛均为革命烈士。

程天锡国学造诣甚深，为甘肃近代著名诗人，所为诗词、古文，清新渊雅，迥绝尘俗，丽而不缛，简而有则，其书法，遒丽纯熟。尝辑其所作诗为《涤月轩集》六卷，《甲后吟草》《爨余集》《翠竹斋诗》各一卷，《楹联剩语》二卷。

张炯奎

张炯奎，号药圃老人，宕昌县南河任藏村人，晚清秀才，宣统三年（1911 年），在南河路固村举办了第一所私塾，后弃教从医，攻读医书，大半生游走乡间，为民看病，足历山水之间，策杖农户庭院，亲询民疾，身过留影，芳名久传。

张炯奎生平著作大多散佚，仅留存《日新山房诗稿》和《民间杂病验方》原稿各一部。《日新山房诗稿》存有一首歌颂红军的《咏红军》诗十分珍贵，张炯奎在诗前写下引言：“一至岷地，军令甚严，一切奸淫掳掠等情，查禁尤切，凡遇贫寒之家，体恤周至。”而且在页眉留下批语：“自古大军虽云严明，比之红军不及万分，一路赞扬，非谀语也。”

《清代日新山房诗稿解析》于 2009 年 12 月由甘肃民族出版社出版发行。

蔡景忱

蔡景忱（1892—1955），字晓霞，武都区城关文庙巷人。1914 年赴兰州在甘肃省立优级师范读书。毕业后在张广建督军公署干事，后历任临夏、临潭、崇信等县知事。1932 年任甘肃省主席邵力子秘书。其后，又给兰州行辕主任贺耀祖当秘书。1936 年，蔡景忱以社会贤达之身份，当选为武都县出席国民大会的代表。1940 年省临时参议会成立，任武都籍省参议员。1942 年春，任甘肃省政府省主席谷正伦秘书，后被私立四明银行兰州分行聘为文庶主任。其间，曾于 1946 年 11 月 15 日同张维、水梓、沈滋兰等赴重庆参加国民代表大会首次会议。1950 年初，当选为甘肃省各族各界人民代表会议代表。甘肃省政协成立后担任政法委员会委员，省文史馆成立后又被聘为文史馆员，1955 年病逝于兰州，葬于华林山公墓。先生有 4 子 2 女，长子蔡寅，次子蔡伟、蔡武等。

蔡景忱自幼聪敏，刻苦力学，工于书法，尤精于诗，至老不辍，20 世纪 40 年代与在兰诗人、墨友结“千龄诗社”，与于右任、高一涵、谢觉哉、张维、水梓、冯国瑞、邵力子、贺耀祖、朱绍良等都有酬唱。

韩定山

韩定山（1893—1965），名瑞麟，字定山，号苏民，文县城关所城人。幼年家贫，聪颖好学，16 岁考入兰州存古学堂，结识天水学者周希武，接受革命思想，加入同盟会。清宣统三年（1911 年）秋，武昌起义后，韩定山与同学陈组章、田国锡等从兰州弃学归里，组织“英年社”，响应在秦州举行反清起义的黄钺。中华民国成立后，改“英年社”为“共和会”，后又改组为同盟会文县支部。1912 年任碧口高等小学教员。1913 年在县城主办初级小学。1918 年主办文县高等小学堂，为文县实行新学制奠定了基础。1928 年任甘肃省财政厅秘书。1930 年返回文县，任县教育局局长。1933 年任碧口小学校长，将学校由闹市区移建于碧山公园内。1942 年倡议创办文县初级中学，担任国文教师。1945 年当选为甘肃省参议会参议员，并应聘为兰州师范授国文课，后又担任兰州大学国文系讲师。在兰州任职期间，与邓宝珊、慕寿祺、张维、范振绪、水梓、蔡景忱、许青棋、李剑夫等结为至交。

1953 年初，韩定山受聘为甘肃省文史馆馆员。任职期间，撰写了大量文史资料，并将家藏图书近万册捐赠省图书馆。

韩定山著述甚丰，有《长春楼诗草》《长春楼文草》《长春楼读书录》《阴平国考》《文县香旧传》《修志私议》《彷徨集》《更生集》《甘肃百家姓》等。

刘持生

刘持生（1914—1984），字泽民，原名润贤，文县城关人。自幼聪慧异常，工于诗歌。1932 年，负笈兰州，修读高中学业，乡党程天锡为其师长。1935 年，以卓越之成绩，考入国立中央大学中文系研习中国语言文学，国学大师胡小石、汪辟疆为其业师。毕业后留校执教。抗日战争爆发后，随学校迁至重庆。1938 年 3 月，经校长罗家伦等举荐，刘持生赴武汉任蒋介石侍从室特别侍从，授衔陆军上校，辗转于武汉、重庆。次年年初，辞职返回重庆中央大学执教。1943 年至贵阳大夏大学任教。1944 年秋，日寇犯境，又返回重庆。抗战胜利后，入南京中央临时大学执教。1945 年抗战胜利后，刘持生以教授身份飞抵东北，任职长春大学文学院，又转徙北平、上海、南京，回归中央大学。中央大学拆分后，刘持生来到西安，参加农村土改工作，经张西堂先生举荐，任西北大学中文系教授，执教先秦两汉文学。1980 年，兼任陕西省学术委员会委员。

刘持生博闻强记，学植深厚，学富五车，素有“活字典”之誉。遗稿《先秦两汉文学史稿》《持盦诗钞》《楚辞今论》《晋书讲义》《谢灵运的山水诗》《古体诗与今体诗》等由西北大学中文系整理，陕西人民出版社陆续出版。

马仕俊

马仕俊（1911—1988），字霄石，回族，徽县东关乡人。1931 年毕业于上海大厦大学教育系。1932 年至 1939 年，先后任青海回民教育促进会会长兼回民中学校长。1940 年至 1943 年，在国民党中央战时工作干部训练团任政治教官（少将军衔）。1943 年后，历任兰州中央银行专员、甘肃省回民教育促进会会长、《益民声报》社社长等职。中华人民共和国成立后，马仕俊入北大政治系研究院学习，后任西北民族学院副教授、教授及研究室研究员。1980 年后，先后担任甘肃省政协委员、甘肃省伊斯兰教协会常委、天水县政协副主席等职。

马仕俊一生致力于民族史的研究，著有《开发西北之先决问题》《回民来源与形成》《西北回族史》等书，发表学术论文数十篇。

樊执敬

樊执敬（1908—1997），武都区马街镇樊家山人。武都师范讲习所毕业，后赴天水师范学校就读。肄业后返归故里，先后任武都贡院小学教员、实验小学校长、县教育局会计、武都县政府秘书、武都师范学校教员、甘肃省第八行政督察专员公署秘书、国民党武都县党部书记长、国民党川陕甘绥靖公署陇南分署少将参议、国民党陇南党务特派员办公处书记长等职。1980 年 12 月以后，历任人民政协武都县委员会一至五届委员、常委。

樊执敬才华出众，长于书画，工于诗文，对于木工工艺、衣料裁剪亦擅其长。晚年撰写大量文史资料，钩沉索隐，文约事丰。作诗填词达千首。

樊执敬先生手稿《未是斋吟草》2018 年 12 月由中国文史出版社整理出版，收录樊执敬先生诗词作品 1200 多首，文史价值与文学艺术价值极高。

【作者简介】

罗卫东（1960—），甘肃省平凉市人，兰州大学历史系毕业，编审，二级巡视员。曾先后任陇南市地方史志办公室副主任、主任，陇南市政协文史委主任等职，现已退休，任甘肃省地方史志学会副会长。

继踵前贤，备考西和

——袁智慧《西和备志》述评

◎高天佑（陇南地方史文化学者）

一

“备志”是方志体例之一，清代阶州府（今陇南市）方志学者吴鹏翱（见图1）所著《武阶备志》堪称清代甘肃方志之翘楚，陇右古代方志之别体，每每为陇上学者所称道。

吴鹏翱（1763—1826），字云逵，本为清代阶州府武都县（今武都区）人；系清乾隆年间举人，敕授修职郎，曾任陕西旬阳县教谕。民国十七年（1928 年）由武都县析置永康县，次年又改名康县，以北周时之康州而得名；故以今行政区划言之，则为康县寺台乡吴家斜坡人。

图 1　吴鹏翱画像

关于《武阶备志》之纂作，吴鹏翱本族亲戚、清代金石学家邢澍先生记述：“余戚选贡吴君云逵，客浙东西，是年常与余相依。暇日无事，纵论古今，叹乡《州志》之不足据，发奋草创。就余家藏书三万余卷，朝夕批阅，手抄目营，至夜分，不少休。体例门目，则就余商酌之……历三年余，积稿纸若干束。”可知，该志书之体例，草创于吴氏客居浙江游学之时。经邢澍先生确定篇目之后，吴鹏翱回到原籍，遍访阶州山川古迹，踏勘地形地理，印证前人著述，呕心沥血，纠谬补漏。对此，邢澍言：“访钟炉于古寺，拓碑碣于荒祠。取就所抄者，芟之，润之，议论之；数年，稿成若干卷。一州二县之掌故，秩然具备，名曰《武阶备志》。”又赞该书道：“州别部居，探源溯委，诸门皆不苟，而考论地理，尤有功。”在“序文”中对其著作创编经过论述甚详；对于其刻苦用心奖掖有加。

《武阶备志》之编纂，初始于嘉庆八年（1803 年），成书于嘉庆十三年（1808 年），凡二十二卷。辛苦三载，成书之后，直到同治七年（1868 年），经过了一个花甲子后，幸得阶州州判洪惟善资助，始得付梓，见行于世。民国陇上著名方志学家张维见而评曰：“吴氏此志，采辑明以前阶州，及所属文、成两县故实，极称详备；而郡县治城邑考、统属分合表、职官表、历代疆域图、兵防、纪事、碑碣各目，考证尤见精确。苻秦表、杨氏传，综赅史实，自成一家言，更诸志所未有也。”对于其独到的史学成就给予高度评价。就其性质而言，《武阶备志》属于个人编撰的阶州志书。光绪年间，阶州人吕震南继踵乡贤，以吴氏《武阶备志》为楷模、基础，补入其断限后之史实，纂成《阶州直隶州续志》，凡三十三卷，阶州州守叶恩沛为之作序。作为清代优秀的州府著述，《武阶备志》和《阶州直隶州续志》前后相踵，为研究陇南历史文化提供了珍贵资料。（见图 2）

图 2　清同治十二年（1873）刻本《武阶备志》书影

二

或有人言：“备志一体，盖源于清代武都人吴鹏翱之《武阶备志》，是其所首创者。”证诸历史，其实不然。“备志”一体之滥觞，以今所见资料，当发源于明代浙江湖州地区。据《四库提要》：“《吴兴备志》，明董斯张撰。斯张，字遐周，乌程（亦即吴兴）人。是编辑录湖州故事，分二十六徵：曰《帝胄》，曰《宫闱》，曰《封爵》，曰《官师》，曰《人物》，曰《笄祎》，曰《寓公》，曰《象纬》，曰《建置》，曰《岩壑》，曰《田赋》，曰《水利》，曰《选举》，曰《战守》，曰《赈恤》，曰《祥孽》，曰《经籍》，曰《遗书》，曰《金石》，曰《书画》，曰《清閟》，曰《方物》，曰《璅》，曰《诡》，曰《匡籍》。采摭极富，于吴兴一郡遗闻琐事，徵引略备。每门皆全录古书，载其原文。……故所摘录，类皆典雅确核，足资考据。明季诸书，此犹为差有实际。黄茅白苇之中，可以谓之翘楚矣。”《四库提要》的编者，既概括了其体例门类，又评价了其特点价值，从官方和学术角度给予了较高肯定。

关于其作者，董斯张（1586—1628），原名嗣章，字然明，号遐周，又号借庵，明末浙江吴兴（今湖州市）人，诗人、监生。体弱多病，自称“瘦居士”。工于诗词，著有《静啸斋词》；平时读书生活，留意搜集吴兴掌故，所著《吴兴备志》三十二卷，采摭极富，征引略备，为湖州方志上乘。（见图 3）

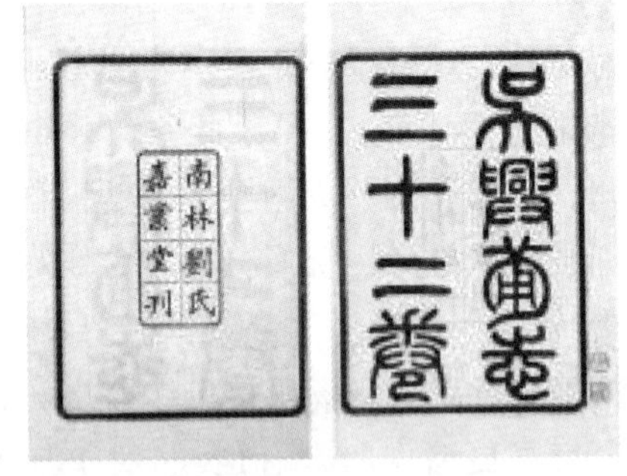

图 3　嘉业堂刊《吴兴备志》书影

除此之外，尚有《武备志》。与《吴兴备志》的方志体裁不同，《武备志》是明代重要的军事著作，属于我国古代卷帙浩繁、字数最多的一部综合性兵书。《武备志》由“兵诀评、战略考、阵练制、军资乘、占度载”五部分组成。由明朝茅元仪辑编而成，全书二百四十卷，文二百余万字，图七百三十八幅。以今所见资料，有明天启元年（1621 年）本、清道光活字排印本、日本宽永年间（1661—1672）须原屋茂兵卫等刊本流传。

关于其作者，茅元仪（1594—1644？），字止生，号石民，明末浙江归安（今湖州吴兴区）人，自幼“喜读兵农之道”，成年熟悉用兵方略、九边关塞，曾任经略辽东兵部右侍郎杨镐幕僚，后为兵部尚书孙承宗所重用。崇祯二年（1629 年），因战功升任副总兵，治舟师，戍守觉华岛（即菊花岛，今辽宁兴城南）；后获罪，遣戍漳浦（今属福建），忧愤国事，郁郁而死。茅元仪生前正值明末，政治庸腐，民不聊生，他目睹武备废弛，于是多次上言富强大计；并身体力行，汇集兵家、术数之书两千余种，历时十五年方才辑成《武备志》。（见图 4）

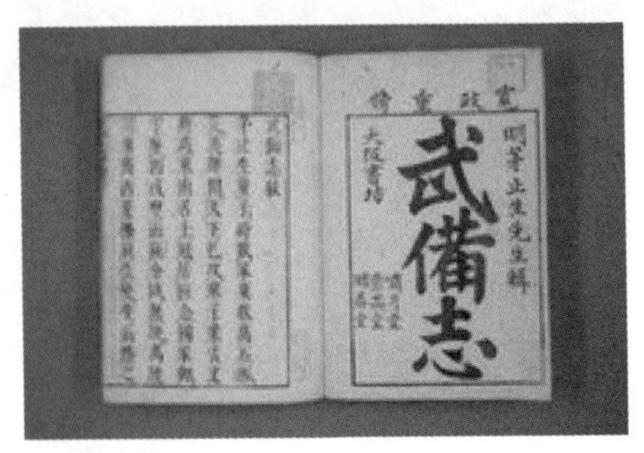

图 4　明茅元仪辑《武备志》书影

三

综合分析上述明清三种“备志”，可知有三个共性特点：一是编者忧国忧民，发愤著述，立足现实，经世致用；二是或立足地方人文历史，或针对某一方面主题，整理资料，编辑而成；三是拾遗补阙，搜罗珠玉，集腋成裘，以备阅览。如前所述，所谓“备志”者，要么“徵引略备”“足资考据”，要么“探源溯委”“极称详备”，要么“综赅史实”“自成一家”，可以视为方志之别体，国史之备胎，自然有其独到的价值和作用。

知此源流，回眸审视，陇南地方志知名学者、西和县志办主任袁智慧先生所编撰《西和备志》，正是直接继承陇南先贤吴鹏翱“纵论古今，叹乡《州志》之不足据，发奋草创”（邢澍语）“呕心沥血，纠谬补漏”之史学精神，以其所著《武阶备志》为楷模，立志作为，着意创新，无疑为陇南当代方志编纂再添特色，为西和县政治、经济、文化、社会等学科的历史研究提供了丰富的史料基础。

《西和备志》全书分为五编，一曰“区划”，二曰“要事”，三曰“史料”，四曰“人物”，五曰“考释”，共计 92.4 万字。其中：

第一编《区划》，包括区位条件、地理环境、历史沿革、县内区划、乡镇简况、村级组织，计六章 2.43 万字。其内容概括言之，大至西和县的空间位置、地形地理、历史时期的政区演变，以及一县之内的行政区划、乡镇的分合变化及其概况，小到行政村与自然村等村级组织的构成，一编在手，浏览之余，了然于胸。这些看似平常的行政区划、历史沿革知识，应当是生活、工作在这一方水土、行走在这一片大地上的人们所应当共知的基本常识。尤其是在古代相对封闭的社会环境下，作为一个外乡人，一旦进入他乡陌生地域，入乡随俗就是最基本的生存方式；而作为古代新被任命的官员，一旦走马上任，从千里之外而来如何熟悉民情、了解历史？如何尽快进入角色、升堂施政呢？下马问俗，进衙读志，乃是往昔官员首先必修的功课。

第二编《要事》，包括先秦两汉、魏晋南北朝、隋唐两宋、元明清民国、中华人民共和国初期三十年、改革开放四十年，计六章，19 万字。本编以历史朝代先后为顺序，时间跨度最长，叙事卷帙浩繁，相对字数较多，无疑是本书的主体部分之一。如果用陇南民间唱书的语言来形容，那就是“三皇五帝到如今”，七千年以来，凡是人类在西和这块大地上的足迹，凡是西和在正史、传说、方志、稗史中留下痕迹的人和事，几乎都囊括其中，可以看作是西和七千年历史的大事记或者编年史。对于历史学科的重要性，作为曾经的文科生，作为具有十六年教龄的中专教师，作为具有十九年行政经历的公务员，著者深切地感到，凡是接受过教育的人，凡是可以号称为知识分子的人，不能不懂历史；因为历史可以让我们的识见更加深邃，让我们的思想更加通达；历史可以让我们的大脑更加智慧，让我们的人生更加多彩；历史可以让我们的视野更加远大，让我们的生命更加丰富！

第三编《史料》，包括先秦两汉、魏晋南北朝、隋唐五代、宋元、明清，计五章，60.8 万字。与前编相类，本编仍以历史朝代先后为顺序，从先秦至明清，纵贯古代，出入国史，卷帙更加浩繁，字数最多，无疑是本书的另一主体与核心部分。特别是将二十四史和古代方志中有关西和的记载摘录出来，条分缕析，独为一编，五千年历史尽在掌握之中。英国哲学家、作家弗兰西斯·培根（Francis Bacon，1561—1626）生前曾经竭力倡导人们读书，他指出："读史使人明智，读诗使人聪慧，数学使人精密，哲理使人深刻，伦理学使人有修养，逻辑修辞使人善辩。"面对众多学科，培根先生首先强调了历史学科的重要性；而在我国的高校，专家教授普遍认为"文史哲不分家"；因为历史本身就涵盖了人类生产生活的方方面面，自然也蕴含着学科的方方面面；所以无论国史，还是方志；无论族牒，还是家谱，其实都是百科全书性质的工具书，作为文化人和知识分子，作为公务员和主政者，岂能不重视？岂可不阅读？岂忍不借鉴？

第四编《人物》，包括知州郡守、县令县长、西和人物、县级干部、考录重点大学生，计五篇，8.59 万字。如果说历史是一面镜子，那么这面镜子里所映现出的人，才是这个地域的主人和主体；因为一切历史都是关于人的历史，一切文化都是关于人的文化。对于一个地方而言，古往今来，行政长官、莘莘学子、行业领袖、百工精英、英雄烈士、道德模范等，无疑都是人民的代表，山水的精华，文化的灵魂。所以自古以来，人们在言谈到一方山水的时候，总是会说：钟灵毓秀，人文炳郁；总是会说：物华天宝，人杰地灵！

第五编《考释》，包括重要地名城址、早期文化遗存、秦始皇与鸡头山、秦汉封泥与武都紫泥、西和城隍历史，为袁智慧地方史研究的部分成果。同时，还收录了西和乡贤、著名学者赵逵夫先生的两篇文章，以及张希仁先生的一篇文章，计九篇，1.59 万字。如果我们跳出西和来看，无论是从大中国来看，还是从甘肃来看，西和县无疑只是一个点，但这个点因地理位置正处于"陇蜀古道——祁山道"的重要性，因境内"四维孤绝、地广百顷"的仇池山和伏羲文化在古代氐羌民族历史上的独特性，因境内西汉水上游支流漾水河与国家级非物质文化遗产乞巧民俗文化，以及宁家庄、西峪坪、洛峪镇、白雀寺、八峰崖、法镜寺在西和古代民族、宗教文化史上的唯一性，使得西和在历史长河与岁月磨砺中孕育了许多历史之谜、人物之谜、物产之谜和文化之谜，值得有关专家学者探源溯委，以便告诉人们西和曾经的历史过往及事实真相。因此，探赜索隐、钩沉发微的研究，烛幽洞明、剔难决疑的揭秘，在学术探讨中不可缺少。

正是基于上述五个方面的文史积淀和现实需要，袁智慧先生积二十五年中学语文教师之经历，用十余年编纂县志、年鉴的史学方法和知识储备，用辛勤汗水和心血凝结撰成这部《西和备志》，无疑是值得敬佩和称道的。尤其是他把编撰县志的宝贵经验和史料积累抽绎出来，突出主题和重点，单独成书，用心良苦；这不仅体现了他勤勉工作、刻苦研究的治学态度，也体现了他勤于思考、勇于尝试的探索精神，更体现了他立足西和、面向未来，无私奉献个人学识和智慧的高尚品质与学识魅力。

作为大学同窗好友，三十五年前我们同室朝夕相处整整两年，我深知袁智慧憨厚质朴、固守传统的本性和热爱家乡、谋福祉于桑梓的初心；经年累月，焚膏继晷；短短数年，硕果累累；全市优秀县志办主任、全省先进史志工作者等荣誉，就是最好的证明；近年相继出版了《仇池论集》《西和县志》《仇池文化研究》《西和年鉴》（2017、2018 卷），就是最好的注脚。

2019 年“六一”儿童节于白龙江畔。

卷九 陇学人物简介

◇ 道德文章一座山——我的祖父韩定山 / 韩甦毅

◇ 顾颉刚两到甘肃 / 魏泽民

道德文章一座山

——我的祖父韩定山

◎韩甦毅（甘肃省工艺美术大师、书法家、篆刻家）

甘肃文史研究馆成立于 1953 年。

甘肃省文史研究馆是在党和政府亲切关怀下，本着敬老崇文，尊重知识，尊重人才，弘扬民族文化，为社会主义建设服务而成立的，到现在整整 68 年，我也是 1953 年生人，与省文史研究馆同龄。

图 1　韩定山先生在杭州西湖（1963 年 11 月）

我从小随祖父韩定山（1893—1965）在省文史研究馆长大，目睹了文史馆的一切，对文史馆非常熟悉，文史馆浓浓的文化氛围影响着我，对我的人生起到了很大的引导作用，也给我留下了深深的印象。

2009 年，我也成为了省文史研究馆研究员，这对我来说是异常自豪和高兴的一件事情。今天做口述历史，我简单讲两个事情：一个是我记忆中的文史馆，二是我的祖父韩定山。

一、我记忆中的文史研究馆

我从小随祖父韩定山在文史馆生活，亲身经历了文史馆成立初期的点点滴滴，这也培养了我敬慕真文化人、真学者，热爱文史馆的淳朴感情。

当时文史馆所聘馆员都是文质彬彬的饱学之士，诗词歌赋，琴棋书画样样精通，我从小就在这种环境中生活，所以对省文史馆有着特殊的情感。

我的祖父韩定山 1953 年由省长邓宝珊聘为馆员、住馆秘书。祖父与省长邓宝珊将军有金兰之交。1915 年祖父在天水参加渭川俊士考名列榜首，陇上名气很大。后来邓宝珊省长说："陇上道德文章除鸿汀外就你老一人而已。"我们一家迁到兰州后，邓宝珊省长经常邀祖父去邓家花园做客，邓省长也偶尔来文史馆叙旧，看望老馆员，解决实际困难。

无庸置疑，现在的文史馆和"文化大革命"前的文史馆是不一样的。"文化大革命"前的文史研究馆是为 60 岁以上具有相当学识、有一定的社会声望、生活困难的社会名流成立的统战性文化机构，让他们把所见、所闻、亲身经历写下来，记录下来，有助于国家和社会的稳定发展，体现党和政府对文化的重视，因此文史馆馆员的职位具有很高的名誉性和统战性。

图 2　20 世纪 50 年代文史馆部分馆员合影（祖父二排右三）

1953 年，文史馆聘了馆长、副馆长、住馆秘书，先后聘了六十位馆员，还有一位通讯员。当时文史馆只有两个正式编制：秘书和通讯员，秘书是我的祖父韩定山，通讯员是安宁区人李文郁叔叔。秘书处理文史馆的日常工作，行使馆长职责；通讯员负责收发文件、信函、报纸，馆内卫生，花草整理，任务传达，馆门开启。

1953 年省文史研究馆成立，邓宝珊省长派人把我祖父从陇南文县接回省城，聘为首批馆员、住馆秘书，并主持文史馆工作。刚开始，省文史馆随我家安置在安宁区费家营。1955 年，文史馆随我们家搬到城关区中山林南城巷。1956 年，省政府把兰州城关区小北街 15 号一座四合院给了文史馆，做办公用房，祖父开始在此办公，直到 1965 年去世，主持文史馆工作 12 年。政府给祖父发了生活优待证，内容相当丰富，其他馆员有没有，我不知情。

小北街 15 号是中华人民共和国成立前宁夏高等法院院长苏连元的私宅，是一座一砖到底，非常漂亮的四合院，在城关区张掖路静宁路十字向东一条小巷，距省政府很近，办公方便。四合院院墙高大，院子宽敞，两扇黑色的大门，门上有两只大大的铜环，便于敲门。整个房屋坐西朝东，西边是正房，高高的台子正中是宽敞的会议室，右边是馆长室，左边是秘书室，也就是祖父的办公室；室内有一套间可放杂物，房间全部铺有木地板，在那个年代是非常奢华的。南边、北边各有六七间房。

北边紧靠大门是通讯员室，有套间，是通讯员李文郁叔叔办公、住宿的地方，来人开门也很方便。南边、北边廊檐很宽，有廊柱。北边廊檐下有一张四方桌，两把椅子，桌面上有象棋盘，汉界楚河，棋子像现在的月饼，供馆员在活动时娱乐，老馆员王和生（1963 年聘）棋术很好，常在这张桌子对弈。东边一排房是藏书室，东南角是厕所。

院内有各种花卉、盆景，争奇斗艳；两边屋檐边爬满牵牛花。到了夏天，园内花红叶绿，姹紫嫣红，香气扑鼻；蝴蝶、蜜蜂飞来飞去。还有两缸睡莲，莲花有红的、黄的、白的，很好看，金鱼在睡莲叶间游来游去，整个院子幽雅极了，这也是李文郁叔叔精心照料的功劳。

我曾晚上偷吃过盆景的无花果，当然不能让李文郁叔叔发现。李叔叔不苟言笑，对馆里的工作很尽职，一切井井有条，整洁、幽雅。每天都熬罐罐茶，苦涩得像中药汤，我喝过一次，好难喝，以后他叫我喝，我再也不喝了。

李叔叔闲时得到祖父指导学写毛笔字，在祖父去世前，他的毛笔字已经写得有模有样了。

1953年文史馆聘梁德庵先生为馆员，梁老身材高大，皮肤白净，留着长长的白胡子，文质彬彬，一副典型的学者模样，非常和善，住在南边房间。早上起床在院子里打一会儿太极拳，之后临帖写字，临的是欧体，工工整整，我印象很深。每次写完叠整齐丢进纸篓，我都要拣一些带回学校，分给我的同学做影格用。那时，我们上小学有毛笔字课，买一张写毛笔字用的影格要二分钱，同学们得到梁老的字都很高兴，我的书法兴趣就是那时建立的。

记得有一年重阳节，馆里搞活动，会议室大厅墙上挂满了书画。那时，我看不懂墙上的书画，没有啥兴趣，最感兴趣的是桌子上的瓜果点心、天生园的水晶饼，能吃一块的确算开了大荤，嘴里要香好多天，口水都舍不得轻易咽下去，非常开心。所以常常盼望馆里能经常搞活动，有活动就能有好东西吃，那个年代物质是非常匮乏的啊！

那个时候馆里活动很少，显得非常安静。有两位喜欢书画的同仁说，他们在六七十年代经常去文史馆玩，找魏振皆（1953年聘）、丁希农（1963年聘馆员）两位先生研习书法。其实，平时馆里就我祖父与李文郁叔叔两人，没活动馆员就不来，活动很少，馆里很安静，两扇大门是紧闭的。同仁说他们常去文史馆玩，只能作为江湖茶余谈资，乐一乐而已。

在我的印象中，邓宝珊省长、范振绪先生、郝进贤先生都来过文史馆，应中逸先生拜我祖父为师，学习诗文，常来文史馆。后来西北师大古籍研究所副所长路志霄先生、兰州教育学院副教授王干一先生与祖父编辑《陇右诗钞》，也常来文史馆，他俩都是我祖父当年在兰州师范教的学生。西北师大赵逵夫教授对我讲，他在60年代初来文史馆找过我祖父，我隐隐约约记得。

我三年级的时候，让祖父给我们班书写课本、写字本的封皮，共有六七摞，当时老师表扬了我，我很自豪。现在回想，我给祖父增添了多么大的麻烦，实实不该。我们孙辈八个，还不知他们又给祖父添了多少麻烦。

1962—1963年间，祖父编写《毛主席诗词辑注》（见图3）一书，写稿、校稿、刻写钢板、油印、装订，全部工作都是祖父一人完成的，这对于一个年过七旬的老人来讲是相当辛苦的。《毛主席诗词辑注》油印本一书完成后，在省里影响很大，近60年了，至今这本书无人超越。2018年，刘醒初先生将其列入知还书院丛书，印刷出版。赵逵夫先生至今仍保存着我祖父当年送他的油印本。

图 3　毛主席诗词辑注（知还书院文库之一）

二、我的祖父韩定山

祖父刚进文史馆时写了一首诗：

早岁疲牛苦著鞭，笔耕墨耨自年年。
老来喜遇东风暖，再趁阳和种石田。

祖父非常热爱这份工作，事实证明祖父做得非常好。我取号石田也是因为祖父这首诗。

我家祖居文县，世代书香，高祖韩树屏为晚清进士，曾祖为私塾先生。祖父韩定山（1893—1965），原名瑞麟，字定山，号甦民，别署炳烛翁、耕天山农。祖父天资聪颖，从小学习优秀，刻苦用功，成绩总是名列前茅，得到的奖学金可以养活家庭。

1910 年，祖父考入兰州存古学堂，校长为皋兰进士刘尔炘。祖父有文章《我所亲历的存古学堂》，记录了这段学习的经历。辛亥起，祖父在兰州接受革命思想，1912 年加入同盟会，在家乡组织英年会，后改为国民党支部，也是甘肃最早的国民党组织，在文县与天水黄钺呼应，并有书信往来。

1915 年，总统袁世凯实施考试制度，祖父赴天水应渭川道俊士考，名标榜首，一鸣惊人，时年23岁。之后祖父从军，在永登、临夏近十年，官至冯玉祥十二军部秘书长。亲身经历了“河湟事变”，对兵荒马乱中流离失所的灾民报以同情，以饱含深情的笔写下了大量诗词和文稿。如《卖粥妇》《扑火翁》《攫饼儿》《骡夫瑶》，记录当时的现状，在河州见一老人冻毙，心生怜悯，写下诗句：“此翁一死何足论，更恐余翁同所归。杜陵广厦无由见，白傅长裘成虚愿。朱门狐貉彼何人，雪深三尺犹拭汗。”有着和诗圣杜甫一样的忧国忧民的情怀。

1929年冬，祖父辞去军职返回故里，兴办教育。先后办了六所小学，一所中学，为文县、陇南的教育事业作出了巨大贡献。由于成绩优秀，被当时的省长任命为文县教育局局长，并雄心勃勃筹办“文县天池大学”，由于时代原因未果。祖父在给友人的信中说：“我对教书有天生的爱好。”

1930年，祖父在文县碧口小学当校长时，写下了《阴平国考》(见图4)一书，临洮学者、《甘肃通志》总纂张维评价曰：“非常珍贵，可补廿四史不足。”

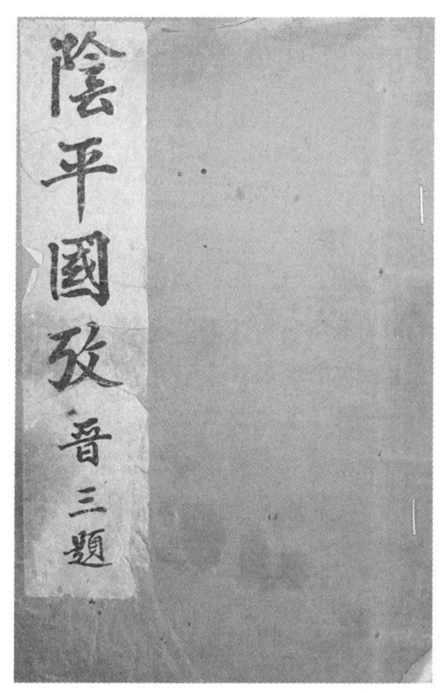

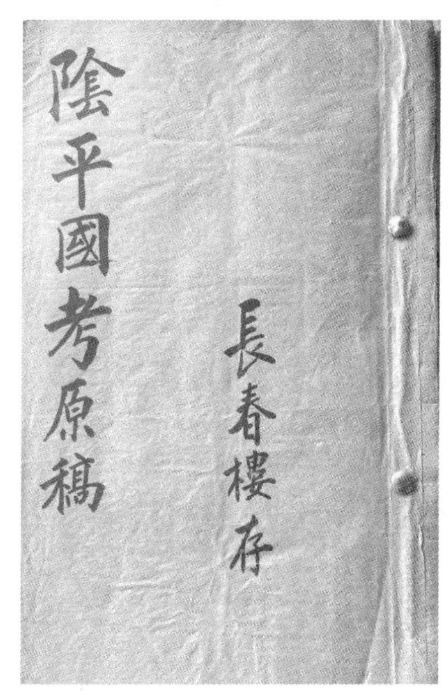

图4 《阴平国考》稿本

1931年8月，吴佩孚将军由川入甘，在文县住了近十日，祖父作为乡绅接待陪侍，吴将军给祖父留下了“铁肩担道义，棘手著文章”的书法对联。祖父有《吴佩孚甘肃之来去》一文，以记其事。

1944年，祖父当选文县参议会会长，1946年当选甘肃省参议会参议员，连续两届驻会参议员。先后在兰州师范、兰州大学讲授国文。

1949 年 8 月，国民党川陕甘边区绥靖公署陇南分署主任赵龙文专程去文县请祖父任少将参议，被坚决拒辞。祖父动员县长王泽勉放弃抵抗，文县和平解放，使文县免于战火。

1956 年甘川公路通车，祖父随邓宝珊省长赴文县参加通车典礼，典礼后祖父将家里长春楼藏书一万部全部捐出，得到邓宝珊省长嘉奖。

图 5　吴佩孚 1831 年过文县赠给韩定山先生砚台

祖父历任冯玉祥十二军部秘书长、甘肃省财政厅秘书、文县教育局局长、省参议员、兰州大学教授。1953 年聘为甘肃省文史研究馆馆员兼秘书主持馆内工作，行馆长责。

诗人袁第锐先生评价其诗曰："定山先生古文根底深厚，知识渊博，才思敏捷，文笔清新，擅长文史、方志和诗词，著作甚丰，声望甚高，名噪陇右。其诗意境超脱，若绝俗尘，吾以为可与白香山、杜少陵所作并传。"

路志霄先生在《近代陇右诗抄》评价祖父："先生诗、古文辞皆其所擅，为文笔致清新，曲折如意，而融古今，机杼自出，因能坛坫独高，名噪陇右。而其诗尤具特色，大抵情真意挚，节奏自然，从心坎中流出。或追述往事长言咏叹，情状历历，恍如在目；或触感时事，嘲讽间陈，歌泣并做，极尽诛伐之能事；所谓温娇燃犀，百怪毕形，俨然史笔也。至其游戏笔墨，亦渊雅逸放，波澜动荡，莫测奇极。盖胸中储万卷书，供阙驱遣，自非播弄空文者所能望见也。"

1958 年，祖父与韩军一馆员去北京考察，有诗作：

昆明池上放扁舟，金碧楼台一望收。
爱此人民成主宰，笑他昏耆恋菟裘。
涤瑕荡秽开新貌，模水范山得胜游。
容我豪情矜老健，重来不怕雪盈头。

1962 年，祖父一行去敦煌考察，有《河西杂咏》诗作：

为有千年美艺留，萧萧白发向边州。
酒泉未解长途客，善饭偏生遗矢愁。

1963 年，祖父与王静安，张盛威一起去南京、杭州、上海开会。有诗作：

梅妻鹤子老林逋，长占孤山兴不孤。
词客有灵应笑我，衰年也得到西湖。

1964 年，祖父一行去天水考察，有《麦积山记游》诗作：

痴云挟雨护林泉，中有奇峰欲补天。
似念民生重粒食，为留麦积兆丰年。

祖父的一生如自己所说，“笔耕不辍，墨耨自年年”，留下了大量文稿、诗稿和书法墨迹。（见图 6、7、8、9）

图 6　韩定山诗文校释

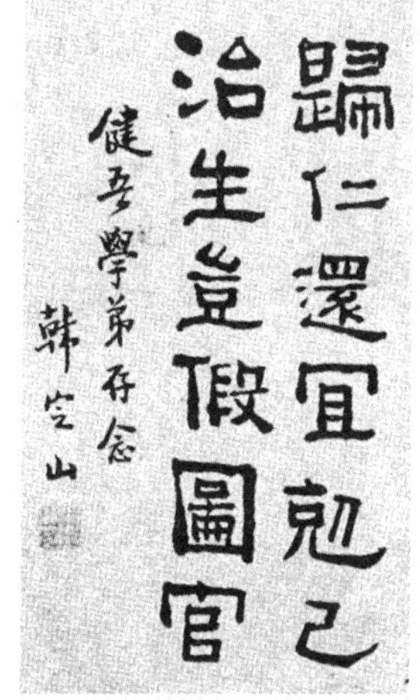

图 7　韩定山书法

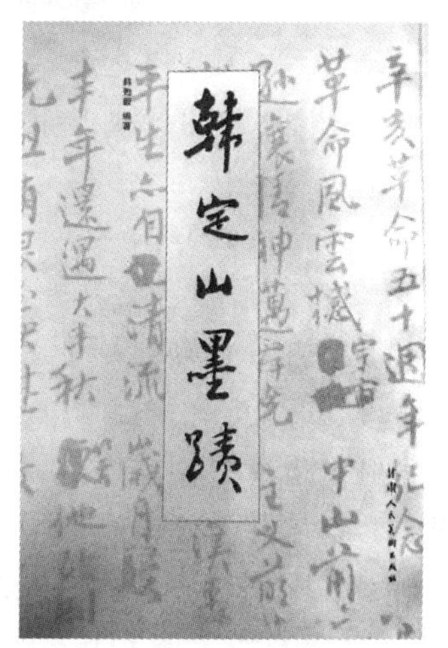

图 8 《韩定山墨迹》书影

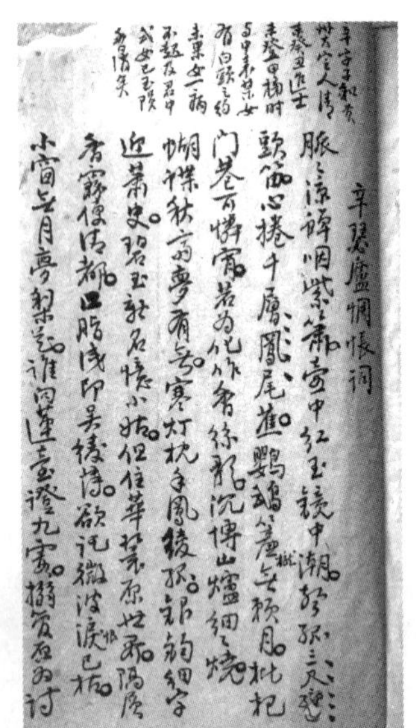

图 9　韩定山墨迹

乡贤王紫瞻先生云："定山先生家学渊源，美继书香，通读经史，学识渊博，风流儒雅，为文邑一代宗师！"

2021 年 10 月 30 日于天水

编者按：此文见于"陇右文学与文化"微信公众号，经作者授权收录本书。原标题为《口述历史：省文史馆和祖父的点滴岁月》，原文中与作者韩魁毅有关的图片也比较多，收入本书之时，为了重点突出与韩定山先生有关的文字和图片，经作者同意做了适当删减，并更换标题为《道德文章一座山——我的祖父韩定山》。

【作者简介】

韩魁毅（1953—），祖籍甘肃文县，毕业于苏州工艺美术职业大学，现任西北师范大学客座教授，甘肃工业职业技术学院教授，甘肃省人民政府文史研究馆研究员，甘肃省工艺美术协会副名誉长，民革中央画院理事，民革甘肃省画院副院长，甘肃省书法家协会员，甘肃省工艺美术百花奖评委。2005 年、2011 年两次获甘肃省人民政府授予"甘肃工艺美术大师"荣誉称号。

2004 年编著出版《韩定山墨迹》，获国家级三等奖；整理出版《韩定山诗文校释》，获甘肃省优秀图书奖，现整理印行韩定山《毛主席诗词辑注》，内刊。

顾颉刚两到甘肃

◎魏泽民（甘肃西和一中高级教师，民盟陇南市陇学研究院副院长）

顾颉刚（1893.5—1980.12），小名双庆，原名诵坤，字铭坚，号颉刚，笔名有余毅等，江苏苏州人，1902 年北京大学文科中国哲学门毕业，师从胡适先生，历任厦门、中山、燕京、北京、云南、齐鲁、中央、复旦等大学教授，中国科学院历史研究所研究员，第四、五届全国人大代表，第二、三届全国政协委员。一生著述颇丰，是著名国学大师，近现代杰出的历史学家、地理学家，也是著名的民俗学家和红学研究专家。抗战期间和解放战争期间曾先后两次来甘肃（包括青海）考察和讲学，在甘肃留下了很深的影响。

一、第一次，到甘青考察（1937 年 9 月 29 日—1938 年 9 月 9 日，其间两赴西宁，共 20 天）

1937 年 10 月，顾颉刚受管理中英庚款董事会的委托，以补助西北教育设计委员会委员的身份，与中英庚款会董事、燕京大学教授戴乐仁、庚款董事会助理员李锐才、农民银行司杨钟哲、中央研究院评议员陶孟和等到西北考察教育，作补助西北教育经费之计划。顾颉刚一行从北平出发，取道绥远、南京、苏州等地考察，历时近半年，于 9 月下旬到达兰州，开始了为时一年的甘肃青海教育考察工作。

1937 年 10 月 2 日，顾颉刚与中英庚款会董事、燕京大学教授戴乐仁、庚款董事会助理员李锐才、农民银行司杨钟哲、教育厅督学丁玺等人一行共 8 人，分乘三辆骡车，从兰州出发，前往此次考察的第一站——临洮。顾先生在其日记中写道："3 日 11 时 20 分登七道子梁，稍息即行。下午 3 时至中铺，以前行四十里始有客店，未能于日落前赶及，即宿小店……4 日：早 4 时 30 分起身，6 时出发。过巴下寺、李家湾、沙塄俱未停。11 时 45 分至洮沙县……下午 4 时 10 分到康家崖，稍息。6 时 30 分到新添铺……"一路所见景色荒凉，所闻民生维艰，徒增悲戚之感，遂占一绝句，诗云："车走黄沙白石间，天低云压马头山。江南河北知何似，凝目层峦不皺颜。"沿途边行边考察，经过 5 天的长途跋涉，于 10 月 7 日到达临洮县城。

为欢迎顾颉刚先生，临洮城中所有的店铺都悬挂了中华民国国旗。10 月 7 日中午 2 点左右，顾先生一行抵达临洮县城北门外，临洮四五百政界学界人士前往迎接。

从 10 月 8 日上午开始，顾先生一行对临洮的教育、文化及水利情况进行了全面的考察。先生得知临洮耆老对教育极重视，许多富户捐资兴学，教员们又乐意义务授课，特别是杨明堂（斋沐）先生倾其毕生精力和家产创办了规模宏大的养正等中小学校，全县男子无不受国民教育时，顾先生非常高兴，对临洮县发展国民教育的做法很有兴致，先后参观了临洮师范学校和临洮女子师范学校，下午参观了临洮县立初级中学、临洮县职业学校、养正小学和临洮师范学校附属小学。顾先生一行还参观考察了岳麓山椒山祠、道统祠、洮惠渠、白塔小学、唐泉小学、南街小学、东街小学、西街小学、北街小学、洮河浮桥、哥舒翰纪念碑等，与当时临洮教育界人士杨明堂、杨瑞五及《新临洮日报》记者李林漫（李满天）交流畅谈，详细了解了临洮的文化教育现状，并应李林漫的要求，撰写了 4000 多字的《编印通俗读物的经过》，同时应临洮社会各界的盛情邀请，为临洮各界人士挥毫题词，以作留念；为激励士风，进行了多场演讲。顾颉刚先生还参观考察了岳麓山椒山祠、道统祠、哥舒翰纪念碑等。六天之后，于 10 月 13 日离开临洮回兰州。在此后的一段时间里，顾先生又从兰州前往青海西宁考察。

顾颉刚曾两度到西宁考察，历时约 20 天。但甘肃则是其本次考察的重点。结束对青海的考察后，顾先生又回到兰州，应即将开学的临洮讲习会邀请，于 1938 年 1 月 4 日又偕同周志拯、王志梁、金素兰等 8 位讲师乘坐汽车，对临洮进行了第二次考察。

“自七日起，四大街每夜有社火，舞龙灯，四岔路口三龙会集，燃放花炮，列队歌唱，煞是热闹。”自小在南方苏州长大的顾先生第一次在西北边城临洮度过了一个难忘的春节，对临洮民俗有了进一步的了解，一方面思念家父及眷属，另一方面又倾心于西北教育事业，当时百感交集，吟诗一首：

美煞衡阳雁，春来又北飞。
烟花还旧景，人事已全非。
冥想歧千境，招魂望四围。
死生谁识得，莫问我何归！

到临洮后，顾颉刚先生被推举为临洮县小学教员寒假讲习会会长。当先生得知临洮县小学教员寒假讲习会决定于星期三开讲的消息后，就立即投入到了讲习会的筹备工作中。

他们协商制订了临洮县小学教员寒假讲习会讲课内容后，决定由顾颉刚、王树民、金素兰等 13 人亲自任教。

讲课的内容：时事知识方面主要讲“国际情势”“日本现状”“国防地理”“中国资源与抗战前途”“国防教育”“边疆问题”“军事常识”“战时地方自治”凡八门；教育方面主要讲“教育通论”“社会教育”“健康教育”“实行中心教育制”“物理常识及教学法”“化学常识及教学法”“史地及教学法”凡七门；农业知识主要讲“农业知识”“农田水利”“农村经济”“合作论”“甘肃合作事业”“农村劳作教育”“保甲制度”“防疫常识”凡八门。

同时决定，由顾颉刚、李林漫、周志拯等 8 人作为召集人，每天晚上召开小组讨论会，主要讨论自然科学、社会科学、学校教育、社会教育、健康教育、农村经济及合作、边疆问题、时事座谈等八类问题。

顾颉刚先生在其《西北考察日记》中写道：“(一月)八日：小学教员讲习会行开学礼，……予为会长，亦致辞。学员百四十人，讲师及来宾约三十人。十二时，摄影而散。”

小学教员讲习会开班后，“自 1 月 8 日至 27 日，逢星期不停”。在十分艰苦的条件下，顾先生一边讲课一边继续研究和考察临洮教育情况。在临洮讲习会讲课的那些日子里，顾先生带着牙痛病编撰了 6 000 多字的《讲习会讲义》，给临洮各界挥毫留下了大量书法作品，“终日为人写屏联，一日近百件，合前数日为学员所写者合计之，殆逾五百件……临洮市上宣纸，其将为予涂尽”。当时求其墨宝者争先恐后，顾先生几乎是有求必应，临洮城里宣纸紧缺，真可谓“洛阳纸贵”。

1 月 10 日，顾颉刚先生又应渭源县政府和教育界的邀请，乘骡车离开临洮，取道会川赴渭源考察讲学。1 月 24 日，先生又从渭源启程，取道东峪沟返回临洮，途中考察了窑店小学，并于当天晚上夜宿此校，次日赶到临洮县城。

顾先生本来打算此次回兰州去料理庚款会的事务，但由于他的行动受到当时甘肃省教育厅厅长等人的嫉妒，加之甘肃学院正在闹风潮，担心此去会搅入矛盾纠葛的旋涡之中，所以就取消了再回兰州的计划。而戴乐仁等考察后不久就返回北平了，顾颉刚则因其在北平办过宣传抗日的通俗读物，日本人正欲置其于死地，没法回北平；而故乡苏州也已经沦陷，此时，又听闻日军在老家苏州投掷炸弹，乡人死伤惨重，“我家久无消息，不知人与屋尚存否也”。北平不敢去，故乡又没法回去了，先生心情十分郁闷，于是“姑且徘徊于洮水之上”，与临洮诸友人喝酒消遣两天后，他们一行 7 人于 2 月 28 日又应邀去了康乐县继续考察。顾颉刚在康乐考察数日后，于 3 月 6 日又冒着漫天飞雪，从康乐回到临洮。

正当他为补助临洮教育倾心奔忙之时，突然“接董事会来书，嘱补助工作缓办”，先生“心中一急，牙痛又剧”。当天晚上，梦得一联：“眼底名山皆属我，天中皓月好分君。”

3 月 14 日，顾先生匆忙致函庚款董事会总干事杭立武，对甘肃、青海教育现状做了全面、细致的分析，提出了以职业教育推动西北经济的思考与设想。在洋洋洒洒 2 000 多字的信中，字里行间体现出一个学者高度的务实精神和对西北教育事业的赤诚。

在西北考察的那段日子里，顾颉刚先生把全部身心倾注到对西北教育事业的研究和思考之中，虽历尽艰辛，但收获颇丰：一是忍受着牙痛之病编写完 6 000 多字的《讲习会讲义》，接着又借用西北防疫处后院僻室，闭门谢客，夜以继日，用了近一月的时间草拟了 40 000 多字的《补助西北教育设计报告书》，提出了以职业教育推动西北经济的设想：“欲改变此风气，惟有提倡职业教育。”在对甘青地区自然、经济、文化现状调查、剖析的基础上，顾先生在《报告书》中还为西北教育提出了科学、具体的改进设计方案和全面、细致的财政预算。《报告书》寄出后，顾先生仿佛已经看到了西北教育事业的明天，“肩上为之一轻……出南门，到杨家台参观正宗小学，访明堂先生”，他的心情随着天气的变暖也轻松舒畅了许多。“今日天气晴和，沿途皆红桃碧柳，西北之春正与江南同其艳丽。”当晚临洮农校邀其作对联，顾先生口占一联曰：

当求征服自然，莫说靠天吃饭

宁舍现成产业，必须努力开山

在历时一年的甘青考察中，顾颉刚考察了甘肃和青海的 19 个县市，给包括临洮在内的甘肃、青海人民留下了深刻的印象。特别是在国难家难长时间攒聚心头的情况下，他仍能全身心投入西北教育事业考察的那种精神，令后人永铭于心。考察期间，顾先生曾多次深入临洮（包括当时的洮沙县）各学校、文教单位进行调查、研究、交流，并试办了寒假小学教师讲习会，对临洮的文化、教育事业发展起到重大的推动作用。

特别值得一提的是，临洮是顾颉刚此次西北教育考察的重中之重，如果把 1938 年 7 月 30 日从宁定（今广河县）取道洮沙（今临洮太石镇一带）返回兰州途中在临洮县给受训的学生及保长作讲演，下午给朋友们书写 30 多件书法作品的那一天算上的话，那么，临洮就成为他此次西北教育考察活动停留最多的县份：先后五到临洮，并在临洮度过了长达 93 天的时间，这主要是因为长期以来临洮教育事业的兴盛。

不仅如此，顾颉刚先生还特别注重对西北民族问题的考察和研究。为此，顾颉刚先生在甘青考察的线路安排上，舍近求远，他舍弃了交通便利的陇东南地区，而选择到临洮、康乐、岷县、临潭、卓尼、黑错（今合作市）、夏河、永靖、和政、宁定（今广河县）等民族杂居区进行考察。“是行也，为欲认识西北社会之基本问题，故舍康庄之陇东南及河西不游，而惟游于公路尚未通达之陇西，盖种族宗教诸问题惟此一区为纠纷而难理也。”为此，他深入到学校、市场、寺庙、农家、牧区，与地方官员、绅士、宗教领袖、商人、教师、学生乃至农民、牧民广泛地进行接触，探寻西北问题的症结。为此，他曾感慨地说：“以一素不接触现实之人，竟作如此壮游，跋涉于河、湟、洮、渭之间，识其百余年来所以动乱之故，而献其曲突徙薪之谋，则所失固多，亦未尝无一得，在我平淡之生命史中激荡此拍岸波澜，实为可纪念之一章矣。”顾颉刚先生在对甘青民族地区实地考察后认为，西北最大问题是汉、回、番、蒙的感情问题，必须到这个问题发生的核心地方看一看，以便设计将来的西北教育补助计划。①

由于战争的影响，顾先生当时付出辛勤劳动和倾注了大量心血而作的《补助西北教育设计报告书》尽管最终泥牛入海，但是，顾先生对西北的关注，特别是对甘青教育事业的关注和对西北民族问题的关注，已经写进了史册，在半个世纪以后，在中国共产党的领导下，他的愿望终于成为现实。

二、第二次，到甘肃讲学（1948 年 6 月 17 日—1948 年 12 月 7 日）

顾颉刚第二次到甘肃是受兰州大学校长辛树帜之邀。辛树帜（1894—1977），字先济，湖南临澧人，农业教育家、生物学家和农史学家。先后在英国伦敦大学和德国柏林大学学习，归国后出任广州中山大学生物系教授兼系主任，历任国立西北农林专科学校校长、行政院经济部农本局高等顾问、中央大学生物系教授兼主任导师、川西考察团团长、湖南省教育会会长等职，1946 年任国立兰州大学校长。

1948 年 4 月，兰大校长辛树帜向顾颉刚发出讲学邀请，并寄去了路费。顾

① 赵春梅：《西北考察与顾颉刚“中华民族是一个”理论的建构》，《青海民族研究》2018 年第 4 期。

先生遂于6月17日成行，赶赴兰州。西北师院获悉兰大邀请顾先生来兰讲学的消息后，也向顾先生发出邀请。

顾颉刚抵达兰州后的第三日（6月19日），易静正院长就请他到西北师院，他与王树民同乘汽车到达西北师院，会晤了林冠一夫人、何乐夫夫人。第三天（6月22日）中午，易静正院长与顾颉刚同车到西北师院，并在十里店三友饭庄会餐，饭后又与孙培良游保安堡。6月26日，顾颉刚与王树帜、易静正一同到西北师院，做了一小时的"边疆教育与社会教育"讲演，然后在易静正、何乐夫的导引下参观了西北师院校园后，到三友饭庄赴宴。顾颉刚当日在给夫人张静秋的家信里说："饭局终辞不掉。……至西北师范学院的易静正院长则请了三次，为的是要我去演讲几次。"在兰大讲学的日子里，西北师院的师生也常去兰大听课，顾颉刚也多次到师院演讲、授课，所以说师院师生特别是史地系师生受惠于顾颉刚者颇多。当时兰州大学流传着这样的歌谣："辛校长办学有三宝，图书、仪器、顾颉老。"顾颉刚先生在《积石堂记》一文中对此有特别记述，称辛树帜"高瞻远瞩，知树人大计，必以师资及图书仪器为先，既慎选师资，广罗仪器，更竭其余力购置图书，京沪陇海道上，轮毂奔驰捆载而来者，大椟数百事。未几国民党挑起内战，陆行阻绝，又曾以飞机运之。两年之间，积书15万册，轶出他人数十年之功，卓然成西北巨藏矣"。

当顾颉刚忙得不亦乐乎时，西北师院在7月15日发生了刘熊祥教授毁伤王树民先生的事。

刘熊祥（1910—？），湖南衡山人，时任西北师院史地系教授。王树民（1911—2004），河北文安人，顾颉刚北大任教时的学生，1938年曾随同顾颉刚在甘、青考察教育，时为兰州大学和西北师院合聘的讲师。

王树民身为顾颉刚先生在北大时的学生，顾先生很同情他，认为"不专任则八、九两月无薪，无以存活。树民性格，得食则逍遥，事急则求人，宜其有此厄也"。可是西北师院一直不肯给王树民改为专任教师，王树民有了牢骚，于是就发生了上述事件。

而此时的顾颉刚正忙得不亦乐乎，远在苏州且怀有身孕的妻子张静秋接二连三地函电催他回家，但顾颉刚为了兑现他的诺言，在7月25日的家信里向妻子详细解释了不能拒绝西北师院讲课的理由："此地的课真无办法。校外校内，学生先生，天天挤满一大讲堂，下雨也不减少，使我虽欲偷懒而不能。兰大与西北师院向来交换教授，故师院要我前往讲二三星期。但兰大学生听到，就联名写信给辛校长，拒绝此事。"然而西北师院的师生并不就此罢休。"所以现在只有请师院学生来城，住在兰大，吃在兰大，来听我的讲。所以，现在我必得一气呵成，把预拟的题目讲完方可走动。”他在家信里还对妻子说：“西北师院，校长和学生时时来邀，必须去一两星期。”“既已答应人家（指西北师范学院），当然要去几天，到那边讲的，就是兰大所讲的节本，所以不需更作准备。”除了上课，顾先生在 7 月 31 日为西北师院学报写了千余字的《汉代的西北》一文。但最终应该没有交差，因为他日记中不仅没提到给师院学报交稿的事，《国立西北师范学院学术季刊》第 3 期（1949 年 7 月）出版也未刊登此文，《顾颉刚全集》也未收录此文，也许此文后来遗失了。

不仅如此，顾先生在兰州还有其他方面的应酬，他 1948 年 8 月 14 日日记写道：“此次来兰，每一杂志要我写一文，每一机关要我讲演一次，每一人要我写一两张字，如何不忙！”

11 月 15 日，顾颉刚再次接到夫人张静秋催归的信：“今晨接静秋书，知上海恐慌弥甚，买米买油以及什物均须排队，而每次所得甚寡，米一升，肥皂一方而已。车票须三天前买，而又不能必得。恐一家饿死而不为我所知，嘱我务必早归。因定下星期即到师院上课，十二月十日前行。”在妻子的再三催促下，原定 12 月初开始的两个星期的课程，最后压缩至一个星期，且提前在 11 月 22 日开课。

当天，王树民、王树帜接到顾颉刚后就乘公共汽车到十里店三友饭庄赴宴，然后到师院大礼堂讲“巫术时代与王官时代”。顾颉刚在当日的家信中给妻子这样说：“师院功课已往上，天天乘公共汽车往来。十三里路，行十五分钟，尚不为劳。我对他们说明，看票期定于何日，我即早一二天辍讲，不是一定两星期。”

为了尽快离开兰州，回到家人身边，顾颉刚在最后的十几天，就将兰大和师院的课同时进行，以致连写家信的时间都没有了：“自（十一月）廿二日后，为了上午在兰大上课，下午又到师院上课，真太忙了，所以只发了两个电报。”

11 月 23 日，顾颉刚先生由王树民陪同吃过饭后，到西北师院讲了两小时的“诸子时代”。11 月 24 日又到西北师院讲了两小时的“经学时代”。

11 月 25 日，王树帜陪同顾颉刚先生在十里店赴宴后，在西北师院接着继续讲了两小时的“经学时代”。

11 月 27 日，顾先生到西北师院讲了两小时的“理学时代”，但没有讲完。

11 月 29 日，顾先生在胡国钰的陪同下一同乘车到西北师院，又讲了两小时的“二程”。

11 月 30 日，顾先生在西北师院讲了两小时的“朱陆”，当日上午又接到上海来的家电，说夫人静秋早产且难产，嘱其“速觅机归”。但是，他答应西北师院的事还没有完全兑现，虽然心急如焚，但还是想坚持讲完课后再回上海，于是，12 月 1 日，顾先生乘第八战区刘参谋的长汽车到西北师院坚持讲完了“经学时代”后，又讲了“史学时代”，用时约两个小时。

此后又为朋友写了七件书法作品。虽然很忙，但先生心里一直惦记着上海的家事。12 月 1 日当天再没接到家电，也不知夫人静秋情况如何，所以先生为之心惊肉跳。但在出入交际场时“犹强为欢笑，上课时犹强作镇定！”到 12 月 2 日，先生感到“身体大不适，即归卧，服阿司匹林”。先生认为，“予此次之病，实由兰大与师院两处授课，奔波太劳所致，而所以两处同时授课者，则以京沪恐慌，家人函电交促之故。否则兰大课毕，再到师院两星期，生活并不累也”。[①]此后，先生因上海的家事心急如焚，身体也吃不消，也就再没有去兰大和西北师院讲课。

从 11 月 22 日到 12 月 1 日，顾颉刚在西北师院共讲了 8 次课，其余十天的课在兰大和西北师院同时开讲，虽然异常辛苦，但是也觉得很自豪，他说：“兰州人当我是一尊神佛，人人想对我烧香，固然出足风头，然而亦感痛苦。”以致累得先生得了一场大病。1948 年 12 月 7 日课程结束后，本该收拾行装，但因为求其墨宝的朋友太多，他就一直给朋友们写书法，一共写了 150 多件，但仍无法满足，尚有师院学生嘱书字八十件，打算带回家后再写，直至晚上 10 点半才屏挡各事，开始收拾行装。因为太累，当晚就失眠，无法入睡，直至黎明时分才得就绪，旋又乘车赶赴机场。疲倦一直没法消除，飞行途中时不时打盹。

编者按：该文首发于《甘肃史志》2020 年第 1 期，后来《天水学刊》2021 年第 4 期予以转载。

【作者简介】

魏泽民（1963—），甘肃省西和县人，中国民主同盟盟员，中学高级教师。现任教于西和县第一中学。社会兼职：陇南市第一、二届人大代表，市一届人大常委会委员，西北师大历史文化学院文博专硕导师（实践类），陇南师专文史研究中心和民间艺术研究中心特聘研究员，甘肃省民协会员，甘肃省秦文化研究会会员，陇南民间文艺家协会副主席，陇南地方文化研究会理事。曾任民盟西和县委员会副主委、主委，2018 年 2 月受聘为“陇学研究院”副院长。

著有《陇南节日民俗研究》和《二十世纪上半叶陇南匪患研究》（与石永红合著）等，参编《西和县志》《政协西和县志》《西和地域文化》（学生读本）等，在各类报刊发表文章百十篇。

① 张向东：《顾颉刚与西北师范学院》，中国社会科学网，2016 年 12 月 02 日。

卷十 陇学学术随笔

两源同流

——《走读汉江》节选

◎王若冰（《天水日报》副总编、作家、诗人）

一

2014 年 11 月自西向东进入汉江，我选择了从西汉水源头、甘肃天水境内又名齐寿山的嶓冢山出发。

从天水市区出发向西南三十公里，蜿蜒延伸的山峦自西向东逶迤而去。山与山的窄缝中，曲折蛇形的公路将我引领到一座突崛而起的山峦下。引颈仰视，山并不高迈，也算不上雄伟，但满山纷披的松柏荆莽却让它与周围有些荒凉光秃的群山明显区分开来。从林间蜿蜒上升的山道铺满被秋风撕扯下来的松针，细密如芒，金光灿灿，踩在上面绵软如酥。到了山顶朝四周望去，上山路上看上去与之比肩的重峦叠嶂纷纷倒伏，把一片高远的天和群山莽莽的地尽数让给山顶上一座寂然矗立的古庙。

已是深秋，站在高悬“三江镇岳”匾额的古庙前回首北望，萧萧秋风已为绵延起伏的群山涂抹上一片很容易让人触景伤感的凋敝。然而几步之遥，古庙南麓却秋意正酣，沿坡而下的翠绿麦田、点缀其间的碧树红叶，让一派依然燃烧着的生机汹涌澎湃，朝山南苍苍茫茫的群山曼延而去。

这就是 2000 多年前《山海经》和《尚书·禹贡》不厌其烦提及的西部名山嶓冢山，古人还称之为崦嵫山，现在天水人也称其为齐寿山。

莽莽大秦岭自甘南临潭白石山昆仑山断层龙脊高拱，逶迤东进，一路上高峰林立，山岭蜂拥，鸟途难通，到了天水境内朱圉山到嶓冢山一带，盈天峰岭竟突然间降低腰身，在这条横亘中国内陆腹地中央的巨大山岭间让出一条可供人马通行、南北山水交融的自然通道来。嶓冢山一带这种山势平缓、南北交通相对便捷的自然现象，被党双忍先生称为大秦岭的“天水豁口”。嶓冢山也是天水境内最容易令人感受到南北地理自然差异的长江水系与黄河水系分界岭。从嶓冢山山脊向南一步，丛林里渗出的涓涓细流汇聚成河，经嘉陵江汇入长江；而转身向北，纵横交织的沟壑流出的大小河流经由渭河，都化作了黄河的朵朵浪花。

中国有两座嶓冢山，一座是我现在抵达的天水嶓冢山，还有一座在它的东南方向——陕西宁强县境内。根据已知资料，两座嶓冢山都是汉水发源地，所不同的是宁强境内的嶓冢山是现在汉江的发源地,天水嶓冢山是古汉水的源头。

郦道元之前，可供我们认识中国境内山川水系的地理学著作，只有先秦时期的《山海经》《尚书·禹贡》。我们尚不能确定这两部著作的作者是谁，也无从判断在华夏先民尚处于混沌初开的童年和少年时代，是什么力量让《山海经》和《尚书·禹贡》的作者获取了那么详尽的中国大地山川形胜、江河地理的信息。然而时越两三千年，当代学者发现，这两部至今被视为中国古代地理学诞生之前千古奇书的著作所描述的中国山河格局，依然没有太大改变。《山海经》和《尚书·禹贡》在记述汉水时，都将其源头指向嶓冢山。

《山海经》以华山为原点，在指认汉水源头时说："又西三百二十里，曰嶓冢之山，汉水出焉，而东南流注于沔；嚣水出焉，北流注于汤水。其上多桃枝钩端，兽多犀兕熊罴，鸟多白翰赤。"《禹贡·尚书》在叙说大禹疏导九州之内九条江河时也说："嶓冢导漾，东流为汉，又东，为沧浪之水，过三澨，至于大别，南入于江。东，汇泽为彭蠡，东，为北江，入于海。"

这里的沔水和漾水，都指古汉水上源。《山海经》和《禹贡》时代，东西汉水还没有分流，说古汉水发源于又名崦嵫山、齐寿山、兑山的天水嶓冢山，大概没有异议。为了实证古人说法，有人还列举现在发源于嶓冢山的西汉水朝南进入甘肃成县和康县时叫犀牛江，正好印证《山海经》所言嶓冢山和古汉水一带"兽多犀牛"的说法。然而到了东汉,《汉书·地理志》已经出现了东西汉水分流的记述。班固说,《禹贡》所记载的嶓冢山，是西汉水的发源地。西汉水从王莽时期天水郡西治（治所在今甘肃礼县红河一带）向南流入当时为广汉郡所辖的陕西略阳白水江，然后向东南在现重庆境内古江州汇入长江。

不知道东汉时期的班固是否沿西汉水考察过,不过其所讲述的西汉水流向，几乎与现在不差毫厘。

西汉水流经的西汉水上游，是大秦帝国创建者秦先祖的故园。先秦时中国疆域并不辽阔，从坐拥关中的西周京畿逆渭河翻过陇山，嶓冢山所在的天水境内是西部戎狄战马驰骋的西周边陲。在当时人们对大自然仅有的认知中，又名崦嵫山的天水嶓冢山已经是天之尽头、地之边缘了。所以公元前十一世纪末，周武王灭纣后将忠于殷纣王的殷商同宗党羽、秦先祖嬴人安插到西汉水和渭河上游天水境内替周天子守卫西部边疆，既是一种惩罚，也可以看作是已经开始遵从礼仪治国的周人对曾经的殷商贵族——嬴人贵族颜面的保全。不过在嬴人举族西迁之前的帝尧时代，帝尧为制作历法，曾经向东南西北四个边疆地区派出过4位观测日升日落、天象四时变化的测日官，嬴秦先祖和仲作为派往西部的测日官员，已经到达过嶓冢山。大约由于和仲发现从东方升起的太阳在天空运行一天后落入嶓冢山（崦嵫山）茫茫山岭后，一天就结束了，所以先秦时代嶓冢山也被认为是日落之山。这种观点甚至在秦汉时期仍然颇为流行，因为司马迁在《史记》里也遵从了这种观念："日出东南隅，日落崦嵫山。"到了东汉，班固在解释《禹贡》所说的嶓冢山和司马迁《史记》里的崦嵫山时，也明确说嶓冢山还有一个名字叫崦嵫山。在古人的天文认识中，崦嵫山（嶓冢山）是太阳神的家园、太阳的老巢。每天清晨，太阳神羲和驾驭六条龙拉载的太阳神车从东海之滨启程，自东向西在天庭运行一天后沉入有浩若天河般的西汉水涌出的崦嵫山，这一天也就结束了。以至于屈原在抒发其壮志未酬的渴望时，也将古汉水发源地崦嵫山看作是日落之山："欲少留此灵琐兮，日忽忽其将暮。吾令羲和弭节兮，望崦嵫而勿迫。路漫漫其修远兮，吾将上下而求索。"

这也是古人将汉水之意引申为"天汉之水"又一缘由所在。

七八年前，还在《天水日报》专刊部时，我曾经刊发过著名历史学家、原西北师大古籍整理所所长赵逵夫一篇题为《汉水·天汉·天水》的文章，专门论述古汉水与嶓冢山、西汉水，以及汉水之所以被称作天汉之水、天水一名的来由。赵先生首先从20世纪70年代和近年相继出土于西汉水岸边甘肃礼县永兴乡蒙张村、文家村的两件青铜器铭文入手，发现"天水"作为地名，早在2 000多年前已经确之凿凿地被铭刻在西汉水上游这两件秦先祖使用过的"天水家马鼎"上。

接下来，赵逵夫先生根据包括《禹贡》在内的历代典籍得出结论："'天水'是汉代以前汉水（今之西汉水、东汉水的合流）的发源地。'天水'之得名，同其地在汉水上游有关。"原因是从山东半岛迁徙到天水的秦先民最早居住在嶓冢山所在的汉水上游。这个早年曾经濒临大海生活的部族在思念家乡时凝望夜空，将天空呈现的如江流涌动的银白色光带也称作"汉"。后来，"汉"或"云汉""天汉"成了银河的通称，"汉"既指天上的云汉、天汉，也指发源于嶓冢山、哺育了秦人童年的那条大水，因而人们因为"汉"也有"天汉"之意，便将汉水发源地名为"天水"。

这种既有实物依据，又不乏合理推断的结论似乎不无道理。如果据此想象，在秦人刚刚迁徙到西汉水上游的年代，我现在所在的嶓冢山应该有一条激流奔涌、江水浩荡的河流从嶓冢山脚下纵横交错的沟壑涌出，然后一路开山劈道，逶迤南下，并在秦岭巴山之间聚集起万千河流，成就了一条奔腾不息的古老江流，最起码也应该是以清流如注的泉水或溪流样子出现的。然而，时光流转，沧海桑田，物是人非，几千年后我徜徉于嶓冢山顶，拨开草莽丛林，在天开地阔的嶓冢山山脊四处寻觅，除了阴湿泥泞的山径旁偶尔出现的依稀水迹，已无从寻找孕育一条古老江流发源的任何痕迹。

好在弥漫丛林的空气潮湿而清爽，恍惚间似乎还有淅淅沥沥的水雾在林间飘散。伫立山顶远望，嶓冢山下一道道纵横交织的沟壑朝着西汉水流经的礼县大堡子山敞开——在秦先祖背井离乡，刚刚来到戎狄丛生的嶓冢山下、西汉水上游的时代，这些敞开的山谷应该有众多清流奔涌而出。它们是西汉水的源头，也是嶓冢山孕育的古汉水第一支清流。山溪流水日积月累地冲刷，在嶓冢山北麓开拓出道道幽深的谷壑，古老的汉水却因此获得了永不枯竭的水源。

从嶓冢山下来，在山顶上没有找到一丝细流的谷豁里已有一条清澈见底的山溪哗哗流淌，溪流两岸丘岗绵延，金黄的白杨林与血红的柿子林色彩缤纷——这应该是西汉水第一支积流成河的源头之水了！追随嶓冢山流出的细流继续西行，到了三国古战场天水关、祁山堡一带，一条河流初成气象，虽然算不上激流奔涌，倒也已经集结成一条河流的西汉水信马由缰，在西秦岭山区难得的一块平坦开阔川道里向西行进。

天水关到秦先祖陵所在的大堡子山一带的西汉水河谷，曾经是秦文公以前秦先民祖居之地。他们在这里牧马、征战二三百年，并在西汉水上游某个叫西犬丘的地方建立过秦国第一个都邑。在距今 2 000 多年前，背井离乡的秦先祖之所以能为周王室养出膘肥体健的战马而立功受奖，从被发配边关戍边的奴隶一跃而为等级森严的西周贵族行列，全仰仗于西汉水滋润出的漫山遍野丰茂的牧草。

那时候的西汉水上游平阔地带，应该是古汉水的天下，秦人牧马生活只能在西汉水两岸的山坡地带。因为有资料说，春秋时期汉江流量一度超过长江、黄河，是当时中国第一大江河。如果这种说法成立，春秋时期的汉江必然包括了当时应该浩浩荡荡的西汉水。

到了诸葛亮将军营安设在紧临西汉水的高丘——祁山堡举兵北伐的时候，东西汉水已经分流。

二

从天水嶓冢山赶到陕西宁强大安镇，是为了寻找现在汉江（也叫东汉水）的发源地——宁强境内的嶓冢山。《陕西省地图册》和我查阅的许多资料都表明，汉江另一个源头在陕西宁强县大安镇嶓冢山。东晋《华阳国志·汉中志》说："汉有二源，东源出武都氐道漾山，因名漾。《禹贡》流漾为汉是也。西源出陇西嶓冢山，会白水，经葭萌，入汉。始源曰沔，故曰'汉沔'。"然而到了大安镇，街上赶场百姓不把汉江发源地叫嶓冢山，而叫汉王山。为了核实路人信息，我到了镇政府，听过我的解释，办公室一男子说那叫汉王山。临走，男子又补充了一句："也叫嶓冢山。"

宁强嶓冢山入口，有一个叫烈金坝的村子。村口一棵巨大桂花树，是探寻汉江源头最好的标志。从公路北侧缀满细碎绿叶的桂树旁进入谷口，陡峭曲折的山路依山攀升，愈往前行，山路愈见曲折陡峭。汽车在仅能容一辆车通过的山道上踽踽前行，如一只口小肚大的大瓮般的山谷渐次打开，左手是深切的峡谷，有流水的潺潺巨响自丛林掩盖的谷底隐约传来；头顶是壁立而起的山峰，峰峦突兀，直刺云天——这应该是当地人叫作汉王山的嶓冢山了。

行至半山腰，循着愈来愈清晰的水声抬头望去，壁立千仞的悬崖上有一线白光闪烁的激流奔驰而下，迅疾消失在丛林覆盖的峡谷之中，只留下跌宕而下的喧响在正午空阔寂静的山谷隐隐回荡。放下汽车，沿更为陡峭的山路到了汉江第一条清流涌出的地方才发现,奔涌在谷底的溪流来自一个并不见大的溶洞。洞内悬坠的钟乳石上水珠淋漓，一块酷似写意牛形的石头下，一线清流淙淙流出——先秦时期被人们比作银河星汉的汉江第一股流水，就从这里启程，开始了它追寻万里长江的漫漫旅程。洞旁石壁上刻有"古汉源"三个字。俯身辨认，石牛背上隐隐约约也刻有八个类似蝌蚪的文字，但那种高古神秘的符号任我横竖辨认，也读不懂一个字。

上山路上碰到的两位汉王村村民告诉我，汉江源头就在这个叫作石牛洞的溶洞里。后来查资料，发现这石牛洞竟然和大禹治水有些瓜葛。当地有一个传说，远古时代这洞里激流奔涌，居住在谷口的先民饱受洪水之苦。大禹在嶓冢山导流汉水的时候，跟随他奔走九州、导流治水的青牛来到这里，用身体堵住激流。水患消除了，青牛却一卧不起，化成钟乳石，永远留在了汉水第一股溪流流出的洞内。为表彰青牛治水功绩，大禹在牛背上刻写下了这 8 个至今没有人识别的蝌蚪文。

这样的传说也许有点荒诞不经，但却从另一面反映出过去石牛洞涌出的水流一定非常湍急。否则，还有什么力量能够将嶓冢山主峰下面原本应该连为一体的山坡撕裂出一道深不见底的峡谷呢？

石牛洞流出的溪流流到烈金坝村口，已经水声潺潺，俨然是一条神形兼备的小河了。清澈碧翠的水流捧起一簇簇细碎而明亮的浪花从绿草护岸的沟渠里带着嶓冢山上满山葱茏的花草树木的气息蹦蹦跳跳流下来，穿过有金黄的银杏、青翠的桉树、暗香浮动的桂树环绕的金烈坝村口一座公路桥，水色青翠的身影很快就被对面一片青碧的巴山脚下的绿树碧野淹没。

嶓冢山下的烈金坝一带既是汉江发源地，也是古代陕西与四川之间穿越巴山的古蜀道金牛道交通要塞。大安镇到烈金坝路上，在一个叫金牛驿的村口，一位男子告诉我，他们村在宝成铁路通车前客商往来，昼夜不息，是古代金牛道上的著名驿站。从金烈坝往东、往西、往南面，通过秦岭、巴山和刚刚诞生的汉江出现的阳平关、界牌关、铁锁关、棋盘关、青牛驿、黄坝驿、金牛驿这些村镇名称我们不难看出，在宝成铁路通车以前，嶓冢山下这块汉江发源、嘉陵江南下、秦岭与巴山交汇的三角地带，应该是历史上出川入陕最为紧要的关口。

嶓冢山半山腰石牛洞发源的汉江在金烈坝村前转身东流，进入勉县的路上，且行且接纳了一条又一条细小得无法在地图上标注的无名小河小溪，水量渐渐变大。进入勉县，随着发源于宁强、留坝、凤县交界处紫柏杉南麓的沮水和发源于宁强南部巴山的玉带河加入，一条江河的气象已经初现端倪。

然而，在包括《华阳国志·汉中志》在内的古代典籍中，汉江在它的上源还不叫汉江，在宁强境内汉江被叫作漾水，在勉县被称作沔水。刚刚诞生的汉江在流经宁强、勉县逶迤东进的过程中，在流出古代褒国领地并在褒国故城褒谷口与另一条来自秦岭深处的河流——褒河汇合以后，成为一个民族代称的“汉”字命名的伟大江流，才赫然出现在中国历史的辽阔视野中。

与发源于甘肃天水境内北秦岭嶓冢山的西汉水一开始就带着浑黄的江水跌跌撞撞向南奔流不同，满目苍翠的秦岭巴山让东汉水在呱呱落地的时候不仅拥有了永不褪色的一江清流，也让它如一位出身优雅的江南女子一样，拥有了一种温婉迷人的气质。然而如果让时光回流到东西汉水尚未分道扬镳的时代，有了从三四百公里外南下东进的西汉水和奔涌南下的嘉陵江加入，从宁强、勉县向东流去的古汉水，应该已经初具了一条大江巨浪翻滚、浩浩汤汤的壮观气象了吧？

三

对于西汉水与东汉水分流的时间，至今说法不一。有观点认为在汉代，有人说在南朝时期，但对于东西汉水分流地点应在宁强县阳平关关城与代家坝一带的看法却基本一致。

历史上最早提出汉水有东西汉水之说的，是班固《汉书·地理志》，随后东晋常璩的《华阳国志·汉中志》也说汉水有两个源头。到了北魏时期，郦道元《水经注》更为详尽地指出，是陕西宁强县阳平关和代家坝之间的潜溪河，让东汉水与西汉水相互沟通。但真正为古汉水东西相通提供科学考据，还是在 20 世纪 50 年代。

1953 年 12 月，四川境内第二条铁路干线天成铁路成都至绵阳段开工建设的第二年，铁道部宣布天成铁路更名为宝成铁路，并将该铁路起点由甘肃天水改为陕西宝鸡。随即，宝成铁路地质勘查工作全面展开。地质工作者在勘查略阳至宁强地质构造时发现，从宝成铁路必经的三国古战场阳平关关城向东、经东汉水发源地大安镇到宁强县城之间代家坝一带地下，埋藏有大量鹅卵石、卵石层和沙砾层。根据打孔勘探实物及对阳平关与代家坝之间地形地貌观察，地质工作者得出结论：这一带是一处古河床。在并不遥远的地质年代，已经和嘉陵江挽手南下巴山，流入四川的西汉水和嘉陵江原来极有可能就是从这里向东，汇入现在的汉江的。接下来，专注于古汉水两源同流——即古汉水有天水嶓冢山和宁强嶓冢两个源头的专家，对东西汉水分流的探讨至今还在继续。

宁强嶓冢山所在的大安镇是沿后来修建的阳安铁路（阳平关至安康）到勉县最后一个乡镇。令人困惑的是，从大安镇到阳平关几十公里公路出奇地平坦开阔。北有秦岭，南有巴山的谷地不见一座隆起的丘岗，偶尔出现的土包也似人为修整过一般低矮浑圆。公路一侧平坦的谷地极目皆是收割后的稻田和庄稼地，却不见大一点的河流流过，路旁山体上布满断裂痕迹非常明显的断裂层。从代家坝镇往西，天地更为开阔。在略阳两河口与西汉水汇合后冲出莽莽大秦岭重围，奔涌南下的嘉陵江突然遭遇突兀崛起的大巴山和米仓山堵截，奔腾激荡，左右突围，急流回转的江水日复一日，侵袭冲刷出一片秦巴山区鲜有的辽阔空间。著名的三国古战场、宝成铁路和阳安铁路交会点阳平关，就端卧在嘉陵江开拓的平坦谷地上。

阳平关是一座充满悲壮与传奇色彩的古城，它的兴衰不仅与地处蜀北门户、扼制甘陕川三省交通咽喉有关，更与征战、死亡有关。两汉三国时期，企图掌控这条巴蜀进入北方中原地带交通锁钥之地的历史风云人物太多了，有张鲁、曹操、夏侯渊、张郃，还有刘备和诸葛亮。公元 219 年，刘备夺取阳平关后，这里一直是蜀军固守汉中的大本营。诸葛亮五次北伐，有四次从这里挥戈北上，前四次北伐失败退兵后居阳平关，阳平关进可攻、退可守的战略地位，是诸葛亮修整、训练军队的大后方。

自从 2004 年进入大秦岭后，已经记不清我在涛声依旧的嘉陵江岸上这座古城徘徊、驻留过多少次了。过去是为寻觅历史的回声而来，这一次，是为寻找一条古老江河为何在此改弦易辙，东西汉水为什么在这里各奔东西而来。

从大散关秦岭山巅一泓清泉开始，经凤县从陕甘两省交界处径直南下的嘉陵江到了阳平关，迎面就是拔地而起、群山绵延、重峦叠嶂的大巴山。按常理，顺势而下的江水在遭遇强大阻力后就地回流，应该选择更为开阔的平缓低洼地带开辟新河道。然而在阳平关，刚刚冲出高峰林立的秦岭山区的嘉陵江在老城北侧突然转身，抛开镇东阳平关到代家坝，如张开的臂膀一样开阔地向西，朝地势相对较高的燕子砭而去，然后转身南下，突破大巴山重围流向四川广元。

这种有悖常理的江流转向现象，是否与东西汉水挥手作别有关呢？是什么原因、什么力量让一条原本融为一体的江河在阳平关分道扬镳的呢？

在史书上没有寻找到东西汉水分流记载的情况下，有位网友在一篇题为《自古以来，嘉陵江与汉江是否同源就存在“扯不清理还乱”的关系》的博文中做出了以下三种猜测：第一，战争割据中人为改道流入后来的嘉陵江；第二，地质结构中岩石浸溶凹陷发生河床改道；第三，地震裂隙造成断流改道。这位博友还推测，东西汉水分流的时间大约在南北朝。

为了巩固割据政权动用大量人力物力强行让一条江河改道？这样的浩大工程中国历史上有没有发生过？如果有，这种几乎可以与秦始皇修长城一样影响深远的重大事件史书上为何无片言只语记载呢？虽然南北朝时期，嘉陵江、西汉水流经的甘肃陇南和陕西汉中西部一带出现过很多少数民族割据政权，但在阴平国、仇池国、武兴国这些氐羌小国中，又有哪个国家的国力能够完成如此耗资巨大的工程呢？

也许自然原因才是迫使东西汉水分流的真正原因。我查阅到的资料中，一位叫秦州雁的作者对此分析最为详尽。他在题为《汉水与天水、嘉陵江的古今地理关系》的文章里说，发生于西汉时期的大地震让原本与东汉水一脉相承的西汉水（包括嘉陵江）改道南下，进入四川广元，成为嘉陵江水系的一条支流。支持这种观点的，是西汉时期甘肃陇南一带曾经发生过一次大地震。

天摇地动，山崩地裂，山川移位，江河改道。这场在《汉书・五行志》和《汉书・高后纪》里都有记载的大地震，发生在公元前 186 年 2 月。《汉书・高后纪》说：“高后二年正月乙卯，地震，羌道、武都道山崩，杀七百六十人；地震至八月乃止。”《汉书・五行志》也记述说：“武都道山崩，死亡 760 人。”有关专家认为，这次武都道大地震震中在西汉水流经并与嘉陵江流经的陕西略阳接壤的甘肃成县，震级在 7 级以上 —— 一场发生在 2 000 多年前的超强地震，让一条本来就在至今地质运动异常活跃的秦岭断裂带中奔流的河流改道，并非不可能。

秦州雁还根据《方舆胜览》记载和颜师古注释，以及他掌握的考察数据写道："在古汉水上下游还未中断的西汉之前，位于宁强县阳平关镇与四川省广元市之间的朝天岭（《水经》中的"冈山"）阻挡南北水流，使流经甘肃陇南的白龙江、犀牛江、青泥河等河流与陕南阳平关镇以北的故道水（今嘉陵江上游）所有河流几乎全部汇入东流而去的古汉水河道，使关城的潜溪河河道连通东西汉水，又在略阳县西北的（今嘉陵江）河道，江水壅塞而形成高峡平湖的'天池大泽'。由于'天池大泽'的存在，宁强县与略阳县地势比较低的一些地段被淹没在古河道下。在古汉水流经的古明水坝今徐家坪乡地势较低的山顶，青泥沟和嘉陵江响水沟的分水岭上，汉江中源漾水与嘉陵江支流的低矮分水岭凤飞岭以及今宁强汉王山（嶓冢山）南坡等地方至今有河流冲积搬运与选择形成的直径 3 ~ 5 厘米大小的卵石和堆积厚度约 0.5 米的卵石层、河沙层，山顶偶尔还能捡拾到水生环境下才有的贝壳；在陕西宁强烈金坝附近，水面平常宽不过 10 米的漾水，平坦的河滩河床竟然宽达 2 ~ 3 千米，两岸有平缓的谷坡，但没有一般河流源头应有的深邃峡谷；支流所在的青泥沟却是一条宽谷，并且一直延伸至嘉陵江流域的代家坝。这一些事实表明这里过去曾经是一条大河的中游而不是上游，结合汉水与东西汉水的地名演变可知，这里曾经发生过河流袭夺现象，原有的汉水河道因为外力影响而中断了，原本属于汉水中游的地段变成了流程变化以后的新河道的上段。"

为了探寻东汉水贯通以前的地貌，从阳平关出来，我转向东南从一条小道经舒家坝向宁强县城行进。

舒家坝再向南，就是群山绵延的大巴山。但阳平关、代家坝、舒家坝构成的三角地带，却谷地开阔，山丘低矮，偶尔遇到的小河不是向东流入汉江，而是向西在阳平关附近汇入嘉陵江。路边层层叠叠的岩石也呈现出受外力强力挤压扭曲变形的形状。30 多公里后，到了一个叫李家梁的地方，山势突然高耸起来，翻过平地崛起的山梁，宁强县城就出现在了眼前。接下来的考察中才发现，李家梁也是嘉陵江和汉江分水岭之一。翻过李家梁，发源于大巴山的汉江另一个源头玉带河穿过宁强县城，闪着清亮的水波向北，汇入了汉江。大安镇、烈金坝到宁强县城之间是一道自北向南，平缓低矮的丘岗 ——如果不是剧烈地质运动让新崛起的高地将东西汉水分流，长江两大支流嘉陵江和汉江之间的分水岭怎么会如此低矮平缓呢？

接下来行走在一望无际的汉中盆地，面对盆地中央宽阔平坦的河道里如闲庭信步般波澜不惊、缓慢流淌、清浅见底的汉江，总有一个无法解开的疑问让我不吐不快：如此清浅的汉江怎么会开拓出如此宽阔的河道呢？还有，谁都知道汉江盆地是汉江江水冲击的产物。然而现在我们看到的汉江从发源地——大安镇嶓冢山到汉中盆地西部边缘勉县区区不过几十公里，而且汉江在这一段恰似要形成大江大河所拥有的“江汉浮浮，武夫滔滔”浩然之势，尚需走更多的路、接纳更多江流才能完成，那么是什么力量在秦岭巴山之间拓展出东西长 116 公里，南北宽 5～25 公里的巨大盆地的呢？

只有一种可能，那就是在更远的地质年代，由于一条自西向东滚滚而来的巨大江流经年不断地冲击，才创造了这个陕南秦巴山区唯一的平坦富庶之地。历史上，拥有如此巨大能量的河流，唯有东西汉水尚未分流之前的古汉江。

我们完全可以想象，2 000 多年前那场大地震发生之前，在略阳两河口接纳了嘉陵江的西汉水以更加汹涌澎湃之势滚滚南下。汹涌的激流到阳平关，被壁立而起的大巴山迎面拦截，转向东流，并在烈金坝接纳来自宁强汉王山的东汉水后，古汉水骤然间变得江水浩荡、激流汹涌，并以排山倒海之势在秦岭与巴山断裂带之间滚滚东流。日复一日，年复一年，造山运动中遗留在秦岭巴山之间的断层、裂隙、沟壑、洼地，被西汉水带来的泥沙等沉积物埋葬、填平，一块平坦肥沃的冲积平原由此诞生。

地球上所有冲积平原和盆地都是这样形成的，汉中盆地不会例外。

一条江河多个源头在世界河流史上并不罕见，更何况对于现在汉江源头（也就是东汉水），历来就有嶓冢山、玉带河、沮水三源同流之说。直到 2011 年 10 月，在西安召开的长江水利委员会普查办河源考证座谈会上，专家才最终确定将陕西省宁强县大安镇汉王山确定为汉江源头。

这并不妨碍古汉水有两个源头的历史。因为考察中我还发现，在东西汉水发源地——天水和宁强两座嶓冢山附近，同时有两个叫汉源镇的地方，一个是紧邻西汉水源头的甘肃省西和县县城所在地，另一个是宁强县县城所在地。

这不是巧合，而是古汉水留下的历史胎记。

编者按：本文初见于 2019 年 1 月 7 日微信公众号，微信表明来源是《中华时报》与“中华新闻通讯社”。后经查证，乃为作者《走读汉江》一书中的第一节“为什么叫汉江”中的第一部分，《中国作家》杂志社“中国作家网”上已有发表。后经作者授权，收录于此。

【作者简介】

王若冰（1962—），甘肃天水人。诗人、作家、秦岭文化学者、高级编辑、中国作家协会会员、天水日报社副总编、天水市作家协会主席。主要作品有诗集《巨大的冬天》《我的隔壁是灵魂》，大秦岭系列长篇散文《走进大秦岭》《寻找大秦帝国》《渭河传》《走读汉江》，电视纪录片《大秦岭》《李子洲》《无定河》等。曾获第25届中国电视金鹰奖优秀纪录片奖、国家广电总局2010年度国产纪录片及创作人才扶持项目最佳编剧奖、甘肃省政府第七届“敦煌文艺奖”一等奖、第八届《中国作家》鄂尔多斯文学奖。2004年完成秦岭山脉文化考察、2011年完成渭河流域文化考察，2014年完成汉江流域文化考察。

缅怀乡贤，薪火相传

——庚子（2020年）清明祭扫邢澍墓记

◎高天佑（陇蜀文化学者、诗人）

清明节，是中华民族自古以来最为隆重盛大的祭祖节，从其节日文化性质上讲，是礼敬祖先、慎终追远的一种文化传统节日。因此，清明节具有团结家族力量、凝聚民族精神，传承中华文明的祭祀文化、礼仪文化，抒发人们尊祖敬宗、继志述事的道德情怀等多方面综合性传统文化教育功能，是中国古代传统文化道德教化、礼仪天下、化育人文的重要载体和形式。

作为仅次于春节的传统节日，清明节历史悠久，源自上古时代的春祭活动。古人云："国之大事，唯戎与祀。"春秋二祭，古已有之。上古干支历法的制定，为节日文化的形成提供了先决条件，祖先崇拜、祖宗信仰与祭祀文化三位一体，是清明祭祖礼俗形成的重要因素。因而，清明节是传统春季节俗的综合展示形式，也是对于春节祭祖文化的礼仪性延伸与教化性升华。

3月28日是我的生日，恰逢星期六双休日。这天上午，当我念及民盟陇南市委员会于近年成立了"陇学研究院"，念及"陇学"研究亟须展开切实活动，邢澍先生不仅是近在身边的清代文化学术大家，而且数十年前影响了身为师范学校语文教师的自己；正是因为当年求学期间受到了"陇上二澍"的深刻影响与精神引领，我才能够站在前人先贤的肩膀上，洞察古今，立足现实，面向未来，孕育出"陇学"地域文化和学术概念。二十多年前，在与友人马银生合作编撰《陇右诗选注》一书之时，我就首次提出了"陇学"的概念，并在《陇坂高随天，陇水鸣溅溅——陇右诗刍议》为题的前言中予以初步研究与理论概括。2018年10月，我们在民盟陇南市委员会挂牌创办"陇学研究院"，并且在徽县"陇蜀古道青泥道学术研讨会"上，不失时机地聘请了十八位国内有关院校、科研院所的专家学者，分别担任名誉院长和特邀研究员，意在立志实践"陇学"文化学术构想，加强学科建设、人才培育，积极开展文化与学术交流，首先对于陇南地方历史文化予以全面系统地挖掘整理。

为此，我盛情邀请了甘肃省文史馆研究员、陇南文史专家刘可通先生，陇南市著名作家娄炳成先生，武都区历史文化研究会副会长、复旦大学在读博士陈郑云，两水镇伏龙寺住持释果海等一行八人，专程到武都区两水镇两水村祭拜著名甘肃历史文化名人、清代金石学家、方志学家邢澍，并为其扫墓。

图 1　邢澍祠大门及其旧匾

虽然是正午时分，但天气因近期寒流而显得有些阴冷。我们一行在当地人士释果海和陈郑云的陪同下，首先来到了位于两水村中心地带的“邢澍墓园”，在刑澍先生墓前庄严肃立，敬献了陇南特产西和县八盘梨、礼县产富士苹果等当地鲜果，以及武都区两水镇两水村地产的灯盏花鲜花一束，大家对着墓冢和墓碑三鞠躬，并依次敬香三支，绕墓一周，表达了对于乡贤邢澍的无限缅怀和崇敬之情！

我们冒着乍暖还寒的天气，长时间肃立墓碑之前；我双手高举燃香三柱，当着众人的面，陈述了自己三十年前任教于成县师范学校之时，正是出于对“陇上二澍”的景仰之情，取学术笔名“高澍”，并拿出祖传艾叶绿老章料石，嘱其西和籍学生马世荣篆刻“高澍”名章一枚；以章明志，至今犹存。时至今日，正值自己五五生辰，又在清明之前一周，特意前来祭拜、缅怀、扫墓，也是为了完成自己多年以来的一桩文化学术夙愿。同时，自己之所以有今天，也与三十三年前在成县与刘可通先生的一次邂逅有关；正是当年在刘可通先生的热切关心和启迪之下，我开始了古代钱币的收藏与研究，也开始了对于著名汉摩崖《西狭颂》的持续性研究，最终成就了今日的自己。清明在即，面对先贤，一腔赤诚；对待文化，不忘初心，让每一个在场的人无不为之动容！

图 2　高天佑一行在邢澍纪念堂前合影

面对墓园长年关闭，大门、纪念馆廊柱素颜、墙壁素胚、展厅闲置等现状，刘可通、娄炳成等先生提出了很好的完善建议。通过这次实地考察之后，结合社会各界的期待和大家的建议，民盟陇南市将通过调查研究，根据市县（区）文化旅游规划，依托市政协提案渠道，积极向市县有关部门提出切实可行的建议，强力推动包括“邢澍墓”在内的陇南地方先贤文化遗迹的保护和对于陇南地方优秀传统文化的弘扬；深入贯彻落实习近平总书记提出的“注意乡土味道，保留乡村风貌，留得住青山绿水，记得住乡愁”重要指示，大力倡导陇南乡贤文化，助力陇南文化旅游开发和文明城市的创建。

祭扫活动之后，我们一行还看望了陈郑云博士家人，视察了正在施工的家庭建设工地。同时，也看望了年轻有为、富有文化情怀的释果海，视察了“伏龙寺”内外环境、讲经堂和正在建设的大佛殿与僧舍。

图 3　武都区两水镇伏龙寺合影

当晚，刘可通先生作诗一首，以纪行踪。其诗曰：

仰慕佺山久，明前拜墓祠。
深怀香烛祭，半百愧来迟。

自注：庚子三月初五，偕天佑忘年瞻拜邢澍祠墓；是日乃天佑君五十有五生辰。

邢澍作为学者、诗人，一生勤奋写作、研究，著述和传世诗文均较多。《长兴县志》中所收数首，常为学人所引用。其中一首写道：

摘芝何处觅园公？雹画溪边系短篷。
十里路行松影里，一家村在桂香中。
亭轩晓霁仙岩碧，鱼呗宵深佛火红。
我亦有山归未得，年年猿鹤怨秋风。

此诗显然为其寓居江南水乡，仕宦于江浙一带所特有的见闻与心情。有感于其北归之后坎坷遭际，以及回乡不久随即逝世；一生所搜罗珍贵书籍后继无人，民国年间为兵痞糟践，扔到院中垫步，亦不得善终等轶事，我读而和之曰：

采薇陇右觅邢公，桓水岸边问野篷。
一叶行舟归故里，千言撰著放心中。
逆流而上水云碧，告老还乡秋叶红。
万卷藏书零落后，骚人每每叹秋风！

既表达了自己对于乡贤邢澍先生隔世相望的无限景仰，又慨叹其人生短促、壮志未酬，晚运多舛、留下遗憾。我们二人虽然身处于两个不同的时代，但却在相同的韵律之中体现出不同时代文化人所具有的审美取向和价值观。在一“怨”和一“叹”的“诗眼”之间，尽显前后异代，遭际各殊；秉烛前行，薪火相传的抱负与情怀。

邢澍去世后，他的得意门生、清代著名金石学家张廷济（见图 4）有悼诗云：

洒涕瞻遗像，云山莽万重。
可能化真鹤？何处说登龙？
许郑经难问，龚黄治不逢。
只余魂梦里，风雨夜过从。

图 4　邢澍高足、清代金石学家张廷济画像

我读而和之曰：

庚子春瞻拜，关山几万重？
传说藏五凤，轶事籍白龙。
昔日谁曾问？而今我未逢。
青灯黄卷里，高澍心相从！

虽然因为隔世而不可能见面请教，相互过从，但在青灯黄卷的传世著作里，我们依然可以通过文章诗语，与邢澍做心灵的交谈与思想的交流。

据悉，在我们一行祭扫邢澍墓之后，连日以来，“武都墨学社”社长崔壬杰，“桓聿书院”院长姚勇全，“冲锋号诗社”社长李帅帅等武都年轻一代学人、艺术家，身怀抱负，望风而动，分别带领同道、同好，先后前去两水镇祭扫邢澍墓祠，尊崇乡贤，张幅宣传，一时之间形成了祭奠邢澍、薪火相传的文化自觉行动。（见图 5、6）

图 5　武都“桓聿书院”院长姚勇全（右四）一行

图 6　武都“冲锋号诗社”社长李帅帅（左四）一行

在江南二十余年的学术仕宦生涯中，邢澍通过和章学诚、钱大昕、洪亮吉、孙星衍、阮元等大师学术交游，诗文唱和，开启了西北学人、陇右士子通往关外江南的文化交流大门；因此，武都邢澍与武威张澍，被后人尊为“陇右人伦领袖”，并称“陇上二澍”，名垂青史，誉满陇上。

相关链接：

邢澍（1759 年 7 月 22 日—1823 年 9 月 8 日），字雨民，一字自轩，号佺山，清史学家、史志目录学家、藏书家、金石学家，阶州（今甘肃武都）人。乾隆五十五年（1790 年）进士，历任浙江永康知县、长兴知县、江西饶州府知府、南安府知府，为官清正，案无留牍，百姓称之为“邢青天”。精于史学、天文、舆地之学，专治各史表、志、目录。家搜购古书万余卷。与黄丕烈友善，黄丕烈曾数次访问其家，知所藏宋元人文集甚富，称“其书俱有渊源”。曾博考秦代图籍，撰写有秦代目录史料，竭二年之力，精心搜采，成《全秦艺文志》80 卷。工于书法、金石、碑板，其著述有“取材博而用心审”之称，曾与孙星衍同辑金石学名著《寰宇访碑录》行世，收录碑石 7 706 种。著有《两汉希姓录》《金石文字辨异》《关右经籍考》《南旋诗草》《旧雨诗谭》《守雅堂诗文集》等 16 种，今存者数种。

图 7　漆子扬《邢澍诗文校释》
（甘肃文史馆刘醒初主编“陇上文藏”之一，甘肃文化出版社）

李小丹（左一）、陈郑云（左二）、刘可通（左三）、高天佑（中）、娄炳成（右三）、果海（右二）、朱小毛（右一）合影

图 8　高天佑一行于 2020 年清明为邢澍扫墓

舟曲初记

◎焦红原（地方史文化学者、诗人）

一

舟曲在武都西北部，白龙江上游，与城市相距七八十公里，舟曲再西，北到迭部，那里已是青藏高原的二级台地，要么是四川阿坝草原，要么就是更高的雪山，但那里却是白龙江的源头，确切地说，是长江第一大支流嘉陵江的源头。当然，这是甘肃人的说法，嘉陵江源头到底在陕西还是甘肃一直没有科学的解释，此不争论。毫无疑问，舟曲和迭部县今都属于甘南藏族自治州，甘川公路沿白龙江溯流而上，至两河口，白龙江左拐进入甘南，以往主要的公路交通如北上兰州，却要沿宕昌下来也叫岷江的一条河，在莽莽群山中另辟蹊径了。

今陇南市有 4 个藏族乡，如宕昌新城子、武都坪垭、武都磨坝、文县铁楼，中华人民共和国成立前，由于交通阻隔，人们对藏族的生产生活及文化了解甚少，藏族的前身是吐蕃（音 bō），也有读为“吐蕃”（音 fān），写作“吐番”的。文县铁楼藏族乡的白马人，把他们春节期间的民间祭祀活动“跳鬼面子舞”称为“池哥昼”，“池哥”有戴着面具的老爷或尊神的意思，“昼”为跳舞，“池哥昼”是汉语音译，直译为“戴着面具跳舞”或“面具跳”，意译为“跳面具舞”（祭祀活动）。藏族同胞独特的宗教信仰与民俗文化，对多数人来说都是神秘的。

我对舟曲藏族的了解也很浅显。但有件事激发了我对该地藏族文化的好奇。

2000 年正月迄今，我一直在做陇南白马人民俗文化的调查研究工作，经过多年的阅读与探索考证，我认为，陇南白马人应该是中国古代西部氐族中最大的一支——白马氐的孑遗或直接后裔。并且，我深以为，陇南白龙江南岸、白水江一带崇山峻岭中生活着的藏族同胞，他们与白马氐人一定有千丝万缕的族系渊源。

一次参加朋友母亲的葬仪，其祖上久居舟曲，工作关系移徙武都，家人商定葬仪依故土习俗，请来了舟曲的先生。武都城区附近，亡人下葬通常在中午十二点之前，甚至在天亮之前，陇南别处，虽有下午安埋习俗，但从没有晚上送葬的。舟曲先生为其卜定入土时间在凌晨一点半。那时送葬，家属是无奈的，前来帮忙的人们肯定也为难。朋友让先生“想办法”，数次“禳解”，终于把亡人入土时间改在了白天的下午三时。令人惊奇的是，灵柩下葬前，先生先往墓井放置了五色粮食与白石子，再在墓井四角各放置一个马蹄子。先生的举动使我大为惊喜，颇有茅塞顿开的感觉。舟曲与陇南成县、西和、武都、文县等地自古是白马氐羌聚居地，马匹殉葬与白石崇拜，这不正是一千多年前古白马氐人丧葬习俗沿袭至今的实证？私下问询与请教，知道了先生姓杨（与仇池国氐杨氏同宗），是当地极具声望的“老阴阳”，他颇有成就感地告诉我，“马蹄子”是他头天晚上亲手制作的，按道理该用真马，现在马少，也贵得很，他与亡人又有点亲戚关系，只好用木材做几个顶替。

此事我在拙著《陇南文化》的前言中曾提到过。

电的发现与使用，使人类在百多年前迅速进入现代文明社会。随着经济社会的飞速发展，交通便利化、乡村城镇化，大量丰富多彩的民族民俗文化被边缘化，甚至濒临消亡的危险，这也促成了国家对非物质文化遗产保护工作的实施。在各类非遗项目中，婚丧，特别是丧葬文化保留了最古老、最神秘的仪式和地域文化习俗。上述葬仪中神秘的文化习俗细节，使我对舟曲藏民族民俗及历史文化的好奇心更强烈了。之前，因哈达铺到腊子口考察红军长征路线、武都国治所、拉尕山等多次专程前往或途经舟曲。2020 年 4 月 25 日，时逢周六，新的机会再次来临，陇南市人大常委会副主任、陇南地方史文化学者高天佑，邀约我和作家武诚等去舟曲考察学习，出行活动告知得很突然，尽管夜酒晨醉，身体不适，我还是欣然坚持去了，此行收获，远胜以往。

二

兰海（兰州—海口）高速武都到宕昌段通车后，舟曲县顺势而为，从临近的两河口把高速路连接到了老城区。以往从武都至舟曲需要一个半小时，现在走高速仅 40 分钟车程。我们很快抵达老县城，在波光潋滟的白龙江畔，前来迎接的舟曲县政协副主席全小兰带领甘肃楹联学会常务理事、甘南州政协研究室副主任、原舟曲县文联主席、地方文化学者张斌，县文化馆馆长、作家赵桂芳（曲桑卓玛），舟曲一中美术老师、画家王永琪，还有扎西才让、陈佑强、陈云伟等人，以藏族同胞特有的礼仪，给我们每人先敬献了洁白的哈达，以及三碗青稞美酒。多年前曾写过一首诗，《今天的酒骑在昨天的酒上》，自己宿酒未过，不胜酒力，又无法婉拒，只能学高主任如法炮制：右手食指蘸了美酒，先敬天，后敬地，再敬朋友，然后自饮。浓香的青稞酒现在确实又“骑在”了我“昨天的酒上”。

擂鼓山巅的白雪，在初夏的阳光下如哈达一样银光闪闪，而江岸熏风和煦，景色宜人，对面的老县城依旧是那么质朴祥和，倘若不是刻意忆起，谁也不会把这座美丽的山城与一次特大泥石流自然灾害造成数千人一夜间突然罹难的重大事件联系在一起。现在，街市依然繁华，人们依然忙碌，多数人服饰与汉人无异，流行与时尚依然是年轻人穿着的主旋律，如果不是极个别年纪稍大的妇女头缠帕子，佩戴璎珞，身着斜襟衣衫，下穿宽筒长裤，你很难把这里与甘南藏区联系在一起。

我们背靠大山，面对大河合影留念。简短的迎接仪式后，直接前往舟曲县民俗博物馆参观。

三

应该说，看博物馆是我们此行的主要活动。

博物馆坐落在距县城约二十分钟车程的新城区。通常来说，博物馆是一个地方历史文化的百科全书，我曾应邀为准备筹建的陇南市博物馆撰写过《布展大纲》，当时的定位是“让历史复活，让文物说话”。舟曲县民俗博物馆有浓郁的地域文化特色，除各类历史文化、民俗文化的实物摆件外，还利用场景复原、声光电配合及影像资料，真实生动地“复活”了历史，彰显了其独特的文化属性。

在全小兰副主席和赵桂芳馆长等人的陪同下，我们步移景换，边看边聊，边聊边看，既请教学习，又交流一些见解与看法。如在参观中，发现展柜有件藏品，他们标识为石铲，我觉得应该是钺一类的东西，且物件很薄，加工精细，一端有两个圆形钻孔，材质近乎玉，不像实用器，该是玉钺，建议他们请相关专家再鉴定一下，以免贻误受众。

全小兰副主席老家在博峪乡，该乡原属陇南文县管辖，后来划归了舟曲县。赵馆长属于铁坝藏族，交流中发现她俩双语（汉话与藏话）都很好，便主动请教，“zhōu”的发音在她们所属藏语中当什么讲？全主席自己并不急于回答，却叫来陪同随行的儿子扎西才让“面试”。小伙子二十多岁，人很精神，在舟曲退役军人事务局工作，我重复了“zhōu”的发音，他说是“龙”的意思。这让我很兴奋，之前知道，“曲”在藏语中当“江河”讲，如玛曲、碌曲等，而舟曲的本意是什么，之前传闻很多，如有说“舟”在安多藏区是“白色”，也有说在康巴藏区是“白色”的意思，结果莫衷一是，经他“破解”，显然，舟曲原本就是白龙江。才让进一步解释，“舟曲”他们发音为“只气”。看来充满诗情画意的“舟曲”乃汉语音译。

由于有相通的文化情怀，舟曲朋友也乐意为我普及他们的母语。如在舟曲藏语中，“才让”意为“长寿”，“洛桑”为“智慧”等。我知道，舟曲属甘南藏区，但“十里不同天，百里不同俗”，舟曲藏语与西藏等地的藏语还是有很多的不同。这易理解，毕竟在汉文化圈中，各地的方言也千差万别。

展馆的一处，展示的是舟曲民间祭祀舞蹈“多地舞”。通过视频及图片资料介绍，我发现“多地舞”的表演形式极类似文县白马人“池哥昼”中的“圆圈舞”。我问“多地”的意思，才让说是圆圈的意思。这让我对舟曲藏族“多地舞”与文县白马人“圆圈舞”多了更深层次的思考与联想。我认为，舟曲藏族在漫长的历史演变与民族融合中，既受到临近游牧民族宕昌羌的影响，又受到西部高原吐蕃人原始宗教文化的影响，当然，由于地处多种文化的交汇地带，舟曲的民族民俗文化同与之交错杂居的半农耕半游牧白马氐人文化，亦有很多的融合。

我把自己的观点说出来，陪同参观的地方史文化学者张斌说：“藏族的‘锅庄舞’其实也一样，锅是圆的，‘锅庄’亦即‘圆圈’的意思。”

我们的眼神很快被展馆墙上悬挂着的几件傩面具所吸引。这是一组极为夸张的动物造型面具，有鸟面、马面、牛面、猴面等共计6件，造型极为类似文县薛堡寨白马人的“十二相”面具。我惊喜在舟曲也能发现“十二相”的存在，这再次证明我对舟曲藏族受白马氐文化影响判断的正确，又诧异白龙江上游与白水江一带村落少数民族的某些崇拜对象，竟是那么相似。

近旁的文化馆馆长赵桂芳（曲桑卓玛）说：“展出的只是一部分，舟曲的傩面具还有乌鸦与鹿呢。”赵馆长的话，又平添了我对这一问题的更多思考与猜想。

馆内我还发现几件四连罐，以及寺洼文化的典型器具——马鞍型双耳罐，只不过舟曲出土的器物系鼓腹，这与武都北峪河流域“瘦腹”器形略有不同。

在博物馆琳琅满目的展品中，还有种东西令人肃然起敬，过目不忘，这便是已经引起世界各地藏学家热议的，可能是藏族原始宗教苯教传世的一些经书原件。

近年来，舟曲县组织有关人员，动用各方力量，先后到立节、憨班、坪定、峰迭、曲告纳、博峪、拱坝、插岗、八楞等乡镇的近20个藏族村寨，经过长达6年的搜寻，整理出各类文献230余函、2 900多卷、46 500多叶，以及禳灾图符100余幅，各种法器40多种，苯教唐卡3副，还将这些散佚在民间的经书辑录为《舟曲民间古藏文苯教文献》（以下简称《文献》）。2018年7月，《舟曲民间古藏文苯教文献》第一辑（全 25 册）由甘肃文化出版社出版；2020 年 4 月，作为国家民文出版项目库项目、民族文字出版资金资助项目的《舟曲民间古藏文苯教文献》丛书第二辑（全 25 册）又正式出版发行。

据说《文献》第一辑出版后，很快被国内外高校、图书馆，以及藏学研究机构收藏，在藏学界引起了巨大的反响。中央民族大学藏学院才让太教授认为，舟曲《文献》系斯巴苯教文献，基本没受佛教影响，极有可能是从佛教尚未大范围传播之前的吐蕃本土文献传抄留存下来的，它的内容和话语体系仍然保留着原有的风貌，继承了青藏高原古代文明的成就。中国藏学出版社原社长、藏学家周华认为，《文献》是原始古老的古藏文文献，是独一无二的藏族远古文明的百科全书，内容囊括藏族文字、历史、社会、民俗等方面，填补了国内外藏学研究的空白，对研究苯教文化、象雄文字、古藏文缩写而言是弥足珍贵的第一手资料。

《文献》第二辑共收录文献 280 余卷，内容主要为斯巴苯教文献，还包含若干雍仲苯教文献。文献多为赞词、供奉词、祈祷词、祈福招运文、引路文、招魂文、消灾除晦文、卜筮、卦辞等，反映了藏族早期历史文明、社会生活、天文地理、医药科技等，具有重要的史料价值和学术研究价值。

现在，部分弥足珍贵的经页就那么祥和而又安静地放置在博物馆的玻璃展柜中，遥远的象雄文明和神秘的吐蕃文化被浓缩定格在千年前的册页上，我们仿佛是历史的宠儿，有幸目睹了它的真容，又恰似不懂规矩冒失的孩子，唐突地撞入一块文化的圣地。

这些源自雪域高原的经卷册页，仿佛古老的蕃藏历史文化船舶，静泊在凝固的时间里。我心跳加速，迈不动脚步，又不敢多驻足停留，便屏住呼吸，轻悄悄地退出了胜境迷宫般的博物馆。

四

博物馆参观结束，我们去吃午餐。之后前往国家法官学院舟曲民族法官培训基地参观。

舟曲民族法官培训基地坐落在白龙江畔去拉尕山的路口，基地同时悬挂了甘肃省法官学院等五六个机构牌子，这也是舟曲县名声最大的外驻专业培训机构。我也曾在法院工作过 6 年，这里的讲解很精彩，且基地大门口的主题浮雕、院内回廊的法制文化墙以及另一处的民族服饰展都给我留下了深刻的印象，但此行，我的关注点聚焦在前往法官培训基地途中的峰迭城与武都关了。

2013年7月6日，应“武都国治所”课题组邀请，我与武都文史学家刘可通、郭维洲、作家夏青、书法家赵元鹏（时任武都区文化馆馆长，活动的组织者）等一行，曾南下武都外纳、文县临江，北上武都角弓柳树城、舟曲峰迭城、大川镇石门沟古栈道遗址等地考察。这次又途经峰迭城，由于有当地文化学者陪同，自然少不了再次实地探访。

峰迭城位于舟曲峰迭乡峰迭城内城村所在地,距老县城20公里,原名峰叠，藏语称“卡布西”，城分内城与外城，遗迹却多已圮毁，消失在历史的云烟之中。内城中仅存一段宽约1.5米、高两三米、长五六十米的黏土沙砾与卵石混合夯筑的城墙，矗立在平安寺的近旁，而汉代以降的所有史实或历史掌故均不见痕迹。这里有人疑为宕昌古城，新编《舟曲县志》亦援引《甘肃通志》“峰贴峡与番戎相接，宋置寨于此，为戍守要地，产良马。”边强先生在其编著的《甘肃关隘史》中说：“峰迭宋代称峰贴峡寨，是古茶马交易故地，曾在宋代名声远扬，历南宋、金、元而不衰。其建筑格局表明早在宋代之前就应是汉藏贸易之地，自五代以来城池废弃后，北宋初始在其基础上复建新城。”[①]

我们在当地老乡的指引下，沿内城村弯弯曲曲的小巷道行数十米远，在绿树掩映中看见一座高大的寺庙建筑，到这里，我有些熟悉了，沿几年前踏访过的老路，顺寺院墙角绕过去，一段五六十米的城墙遗存依然默无声息地静卧在那里，仿佛历史遗留在这村庄与寺庙近旁的半句诗。

我小心翼翼地从高处下到城墙上，让朋友拍照留念，也是保存一份资料。大家都在感慨岁月易逝，流光无情，想当年，北方草原民族不断南侵，在历史的夹缝中，峰迭城的茶马贸易却是怎样的一种繁盛景况，当然，战争笼罩中的城垛城墙上，每块泥土无不时刻处于紧张与机警中。

说到峰迭城或峰迭峡，不得不说说同样属于峰迭境内的武都关。

武都关不仅因“武都”二字与今陇南武都有关，更主要的是它“为汉代武都郡西部都尉要塞”[②]。“悬崖峭壁，地势险峻”，先前是舟曲北上迭部或迭部南下舟曲绕行今坪定乡的必经之地，到“民国时修通沿江公路”，才“失去了关隘作用”。

在舟曲，与武都关同样重要的交通孔道还有大川镇的石门沟。石门沟栈道位于舟曲县大川镇石门沟村东北约200米的沟谷中，栈道始建于三国，是姜维“沓中屯田”时，为北伐中原而开凿的，现为省级文物保护单位。石门沟栈道最大的特点在于它是中国古代鲜见的“双层高速公路”，现今崖壁上下双排的栈道

① 边强：《甘肃关隘史》，科学出版社2011年版。

② 仇克珍：《舟曲县志》，生活·读书·新知三联书店1996年版。

孔仍清晰可见，这与兰海高速武都洛塘段“高架床”双层设计真是珠联璧合，见证了“大陇南”古今交通的艰险、艰辛与辉煌。当然，“沓中”对于舟曲来说同样重要，“峰迭城”“武都关”“沓中屯田”这些历史文化遗存毫无疑问都是舟曲文化旅游业不可或缺的文化珍宝。

峰迭城内，村庄是那么宁静祥和，城墙近旁的田地里，碧绿的青稞已经抽穗，无忧的洋芋长势旺盛，柿树枝叶间嫩黄的柿子花，再也看不见舟曲大地那曾剑荡风云的场景了。

五

峰迭城内城有座寺庙，紧靠城墙遗存，名曰“平安寺”。

考察了城墙遗址后，全主席见高主任想进寺庙看看，便让村人叫来寺庙的主持，打开锁着的寺院大门，让我们一行参观。

陇南各地的寺庙大多主供释迦牟尼、观音菩萨等尊神，平安寺却大不同，主位供奉的是四臂观音，左右两旁分别供奉的是藏传佛教格鲁派（黄派）的开派祖师，也是达赖、班禅喇嘛的祖师宗喀巴与藏传佛教的主要奠基者莲花生大士。

舟曲县与武都区虽“同饮一江水”，两地山水相连，相距亦不远，但民族民俗文化与宗教信仰的差异，却是那么的不同。这种不同，同样体现在经卷上，舟曲藏族多用“百页经”，如博物馆所展示的，武都的佛教信众则多使用汉文印刷品。正所谓文化因个性而多彩，文明因包容而共生。

六

一天的考察学习，时间紧，内容多。很快到了晚上，我们在一家农家乐就餐。全小兰副主席还特邀舟曲县人大梁吉效主任来陪同高天佑主任，梁主任正是《舟曲民间古藏文苯教文献》编辑出版事项的倡导者与积极有力的推动者。说是吃饭，其实又是一场关于氐羌文化、羌藏文化、“大陇南”地域文化的学术沙龙。大家畅所欲言，舟曲的同志说要向陇南学习，我们说舟曲在武都西面，此行 4 人，正如当年的唐僧来西天取经。

大家相互欣赏，相互激励，共同精进，都很开心，全主席他们送给我们一些新出的舟曲历史文化丛书，包括《舟曲金石叙录》《舟曲山水文化》《舟曲藏族原生态歌舞唱词选编》等，我们早有准备，同样以书回赠。

陇南广种小麦，甘南主产青稞，麦子和青稞长得很像，看似双胞胎，好多人亦分不清哪些是麦子，哪些是青稞，这很正常，也不影响它们在自然生态中合理适宜地存在与繁衍，正如在武都舟曲之间，大街上行走的人，仅从面相上看，谁是藏族，谁是汉族，一般人也很难辨别清楚一样。

喝着浓香的青稞酒，说着同样的中国话，不同的姓氏，不同宗教信仰和不同的地域文化，这一刻，早已相融了。

离开舟曲的时候，白龙江河谷的夜已很黑，大家眼前的路，却是明亮的。

2020 年 5 月 20 日，武都

【作者简介】

焦红原，又名过河卒，甘肃省作家协会会员，原陇南市作家协会副主席，出版有《山水陇南·收藏》《山水陇南·诗意》（2005）、《陇南文化》（2010）等，现任陇南市政协文化文史委副主任。

卷十一 陇学学术沙龙

“陇学与陇南地方文化”首期学术沙龙成功举办

◎陈郑云（复旦大学文献学博士、学者）

2020年4月6日，民盟陇南市委“陇学研究院”举办首期“陇学与陇南地方文化”学术沙龙活动（见图1）。

图1 “陇学与陇南地方文化”学术沙龙参加人员合影

本次活动由陇南市人大常委会副主任、民盟陇南市委主委、“陇学研究院”院长高天佑（高澍）发起；邀请甘肃省地方史志学会副会长、市委党史研究室二级巡视员罗卫东，原陇南市文化局副局长龙青山，陇南市政协文化文史委副主任焦红原，武都区政协文史委副主任、武都区民间文艺家协会主席袁长流，复旦大学历史学系在读博士、武都历史文化研究会副会长陈郑云，武都区两水镇伏龙寺住持释果海，冲锋号诗社社长李帅帅，武都墨学社社长、中国当代墨学文化委员会主席崔壬杰，青年书画家、书画教育工作者、武都桓聿书院院长姚勇全，陇南鲁迅研究爱好者刘明永等参加沙龙活动。

本次学术沙龙荟萃老中青三代学人，从多个视角解读新时代背景下陇学的文化思考，总结陇学传承的经验与教训，促进学界内外共同关注和探讨陇学的传承与创新、陇学与外来文化的冲突与交流、陇学建设的专业化和大众化等重要议题，并号召学界专家学者携手做好陇学发展，以及普及推广等工作。

活动期间，高天佑院长做了题为《陇学发凡》的主旨报告。他指出，学科化是当代传统文化创造性转换和创新发展的结构性支撑，陇学作为中华传统优秀文化之一，面临着时代的变革，学科化势在必行。陇右学术文化历史悠久，自古以来不断汲取外来文化的养分，使得“陇学”历久弥新，充满活力，而这种虚心学习、海纳百川，见贤思齐、勇于担当的精神，正是“陇学”独具一格的重要精髓。对陇学进行区域性、集约型的研究，最终是为了解中国和中华民族，了解中国文化的精髓及其传承发展的特点。

活动期间，陈郑云、崔壬杰、李帅帅、释果海、姚勇全等青年学人依次做了题为《陇学文献概述》《秦文化与秦墨谈论》《陇右诗歌与邢澍诗歌管窥》《陇学与佛学浅见》《武都紫泥文化初探》的交流发言。

高天佑在点评中肯定了青年学人在陇学研究和推广方面所做的努力，并对下一步更好地推动陇学研究指明了方向。

一要进一步推动陇学研究的深入化、系统化，梳理好陇学与陇籍学者、甘肃学术的关系，梳理好陇学与甘肃文化脉络之间的关系，梳理好陇学与甘肃精神、当代甘肃发展之间的关系；

二要不断扩大陇学影响力，继续开展陇学研究，举办高层次的陇学研讨会、论坛，创办《陇学论丛》学术集刊，创作陇学普及通俗读物；

三要注重陇学研究基地建设。围绕团队、活动、文献等，推动陇学的创造性转化与创新性发展，推动陇学的大众化、学科化和专业化，推出更多有价值、有前瞻性、有质量的研究成果。

本次沙龙活动持续了近四个小时，气氛十分热烈，与会人员对什么是“陇学”、为什么要研究“陇学”、怎样研究“陇学”有了更深刻的认识与理解。今后，陇学研究院将不定期举办更多更具吸引力和学术性的沙龙活动，进一步促进陇学与陇南地方文化全面碰撞，深入交流，活动内容会更加丰富多彩。

“陇学与陇南地方文化”学术沙龙是陇学研究院重点推出的一个全新学术文化品牌，旨在汇聚甘肃省内外专家的力量，共同探讨陇学研究和发展中的理论问题，推动陇学的传承创新，进一步打响陇学品牌，提升陇学的海内外影响力。

图 2　高天佑先生与武都籍后学合影

何谓陇学

◎高天佑（民盟陇南市委会“陇学研究院”院长、学者）

何为“陇学”？早在2002年12月由甘肃人民出版社发行的我与马银生先生合编的《陇右诗选注》一书“前言”中，我就明确提出了“陇学”的概念，将其概括为：“以陇右古代文献、文物、遗迹、人物等文化现象为研究内容的学问，称为陇学。”并且，对“陇学”的源流进行了分析梳理：“陇学之兴，肇始于清代中期阶州人邢澍，在他毕生十多种著述中，即有《关右经籍考》（或曰《全秦艺文录》）十一卷，这是他‘又念关中自唐、宋以来，叠经兵燹，昔贤述作，沦佚者众，爰竭二年之力，精心搜采’而为之者，对于辑存关陇古代文献有开拓之功。继之，武威人张澍蹈励发扬，撰有《西夏姓氏录》《续敦煌实录》《凉州府志备考》《五凉旧闻》等，大大拓展了‘陇学’视野。故有清一代，‘陇上二澍’，实为‘陇学’之奠基人。民国时期，天水人冯国瑞有志于‘陇学’，遍究乡邦文献，先后撰做了《张介侯年谱》《邢佺山先生事迹考、著述考》《天水出土青铜器汇考》《麦积山石窟志》等。临洮人张维亦潜心陇学，跋涉探访、不惮辛劳，先后编著《陇右金石录》《陇右方志录、著作录》《仇池国志》等，为陇学之发展做出了可贵贡献。”

在认真审视了明清学术史和三千年西北文化史之后，我们对“陇学”的未来充满了热切向往和美好期待。

在《陇右诗选注》“前言”结尾处，我曾经说过：“明人归有光曾言：‘吴中文学称盛者，尊宿常殷勤以接后进，后进亦竭力表彰前贤，故学术渊源，远有承传，非他郡之所能及。’对于陇学研究而言，正急需此种前后相携、老幼相推的风气和‘为往圣继绝学’（张载语）的献身精神。基于这样一种认识，作为后学，我们经数年思考，两年搜集而成是书，尤其注意从陇右诗歌史的角度，编成‘陇右遗音’‘陇西歌谣’陇上风骚’三卷，意在归纳陇右古代遗诗，汇集陇右籍文人诗作，为日后进一步的研究提供资料。又编成‘陇头流水’‘陇关明月’‘陇山鹦鹉’三卷，意在突出陇右地域文化之特色，补苴陇右诗歌和陇右文学研究中的罅漏，从而将陇右诗歌和诗史的研究引向深化和细化。至于‘陇右漫行’一卷，主要是从外籍诗人咏陇的角度，皆以展示陇右的自然、人文景观，反映历代流寓陇右文人的情怀。当然，陇右诗歌作为陇右文化遗产之一，其蕴藏量极其丰富，众多诗作尚淹没于古代文献和方志之中，欲穷而尽之，乃是一项庞大的系统工程，只能俟诸来日。我们此次编选，囿于条件、学识和时间限制，只能是一种尝试，即选取几个点作纵深探掘而已，尚祈专家、学者与广大读者不吝赐教。”

如今，二十年过去了，“陇学”在甘肃省的传承与弘扬，先后有 2005 年天水师院成立的“陇右文化研究中心”，由著名学者雍际春教授担任主任，十多年来取得了一批卓有影响的学术成果；有 2012 年民盟甘肃省委员会成立的“陇文化研讨会”，由兰州大学著名教授汪受宽担任首任会长，结合敦煌文博会、兰洽会和陇上丝路行举办了数届学术研讨会，在省内外具有一定影响。

2018 年夏天民盟陇南市委员会成立的“陇学研究院”，由我担任院长，正在立足于陇南，面向甘肃，放眼全国，筹备策划出版《陇学论丛》。

西北甘青地区作为三江之源、万山之根和华夏文明龙兴之地，历史文化、民俗文化和民族文化异常丰富，让我们翘首以盼，期待着“陇学”硕果累累之日、大放异彩之时！

编者按：此文为陈郑云博士根据高天佑 2020 年 4 月 6 日《陇学发凡》演讲 PPT 所做的摘要。

陇学文献概述

◎陈郑云（复旦大学文献学博士、学者）

文献学是学术研究过程中行文立论的基础，是利用文献资料的有效工具，而义理、考据、辞章，则是行文立论的理路，对于学术研究而言，二者是一个整体，缺一不可。著名学者、中国社会科学院文学研究所所长刘跃进先生常说："谁绕开文献，学术界一定绕开他。"谈"陇学与陇南地方文化"，自然绕不开文献学，下面我就陇学文献谈谈自己的一点浅见，以求教于诸位时贤。

一、陇学文献简述

"文献"最早见于《论语・八佾》："夏礼，吾能言之，杞不足征也；殷礼，吾能言之，宋不足征也。文献不足故也。"[①]其中的"文"指有关典章制度的文字资料，"献"指多闻熟悉掌故的人。《辞源》给"文献"下的定义是："指有历史价值的图书文物。"[②]王欣夫《文献学讲义》将其定义为："文献指一切历史性的材料。"[③]洪湛侯《中国文献学新编》则定义为："用文字表述的具有历史价值和科学价值的图书资料。"[④]这里所称"文献"，指具有历史价值和科学价值的各种形态的文字资料。

陇学文献是指出土、保存和流传于甘肃以及其他地区反映甘肃历史文化内容，具有一定历史价值和科学价值的各种形态的文字资料。需要说明的是，按照民国甘肃临洮籍著名学者张维（鸿汀）对"陇"的定位，陇学文献还应当包括散布于今宁夏全境及新疆、青海部分文献。但因内容太多，涉及面太大，暂不在本次讨论范围内。

清代著名史学理论家、方志学家章学诚说："辨章学术，考镜源流"。治学须从"目录学"出发。那么，陇学文献目录肇始于清代，最早是武都邢澍编撰于嘉庆初年的《全秦艺文录》。其后，秦安学者安维峻于光绪末年修纂《甘肃新

① 杨伯峻：《论语译注》，中华书局 1980 年版。

②《辞源》，商务印书馆 1988 年版。

③ 王欣夫：《文献学讲义》，上海古籍出版社 2005 年版。

④ 洪湛侯：《中国文献学新编》，杭州大学出版社 1994 年版。

通志》，又特在《艺文志》中增立“著书目录”。民国时期，兰州学者王烜（xuān）编撰《历代甘肃文献录》《大清甘肃文献录》及《历代甘肃文献补录稿》三种（合称《甘肃文献录》）。甘肃临洮学者张维编撰《陇右著作录》《陇右金石录》《陇右金石录补》《陇右方志录》《陇右方志录补》，其子令瑄又续撰《陇右著作录补》《三陇方志见知录》。又有定西学者郭汉儒编撰《陇右文献录》。2015年西北师大郝润华教授（现西北大学）编撰《甘肃文献总目提要》。

王锷将陇右文献分为传世的书本文献、陇右金石文献、敦煌遗书、甘肃简牍等四部分[①]。然而，除此之外，民间历史文献相比于经史子集等文献，其最大特征就在于记录的是基层社会的日常生活、普通百姓的精神世界。随着研究的深入，学界在整理利用民间历史文献的方向上产生了三个转变：在收集方面，从“文献搬家”走向了“就地保存原件、复制副本”；在整理方面，从“打散文书、内容分类”走向了“现状记录，保持文献固有系统性”；在研究方面，从“就文献论文献”走向了“结合田野调查在文献留存现场解读文献，构建多元史料群”。既有学术研究揭示出民间历史文献的特性，也积累了相当多的经验，在此基础上对民间历史文献的搜集、整理、解读方法进行系统化，构建民间历史文献学将是今后该领域重要的发展方向。[②]基于此，笔者拟将陇学文献分为以下种类：

① 地方志。甘肃修志历史悠长，大体与全国同步而行，并具明显的区域特色。自汉魏至民国末，今甘肃境内可考的各类方志约500余部，包括省志3部、府志32部、州志85部、县志210部、厅志1部、关镇卫所志23部、山水寺庙志8部、人物志11部、乡土志17部、地记32部、图经23部、调查记17部、采访录4部、杂记31部、要览7部、星图1部。其中半数以上，特别是早期志书，多已佚失。本人集中研究明清时期地方志，重点放在清代至民国方志批评理论。

② 简牍文献。主要包括汉代简牍，包括敦煌汉简、悬泉汉简、居延汉简、武威汉简四大类，不仅数量巨大，内容丰富，而且简牍形制品类齐全，具有极高的历史文献价值。

③ 敦煌遗书。又称敦煌写本、敦煌卷子、敦煌文书等，是指清代以来，在古敦煌境内多次出土的古代文献（以藏经洞为其大宗）和在外地发现的5～11世纪间六七百年的敦煌古文献。

---

① 王锷：《陇右文献的内容与研究状况》，《西北师大学报（社会科学版）》2002年第3期。
② 杨培娜、申斌：《走向民间历史文献学——20世纪民间文献搜集整理方法的演进历程》，《中山大学学报（社科版）》2014年第5期。

④ 黑水城文献。黑水城文献是指 20 世纪初由俄国人科兹洛夫和英籍匈牙利人斯坦因先后从黑水城遗址（位于今内蒙古额济纳旗的巴丹吉林沙漠边缘黑河下游）掠去的唐、五代、辽、宋、西夏、金、齐、元（包括北元）诸朝文献（以西夏文献为大宗）。

⑤ 墓葬文献。墓葬文献是指出土于各地古墓葬中的买地券、镇墓文、衣物疏以及其他墓葬杂文等文字资料。此外，还有明旌、招魂幡、解除文、冥间过所（“冥间通行证”）、砖铭、墓表、题记及其他一些书于棺板上难以分类定位的墓葬文献。[①]

⑥ 金石文献。金石文献是指出土于陇右或虽出土于外地但亦与陇右历史和人物相关的、属于传统金石学研究范畴的摩崖、钟鼎、碑碣、墓志、石塔、砖雕、铜镜、印章、钱币、瓦当、封泥、牌匾等文字资料。如张维《陇右金石录》、王其英《武威金石录》、赵逵夫《陇南金石校录》、蔡副全《陇南金石题壁萃编》。

⑦ 传说故事。传说故事是由广大民众在长期的生产和生活实践中口头创作、口头流传，并经过不断修改加工而形成的文学形式。甘肃地处丝绸之路咽喉要冲，汉唐以来，张骞出使西域，玄奘取经西天，吴玠、吴璘父子抗金；近代林则徐谪戍伊犁、左宗棠进军新疆、红军西征等，都从这里经过，他们可歌可颂的事迹和一些耐人寻味的趣闻轶事一代一代流传了下来。这些民间传说故事题材众多，内容丰富，情节生动，人物形象栩栩如生，语言通俗易懂，想象奇特丰富，艺术手法多样，千百年来一直为甘肃人民所喜闻乐见。如陇南沈瑞各编著《西和民间故事·长道篇》、武都区史志办编《中国民间故事全书·武都卷》。

⑧ 民歌。又称山歌，是以流行于民间的曲调演唱的民间口头创作的诗歌，是民间音乐和民间文学的重要组成部分。甘肃民歌是由甘肃人民在生活劳作中创作的具有浓郁地方特色的歌曲，千百年来传唱不衰，并不断地被加工、改造着。除民歌外，河西走廊还有独有的一种地方曲艺——凉州贤孝。凉州贤孝又称“凉州劝善书”，是流布于武威市凉州区城乡及其毗邻的古浪、民勤、永昌、景泰等地的一种古老的民间说唱艺术。

⑨ 家谱族谱。又称族谱、宗谱等。是一种以表谱形式，记载一个家族的世系繁衍及重要人物事迹的书。家谱是一种特殊的文献，就其内容而言，是中华文明史中具有平民特色的文献，记载的是同宗共祖血缘集团世系人物和事迹等方面情况的历史图籍。如陇南两当县王羲之《王氏族谱》、康县《刘氏家谱》。

---

① 吴浩军：《河西文献形态、内容及价值述论》，《甘肃社会科学》2013 年第 6 期。

⑩ 契约文书。传统社会的很多方面都是通过契约来规范的，契约构成了民间私法的主体，民间很早就已经形成了独具特色的契约秩序。在传统社会中，很早就出现了通过缔结契约文书形成各种“私法”上的民事关系的现象。民间社会流传有“官有政法，民从私约”“民有私约，约行二主”等说法，表明传统社会秩序的建立和维护主要是依靠契约来进行的。我国古人严格区分“契”“约”“书”“字”和“合同”等，并适用于各类不同的文书。如“契”一般用于土地、房屋、山林、院落等不动产的交易；“约”“字”等则适用于动产交易、约定、保证和其他一些文书的称谓。据学者考证，“合同”成为契约的一种概念应该在唐宋之间。“契约”一词则很少连用出现，直到清末修律时期，才正式确立“契约”一词作为民事交易文书的专有名词。

⑪ 账簿账册。账簿账册是指记载钱物出入的簿册，是具有一定格式的账页组成的，用以全面、系统、连续记录各项经济业务的簿籍，是保存会计资料的重要工具。主要分为商用账、家用账、人情簿三大类。

⑫ 仪式文献、善书。主要包括佛教、道教、民间宗教的科仪本、祭文本、签书、仙方及劝善书。如沈文辉整理的《武都羊皮扇鼓》、汉林唐坪敖山爷庙藏《本愿丹经》（九转丹经）。

⑬ 剧本、唱本、歌本。主要是以“梗概式”文本为依据，营造剧目，演述剧情，戏词的创作方法亦与说唱同出一辙，运用诗词赋赞这一程式化工具，进行灵活套用、转化，在表演中即兴编词，凸显主要情节和人物，保留并突出小说中的重要科白与诗词韵语。如武都高山戏、文县玉垒花灯戏、西和影子腔、坪垭《文成公主进藏》。

⑭ 日用类书、杂字。日常生活所需之各种常识，例如农桑、医药、饮食、居室、穿戴、路程、车乘、历法、气象、刑律、赋税、算术、命相、劝善、救济、蒙养、尺牍等，分门别类汇于一编，或摘录典籍，或采自民俗，或出以俚语，或图文并茂，大抵以提供士农工商等普通大众随时便用为宗旨，性质如同今日俗称之家庭生活手册。

⑮ 日记、书信。日记是指用来记录其内容的载体，也指每天记事的本子或每天所遇到的和所做的事情的记录。书信是一种向特定对象传递信息、交流思想感情的应用文书。如《游燕日记》是近现代甘肃知名学者张维于宣统二年赴北京参加拔贡朝考和法官考试的行记，作者不仅记载了沿途观感，还从亲历者的角度记录了两次考试的完整过程。对研究清末废除科举以后举贡生员的出路、选官制度变革和司法近代化历程等问题，都有重要意义。从该日记中还能看出20世纪初叶一位中国本土读书士人的思想轨迹。

⑯ 诗文集（别集）。诗文集是指个人的诗文汇编。作者生前所定，基本上属于选集，要删汰一些作品。而后人所编，则大多属于全集，片语只字也不遗漏，这是因为编者往往是作者的子孙或学生，或者是乡后辈，或者是作者的研究者、欣赏者。有的别集单收诗，称为诗集。有的单收文，称为文集。兼收诗文的往往也被称为文集。别集往往有附件。首先是他人所撰序跋，有当代人作的，也有后人编辑或重刻时加的，有的序文甚多，连篇累牍。另一种附件是作者的传、墓碑、墓志铭、年谱，都是作者的传记资料。如赵时春的《浚谷文钞》、李克明的《紫歌梦轩诗稿》、张美如的《张玉溪先生诗》、赵尚仁的《半部论语斋初草钞本》、韩瑞麟的《长春楼诗草偶存》和《长春楼文草偶存》、吴绍烈的《风雨诗词剩稿》、路志霄的《学步集》、王干一的《前尘草》，还有路志霄、王干一合编的《陇右近代诗钞》，以及部分陇右竹枝词如《甘肃竹枝词》《中卫竹枝词》《贵德竹枝词》等。[①]

二、邢澍研究展望

目前，对于邢澍的研究主要集中在生平简述、交谊考述、文学、金石学、方志学、文献学、藏书、书画艺术等方面，代表学者有漆子扬、王锷、邵国秀、张东平、赵俪生、颉愿忠、曾礼、田仁信、焦红原、刘可通、孙林利等，且都有论著。笔者主要关注邢澍的方志学成就。未来邢澍研究的方向可从以下方面思考：翔实的年谱长编；师友记与交游考；佚文的后续发现；研究文献的汇辑。

【作者简介】

陈郑云（1987—），甘肃武都人。复旦大学历史学博士。主要从事中国学术史、历史文献学、方志学研究。先后主持或参与科研项目 3 项，在《史林》《中国地方志》《盐业史研究》《图书馆杂志》等刊发表论文 20 余篇。

在学习、工作及学术研究之余，偶有诗赋碑记作品见诸《中华辞赋》《中国诗赋》等报刊、获奖 20 余次、勒石及悬挂 6 处，曾发起成立陇南青年诗赋学会并创办《诗赋陇南》辑刊。系中国传统文化促进会理事、甘肃韵文学会副会长、武都历史文化研究会副会长、中夏史志文化研究中心理事长。现为安徽淮北师范学院历史文化学院教师。

① 张兵：《搜集陇右文献，传承区域文化》，《甘肃日报》2018 年 6 月 19 日第 7 版。

秦文化与秦墨探论

◎崔壬杰（甘肃武都墨学社社长、学者、诗人）

陇南自古以来地灵人杰，历史悠久，文蕴厚重。秦人发祥于西汉水畔——今日的陇南礼县大地，并缔造了灿烂辉煌、千年流传的秦文化。论及今日之陇南文化，秦文化必然是其重要的组成部分和璀璨夺目的一页。近年来，秦文化博物馆的建成、秦文化研究会的成立、秦文化研讨会的举办等，为秦文化的研究提供了绝好的平台。而秦文化的重要组成部分也必然少不了秦墨的加盟。

《韩非子·显学》谓："自墨子之死也，有相里氏之墨，有相夫氏之墨，有邓陵氏之墨，故孔、墨之后，儒分为八，墨离为三。"[①]墨子生前教学因材施教，有"说书""谈辩""从事"三大类培养目标。其逝后，三类弟子必然各执一端，互为别墨，以及寻求自立门派的发展壮大。公元前409年，秦魏发生河西之战，魏国任用吴起为将，取得大胜，夺走秦河西之地。河西地一失，秦国门户洞开，无险可守。随时都面临亡国之危险。公元前401—前386年，秦国曾经多次与魏交战，试图收复河西失地，但无一次取得成功。公元前386年，在魏国长期流亡的秦献公趁国内大乱，伺机回国，前385年继位，开启了秦国历史的新纪元。面对你死我活的战乱局面，秦献公眼下最迫切的要务即是守城等军事人才的稀缺。在这样的情况下，秦献公看重有墨守之法的墨家从事类弟子，并以弱国的姿态伸出了求请墨者入秦的橄榄枝，同时也拉开了秦墨在西部秦地历史舞台上频繁活跃的序幕。

关于墨者陆续入秦的记载和最能说明秦墨对秦学术文化影响之巨大者当属《吕氏春秋》。《吕氏春秋》中多有记载墨家的言行，特别是秦墨的言行事迹。《去私》记载了秦墨巨子腹䵍大义灭亲之事。除此之外，《首时》记载了田鸠，《去宥》记载了唐姑果、谢子等墨者入秦情形。一时间，秦墨可谓声势浩大，史无前例。

对于秦墨在秦地的重要地位和对秦国的影响，历来学人皆有论述，其中影响最为广泛者，实为何炳棣先生三万多字的《国史上的"大事因缘"解谜——

---

①〔清〕王先慎：《韩非子集解》，中华书局2013年版。

从重建秦墨史实入手》一文。[①]在清华大学高等研究院黄长风讲座上，何炳棣为300余位清华师生讲解此文。主持演讲的著名科学家杨振宁、林家翘、李学勤和陈来教授分别提出了相关问题。遂引起了学界对秦墨的重视。之后，史党社教授又撰文《再论墨学与秦的关系——从何炳棣先生之说谈起》，批驳了何先生对秦墨认知不确的有关问题，但对秦墨于献公朝即入秦的推论进行了肯定。[②]

近年来，墨家学人顾如先生也撰文《墨家是暴秦的帮凶吗？再论何炳棣先生秦墨史研究的若干问题——兼与史党社先生商榷》，文中，顾先生理据兼备，批驳何、史二位先生之秦墨论属异想天开，毫无事实可言。然顾先生又近似矛盾地承认历史上秦乃墨学重地。顾先生之文论墨者入秦不会早于惠王，并于惠王朝末已结束。意在否认墨家是暴秦之“帮凶”，并否认秦墨这一团体的存在。[③]

史评“春秋无义战”，那么战国就有吗？周室式微，大权旁落，礼崩乐坏，各诸侯皆以天下自任。当时天下，不过是你方唱罢我登场。墨子在世，不忍看到生灵涂炭，故终其一生而为天下忧。虽然阻止了一些国家的几场战争，但到“墨离为三”后，“三墨”痛定思痛，重新改变救世策略也未尝不可。秦暴然，秦文亦然。秦既已去，后世学人当客观探究，方为上策。顾先生之论，看似理据兼备，但有诸多待商榷之处。既无秦墨，何谈秦乃墨学重地？幸好文献记载是最好的证据。以《吕氏春秋·去私》为例：“墨者有巨子腹䵍，居秦。其子杀人，秦惠王曰：‘先生之年长矣，非有他子也；寡人已令吏弗诛矣，先生之以此听寡人也。’腹䵍对曰：‘墨者之法曰：“杀人者死，伤人者刑。”此所以禁杀伤人也。夫禁杀伤人者，天下之大义也。王虽为之赐，而令吏弗诛，腹䵍不可不行墨者之法。’不许惠王，而遂杀之。子，人之所私也。忍所私以行大义，巨子可谓公矣。”[④]若秦墨不存在，《吕氏春秋》就不会有前述多则史料翔实记载；若秦墨在秦地无甚影响，在极其重视法度的秦国，并经惠王之赦免后，墨家巨子腹䵍依然施行墨者之法，想必是绝不可能之事。相反，只有墨家在秦有举足轻重之地位，才会有主导权，而这恰恰是对秦有重大影响的结果。

① 何炳棣：《国史上的“大事因缘”解谜——从重建秦墨史实入手》《光明日报》2010年6月3日第10版。

② 史党社：《再论墨学与秦的关系——从何炳棣先生之说谈起》，《秦始皇帝陵博物院（叁）》，三秦出版社2013年版。

③ 顾如：《墨家是暴秦的帮凶吗？再论何炳棣先生秦墨史研究的若干问题——兼与史党社先生商榷》，“爱思想”，2018年1月21日。

④ 许维遹：《吕氏春秋集释》，中华书局2009年版。

秦墨之流派，秦墨之地位，秦墨之影响，可谓当时天下墨者无人能及，这从现有的文献记载的与秦有关之墨者姓名即可窥见一二。毋庸讳言，何、史二位先生的学义旨在构建秦墨史，充实墨学史，挖掘墨者历史活动，剖析墨子学说在除齐鲁、中原、荆楚等地以外的光辉身影与深远影响，追溯墨学与地域文化融合的渊源。笔者虽深谙顾先生爱墨护墨之心切，但墨之流变如此，何须隐晦？墨之大义，自在人心。诚然，秦王以暴政、力政闻世，但秦人并非食古不化。从秦人四大陵园的建造与出土文物来看，秦已具备当时世界最先进之科技、军事、文化等。这也是学术界不争的事实。

子墨子言曰："圣人以治天下为事者也，不可不察乱之所自起。当察乱何自起？起不相爱。……臣自爱，不爱君，故亏君而自利，此所谓乱也。……君自爱也，不爱臣，故亏臣而自利。是何也？皆起不相爱。……若使天下兼相爱，爱人若爱其身，犹有不孝者乎？视父兄与君若其身，恶施不孝？犹有不慈者乎？视弟子与臣若其身，恶施不慈？故不孝不慈亡有。犹有盗贼乎？故视人之室若其室，谁窃？视人身若其身，谁贼？故盗贼亡有。犹有大夫之相乱家，诸侯之相攻国者乎？视人家若其家，谁乱？视人国若其国，谁攻？故大夫之相乱家，诸侯之相攻国者亡有。若使天下兼相爱，国与国不相攻，家与家不相乱，盗贼无有，君臣父子皆能孝慈，若此，则天下治。……故天下兼相爱则治，交相恶则乱。"①

总之，秦墨在西部、在秦地的历史活动和对秦国，乃至中华民族的影响是高阔深远、不可置否的。至于墨者在秦地还有哪些具体的事迹和作为，民情风俗里早就闪烁着他们熠熠生辉的学说光芒，亟待广大陇人学者再去追溯，去探究，去考辨。秦国覆灭了，墨者归隐了，但他们开拓创新、奋发图强、团结进取、自立不息，以天下为己任的人文情怀和担当精神却早已彪炳史册，融入了中华民族的鲜活血液，融入了西部乡亲的日常生活，融入了陇人朴实的言行品格。

【作者简介】

崔壬杰（1991—），字子叙，笔名雪月，甘肃武都人。系中国墨子学会青年研究会理事，诗刊·子曰诗社社员，北京当代墨学文化委员会主席、陇南诗词学会会员、武都区作家协会理事、武都墨学社社长、冲锋号诗社理事等。曾任武都区民间文艺家协会副主席兼秘书长、丝羽文学社创始人及首任社长与《丝

①〔清〕孙诒让撰，孙啟治点校：《墨子间诂》，中华书局2001年版。

羽》报首任主编等。甘肃函夏墨学文化院当代墨学研究院创始人等。

在《中国诗歌》《飞天》《雪魂》《鸡西日报》《陇南文学》《开拓文学》《陇南文艺》《关山文艺》《万象洞》《武都文艺》等报刊发表诗文作品百余篇（首）并入选多种选本。著有《野村》《野原》诗文集，主编《丝羽》报三期等。有学术代表作《〈周易〉同人卦与墨子兼爱思想》《墨家思想与基层社会治理的精细化研究》，文章《趣谈墨子“非乐”主张》《秦文化与秦墨探论》等。

主编辑刊《墨学与地域文化》一期。主持召开墨学与武都文化学术研讨会一届，开展墨学文化沙龙多期。受邀参加中国墨子学会第十二届国际墨子学术研讨会、中国墨子学会青年研究会第一届理事会、中国墨子文化研究中心墨子诞辰2500周年纪念学术研讨会，在山东滕州、河南安阳及日本多次文艺采风。获中国墨子文化研究中心“最美墨子文化传承守望者”荣誉称号，武都区委区政府首届“武都文艺奖”，陇南市委宣传部等六部门联合举办的陇南市童谣征集奖，武都区委宣传部和区文联举办的新时代征文奖，2019年度与2020年度“武都区优秀文艺人才”，武都区“文艺助力脱贫攻坚”先进个人等。

陇右诗歌与邢澍诗歌管窥

◎李帅帅（甘肃陇南“冲锋号诗社”社长、诗人）

一、陇右溯源

陇右历史悠久，孕育了无数先贤。始祖伏羲，三皇之首，生于仇池，长于成纪；古神女娲，位列三皇，造苍生于黄河之滨，补天河于洪荒之际；始皇嬴政，并吞八荒，席卷六国，廓清寰宇，泱泱华夏始定乾坤，浩浩中国方为一统；阴山胡马不渡，缘龙城李广，剑指天狼；汉阳赵壹，辞赋之功，不输司马；敦煌张芝，狂草风流，草圣之名，万代顶礼；陇西秦嘉，博学鸿词，驰声先汉，诗传千古；姑臧李益，诗满塞北；成纪李白，名盖盛唐；陇西李贺，箜篌绝响；长道王仁裕、武都邢澍、樊执敬、武威张澍等在诗歌创作上都有大成就。

二、陇右诗歌

陇右诗歌，我认为可以分为两种，第一种创作地在陇右地区，第二种创作地不在陇右，而以歌咏陇右人、物、事件为主体。由于我智术浅短，不能总览陇右诗歌之全局，窃取一隅，略领陇右诗歌艺术之成就。

（一）陇右是中国诗歌诞生最早的地区之一

《诗经》作为中国第一部诗歌总集，收录西周初年至春秋中叶五百余年的诗歌 305 篇。其中，《蒹葭》《驷驖》《小戎》《无衣》《车邻》就产生于陇南西汉水流域，尤其《蒹葭》以其优美的诗句，丰富的情感，清新的意境而广为流传。

（二）陇右不乏大诗人的吟咏

“初唐四杰”的卢照邻在历经岷县宕昌界时就有“十年游蜀道，万里向长安”的吟咏；“青泥何盘盘，百步九折萦岩峦。”这是“诗仙”李白对徽县青泥岭的千古绝唱；唐宰相诗人元稹勒马青云驿发“吟此青云谕，达观终不迷”之感叹；

“诗圣”杜甫远游陇右，“秦州杂诗”“同谷七歌”无不为诗家之绝唱；李商隐于两当西坡圣女祠哀叹“寄问钗头双白燕，每期珠馆几时归”；梅尧臣“晓盘青泥上高烟，暮盘青泥到下泉”；唐宋八大家之一王安石“天梯云栈蜀山岑，下视嘉陵水万寻”；陆游“每忆嘉陵江上路，插花藉草最清明”。

（三）陇右曾为中国诗歌运动的主阵地

明朝文坛“复古”领袖李梦阳提出“诗必盛唐”“真诗在民间”的诗学观点，对诗歌创作起了很大的推动作用。李梦阳所倡导的文坛“复古”运动盛行了一个世纪。

（四）陇右诗歌研究

这些年对陇右诗歌的研究者很多，例如：陕师大陈朋、天水师范李宇林、湖南师大曾绍皇、内蒙古财经学院韩雪晴等，他们的研究大都以杜甫在陇诗歌为对象。高天佑先生的《杜甫陇蜀纪行诗注析》是他花半年心血，将杜甫陇蜀诗歌单独析出成集，写就的一部二十五万字的著作，而为了这半年的奋笔疾书，他做了至少十七年的准备。天佑先生扶掖后学，去年赠我两本自己的著作，沐手敬读，深感先生治学之严谨，学识之渊博。在此，不敢有只言片语评论先生著作。引用已故蜚声四海的著名中国古典文学专家霍松林在该书序言中的话语，该书“对杜甫陇右诗研究中的诸多疑难问题和空白点，作了细致深入的探索，多有创获，极具学术价值，是对杜诗研究做出的新贡献”。又如李济阻先生所言，该书“时时闪耀着智慧的火花，足资同好参阅。注释、赏析及异文校注明白易懂，其中包含了不少真知灼见”。

三、邢澍诗歌

邢澍先生的生平论著，目前最完善的是漆子扬先生的《邢澍研究》，此不赘述。邢澍一生著述无数，成就斐然，“一代儒宗”钱大昕赞曰：“叹其学有本源，非蹈空逞辩者可比。”邢澍治学善经、史、金石之学，“晚清中兴四大名臣”之一张之洞在《书目答问》中将其归在经学家、史学家、金石学家之列。先生“迨归故里，又登涉山川，博寻故老”。依据天水冯国瑞先生《佺山先生事迹考》，“可知佺山所藏乡贤要籍不少”。不幸的是，1930 年时任北洋政府甘肃联军陇南路司令的马廷贤攻陷天水，陇南十三县不战而降，马廷贤军队进城后，由于武都“水比城高，路比门高”，院内潮湿，便将邢澍后人寄存在蹇家楼上的书籍用来垫院子，军队走后，文稿与泥浆马粪粘成一团，蹇家便将其烧掉了。从此，这位先贤遗文、藏书全部消失，这是陇右乃至中国文化的一大损失。所幸《南旋诗草》存其诗歌七十首，可以从中略窥先生学识之冰山一角。

《南旋诗草》是先生于嘉庆二十三年（1818）从通州（今北京市通州区）沿京杭大运河经天津—沧州—德州—济宁—宿迁—淮安—扬州—镇江—无锡—吴江，乘民船南渡至浙江秀水时，因“水路无事”，沿途“山川形势之厄塞”，所经“南北风土之更易，一一形诸歌咏”而成。纵观《南旋诗草》，可发现邢澍在诗歌写作方面有以下特点：

（一）所咏之辞皆流露着强烈的个人情感

从通州南渡时先生已五十九岁，历经人世风雨，体悟凡尘人情，诗作中更多的是对生命的考量。“又到生平未到处，新凉人在潞河舟。”（《通州》）这是先生通州拔瞄时内心的写照。先生到达天津想到远在秀水的家人，南归心切，“试看直沽雁，渐已向南飞”（《天津》）。

（二）注重刻画诗歌意境

“波光树色似吴邦，一雨炎氛势早降。白鸟不鸣晨睡美，斋钟声已到船窗。”（《交河道中偶占》）先生行至沧州，在船上睡觉，忽闻钟声，触景生情，脱口而出。有张继“夜半钟声到客船”的画面，却没有张的伤感。营造了一副江南初秋图，后两句则表达了诗人满心的惬意与满足。“蓼红柳碧清秋候，水色山光细雨时。”（《连日闻夏镇筑坝之信》）此句画面感极强，意象众多，横向由近及远，先描写近处的蓼柳，再写远处山水，纵向由高到低，先写水面景物，再写岸上树木，最后写到天空细雨。再者先对近景“蓼”“柳”给了一个特写镜头，下一帧镜头忽转，一幅烟雨江山图便展现在读者面前。

（三）注重友情

七十首诗中，单写给孙竹畦的就多达十首。此举想念嘉兴友人为例。“觞咏那堪中夜梦？起看凉月益增思。”（《舟夜怀嘉兴友人》）半夜梦见友人，但不交代梦境，只以“觞咏那堪”做比较，意为喝美酒、作好诗都不能比，后半句，由屋内到屋外，抬头独见一轮凉月，思念更甚。

（四）豁达的人生态度

“蔬饭粗自适，几席净可凭。虽有苍蝇在，琐琐不足憎。”

（五）歌咏对象广泛

《萤》《蛛》《蚊》《蝶》《蝇》《蛾》《蝉》甚至虱子都可以成为他歌咏的对象。且多以托物言志。如《蛾》中所咏："薄俗但夸炎可炙，几人观物鉴燃眉。"

再如表达思乡之意，关注人间疾苦等此不再一一例举。因为时间关系，我发言的主体部分到此结束，由于学识谫陋，见闻未广，不到之处请各位老师批评指正。

四、冲锋号诗社

冲锋号诗社成立于 2018 年 9 月，是发起于武都的民间诗社，自成立以来，以"觉醒、集结、前进"为口号，以用诗歌记录生活、用生活创造诗歌、搭建诗歌创研平台、助力武都发展为己任，以热爱诗歌创作和诗歌的青年为服务对象。旨在让写诗成为一种习惯，以诗为梦聚群英，活出青年的诗意人生；奏响诗歌冲锋号，写出青年的靓丽青春。先后印行了《冲锋号诗刊》1 辑、举办了 2019 武都青年诗歌创作交流研讨会、在微信公众平台首次举办武都青年诗人作品展，举办累计开展了诗歌与文化交流活动 20 余次。

【作者简介】

李帅帅（1990—），甘肃武都人。陇南市"冲锋号诗社"社长，作品见于《飞天》"诗陇南"等。现供职于陇南市卫健委。

陇学与佛学浅见

◎释果海（武都区两水镇伏龙寺住持）

陇上大地作为中华文明最主要的发源地之一，在中华民族的历史发展进程中，曾一度辉煌。佛教文化作为中华文化的重要组成部分，自二千多年前由古印度传入，通过和中国古代的儒家、道家等本地文化的不断融合，逐渐形成了具有中国特色的佛教文化，并随后传入了朝鲜、日本、越南等国，为同周边国家的文化交流，睦邻友好关系谱写了美好的历史篇章。佛教文化传入中国以后，历代高僧辈出，人才济济，形成了一部波澜壮阔的佛教发展史，留下了大量精美绝伦的佛教经典，极大地丰富了中国文化的多元性和社会性。

现今正值国运昌隆，政治清明，习近平总书记提出“实现中华民族的伟大复兴”，而文化复兴就是中华民族伟大复兴的重要内涵。近年来，高天佑主任提倡“陇学”，成立“陇学研究院”，顺应了历史发展潮流和社会发展方向，表现出了高主任高度的智慧和独到的见解，这是值得我们大家敬仰和学习的！在“陇学”范畴内，佛学与佛教文化占据非常重要的地位。史料记载，公元前 4 世纪甘肃的武威、天水就有佛教传入，比一般认为佛教传入内地的时间早了 300 多年。两汉时，有明确记载大月氏国王的使者曾口授佛经给秦景宪。此时，甘肃成为中西文化交流的必经之地，东来西往的高僧在甘肃传播佛教，佛教文化与中国传统文化相互交融，然后又向内地传播。魏晋南北朝时，五凉政权特别是前凉以佛教为国教，敦煌和凉州成为佛经翻译中心和到洛阳、江南一带传佛高僧的输出地。这一时期，佛教在甘肃的发展和传播已经由小乘向大乘过渡，佛教宗派也开始出现，而且，佛教石窟和寺庙也在甘肃被大量建造，佛教艺术初显其独特的光辉。唐朝时期，甘肃佛教文化进入鼎盛期，敦煌莫高窟等石窟佛教艺术从内容到艺术都有新的创造，达到了高峰。五代、宋、元、明、清时期，藏传佛教在甘肃大发展，不少佛寺改宗藏传佛教，重塑佛像或壁画重绘，加入密宗元素。

佛教在今陇南大地上开枝散叶，以西和县为例，法镜寺石窟就是陇南境内开凿最早、也是最重要的石窟之一。现存 24 个窟、可见造像（含残像）19 身，清康熙、雍正年间碑 3 通。有学者指出，石窟始凿于北魏中晚期，其开凿与古代少数民族活动有某种联系，或与仇池国有关。法镜寺自古佛教活动兴盛，石窟所在的石堡乡“五台山”之名当是在崇拜文殊菩萨、渴求巡礼五台山的背景下产生的。据学者研究，法镜寺的中心柱窟则体现出佛教石窟艺术由印度风格向中国风格的转变，从中可见石窟开凿的大体年代，并分析北方丝绸之路和陇蜀祁山古道对于佛教及其石窟艺术传播的重要性。如果我们再放眼陇南周边，以莫高窟、麦积山石窟为代表的陇上石窟与巴蜀地区的石窟尤其是川北石窟，在佛教造像内容、题材组合、艺术风格、雕塑技法、佛教思想等方面都有相互融合的特色。佛教寺院是人们修行传法的场所，通过对一定区域内寺，分布种类、数量、建筑规模的分析，可以一定程度上展现这一区域人们佛教信仰状况及特征。有关明清时期武都寺院的分布状况，根据《阶州直隶州续志》记载，建于明代的武都寺院就有 30 余座，可以看出佛教在武都发展的盛况。

20 世纪 70 年代，世界著名的英国历史学家汤恩比教授和日本的思想家池田大作在交流中也提出，要想解决 21 世纪的社会问题，唯有中国的孔孟学说和大乘佛法。这些论点也越来越受到社会学术界的重视和探讨，孔孟学说提倡仁爱和平的治国理念，大乘佛法提倡慈悲济世、利乐有情的智慧教学，佛门中的五戒和儒家的五常（仁义礼智信）在内涵上都是相近的。在民国时期太虚大师提倡建立“人间佛教”的思想理念，使佛教文化更加社会化和现实化。太虚大师提出了“仰止唯佛陀，完成在人格，人成即佛成，是名真现实”，这是一种积极入世的修学态度，这也是一次很大的佛门变革。佛门提倡“福慧双修”，我们为社会大众服务，诸恶莫做，众善奉行，这是修福；勤修戒定慧，息灭贪瞋痴，自净其意，是诸佛教，是修慧。作为一个有信仰的佛弟子，我们既可以积极入世，参加社会各类的有益活动和工作，同时也要严格要求自己，做到严以律己，努力提升自身的修养。这二者之并没有矛盾，而且是相辅相成的。

陇南地处三省交界，地理位置重要，佛教文化资源丰富，交通便捷，四通八达，经济市场广阔，前景可观，文化逐渐繁荣。佛教文化场所像三河柏林广严院、两水三斩梁的龙华寺、龙王山的文殊晨光寺，这些道场都有悠久的历史和文化的传承。这些神圣的地方像一颗颗明珠一样，镶嵌在陇南美丽的大地上。我现在所护持的两水伏龙寺，希望能打造成集佛法修学、文化交流、养老安居、素食餐饮、修身养性、旅游开发等特色为一体的文化基地。所以我非常欢迎各位领导和老师能够光临本寺，进行指导交流。

“为天地立心，为生民立命，为往圣继绝学，为万世开太平”，是每一个文化人的理想和本分，作为一个文化爱好者，我觉得我也不例外。最后，我想引用复旦大学著名思想史大家葛兆光教授的话作为结束语：“我们今天讲中国文化的特点，那么我们需要考虑的是，如何在一个普遍文明的规则下，能够保存好传统文化中一些特别的文化，同时在现代文明的时代，能够理解这些文化在历史中的合理性。比如说：我们在接受和赞美科学的同时，对于阴阳五行能不能有一些同情的，历史的理解！又比如说，我们在接受普遍的法律和制度的时候，能不能对传统中国的家，家族，家国的伦理和道德准则有一点历史的理解，再比如说，我们能不能在接受新的文明的时候，对传统宗教也能有一些温情，同样，我们能不能够在接受万国平等原则的同时，也能对中国人理解世界的历史习惯有一点点理解！”

【作者介绍】

果海（1977—），法师，俗名刘海军，甘肃武都人。2002 年于吉林灵岩寺剃度出家，法名照缘，字果海；2007 年受具足戒。常年致力于佛学与中华优秀传统文化修学，以“弘法利生”为己任，高树法幢，践行惠能大师“定慧等学”、印光大师“禅净双修”的修学旨归，亦对书法、文学等颇有钻研。现任武都区两水镇伏龙寺住持，系武都区佛教协会理事。

武都紫泥文化初探

◎姚永全（武都桓聿书院院长）

初识武都紫泥是跟随著名篆刻家关联师父学习篆刻之时。2019 年夏天，在高天佑主任的大力支持下，我们一行人专门考察了武都三河镇的广严院及紫泥山，这加深了笔者对紫泥的历史、文化、学术的认识。为此，笔者复制了除师父复制的长方形简、牍、函之外的各类函模型。

据师父关联先生介绍，从 1822 年在四川第一次发现封泥实物以来，古代封泥在全国各大博物收藏还不到三千方（当然民间收藏除外）。汉代有六玺之用，分别是皇帝信玺、皇帝行玺、皇帝之玺、天子信玺、天子行玺、天子之玺。今见到汉代钤封诏书的武都紫泥封泥实物只有一方（皇帝信玺），存于日本的博物馆。师父研究紫泥艺术的行动，标志着紫泥文化遗产的开发传承进入一个新里程。笔者将和师父及有关方面的专家学者，并肩携手，不负使命；期待紫泥文化能为书法学、篆刻学、金石学、地理学的研究锦上添花，也更加期待有更多、更精彩的新论和研究成果出现。

一、紫泥与书法学

书法与篆刻和现代刻字有密切关联。书法学的起源和称谓，是和中国文字的产生、演变和发展分不开的。封泥文字的出现，为中国书法学的研究提供了宝贵的材料。

商朝的甲骨文是中国现存最古老的成熟文字，周代的金文（亦称青铜器铭文），也叫大篆，《大盂鼎》《史颂鼎》《毛公鼎》《散氏盘》《史墙盘》等当为代表。秦统一后的小篆，是在金文和石鼓文的基础上删繁就简演化而来，秦李斯功不可没，如《泰山刻石》《琅邪刻石》《峄山刻石》《会稽刻石》等；同时代还出现了隶书，传为狱吏程邈始创。封泥的发现和封泥文字的出现，为书法领域增添了新成员。

书法是中华民族最具特色的传统文化之一。从甲骨文开始，每一个字体，都有它的法则，都可形成一门学问。封泥文字再现了文字书法的艺术之美，尽管是“统一化”的模式，但也再现出“匀称美”和“劲秀美”，特别是一些细微奥秘的变化，体现出传承和创新过程中的思维和智慧。诸如“田”字格里的呼应和简化，文字与边栏自然形成的虚实迷离的效果，这种难能可贵的艺术佳境，反复欣赏阅读，让人回味无穷。

二、紫泥与篆刻学

篆刻学，亦称“印学”，是专门研究篆刻艺术之技法、发展历史及各流派艺术理论的学科。元明文人介入后逐步慢慢发展起来，在明清两代较为兴盛。同时，出现了许多流派。将篆刻大概分成了秦印、汉印、流派印。

封泥对中国篆刻学的重大贡献，学者认为主要有三点：一是封泥完完全全再现了当时的官印模式，而秦汉的官印又是中国篆刻学发展史上第一个高峰的代表，对汉以后各代产生深远影响；二是封泥完完全全再现了当时官印的规范、制度和使用程式；三是封泥完完全全再现了当时的官印艺术形象，填补了官印出土和发现甚少的不足。因此说，我们今天对封泥进行可持续研究和推送，不仅是对传统印章文化的学习和继承，更重要的是将对进一步发展和丰富中国篆刻学，产生积极、深远意义。

三、紫泥与金石学

封泥与金石学有什么关系？封泥对金石学有多大的贡献？我一直在思考这些问题。在书画篆刻界，朋友在评价作品时，经常提到“金石韵味”“金石之学”“金石永寿”“金石气息”等，其中“金石之学”尤其受人关注。

其实，真正意义上的金石学是考古学的前身，形成于宋代，开创者是欧阳修，代表人物有李清照、赵明诚。曾巩在《金石录》里最早提出“金石”一词。而正式提出“金石之学”这一名称者，是王鸣盛等人，研究对象为古代青铜器和石刻碑碣，特别是其上的文字铭刻及拓片，目的是“证经补史”；广义上还包括简牍、甲骨、玉器、砖瓦、封泥、兵符、明器等一般文物。

金石学研究繁荣鼎盛的时期在清代，自乾隆年间《西清古鉴》问世，之后有《考古创物小记》《积古斋钟鼎彝器款识》《捃古录金文》《斋集古录》《寰宇访碑录》《金石萃编》《古泉汇》《金石索》等专著推出，可谓内容丰富，成果卓著；到了清末民初，随着研究范围不断扩大，研究水平显著提升，罗振玉和王国维即是此时的集大成者，而朱剑心的《金石学》、马衡的《中国金石学概要》，对金石学做出了较为全面的总结，让金石学在中国近现代艺术史上大放异彩，标志着金石学的研究步入一个新阶段。

通过对金石学研究范围的梳理和回顾，我们发现，清末民初时的金石学家，虽然已涉及封泥，但大部分都是汉代的，也有极少部分为春秋战国的，而多数来自民间；此前秦官印和封泥面世甚少，学者见到的也是寥寥无几。武都紫泥的发现和出土源自科学的考古发掘。因此，紫泥不仅是秦汉考古学界和印学界的一大奇迹，同时也为金石学的研究注入了生机和活力。其特点和优势有：封泥再现的是秦汉时期的官印文字，而且是经过了中央机关文书处理程式后留下的珍贵遗物，是文书封缄制度、三公九卿制度、郡县制和印玺制度的重要见证。封泥在秦代历史、地理、官制、文书、文字等方面，具有里程碑的意义。紫泥无论在“证经”，还是“补史”方面，都具有突出的或其他文物不可替代的作用，诸如“武都太守”等印，其中大量的问题需要我们几代人好好研究和发扬。

四、紫泥与地理学

地理学，亦称“方舆之学”。中国古代地理学文化知识萌芽很早，源远流长。春秋战国时，已经有了许多方面的杰出成就。战国时魏国人所作的《尚书·禹贡》是最早的地理学专著，这是中国区域地理研究的典范；大家熟知的《水经注》，为北魏晚期的郦道元所作，是中国第一部以记载河道水系为主的综合性地理著作；《元和郡县图志，》为唐李吉甫撰，是现存最早的古代地理总志。

郡县制，是从春秋、战国到秦代逐渐形成的地方政权组织。春秋时，秦、晋、楚等国初在边地设县，后渐在内地推行。春秋末年以后，各国开始在边地设郡，面积和县相比较大；但因地广人稀，地位要比县低。战国时在边郡设县，渐形成县统于郡的两级制。秦统一后，分全国为三十六郡，后增加到四十郡，下设县。由于郡、县长官均由中央政府任免，所以直接向中央上报文书；武都郡为汉武帝所设，出土紫泥上的“武都太守章”是对秦汉中央集权政权组织文书上报程序的明证。

【作者简介】

姚永全（1993—），甘肃武都人，自由职业者；现从事书画培训、篆刻、现代刻字专业教学，著有《姚勇全书法集》《姚永全国画集》《汲卿山房印痕》《现代刻字艺术创作方向浅谈》等，等待付梓。系陇南市书法协会会员、陇南市美术协会会员、陇南市作家协会理事、王步强刻字艺术馆馆员、武都区硬笔书法协会副秘书长、武都桓聿书院院长，专职讲师。

历史时期陇南珍稀动物的地理分布与生态环境

◎唐旭波（陇南市文联《中国乞巧》编辑部副主任）

陇南地区珍稀动物的地理分布学界早有论及，但均语焉不详。文榕生认为历史时期犀牛在中国的分布北界曾达到河南安阳，即 36°N，历史时期甘肃亦有犀牛分布①。文焕然则认为地质时代中国野犀牛几乎遍及全中国，历史时期华北、川、黔、湘、鄂、粤、桂都有犀牛分布②。蓝勇认为唐代陇南地区有野生印度犀存在③。历史时期陇南地区华南虎、金丝猴和麋鹿的地理分布则鲜为人知。考察历史时期陇南地区珍稀动物的地理分布有助于学界更加全面地认识和勾勒全国范围内珍稀动物的地理分布图景，同时也为认知历史时期陇南地区的生态环境提供了一个维度。

一、历史时期珍稀动物在陇南的地理分布

从文献记载来看，陇南地区先秦时代就有华南虎的活动踪迹，而且还形成了“虎患”，对民众的生命安全造成了严重威胁。《华阳国志》载：“秦昭襄王时，白虎为害，秦、蜀、巴、汉患之。昭王乃募国中有能杀虎者，邑万家，金帛称之……昭王嘉之曰：‘虎历四郡，害千二百人。一朝患除，功莫大焉’。”④《后汉书》亦载：“秦昭襄王时，有一白虎，常从群虎数游秦、蜀、巴、汉之境，伤害千余人。”⑤秦穆公三十七年（前 621 年）起用由余伐西戎，史称“益国十二，开地千里，遂霸西戎”⑥。至秦昭襄王时期陇南地区已属秦地 300 余年，而《华阳国志》把汉武都郡（今陇南大部）纳入汉中地，虽无法确定陇南地区隶属“秦”“汉”何地，但有华南虎的分布是毋庸置疑的。

受文献资料所限，尚未发现自秦汉至魏晋时期陇南地区对华南虎活动的记载。唐季以降，陇南地区华南虎的记载在诗文、地方志和正史中如缕不绝，为

① 文榕生：《南徼牛：古人认识的犀牛（下）》，《化石》2009 年第 4 期。
② 文焕然：《中国野犀的地理分布及其演变》，《野生动物》1981 年第 1 期。
③ 蓝勇：《中国西南历史气候初步研究》，《中国历史地理论丛》1993 年第 3 期。
④ 刘琳：《华阳国志校注》，巴蜀书社 1982 年版。
⑤〔南北朝〕范晔：《后汉书》，中华书局 1965 年版。
⑥〔汉〕司马迁：《史记》，中华书局 1959 年版。

了方便说明，兹列表 1。

表 1　历史时期陇南地区华南虎活动记载一览[①]

序号	时间	地点	记　载	来　源
1	唐	西和县	熊罴咆我东，虎豹号我西	《杜诗详注》，第 687 页
2	唐	徽县	再闻虎豹斗，屡跼风水昏	《杜诗详注》，第 708 页
3	唐	徽县	朝避猛虎，夕避长蛇	李白《李太白全集》，中华书局，1977 年，第 165 页
4	唐	徽县	山鹿藏窟穴，虎豹吞其麛	《陇南古代诗词》，第 34 页
5	宋	成县	雪中猎户来呈虎，月下田夫走献麛	《陇南古代诗词》，第 72 页
6	宋	成县	水深猱臂直，雪厚虎蹄圆	《陇南古代诗词》，第 71 页
7	宋	武都区	淳熙二年七月……民惊言：群虎暴州东之三十里	罗卫东《陇南古代碑铭》，中国文史出版社，2013 年，第 264 页
8	宋	武都区	绍兴三年旱。五年，城北三十里柳林，有四虎，白昼食人	《阶州直隶州续志》卷 19《祥异》，第 335 页
9	宋	徽县	青泥坡，一坡高一坡，毒蟒寄穴虎作窠	《陇南古代诗词》，第 107 页
10	清	徽县	怪石生其间，林腰藏虎穴。虎出张乃威，令人肝胆寒	《徽县志》卷 8《艺文》，第 640 页
11	清	徽县	虎豹正当道，林密多歧路	《徽县志》卷 8《艺文》，第 653 页
12	清	徽县	阶空呈虎迹，潭静起龙腥	《徽县志》卷 8《艺文》，第 633 页
13	清	徽县	鸟鸣杂梵语，虎啸动山林	《徽县志》卷 8《艺文》，第 634 页
14	清	徽县	座上鼠翻卷，磬引虎闻经	《徽县志》卷 8《艺文》，第 667 页
15	清	徽县	惊闻虎豹声，险绝逾秦岭	《徽县志》卷 8《艺文》，第 655 页
16	清	徽县	岭多林木，乃虎狼出入……山高林深势险恶兮，驱兽焚林	《徽县志》卷 8《艺文》，第 627 页
17	清	徽县	县之北界，旧虎是宅……皆猛虎踞卧而哮舞处也……白昼公行道上，黄尾闪飏，见人则磨牙而喜	牛运震《空山堂文集》，南京古旧书店，1990 年，第 217 页

① 表 1 文献“来源”未详者见参考文献部分，表中只注明页码，表 2 同。

续表

序号	时间	地点	记　　载	来　源
18	清	徽县	鹿、獐、狐、狸、獾、兔、虎、狼、熊、山羊、野猪、土豹	《徽县志》卷7《土产》，第460页
19	清	徽县	山村有虎夜攫人……尝闻虎噬人，月朔则先首，月晦则先足	《徽县志》卷7《幻异》，第469页
20	清	徽县	西岭云依杜老坛，诗客江行曾号虎	《徽县志》卷5《艺文》，第655页
21	清	成县	其经黄渚关一带……路既僻，山用荒，于是虎肆其虐，往往白昼晊人……工既竣，居人士争执羔酒以除道驱虎献功邑宰	《成县新志》卷4《艺文》，第435—437页
22	清	徽县	徽县多虎，募壮士杀虎二十六，道始通	《清史稿》卷477《循吏》，第13021页
23	清	武都区	城多虎患，予请于神，旬日间三虎就缚	《陇南古代碑铭》，第284—285页
24	清	西和县	兽类：马、牛、羊、驴、骡、獐、麂、鹿、熊、狼、虎、豹、狐、兔、犬、猫	《西和县志》卷2《物产》，第204页
25	清	两当县	独有雕虎猛且繁……咆哮鞭尾……夜入市中恶抓痕	德俊《两当县志》卷12《艺文》，成文出版社，1970年，第236页
26	清	成县	县北峪河，向有小路……荒废倾圮，往往密菁茂草中时伏猛虎，肆害行人	《成县新志》卷2《道路》，第201页
27	清	成县	避山林采葛以食，遇双虎，氏跪地哀泣，虎奔去	《成县新志》卷3《贞烈》，第337页
28	清	成县	县北黑裕河一方，猛虎肆虐，白昼食人，昔固时然，今仍弥盛……骸骨何存，血染荒郊之草……因之虔告于神明	《成县新志》卷4《杂记》，第527页
29	清	成县	申酉两岁，虎肆虐於成境，彪者九虎者，白昼群行，鼓唇砺爪觅人是晊……遂乃为文祷	《成县新志》卷4《丛谈》，第559页
30	清	成县	自然子……久之於仙人崖腰石礅上坐化，土人成墓，台侧举棺若空，今雪夜虎不逾冢云	《成县新志》卷3《仙释》，第349页
31	清	礼县	野多鹿、麝、虎、狼、猴、绒、兔	费廷珍《直隶州秦州新志》卷4《食货》，成文出版社，1935年，第318页

续表

序号	时间	地点	记　载	来　源
32	清	成县	马、牛、羊、驴、骡、犬、豕、鹿、虎、狼、猴、兔、獐、豹、豺、麝、獭、猫、狸	《成县新志》卷3《物产》，第357页
33	清	徽县	兽类：虎、狼、豹	《徽县志》卷7《食货志》，第460页
34	清	徽县	田野荒凉三十余年，人烟绝迹，豺虎纵横，闻者莫不蠹心	《陇南金石校录》第2册，第879页
35	清	徽县	溪山深处坐，豺虎亦调驯	《徽县志》卷8《文艺下》，第673页
36	清	成县	潭静龟鱼现，岩深虎豹藏	《陇南金石校录》，第1123页
37	清	成县	虎听禅林穴，人从木杪行	《成县新志》卷4，第478页
38	清	徽县	诗谈虎谷雪，人坐凤峰云	《徽县志》卷5《艺文》，第630页
39	清	文县	米氏……居南桥山头，夫为虎衔去，米追夺其夫，以石击虎。虎怒，舍其夫，攫米食之	叶恩沛《阶州直隶州续志》卷28《贞烈》，凤凰出版社，2008年，第436页

从表1的数据来看，陇南地区的武都区、成县、徽县、西和县、礼县和两当县均有华南虎的分布，地处徽成盆地核心地区的成县、徽县两地华南虎活动的文献记载次数多达31次，其比例占到记载总数的近79%[①]，若把地处徽成盆地边缘的两当县亦纳入徽成盆地这一地理单元，这一比例则高达82%，其他地区则仅占18%。从宋至清代，徽成盆地华南虎数量众多，白昼肆虐为害，遂成“虎患”，以致需要官方组织猎户来捕杀，地方官亦执笔撰写《虎灾祈》《虎禳》，祈祷城隍神驱逐老虎，保一方平安，徽县令牛运震更因捕杀华南虎数十只而位列《循吏传》。引人注目的是，由于华南虎的长期出没肆虐，陇南地区还遗留着“虎崖石”“老虎藏”这样的地名，而民间更是谣传着“尝闻虎噬人，月朔则先首，月晦则先足”这样令人毛骨悚然的华南虎妖魔化习性的故事。总之，历史时期陇南地区的华南虎主要分布在徽成盆地。

陇南地区华南虎消亡的年代约在清嘉庆年至民国之间，清乾隆六年（1741年）黄泳《成县新志》和清嘉庆十四年（1809年）张伯魁《徽县志》“物产”条下均有华南虎，而民国十六年（1927年）成县政府上报省政府的县情统计表

① 百分比取小数点后两位，四舍五入。

在动物类中已无华南虎[①]。

陇南地区关于金丝猴的最早记载出现在唐乾元年间。唐乾元二年（759年），杜甫从秦赴蜀途径西和县境内作《石龛》诗云："我后鬼常啸，我前狨又啼。"[②]狨，清仇兆鳌注曰："陈藏器《本草》：狨，生于南山谷中，似猴而大，毛长，黄赤色，人得其皮作鞍褥。《埤雅》：猿穴之属，轻捷善缘木，生川峡深山中。又云：尾作金色，俗谓金线狨，中矢毒即啮尾以掷之。"[③]杜诗中的"狨"即后世金丝猴，此后西和县境内关于金丝猴的记载遂绝。宋文同曾作《寄夏文州谢金线狨皮》云："天地生奇兽，朝廷宠近臣。"[④]此诗显然是文同为致谢夏文州赠金丝猴皮而作，诗中"奇兽"即指金丝猴，所谓"体被金毳，皮以藉马"就是指金丝猴皮毛被作为鞍具，可见宋代文县地区有金丝猴的分布，并且至清代亦有分布。《大明一统志》文州条"土产"中就有"狨"，即是金丝猴；清陆廷黼《阶州杂咏三十首》有"范君遗我金线狨，闻说能医拘挛风"[⑤]之语，这是金丝猴被医用的例证。康县地区亦有金丝猴的分布，民国《新纂康县县志》载："金线狨，形似猴，群居深林中，来往攀悬岩树枝，而行不落地，食林木果实，其毛多着七八寸，密而不乱，远望之如金线，太阳反射，毫光闪闪，故名曰金线狨，为皮毛中第一有价值之物，县南产之。"[⑥]今文县、康县地区还有金丝猴残存。

陇南地区关于犀牛活动的记载很少，历代正史《地理志》中亦阙。唯《资治通鉴》记载仇池国与刘宋交战称："氐悉衣犀甲，戈矛所不能入。"[⑦]魏晋时期，氐杨在今陇南地区立国数百年，其既言"氐悉衣犀甲"，可知"犀甲"数量为数不少，当为本区所产。犀甲作为士兵"战袍"的渊源可追溯至先秦时期，《国语》云："今夫差衣水犀之甲亿有三千万。"韦注曰："犀形似豕而大，今徼外所送，有山犀、水犀。水犀之皮有珠甲，山犀则无。"[⑧]氐杨"犀甲"就地取材，则知魏晋时期今陇南地区有犀牛的分布是无疑的。唐杜甫《送韦十六充同谷郡防御判官》亦证实唐代陇南地区有犀牛分布，其诗云："羌父豪猪靴，羌儿青兕裘。"唐同谷郡，约辖今陇南西和县成县两地。"青兕"，清仇兆鳌注曰："宋

① 成县地方志编撰委员会：《成县志》，西北大学出版社1995年版。
② 〔清〕仇兆鳌：《杜诗详注》，中华书局1979年版。
③ 〔清〕仇兆鳌：《杜诗详注》，中华书局1979年版。
④ 罗卫东：《陇南古代诗词》，中国文史出版社2013年版。
⑤ 罗卫东：《陇南古代诗词》，中国文史出版社2013年版。
⑥ 〔民国〕王仕敏：《新纂康县县志》，成文出版社有限公司1976年版。
⑦ 〔宋〕司马光：《资治通鉴》，中华书局1956年版。
⑧ 徐元诰：《国语集解》，中华书局2002年版。

玉《招魂》：君王亲发兮惮青兕。《说文》：兕如野牛，青色，皮厚，可为凯。”①《尔雅》云：“兕似牛。”晋郭璞注曰：“一角，青色。”②可见，杜甫所遇的是一种皮肤青色的犀牛，即小独角犀，亦称爪哇犀。其后关于犀牛活动的记载遂阙，迟至清嘉庆年间张伯魁知徽县，有《谒吴忠烈祠》云：“青嶂四周啼熊兕，乌云出没隐魑魅。”《大河店》云：“寺门日暮啼熊兕，殿中寂寂罗汉睡。”③此处之“兕”亦即犀牛。

陇南地区有关犀牛活动的文献记载虽极少，但犀牛栖息活动所遗留下的传说和地名亦能证实历史时期陇南有犀牛分布。相传，唐末一赵姓少年在犀牛经常出没的西汉水边上嬉戏，巧遇一地仙指点，少年阴差阳错地把自己祖先的遗骨塞入犀牛口中，而误把地仙祖先的遗骨挂在犀牛角上，犀牛沉没西汉水，至此不见踪影。后赵姓少年婚后育有一子，其天资聪颖，习武征战，终成一代真龙天子，每年农历腊月二十四都要离此地不远的毛坝集检阅军队，而地仙之子亦成为大将，号称“挂角将军”。后人为酬谢犀牛，西汉水此段改称犀牛江。④

此传说在犀牛江流域流传极广，其有其合理成分。传说言及犀牛喜欢在西汉水边出没就符合犀牛的生活习性，《游宦纪闻》载：“(兕)自恶其影，常饮浊水，不欲照见也。”⑤古人认为犀牛害怕看见自己的影子，所以经常在浊水中活动，其实这是对犀牛生活习性的误解。犀牛之所以在水边活动，首先是因为犀牛对水的需求量极大；二则犀牛在水边泥沼中活动，可以在皮肤上形成一层保护膜，避免寄生虫的侵扰，故《唐国史补》云：“南中山川，有鸩之地，必有犀牛。”⑥就是因为鸩鸟可以帮助犀牛消灭其皮肤上的寄生虫，既然传说能反映出犀牛的生活习性，那么唐末犀牛江流域有犀牛的活动是可信的。

据宋《犀牛寺碑文》载：“中书门下牒：阶州将利县仁济院、阶州将利县罗汉院，牒奉敕宜赐仁济院为额，牒至准敕故牒，嘉祐七年十二月一日牒……去乾宁五年，□□故右街兴圣寺出家后，于天复八年，随师到阶州犀牛镇。”⑦碑文显示，宋嘉祐七年，中书门下省重颁敕牒，赐犀牛寺罗汉院以“仁济院”为额，则说明在此前已有犀牛寺的存在，后世方志中亦保留了犀牛寺的信息。《武

① 〔清〕仇兆鳌：《杜诗详注》，中华书局 1979 年版。
② 〔汉〕郭璞：《尔雅》，浙江古籍出版社 2011 年版。
③ 〔清〕张伯魁：《徽县志》，成文出版社有限公司 1976 年版。
④ 黄俊武：《康县志》，甘肃人民出版社 1989 年版。
⑤ 〔宋〕张世南：《游宦纪闻》，中华书局 1981 年版。
⑥ 〔唐〕李肇：《唐国史补》，上海古籍出版社 1979 年版。
⑦ 黄俊武：《康县志》，甘肃人民出版社 1989 年版。

阶备志》载："罗汉院在犀牛江侧，即《通志》所称犀牛寺也。周显德三年帖，宋嘉祐八年敕，熙宁泐石。"[①]又《大明一统志》载："犀牛社，在阶州北二百六十里，有犀牛江，庙在焉。"[②]又《大清一统志》载："西汉水，《通志》犀牛江，在州东北二百四十里，即西汉水，有犀牛江庙在其旁。"[③]由此可见，犀牛寺自后周显德三年（956 年）敕牒以来，历代香火不衰。犀牛寺在后周显德三年前已创建，且入国家"祀典"，《资治通鉴》载："（显德二年）敕天下寺院，非敕额者悉废之……是岁，天下寺院存者二千六百九十四，废者三万三百三十六，见僧四万二千四百四十四，尼一万八千七百五十六……成、阶二州皆降，蜀人振恐。"[④]《新五代史》载："（显德）二年春二月……甲戌，大毁佛寺，禁民亲无侍养而为僧尼及私自度者……冬十月辛未，取成州。戊寅……取阶州。"[⑤]显德二年（955 年），后周收复后蜀秦、凤、成、阶四州，悉废天下"淫祀"，裁汰僧尼，整顿寺观。显德三年（956 年），地处阶州将利县地的犀牛寺重获敕牒，入祀典，以故香火供奉如常。

从地名学的角度出发，犀牛寺和犀牛江的命名当与此地犀牛出没有关，如前文所述，历史时期陇南地区有犀牛栖息是有据可循的。与犀牛出没有关的地名还有麒麟寺和麒麟山，《武阶备志》载："麒麟寺，在县南四十里"[⑥]又《新纂康县县志》载："麒麟山，在县北一百三十里，林木丰满。"[⑦]麒麟原型为印度犀牛，其被视为"仁兽"，故麒麟寺被视为圣王之治的征兆[⑧]，麒麟山则意为犀牛出没之山。

历史时期陇南地区分布着种类繁多的鹿类动物[⑨]，麝、獐和麋鹿均有分布，尤其是麝分泌的一种强烈芳香气味的外激素——麝香而声名大噪，麝香被列为陇南地区为数不多的"土贡"。依逻辑而论，出产麝香的区域必定有麝的活动，故文中把麝香亦作为麝分布的重要依据。为示说明，兹列表 2。

---

① 〔清〕吴鹏翱：《武阶备志》，成文出版社有限公司 2000 年版。

② 〔明〕李贤：《大明一统志》，三秦出版社 1999 年版。

③ 〔清〕穆彰阿：《大清一统志》，上海古籍出版社 2008 年版。

④ 〔宋〕司马光：《资治通鉴》，中华书局 1956 年版。

⑤ 〔宋〕欧阳修：《新五代史》，中华书局 1974 年版，第 119-120 页。

⑥ 〔清〕吴鹏翱：《武阶备志》，成文出版社有限公司 2000 年版。

⑦ 〔民国〕王仕敏：《新纂康县县志》，成文出版社有限公司 1976 年版。

⑧ 王晖：《古文字中"麐"字与麒麟原型考——兼论麒麟圣化为灵兽的原因》，《北京师范大学学报》（社科版）2009 年第 2 期。

⑨ 所谓鹿类动物，从动物学的角度来说是指反刍亚目鹿上科动物，包括麝科和鹿类动物，一般也将鼷鹿上科的鼷鹿列为鹿类，文中鹿类动物主要指麝、獐和麋鹿。鹿类动物的分类界定详见蔡和林《中国鹿类动物》，华东师范大学出版社，1992 年，第 1 页。

表 2　历史时期陇南地区鹿类动物活动记载一览

序号	地点	记　载	来　源
1	文县	闻道阴平郡，翛然古戍情。桥兼麋鹿踏，山应鼓鼙声	元稹《元稹集》，中华书局，1982 年，第 173 页
2	徽县	山鹿藏窟穴，虎豹吞其麝	《元稹集》卷 2，第 14 页
3	成县	雪中猎户来呈虎，月下田夫走献麝	《陇南古代诗词》，第 72 页
4	成县	成州同谷郡，下……土贡：蜡烛、麝香、鹿茸、防葵、狼毒	欧阳修宋祁《新唐书》卷 44《地理志四》，中华书局，1975 年，第 1036 页
5	文县	文州阴平郡，下……土贡：麸金、紬、绵、麝香、白蜜、蜡烛、柑	《新唐书》卷 44《地理志四》，第 1036 页
6	徽县	凤州河池郡，下……土贡：布，蜡烛，麝香	《新唐书》卷 44《地理志四》，第 1035 页
7	武都区	阶州武都郡，下……土贡：麝香，蜜，蜡烛，山尾鸡，羚羊角	《新唐书》卷 44《地理志四》，第 1042 页
8	成县	成州，中下……贡蜡烛、鹿茸	脱脱《宋史》卷 87《地理志三》，中华书局，1977 年，第 2156 页
9	文县	文州，中下……贡麝香	《宋史》卷 89《地理志五》，第 2223 页
10	礼县	知时山鸟栖松户，爱隐荒麋卧草涯	《陇南古代诗词》，第 211 页
11	成县	时时清夜传更漏，怕有山南麋鹿群	《陇南古代诗词》，第 215 页
12	西和县	父老忘机鹿豕游，出入同息同耕艺	《陇南古代诗词》，第 269 页
13	徽县	孤云棲树杪，野鹿性通灵	《陇南古代诗词》，第 322 页
14	宕昌县	一道长桥悬挂，马鞍山高鹿鸣	《陇南古代诗词》，第 350 页
15	文县	山香知麝近，木老字龙蹲	《陇南古代诗词》，第 388 页
16	文县	麝香，文县出	许容《甘肃通志》卷 20《物产》，广陵古籍出版社，1987 年，第 297 页
17	成县	鹿茸，《唐志》成州土贡	《甘肃通志》卷 20《物产》，第 297 页
18	徽县	鹿、獐、狐、狸、獾、兔、虎、狼、熊、山羊、野猪、土豹	《徽县志》卷 7《土产》，第 460 页
19	礼县	野多鹿、麝、虎、狼、猴、绒、兔	《直隶州秦州新志》卷 4《食货》，第 318 页
20	成县	马、牛、羊、驴、骡、犬、豕、鹿、虎	《成县新志》卷 3《物产》，第 357 页
21	西和县	马、牛、羊、驴、骡、獐、麂、鹿、熊、狼、虎、豹、狐、兔、犬、猫	《西和县志》卷 2《物产》，第 204 页
22	康县	麝香，全县皆产，因康邑多深山森林，故麝多居于山林也	《新纂康县县志》，第 178 页
23	康县	鹿，肉可食，有擒而家畜者，有时为害田苗，县属各地多有之，亦能生鹿茸	《新纂康县县志》，第 194 页

由表 2 可知历史时期鹿类动物在陇南基本上均有分布，尤为可贵的是唐宋时期成县、文县、徽县等地的麝香因品质优良而被列为贡品，武都地区唐季有麝香上贡，而宋代已无，说明了宋代武都地区鹿类动物减少的事实。

二、珍稀动物的地理分布与历史时期陇南地区的生态状况

梳理前文，我们对历史时期陇南地区珍稀动物的地理分布有了基本了解，囿于文献记载的缺陷，难以对珍稀动物的数量做出精确的数据统计，但这并不影响我们对历史时期陇南地区的生态环境做一些可靠的研判。在自然界中，任何一种野生动物的生存和繁衍都与当地的生态环境相适应，现代动物学研究表明，华南虎、犀牛、金丝猴和麋鹿等动物的生存都与相应的生态环境息息相关，如华南虎和金丝猴都喜欢在物种丰富的密林栖息，犀牛和麋鹿则更宜在沼泽、河滩附近活动①。

如前文所述，徽成盆地的边缘山区华南虎出没殊常，“虎患”肆虐，就与其当地森林茂密、野兽众多有关。如成县北部山区的黄渚关，“其经黄渚关一带，岩层峭壁，耸翠临霄，木阴翳而蔽日……狐兔茸伏，蛇龙菹藏”②。又徽县北部山区的火钻岭，“岭多林木，乃虎狼出入……石枣兮间马桑，铁杠兮杂黄杨，槲叶干兮蔓荆长，不见天日兮虎豹藏。白狐立兮或跳梁，时挂树兮崖之羊，人上慄兮怵徬徨……枯树崩崖兮，蟒横虬僵……山高林深势险恶兮，驱兽焚林”③。华南虎是一种凶猛的肉食动物，处在动物圈食物链的最顶端，故其生存分布之地必有许多其他诸如狐兔之类的动物，其生存繁衍才有保证。反之，以武都地区为例，前文述及清代武都城中群虎食人，以后见之明视之，可能只是武都地区人地关系矛盾已达极点，华南虎在栖息地破坏和食物链断裂的情况下不得不破城食人，其生存窘迫至极，文献记载亦能证明此点，因为此后武都境内关于华南虎的记载遂绝于世。相关研究表明，西南地区华南虎栖息地的森林覆盖率一般要求在 50%左右④，而清初全国森林覆盖率已下降至 21%左右⑤，武都地区地处西北半干旱地区，万山皆濯，森林覆盖率显然难以满足华南虎的生存繁衍，这在文献中也有所反映。清《公议严禁山林碑记》载：“(武都)□

① 文焕然、何业恒：《中国珍稀动物历史变迁的初步研究》，湖南师院学报（自然科学版）1981 年第 2 期。

② ［清］黄泳：《成县新志》，成文出版社有限公司 1975 年版。

③ ［清］张伯魁：《徽县志》，成文出版社有限公司 1976 年版。

④ 蓝勇：《历史时期西南经济开发与生态变迁》，云南教育出版社 1992 年版。

⑤ 马忠良：《中国森林的变迁》，中国林业出版社 1997 年版。

□□旧有山林一所，居民资其材用已久矣。乃初坏於秦人之用木厂，继坏於□之□火田。然木厂开而犹有萌焦之生，火田垦则忍观化为灰烬。”[①]又清《凤凰山水源碑记》载：“（武都）其西南凤凰山，山水常美，林壑尤盛。原泉因之混混焉。原泉混混，吾辈得以生焉。此地崇山峻岭，茂林修竹，其间上下左右，并无山泽人耕种之尺寸。自道光廿六年，旧墩族、旧房族、腰道族夷人烈山而焚之，则水之有本者无若本焉……向则未辟者，今则辟之；向之未焚者，今则焚之。”[②]清代以来，武都地区由人口增值引起的人地矛盾已经十分凸显，“火田”式的开垦对林地的毁灭性破坏已经引起了“公议”，遂有立石勘界护林之举，意在“各指分明，斧斤不入”。然时至清末民初，五凤山虽屡有种树倡议付诸实践，但“第山形陡峻，栽树者恒培植为艰，古虽有名刹足以壮观，而树木鲜有，几与童山相等”[③]。华南虎在动物生态系统中处于食物链的顶端，一只华南虎需要大约 40 ~ 50 公里猎物丰富的生存领地[④]，武都万山皆与童山无异，已难以满足华南虎生存繁衍的基本条件，以故清代武都城华南虎食人成为绝响。

唐代金丝猴在今西和县有分布，但唐代以降已不见于记载。金丝猴生存对森林覆盖率有很高的要求，其“来往攀悬岩树枝，而行不落地，食林木果实”的生活习性注定其只能生活在林果丰盈的密林之中，西和县至清代生态已大不如前，清康熙年任西和县令的李访为保持水土，“又劝民种树”。[⑤]文县地区地处川甘交界地区，山大沟深，交通不便，故原始森林中的金丝猴得以繁衍至今。康县地区金丝猴遗存则得益于康南“群山密林”的庇护，据康县碾坝《李氏族谱》载，李氏一族于明成化二年（1466 年），“离蜀至此，但见巍巍峻岭，流水潺潺，苍松盘翠岭，藤灌悬峭，每听松间鹤唳，时闻谷口猿啼，一片荒芜景象”[⑥]。其时康县地广人稀，生态完好。迟至民国，康县“查县西南十里许有大山曰毛垭，自山根至顶高十余里，上则平衍无垠……半逃亡四散，无人种植，适成官荒，人稀地广，多生草木，渐成茂林”[⑦]。民国八年（1919 年），康县人口密度仅为每平方公里 9 人，相当广大的广大区域无人居住，尚处于原始未开发状态，故金丝猴能在康南一隅繁衍不绝。

犀牛和麋鹿都适宜在沼泽、湖泊和河滩附近活动，麋鹿又称“泽兽”，其生

① 赵逵夫：《陇南金石校录》，社会科学文献出版社 2018 年版。
② 赵逵夫：《陇南金石校录》，社会科学文献出版社 2018 年版。
③ 罗卫东：《陇南古代诗词》，中国文史出版社 2013 年版。
④ 程民生：《宋代老虎的地理分布》，《社会科学战线》2010 年第 3 期。
⑤〔清〕邱大英：《西和县志》，成文出版社有限公司 1976 年版。
⑥ 黄俊武：《康县志》，甘肃人民出版社 1989 年版。
⑦〔民国〕王仕敏：《新纂康县县志》，成文出版社有限公司 1976 年版。

存对水体环境的需求可见一斑。陇南历史上有犀牛和麋鹿的活动，可知必有其适宜生存的生态环境。《汉书》载："武都郡，武帝元鼎六年置……天池大泽在县西。"[①]天池大泽虽难确指，但其在陇南境内无疑。魏晋时期氐杨仇池国士兵所用"犀甲"产于仇池山周边，史称仇池山有池百顷，极尽泉流之利，其上必有湖泊和沼泽。至于犀牛出没的犀牛江畔，两山夹河谷的地形形成了相对独立的局部小气候，其河谷气温自然比其他地方更为温暖，大片的河滩湿地亦有利于犀牛的活动。值得注意的是，历史时期犀牛江的河面宽度和径流量远超现当代，其一条支流的径流量就十分可观，"平洛河，上自望贼关，下至犀牛江口，长一百二十里，阔五十余丈"[②]，另一条支流的径流量亦比肩平洛河，"毕家河，上自打船坝，下自吴家河口，长百余里，阔五十余丈"[③]。若此，犀牛江河谷宽阔的河滩湿地自然是犀牛的绝佳处所。

其实，陇南地区许多湫池和天池都有利于犀牛和麋鹿栖息，唐乾元间杜甫称徽成盆地栗亭"密竹复冬笋，清池方可舟"[④]，可见其时徽成盆地茂林修竹，清池遍地，有舟楫之利，俨然一副水乡景象。清徽县令牛运震《杜公祠记》亦称："今之栗亭川者，实为唐同谷之故界……尝试周览斯川之体势，翠岫迴环，平田广敞，秋沼双清，沃泉可稻。凡所谓竹木薯蓣之属，靡不繁衍周步其中，维子美之诗于今可征也。"[⑤]可知迟至清初，栗亭川仍有大片沼泽存在。除川原地带的沼泽外，陇南地区高山之巅多有天池，更有山以天池名之，如徽县"天池山，东南三十里，上有池"[⑥]，又两当"天池山，在县西北五十里，谓之西天池也，又一在东北二十里曰东天池，上皆有池"。要之，查阅地方志陇南地区湫池和天池之多令人惊叹，其多被视为祈雨禳灾之所，但其为珍稀动物提供栖息之便的功用似未被充分挖掘认识。

三、陇南珍稀动物消亡的原因

历史时期陇南地区珍稀动物得以生存繁衍很大程度上得益于良好的生态环境，然约从清代开始陇南地区人地矛盾开始凸显，伴随着田地纠纷的是放火烧山，"火田"式开垦对林地造成了毁灭性的破坏，前文《凤凰山水源碑记》就是显例。

---

①〔汉〕班固：《汉书》，中华书局1962年版。
②〔民国〕王仕敏：《新纂康县县志》，成文出版社有限公司1976年版。
③〔民国〕王仕敏：《新纂康县县志》，成文出版社有限公司1976年版。
④〔清〕仇兆鳌：《杜诗详注》，中华书局1979年版。
⑤〔清〕张伯魁：《徽县志》，成文出版社有限公司1976年版。
⑥〔清〕张伯魁：《徽县志》，成文出版社有限公司1976年版。

清嘉庆《徽县志》中透露出久为蛮荒之地的西秦岭山地亦有人地关系紧张之患："幅员周七八百里，四远穷山，密菁人迹罕到，土著民久视为不毛，惟樵采者入之。数十年来，四川、湖广人络绎而至，垦荒落业，山中亦无闲田，编其户为客民，虽择诚谨有家者为客头，以约束之，而其迁移无定，性复不驯，公廷讼狱，若辈居多，邑号为难治，是在于斯。"[①]清中叶以降，四川、湖广"客户"已在徽成盆地东南山区开垦落业，民间戏称其为"湖广广"。前文述及，徽成盆地的边缘山区是华南虎的重要分布区域，开垦林地严重挤兑和破坏了其生存空间。

此外，矿业对珍稀动物生存空间的破坏也是显著的，如清《成县黄渚关士庶为本县高大爷升任保厘永恩记》就显示了清代黄渚关银矿开采之烈，矿业生产过程中需要大量的木材，如支撑矿坑的镶木、冶炼过程中所需的木材和木炭都需要消耗大量的森林资源，故有"有矿之山，根无草木"之说[②]，矿业开采于此可见一斑。

除了森林资源的破坏，犀牛和麋鹿赖以生存的湫池和沼泽亦开始减少或者完全消失。如"卜池峪，东北八十里，古为昉鱼池，久涸"[③]。又"太白池，东二十里，周五十亩，众山环远……今涸"[④]。自汉代名显于世的仇池"十九泉"至清代也开始枯涸，清人登临仇池，唯见昔日仇池已沦为半涸方塘，"而今只有沮洳水，不见当年十九泉"[⑤]。历史时期消失的湫池和沼泽虽难以统计，但栖息环境的变迁之于珍稀动物影响极大，这对犀牛和麋鹿繁殖的减损是难以估量的。

自然生态环境的变化对珍稀动物消亡的影响是长期渐进的过程，而人类对动物的捕杀却能使一个区域的动物迅速消失殆尽。如宋代成州知州晁说言成州猎户"雪中猎户来呈虎"，清代成县黄渚关一带虎患酷烈，成县令黄泳"则募强弓毒矢毙之……居士争执羔酒以除道驱虎献功邑宰"。清徽县令牛运震对付虎患亦是不竭余力，曾募壮士杀虎二十六只之多，道路一时畅通安全无阻。鹿类动物则因肉质美味而成盘中餐[⑥]。金丝猴如前文所述，由于毛皮和其他医用功效，宋代朝廷曾"禁採狨"[⑦]，但还是被滥杀馈赠亲友，此不赘言。

需要注意的问题是，近代以来中国内地市场与世界市场互联空前加强，"港

① 〔清〕张伯魁：《徽县志》，成文出版社有限公司1976年版。
② 〔清〕贺长龄、魏源：《清经世文编》，中华书局1992年版。
③ 〔清〕张伯魁：《徽县志》，成文出版社有限公司1976年版。
④ 〔明〕郭丛道：《徽郡志》，成文出版社有限公司1971年版。
⑤ 罗卫东：《陇南古代诗词》，中国文史出版社2013年版。
⑥ 在历史时期林区野生动物资源是民生的重要组成部分，不仅仅是鹿类动物被猎杀，其实如熊、野鸡、水鸭等都成为"民生"对象，见王仕敏：《新纂康县县志》，194-198页。
⑦ 〔元〕脱脱：《宋史》，中华书局1977年版。

口—腹地”模式的张力已经波及陇南地区，其客观上促进了陇南地区“山货”市场化和商品化的进程，但对于华南虎、鹿类动物和金线绒等珍稀动物却无疑是“数千年未有之变局”式的大灾难，上海、天津等地商人常驻陇南，收购山货。民国《新纂康县县志》载：“麝香，全县皆产……本地人或以网擒，或用枪击，必先辨雌雄而后逮捕也，因得之无定期，故河南、天津、上海等处商人常驻康收之。”[①]“天下熙熙，皆为利来”，在经济浪潮的刺激下，“金线绒为皮毛中第一有价值之物也”，其自然难逃厄运。民国学者汪公亮记载：“虎产于本省东南部两当、天水、武都等县，虎皮多运销内地[②]。”其实不仅仅是珍稀动物，其他如狼、熊、豹、狐、水獭等动物也由于其皮毛和血脂的价值而显得“贵重”。

四、余　论

历史时期陇南地区珍稀动物如华南虎、麋鹿和犀牛主要集中分布在徽成盆地边缘山区，金丝猴则主要分布于康县和文县南部并遗存至今，诸此反映出其生态环境的优良性和多样化，这也符合现当代对陇南生态的一般认知。以动物命名的地名是历史时期珍稀动物分布和活动的重要见证，诸如“犀牛江”“犀牛镇”“麒麟山”“虎崖石”“老虎葬”“黄鹿山”等地名，需要进一步挖掘研究其背后的历史地理意义；以水体命名的地名是研究历史时期陇南生态环境的重要载体和有效途径，诸如“大潭”“太塘”“麻池湫”“亮池寺”等地名皆隐含着生态环境信息，需要学术界同仁共同努力揭橥。

① 〔民国〕王仕敏：《新纂康县县志》，成文出版社有限公司 1976 年版。
② 〔民国〕汪公亮：《西北地理》，正中书局 1936 年版。